KB141738

유민영·전성희 편

차범석 전집
7

희곡
1986-1997

태학사

차범석 전집 – 희곡 7(1986~1997)

초판 1쇄 인쇄 2018년 11월 23일
초판 1쇄 발행 2018년 11월 30일

엮은이 유민영·전성희
펴낸이 지현구
펴낸곳 태학사
등록 제406-2006-00008호
주소 경기도 파주시 광인사길 223
전화 마케팅부 (031) 955-7580~2 편집부 (031) 955-7584~90
전송 (031) 955-0910
홈페이지 www.thaehaksa.com **전자우편** thaehak4@chol.com

ISBN 978-89-5966-998-1 04680
ISBN 978-89-5966-991-2 (세트)

植民地의 아침

車凡錫 第六戲曲集

희고방 희곡선

「식민지의 아침」 표지

〈청계마을의 우화〉 포스터

〈사막의 이슬〉 포스터

〈안네 프랑크의 장미〉 포스터

〈바람 분다, 문 열어라〉 포스터

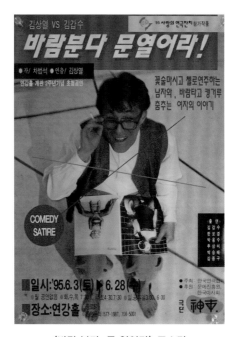

〈바람 분다, 문 열어라〉 포스터

발간사

유민영

차범석 선생은 생전에 감투 쓰는 것에 그렇게 연연하지는 않았지만 그의 비중에 걸맞게 문화예술계 인사들이 오르기 어려운 큰 자리를 모두 거쳤다. 가령 한국문예진흥원장과 대한민국예술원 회장, 그리고 예술대학장 등이 바로 그런 자리였는데, 그 외에도 각종 잘디잔 감투를 누구보다도 많이 썼었다. 그러나 그가 어디에 글을 쓸 때, 붙이는 호칭에는 언제나 극작가라고 적었다. 이처럼 그는 여러 가지 감투는 잠시 지나가는 자리고 자신은 어디까지나 극작가로서 자부하고 있었지 않나 싶다.

그럴 수밖에 없는 것이 그의 평생을 놓고 볼 때 교사, 방송국 PD, 교수, 그리고 문예진흥원장 등 고정월급으로 생활한 기간보다는 극작가로서 원고료를 받고 산 기간이 더 길 것이기 때문이다. 그만큼 그는 자신이 일생을 보내면서 역사 속에 남길 유산은 어떤 자리가 아니라 문화예술계에 던져놓는 방대한 작품이라고 확신했던 것으로 보인다.

따라서 그가 생전에 가장 갈망했던 것은 전집출판이었고, 사후에는 자신의 이름을 딴 희곡상 제정이었다. 그래서 그는 만년에 12권짜리 전집을 발간하려고 목차까지 다 짜놓고 출판사와 접촉하다가 출판사정이 여의치 않아 무산됨으로써 생전의 꿈을 이루지 못하고 소천했지만 사후의 꿈인 희곡상 제정만은 유족과 조선일보사의 협조로 잘 되어 유망한 후진을 계속 양성하고 있다.

저간의 사정을 가장 잘 아는 이는 유족이지만 필자 역시 선생과 가까이

지내면서 그에 관한 이야기를 많이 했던 터라서 항상 숙제를 안고 있었다. 그러다가 이번에 유족 측의 용단과 태학사의 호의로 그의 꿈인 12권짜리 전집을 발간케 되어 숙제를 푼 것 같아 기쁘다. 그런데 이번에 전집을 준비하면서 선생을 잘 안다고 생각했던 필자마저 놀랄 정도로 그가 방대한 작품을 남겼음을 발견케 되었다. 희곡사적으로는 유치진에 이어 소위 리얼리즘극을 심화 정착시킨 작가지만 그의 창작범위는 상상을 초월한다. 즉 희곡을 필두로 하여 무용극본, 오페라극본, 시나리오, 악극대본, 그리고 방송드라마 등에 걸쳐 편수를 헤아리기 어려울 정도로 엄청난 작품을 남긴 것이다. 그가 작품만 쓴 것도 아니고, 자전을 비롯하여 수많은 연극평론과 에세이도 남겼다.

그런데 더욱 놀라운 것은 그 많은 글을 그가 순전히 수작업 手作業으로 해냈다는 사실이다. 선비적인 기질 때문인지 그는 일평생 컴퓨터, 운전, 휴대폰, 카드까지 거부하고 만년필과 볼펜으로 수십만 장의 원고지를 메꾼 셈이다. 문제는 작품이 너무 넘쳐서 12권 속에 모두 주어 담을 수가 없다는데 있었다. 그래서 할 수없이 나머지 작품들은 다음 기회에 별도로 내기로 하였다.

이 전집이 순탄하게 나올 수 있도록 도와준 차범석재단 차혜영 이사장 및 유족, 작품을 열심히 찾아내고 교정까지 보아준 전성희, 이은경 교수, 지방에서 멀리 올라와서까지 도와준 김삼일 석좌교수와 홍미희 목포문학관 학예사, 그리고 박명성 대표 등에 감사하고 태학사 지현구 사장 및 직원들에게도 고마움을 표한다.

아버지의 전집 발간에 부쳐

차혜영

사랑하는 아버지!

아버지 가신지 12년이 지났습니다.

세월이 흘러도 아버지는 생전의 그 모습 그대로 카랑카랑한 목소리는 제 가슴에 남아 아버지의 못 다 이룬 이야기들을 들려주시는 듯, 문득 문득 부족한 제 자신에 죄송한 마음이 들곤 합니다.

쓰고 싶은 일 하고 싶은 일이 너무 많아 83년의 시간이 너무나도 부족하셨나요? 바람처럼 살다보니 시간조차 쫓아오지 못해서 늙지도 않는다는 아버지의 욕심이 사단이었나 싶습니다.

아버지 가신 뒤 우리는 그저 무력하게 아무것도 할 수 없었습니다. 그 때 저희를 일깨워 준 '신시뮤지컬 컴퍼니'의 박명성 대표의 은혜는 영원히 잊지 못합니다.

머뭇거리지 말고 하루 빨리 '차범석 재단'을 만들어 다음 해 부터라도 아버지를 기리는 일을 해야 한다고 우리를 설득했지요.

참 복도 많으신 우리 아버지! 아버지의 양아들 박 대표는 우리가 해야 할 일이 무엇인지 아버지의 뜻을 알고 있었답니다. 거기에 평생 아버지의 행동대장이시던 어머니는 사시던 집을 팔아 부족하지만 결코 부끄럽지 않은 재단이 탄생되었습니다. 10여 년 재단을 운영하며 아버지께서 가장 안타까워하시던 『차범석 전집』을 숙제처럼 가슴에 지니고 있었습니다. 그러던 지난 2016년 6월 6일 아버지의 10주기 날 저녁 유민영 교수님께서 전화를 주셨습니다.

"『차범석 전집』을 내야지? 오늘 문득 그 생각이 나서 말이야. 더 늦으면 나도 힘들어" 교수님은 그 날이 아버지 기일인지 모르셨다며 놀라셨습니다. 저는 순간 아버지께서 교수님의 생각을 빌어 말씀해 주시는 것 같은 착각에 가슴이 떨렸습니다.

그때부터 유민영 교수님의 기획 하에 전성희 교수님의 집요한 열정은 폭풍처럼 아버지의 여든 세 해의 시간을 무섭게 파고 드셨습니다. 가끔 저는 교수님의 일 하시는 모습에서 아버지의 깐깐한 모습을 보는 듯 깜짝 놀라기도 했습니다.

세월이 지나도 변함없는 의리와 애정으로 저희를 지지 해주시는 포항의 김삼일 교수님, 아버지의 발자취가 모조리 남아있는 목포 문학관의 홍미희 학예사님의 아낌없는 성원, 또한 첫 작업부터 완성까지 무조건으로 힘든 일 함께 해 주신 이은경 교수님, 그리고 저희의 풍족치 못한 재정에 항상 고민 하시면서도 출판을 맡아 주신 태학사 지현구 대표님이 계셔서 꿈같은 『차범석 전집』이 세상에 빛을 보게 되었습니다.

사랑하는 아버지!

『차범석 전집』의 책 커버는 아버지께서 어머니께 선물하신 저고리를 모티브로 어머니의 영정사진에서 전성희 교수님의 기발한 아이디어로 진행되었지만 이 모든 것에서 또 하나의 기적을 보는 듯 합니다. 아버지께서는 저 세상에 계시면서 우리를 총지휘 하시는 것 같은 착각 말입니다. 저희는 아버지라면 어떠셨을까를 항상 염두에 두고 하나하나 조심스럽게 만들어 나갔습니다.

아버지의 흡족해하시는 모습을 훗날 만날 수 있기를 기대합니다.

아버지의 영전에 아버지 여든 세 해의 소중한 작품을 바칩니다.

차범석의 생애와 예술

전성희

차범석은 한국연극사에서 최고의 사실주의 희곡작가이며 64편의 희곡을 발표한 다작의 작가다. 한국에서 사실주의 연극의 시작은 유치진에 의해서였지만 찬란하게 꽃을 피운 것은 차범석이다. 그러나 무용, 뮤지컬, 오페라, 국극, 악극에 이르기까지 다양한 예술 분야뿐만 아니라 방송 대본에 이르기까지 전방위적인 활동을 펼쳤던 차범석을 연극계의 인물로만 한정할 수는 없다. 그가 가장 애착을 가졌던 분야는 연극이었지만 그의 뛰어난 극작술과 다양한 예술에 대한 이해는 여러 장르의 대본을 창작할 수 있는 바탕이 되었고 그 결과 연극 이외의 분야에도 많은 작품들을 남길 수 있었다.

차범석은 1924년 11월 15일(음력 10월 19일) 전라남도 목포시 북교동 184번지에서 아버지 차남진(車南鎭) 어머니 김남오(金南午) 사이에서 3남 3녀 중 차남으로 태어났다.

일본 유학생 출신의 아버지는 중농 규모의 할아버지 유산을 잘 관리했을 뿐만 아니라 간척사업에 착수, 농토를 늘려 천석지기 지주가 되었는데 이는 아버지가 진취적이면서도 이재와 치산에 밝았기 때문일 것이다. 그 덕에 차범석은 유복한 가정에서 성장할 수 있었고 이러한 안정적인 가정 환경은 차범석이 식민지의 궁핍한 상황에서도 교육과 일정부분 제도적 보살핌을 받을 수 있었다.

차범석은 외향적이며 저돌적인 형이나 소유욕이 강하고 고집스러운 아우의 성정과는 달리 말수도 적었고 자기주장을 하기 보다는 조용히 책을 읽거나 어머니의 곁을 지켰다. 보통학교 4학년 때 교지 「목포학보」에 〈만추〉라는 글을 실어 '예사롭지 않은 문재'가 엿보인다는 말을 듣고 소설가를 꿈꾸기도 했다.

이 무렵부터 차범석은 목포극장과 평화관을 드나들며 영화 관람에 빠졌고 1930년대 전후의 영화를 두루 섭렵, 극예술에 대한 이해를 넓힐 수 있었다. 6학년이 되던 해 그는 최승희의 무용 발표회를 보고 큰 충격과 감동을 받았다. 최승희는 차범석에게 '무대라는 세계, 막이 객석과 무대를 갈라놓은 공간, 보여주는 자와 봐주는 자 사이의 공존의 의미를 깨우쳐 준 첫 번째 예술가였다.

어릴 적 차범석의 이름은 평균(平均)이었는데 중학교 입시를 앞두고 범석(凡錫)으로 개명, 이후 줄곧 범석이라는 이름으로 활동했다. 광주고등보통학교(후에 광주서중으로 개칭) 진학을 위해 목포를 떠나 광주로 갔지만 소극적인 성격은 변함이 없었다. 호기심이 많았던 그는 책방을 드나들며 하이네나 바이런의 시집, 일본 소설들을 읽고 장차 문학가가 되어야겠다는 꿈을 키웠다. 그러면서도 차범석은 어린 시절 목포에서 그랬던 것처럼 광주에서 보낸 5년 동안 약 4, 50편의 영화를 관람하고 영화잡지까지 사서 보는 등 적극적으로 영화의 세계에 빠져 들었다. 후에 연극으로 진로를 변경하기는 했지만 극의 세계라는 같은 뿌리의 영화에 마력을 느꼈다. 방학이 되면 목포 본가에 내려가서 골방에 있었던 세계문학 등을 독파했다.

아버지는 차범석이 의사가 되기를 원했지만 그는 의사보다는 문학과 예술에 뜻을 두고 있었다. 아버지와의 불화는 권위적인 아버지가 어린 시절부터 형과 차별 대우를 했던 것에서 비롯, 그를 내성적이고 비사교적인 반면 '회의적이고 반항적이면서 한편으로는 미지의 세계에 대한 도전성과 공격성'을 갖고 있는 사람으로 성장하게 했다.

학교를 졸업하고 진학을 위해 도쿄로 건너가 2년 동안 입시 준비를 하면서도 극장에를 드나들었다. 이 극장은 '예술적인 호기심에다 불붙인 하나의 매체이자 기폭제'였으며 차범석에게 '직접적으로 드라마가 무엇 인가를 암시하고 시사하고 터득해 준 교실'이었다. 이 무렵 차범석은 영화뿐만 아니라 일본 연극에도 관심이 생겨 자주 관람했다.

연이어 입시에 실패한 차범석은 재수 준비를 하고 있었는데 전쟁으로 위험하니 귀국하라는 아버지의 명령으로 급히 돌아왔다. 차범석은 귀국하자마자 군대를 가야하는 징집의 위기를 맞았지만 병역면제의 혜택을 받기 위해 1년 과정의 관립광주사범학교 강습과에 입학을 했다. 교육에 뜻이 있었던 것이 아니었기 때문에 현실도피 생활에서 오는 자포자기의 심정과 허무는 그를 술로 이끌었고 이후 차범석의 건강과 삶에 큰 영향을 미쳤다. 교사 발령 4개월 만에 징집, 4개월간의 군대생활 중 해방이 되고 다시 모교에 복직하게 되었다.

그는 1946년 문학공부를 위해 연희전문학교 전문부 문과에 입학, 뒤늦게 사회적 정치적으로 개안을 하게 되었다. 친일세력에 대한 과거청산이 역사적 필연성에 있다는 것과 동학혁명정신이 광주학생독립운동이나 3.1 운동 정신과도 맥을 같이 한다는 것이다. 이러한 역사의식의 재확인은 자아각성으로 연결되고 그 결과 문학이나 연극에 대한 인식과 태도도 달라질 수밖에 없었다. 그래서 차범석은 일제 말기에 폐간되었던 문학잡지 「문장」의 전 질을 구해 읽으며 다시 문학공부를 하는 등 문학의 참다운 뿌리를 찾기 위해 노력했다. 자신이 가야할 길이 문학과 연극에 있다는 신념으로 문학서클 '새마을회'에서도 활동하고 '연희극예술연구회'를 조직하기도 했다.

대학 시절 "우리가 처해있는 현실을 그대로 거울 속에 비춰보고 싶다"는 그에게 유치진의 강의는 사실주의에 대한 확신을 갖게 해주었고 이후 자신의 연극관으로 삼게 되었다. 그러면서 차범석은 직업극단의 공연과

연습장까지 찾아다니는 등 점차 연극 세계에 깊이 빠져들어 갔다.

1949년 유치진이 만든 제 1회 전국남녀대학 연극경연대회에 '연희극예술연구회'가 차범석 역/연출의 〈오이디프스 왕〉으로 참가, 우수상을 수상했다. 차범석은 연극경연대회에 함께 참가했던 각 대학의 연극인들을 모아 '대학극회'를 조직하는데 앞장섰다. 그리고 1950년 초 국립극장이 설치되자 당시 유치진 극장장의 배려로 전속단원이 되어 현장에서 활동할 기회를 가질 수 있었다. 그러나 그것도 잠시 한국전쟁이 발발하자 고향으로 피난을 갔던 차범석은 목포중학에서 교편을 잡았다. 교직생활 중에도 습작을 게을리 하지 않으면서도 '목중예술제'를 만들었다. 목중예술제에서 1951년 처녀작 〈별은 밤마다〉를 무대에 올리고 주연까지 맡았다. 이 시기에 〈닭〉, 〈제4의 벽〉, 〈전야〉, 〈풍랑〉 등의 습작품을 정훈잡지에 발표했다.

대학 다닐 때 방학이면 고향에 내려와 목포청년들과 주변의 섬들을 여행하며 얻었던 소재를 바탕으로 〈밀주〉를 창작, 1955년 조선일보 신춘문예에 가작으로 입선하였다. 가작 입상에 만족을 못한 차범석은 이듬해 조선일보 신춘문예에 재도전, 〈귀향〉이 당선되었다. 〈밀주〉는 흑산도, 〈귀향〉은 해남을 무대로 그가 나고 유년시절을 보낸 바닷가 마을이 배경이다. 차범석은 〈밀주〉에서 가난한 어민들의 찌든 삶을 그렸지만 〈귀향〉에서는 가난한 농민을 묘사하면서 그 이유가 사회의 부조리와 모순 때문이라는 것을 지적했다. 이 지점에서 그의 희곡의 특성, 즉 로컬리즘을 바탕으로 한 사실주의 출발을 확인할 수 있다.

신춘문예 당선을 계기로 서울로 이주, 덕성여고에서 교편을 잡고 중앙무대를 향한 열정을 불태우며 창작에 몰두했다. 그러면서도 대학극회에서 같이 활동했던 김경옥, 최창봉, 조동화, 박현숙, 노희엽, 이두현 등과 '제작극회'를 결성, 한국연극에 새로운 바람을 일으켰다. 이 시기에 차범석은 활발하게 희곡을 창작, 문예지에 〈불모지〉, 〈4등차〉, 〈계산기〉, 〈상주〉, 〈분수〉, 〈나는 살아야 한다〉 등을 발표했다. 앞서 발표했던 로컬리즘을 바탕으로 한 사실주의극과는 다르게 고향을 벗어나 전쟁으로 좌절한 사람들을 사실적으로 묘사했다. 특히 〈껍질이 째지는 아픔 없이는〉은 4·19 1주년 기념공연으로 제작되었는데 혼탁한 정치 상황에서 드러난 신, 구세대 간의 갈등을 형상화한 것으로 차범석의 정치, 사회의 비판적 인식을 확인해 볼 수 있는 작품이다.

이러한 창작 경향은 이후에 〈산불〉(1961년)로 절정을 이루었다. 차범석의 대표작이며 '한국 사실주의 희곡의 최고봉'이라고 일컬어지는 〈산불〉은 6·25전쟁을 겪은 작가가 전쟁을 객관화시키는 사유의 시간을 통해 이데올로기가 인간을 어떻게 파괴하는지를 리얼하게 보여주었다. 그러한 점에서 〈산불〉은 한국 사실주의 연극의 수준을 한 단계 끌어올렸다고 할 수 있다. 차범석은 당시의 연극들이 '답답한 소극장 응접실 무대' 위주였던 데에서 벗어나 대숲이 있는 마을을 무대로 "이념의 대립과 갈등이 동족 전쟁을 야기하고 궁극적으로 인간 그 자체를 파괴해 간다는 강렬한 메시지"를 전달, 차범석 전후의 대표작이 되었다.

〈산불〉은 국립극장 초연 당시 큰 인기를 얻었고 이후 영화로, 방송 드라마로, 오페라로, 뮤지컬(〈섀도우 댄싱〉)로 다양한 매체의 전환을 통해 관객과 만날 수 있었다. 원 소스 멀티 유즈라는 측면에서 보면 〈산불〉은 원천컨텐츠로서의 가치가 충분한 작품이다.

차범석은 〈산불〉의 성공 이후 신협 재기를 위한 이해랑의 요청으로 〈갈매기떼〉를 집필, 국립극장 무대에 올려 〈산불〉 못지않은 인기를 끌었다. 목포 부둣가에 있는 영흥관이라는 식당을 둘러싸고 벌어지는 정치권력과 조직폭력배간의 갈등, 그리고 그로 인해 무구하게 희생당하는 서민들을 그려냈다.

〈산불〉과 〈갈매기떼〉의 성공으로 고무된 차범석은 전문적인 극단을 창단하기로 마음을 먹었다. 당시 연극계가 동인제 극단시대로 진입하기 시작했고 드라마센터의 개관이라는 연극상황의 변화가 일어나고 있었기 때문에 이전의 아마추어적인 '제작극회'로는 변화에 대처할 수 없을 것이라는 판단에서였다. '제작극회' 다른 멤버들의 반대를 무릅쓰고 1963년 연극의 대중화와 전문화를 지향하는 극단 '산하(山河)'를 창단했다. 현실과 동떨어진 번역극 대신 창작극을 주로 공연했고, 극단 창단 당시 의도했던 대로 지방공연도 가지면서 왕성하게 활동을 이어갔다.

이 무렵 차범석은 MBC로 직장을 옮겨 바쁜 와중에도 극단 '산하'의 일뿐만 아니라 창작에도 매진, 〈청기와집〉, 당시 유명 배우 강효실을 위해 집필, '산하'에 상업적 성공을 안겨준 〈열대어〉, 〈풍운아 나운규〉, 동성애 문제를 다룬 〈장미의 성〉, 〈대리인〉, 정치와 정치인을 풍자한 〈왕교수의 직업〉 등의 희곡 외에도 '산하'의 공연을 위해 여러 편의 각색 작업과 연출로도 참여하였다.

1969년 사단법인 한국연극협회 제 7대 이사장으로 선출되면서 협회 일에 열심을 냈고 원래 하고 있었던 방송국 일과 작품 집필, 극단 운영 등으로 건강에 이상이 생겼다. 1970년 봄 간염으로 병원에 입원, 방송국까지 그만 두었지만 발병 전에 국립극장에서 차기공연작으로 위촉한 장막극 〈환상여행〉을 집필했다. 그는 책임감 때문에 와병 중에도 약속을 지키기 위해 무리를 하면서도 완성을 했다.

차범석이 병원에서 퇴원 후 1년간의 요양생활을 하는 동안 같이 활동했던 사람들이 이런저런 이유로 그의 곁을 떠났다. 그는 인생이 철저하게 외로운 것이며 이 길은 자신이 원해서 가는 것이니 누구도 원망하지 않겠다는 결단을 내렸다.

1972년 차범석은 MBC-TV 요청으로 일일연속극 〈물레방아〉를 집필했다. 〈물레방아〉는 당시로서는 드물게 5개월 동안 방영, 100회를 넘겼으며 이러한 롱런은 MBC-TV 사상 최초였다. 이전에 라디오 드라마와 TBC (동양방송) 단막극, 〈태양의 연인들〉과 같은 특집극을 쓰기도 했지만 TV

일일연속극은 그로서도 처음이었지만 성공적이었다. 드라마의 성공은 차범석에게 경제적 안정을 가져다주었고 그래서 차범석은 연극 현장으로 돌아올 수 있었다.

1974년 6년 동안 맡았던 한국연극협회 이사장직을 이진순에게 내주고 그 해 봄 극단 산하의 사무실도 마련하고 연극현장의 기록이 소실되는 것이 안타까워 〈극단 산하 십년사〉를 펴내는 등 다각적인 연극활동을 펼쳤다. 그런데 1975년 동양극장과 '산하' 간의 전속 계약을 체결, 계약금과 중도금을 지불하고 의욕적으로 공연을 준비하던 차에 동양극장의 매각 사실을 알게 되었다. 속수무책 사기를 당한 차범석은 잔금은 안 털렸으니 다행이라고 스스로를 위로했다. 이러한 차범석의 긍정적 태도는 이후 창작태도에도 영향을 미쳤다.

유신의 시대를 거치면서 유신을 지지하기보다는 오히려 부정적인 시선을 견지하고 있었던 그였지만 〈약산의 진달래〉, 〈활화산〉 같은 새마을 극본을 쓰기도 했다. 그렇지만 새마을운동의 찬양이 아니라 "나와 함께 살아가는 이 시대의 이야기"로 가난과 싸우는 농촌여성의 "삶을 리얼하게 묘사함으로써 우리가 안고 있는 퇴영적이면서도 부정적인 행태를 드러내"려 했다. 이 시기에 그의 역사인식은 자연스럽게 개화기를 향했다. 〈새야새야 파랑새야〉에서는 동학도와 같은 민중의 저항을, 〈손탁호텔〉에서는 외세의 압력에도 불구하고 꿋꿋이 자존을 지키기 위해 투쟁하는 서재필과 같은 진보적 청년들의 연대를 그리면서 창작의 지평을 넓혀갔다.

1970년대 중반에 들어서면서 연극계는 상업주의가 팽배하고 있었는데 이것은 '산하'가 지향하는 연극 대중화와는 달랐다. 차범석은 연극에 있어 앙상블을 중요하게 생각했기 때문에 한두 명의 스타에 의존, 웃음을 파는 연극을 극도로 경계했다. 그런데 상업주의가 판치던 당시의 연극현실은 동인제 시스템을 고수했던 차범석에게는 절망적이었다. 그런 상황에서도 문학성과 연극성을 지닌 레퍼토리라면 승산이 있을 것이라고 판단,

차범석의 생애와 예술

1979년 〈제인 에어〉를 무대에 올렸다. 그러나 관객들의 외면으로 흥행에 실패하고 말았다. 일련의 일들로 차범석은 '산하'가 추구하는 대중성에 대한 회의가 일어나고 '산하'의 해산문제까지 생각하기도 했다. 그렇지만 차범석은 유신정권의 횡포와 비민주적 정권욕으로 급격하게 경색되어가는 시대에 연극을 통해서 이야기를 해야겠다는 결심을 했다. 연극대본의 사전심사제로 창작극의 공연이 어렵게 되자 숀 오케이시의 〈쥬노와 공작〉연습에 들어갔다. 1980년 5월 공연을 보름 앞두고 광주민주화항쟁이 일어나자 차범석은 공연중지를 선언했다. 그 이유는 사람들이 총칼에 쓰러지고 있는데 연극을 하고 있을 수 없다는 것이었다.

실의에 빠진 차범석에게 MBC-TV에서 농촌드라마 의뢰가 들어왔다. 옴니버스 형식의 농촌드라마 〈전원일기〉를 1년 동안 총 48회 집필했다. 1980년 10월 22일 '박수칠 때 떠나라'를 시작으로 1981년 10월 20일 '시인의 눈물'까지 꼭 1년을 썼는데 어수선한 시국에 농촌에 대한 향수를 자극해 최고의 드라마로 자리를 잡았고 이후 20년 동안 방송되면서 최장수 드라마로 남았다. 그런데 차범석은 연극을 하기 위해 방송국의 간청에도 불구하고 〈전원일기〉 집필을 포기했다.

'산하'에 돌아와 1980년에 준비하다 중단했던 〈쥬노와 공작〉을 무대에 올려 보았지만 흥행에 참패하고 말았다. 그리고 '산하'의 재기를 위해 옛 멤버들을 규합해 보려했지만 이마저도 여의치 않았다. 결국 〈산불〉공연마저 실패하고 1983년 '산하'를 해단하는 어려운 결정을 내렸다.

그를 무대로 이끌었던 유년시절의 최승희 공연의 영향과 대학시절 춤을 배우러 다녔던 경험 때문이었는지 1982년 조영숙무용단의 〈강〉을 시작으로 최청자무용단의 〈갈증〉 등 무용극으로 창작의 장르를 확대해 나갔다. 이후에 무용극 〈도미부인〉(1984년 국립무용단, LA 올림픽참가공연), 〈십장생도〉(1988년 홍정희발레단), 〈저 하늘 저 북소리〉(1990년 국립무용단), 〈고려애가〉(1991년 국립발레단), 〈꿈의 춘향〉(1992년 서울시

립무용단), 〈파도〉(1995년 국립국악원 무용단), 〈오데로〉(1996년, 국립무용단) 등 여러 편의 무용극 대본을 창작했다.

1983년 차범석은 청주대학교의 요청에 의해 연극영화과 교수로 부임했다. 조용한 곳에서 창작의 기회를 가질 수 있다는 점이 그에게 매력적으로 다가왔고 학생들과의 생활이 연극판에서 지친 그에게 활력을 주었다. 그러나 그가 예술대학장직을 맡으면서 휴식은 끝나고 말았다. 당시는 학원민주화 운동이 번지고 있었을 때였다. 누구보다도 민주화를 열망해 왔던 그였지만 과격해진 학생들의 기물파괴 등의 파괴적인 행동은 받아들일 수 없었다. 목포 북교초등학교, 덕성여고에서 교사로 재직하고 있을 때 불의를 보면 참지 못하고 투쟁을 했던 그로서도 학생들의 그런 행동은 받아들일 수 없었고 결국 보직에서 물러났다.

그 때 '서울88예술단'이 조직되면서 차범석에게 단장을 맡아달라는 제의가 들어왔다. 단장직을 수락했지만 총체가무극이라는 것이 그가 생각했던 연극의 방향과 맞지 않았을 뿐만 아니라 관의 간섭이 싫었던 그는 창립공연으로 〈새불〉을 올리고 다시 대학으로 복귀했다. 생래적으로 구속을 싫어하고 자유를 추구했던 그로서는 이러한 상황이 견디기 어려웠을 것이다. 오죽했으면 목포북교 초등학교 시절 자신이 담당했던 학급의 급훈이 자유였을까.

대학으로 돌아간 그는 특정사회단체의 요청이기는 하지만 신채호를 다룬 〈식민지의 아침〉, 김대건 신부의 일대기를 그린 〈사막의 이슬〉 등 활발하게 창작활동을 이어갔다. 1989년 학교 측에서 총장으로 추대하려는 움직임이 보이자 교수직을 사퇴하고 이후 서울예술대학의 교수로 자리를 옮겨 창작에 몰두했다. 이 시기에 차범석은 창작방식에 있어 변화가 일어나 이전의 창작방식에서 벗어나 형식과 주제가 다양한 작품을 발표했다.

1992년 징용 노무자의 딸 야마네 마사코의 자전적 수기를 바탕으로

차범석의 생애와 예술

쓴 〈안네 프랑크의 장미〉는 '일본제국주의의 만행을 용서와 화해의 차원에서 접근' 하였으며, 〈통곡의 땅〉은 백범 김구의 삶을 작품화하면서 한국현대사에서 이념문제를, 〈나는 불섬으로 간다〉에서는 소작쟁의와 그로 인해 생긴 연좌제 문제를 제기하기도 했다. 작가적 연륜이 깊어가면서도 차범석의 의식은 언제나 날카롭게 깨어 있어 부당하거나 문제가 있는 것에 대해서는 비판적 태도를 취하는 스탠스만큼은 변함이 없었다. 이색적으로 〈바람 분다, 문 열어라〉에서는 여성들의 변화를, 〈그 여자의 작은 행복론〉에서는 어머니와 아들 간의 근친상간적 욕망을 그려내는 등 소재의 영역도 넓혀갔다.

차범석은 본래 대중예술과 고급예술을 경계 짓는 것에 대해 우려를 해왔다. 어떤 작가보다 사회의식이 있는 작품을 쓰면서도 대중성 또한 중요하게 생각했다. 노년의 차범석은 그 경계를 허물고 〈가거라 38선〉 같은 악극의 대본을 쓰거나 의뢰를 받은 것이긴 하지만 뮤지컬 〈처용〉, 오페라 〈백록담〉, 〈연오랑 세오녀〉의 대본 등을 썼다. 그러면서도 〈옥단어!〉(2003년)와 같은 작품에서는 깊은 사유의 절정을 보여주었다. 이 작품은 '단순한 연극이 아닌 우리의 현대사와 그 아픔을 되돌아보자는 데에 그 의미를' 두고 있다. 차범석은 〈옥단어!〉에서 자신이 '평생 동안 삶의 방식으로 지켜온 자유정신을 투영'시켰으며 떠돌이 옥단이를 통해 인생의 허망함을 보여주면서 한국적 사실주의의 진전을 이루어 냈다는 평가를 받았다.

2006년 세상을 떠날 때까지 차범석은 다양한 장르를 경계 없이 넘나들며 많은 작품들을 발표했던 현역 작가였으며 연극인이었다. 자리에 욕심을 낸 적이 없었던 차범석이지만 한국연극협회 이사장, 한국문예진흥원장, 대한민국예술원회장 등을 지내 예술인으로서 영광도 누렸다.

차범석 전집 7

■

차례

일러두기

* 명백한 오자, 탈자 외에는 가능한 원본을 그대로 수록했음을 밝힌다.

* 신문기사·작품 〈 〉, 책제목 「 」로 표기했다.

* 잘 사용하지 않아 의미가 명확하지 않은 단어는 각주를 붙여서 설명했다.

식민지의 아침 (14장)

• **등장인물**

신채호

장지연

부인 조씨

박일민

남궁억

베델

양기탁

향란(조카딸)

김덕기

이동녕

이회영

김구

이동휘

안창호

이갑

신규식

박은식

박자혜

김창숙

신수범(6세)

재판장

기타: 학동들, 시민들, 청년회원들, 헌병대장 및 헌병, 사회, 소년
　　　등 기타 다수

・ **때**

1905년부터 1930년까지

・ **곳**

충북항리, 서울, 청도, 상해, 북경

배역은 주요인물 이외는 일인이역 내지는 삼역을 맡게 됨

프롤로그

무대는 텅 비어 있다. 그리고 어둡다. 다만 호리즌트의 아래쪽에 희미한 빛이 새벽녘의 박명을 나타낸다. 아슬하게 북장단이 들려온다. 중머리 장단이다. 그것은 그 누군가가 다가오는 발소리 같기도 하고, 어떤 힘이 조여오는 맥박 같기도 하다. 이윽고 북소리가 선명하게 들리면서 육중한 목소리가 어둠 속에서 들려온다. 신채호의 시 〈너의 것〉이다. 그것은 격앙된 소리가 아니라 차분하게 가라앉은 소리다. 그것은 고조된 외침이 아니라 바위처럼 버티고 있는 자신감에 찬 목소리라야 한다. 장단이 높아지면서 흰 옷 입은 사람이 장단에 맞추어 춤을 추며 나온다. 그러나 극히 단순한 춤사위다.

"너의 눈은 해가 되어

여기 저기 비치우고 지고

님의 나라 밝아지게"

사람 2가 등장한다. 역시 흰옷을 입었다. 그 역시 다른 각도에서 춤을 추며 나온다.

"너의 피는 꽃이 되어

여기 저기 피고 지고

님 나라 고와지게"

제 2의 흰 옷 입은 사람이 등장한다. 그리고 장단은 차츰 빨라 굿거리로 변한다. 춤사위도 힘이 가해진다.

"너의 숨은 바람되어

여기 저기 불고 지고

님 나라 깨끗하게"

제 4의 인물이 등장한다. 가락은 더 빨라지고 고조된다.

"너의 말은 불이 되어

여기 저기 타고 지고
님 나라 더워지게"
제 5의 인물이 등장한다.
"살이 썩어 흙이 되고
뼈는 굳어 돌 되어라
님 나라에 보태지게"
이윽고 장단은 더욱 빨라 자진모리로 변해 가며 다섯 사람은 서로 엉키었다가 헤어지고 헤어졌다가 엉키듯 춤을 춘다. 이러한 춤사위는 매우 단조롭고도 반복되는 가운데 인간 신채호의 파란 많은 생애와 그의 불길 같은 의지와 집념을 표현하는데 일관해야 한다. 그것은 단재 신채호의 눈과 피와 숨과 말과 살과 뼈를 모두 합하여 오직 조국과 민족에 바쳤던 삶의 의미를 춤으로 나타내야 한다. 따라서 그것은 화려하거나 섬세한 춤이라기보다 투박하면서도 투쟁적인 표현으로 일관되어야만 한다. 따라서 조명이나 의상 등은 결코 화려하거나 장식적일 필요가 없다. 다만 백의민족의 처절한 수난과 항거가 춤으로 나타나야 하고 그것이 곧 단재 신채호의 삶이자 철학이자 절규였음을 강조하는데 주력해야 할 것이다. 작곡 역시 그러한 점에 유의하였으면 좋겠다.

제1장

무대

신채호가 창설한 산동학원 사무실과 교실이 잇대어 있다. 그러나 사실적인 세트를 필요로 하지 않는다. 다만 기둥에 산동학원이라는 간판과 책상과 의자 몇 개만 있으면 족하다. 무대가 밝아지면 장지연이 사무실 안 의자에 앉아 담배를 피우고 있다. 옆 교실에는 7, 8명의 학동이 앉아 있다. 떠꺼머리총각도 있다. 신채호가 학동들에게 수업하는 얘기를 장지연은 음미하듯 가끔 허공을 향해 눈을 감기도 한다.

신채호 지금 우리 대한 나라는 풍전등화의 위기에 처해 있는기여. 나라 밖에서는 제국주의 강대국이 침략의 마수를 뻗치고 있는가 하면 나라 안에서는 왜적의 앞잡이 노릇을 하며 나라를 팔아넘기려는 매국노들이 들끓고 있다 이거야. 세계역사를 읽는다 치면 한 나라가 다른 나라에게 먹히고 만 원인 가운데서도 가장 큰 원인은 그 나라 백성의 깨우침이 없을 때였어. 그 깨우침이란 뭣인가? 그것은 곧 민족주의인기여! 민족주의가 싹트지 않으면 제국주의가 스며들고 말어! 그러니 지금 여러분들이 해야 할 일은 외적들의 입으로 들어가려는 내 조국 대한을 지키는 일인 기여! 그렇게 하기 위해서는 하나도 민족, 둘도 민족이다 이거야! 우리 스스로의 힘으로 나라와 민족을 지키지 못한다면 우리 2천만 동포는 그날로 노예가 되고 말어! 노예가 뭔지 알어? 응? 어디 누가 말혀봐!

몇몇 학생 등이 손을 들고 응답을 자청한다.

신채호 (훑어보다가) 그려! 자네 대답혀봐!

학동 갑 종이지유? 주인 시키는 대로 움직이는 머슴 말이에유.

신채호 (공감이라도 하듯 교탁을 탁 치며) 그려! 말 잘했구먼! 종인기여! 종!

장지연의 얼굴에도 긴장의 빛이 감돈다. 그는 담배를 끄고 일어선다. 서서히 거닌다. 신채호의 다음 이야기에 따라 고개를 끄덕거리기도 하고 골똘한 생각에 잠기기도 한다.

신채호 바로 말했어! 민족주의가 없으면 종살이여. 종살이! 눈이 있어도 보지 못하고 입이 있어도 말을 못하고 귀가 있어도 듣지도 못하는 산송장이 되는 기여! 내 나라의 아름다움도 자랑도 다 빼앗기고 그저 왜놈들이 던져주는 찌꺼기만 받아먹고 살아야 하겠어? (사이) 그래서 나는 항상 여러분들에게 우리나라 역사를 알아야 한다, 우리나라 한글을 배워야 한다고 입버릇처럼 말해온 기여! 알겠어?

학생들 (힘차게) 예!

신채호 (어조가 누그러지며) 좋아! 그럼 오늘은 여기까지… 마침 서울서 손님이 찾아오신 모양이니까… 이상!

이와 동시에 교실 쪽 조명은 꺼진다. 장지연이 처음 앉았던 자리로 간다. 신채호가 책과 분필통을 들고 들어온다. 두루마기에 머리를 짧게 깎았다. 그다지 큰 체격은 아니나 넓은 이마와 이글거리는 듯 하는 두 눈이 사람을 꿰뚫어 보는 힘을 지녔다.

신채호 기다리시게 해서 죄송합니다. 위암 선생님!

장지연 아닐세, 단재. 내가 공연히 찾아와서 공무 방해를 하는 꼴이 되어 미안하구먼.

신채호 아니올시다. 위암 선생님께서 이 충청도 오지까지 찾아주시다니… 정말 꿈만 같구먼유. 앉으세유.

두 사람이 의자에 걸터앉는다.

장지연 얘기로만 들었던 산동학당… (휘둘러보며) 막상 와 놓고 보니 열기가 대단하구먼. 한마디로 단재의 입김과 맥박이 바로 이 가슴에 와 닿는 것 같군. 헛허…

신채호 아니지요. 그건 바로 이 산동학당의 설립자이신 예관 신규식, 경부 신백우 두 분의 뜻이자 기품이지요.

장지연 옳거니, 청주 산동에 예관 신규식, 경부 신백우, 그리고 단재 신채호가 있었기에 망정이지 그렇지 않고서야 어찌 이 충청도 땅에 산동학당이 설 수가 있었겠는가 이건가?

신채호 예, 예관 신규식 선생은 서울에다 이미 중동학교와 또 청동학교까지 세우신 바 있었는데 제가 떼를 써서 이 산동학교까지 세우게 되었지요.

장지연 (생각에 잠기듯) 중동, 청동, 그리고 산동이라… 모두 합치면 석삼 자, 동녘 동 자! (크게) 삼동학원일세 그려! 핫핫…

신채호 그렇구먼유! 헛허…

두 사람은 호탕하게 웃음을 터뜨리다가 자기도 모르게 서로의 시선이 동시에 마주친다. 어색하면서도 긴장감이 감도는 순간이다. 장지연이 경직된 분위기를 풀려는 듯 담배를 꺼낸다.

장지연 피우게.

신채호 예, 아닙니다. 저는… 나중에…

신채호가 책상 위의 당성냥을 그어 담뱃불을 붙여준다. 신채호는 조심스럽게 성냥불을 끄면서 장지연의 입에서 떨어질 말을 기다린다.

장지연 단재.

신채호 (눈을 바로 뜨고 바라본다)

장지연 내가 왜 단재를 찾아왔는가 그 까닭이 궁금하겠지? 흠… 궁금할 거야. (담배연기를 길게 내뱉는다)

신채호 「황성신문」은 잘 읽고 있지유.

장지연 읽을만하다고 생각하는가?

신채호 지금 이 판국에 「황성신문」마저 없다면 그야말로 암흑시대가 아니겠습니까? 제가 독립협회 시절부터 위암 선생을 뫼시고 일을 했지만 선생님의 지론은 이 땅에 교육과 언론이 없이는 독립은 없다고 늘 주장하셨지요. 언젠가 독립신문 사설에 〈언권과 자유〉라는 글을 읽었을 때 저는 며칠 동안 잠을 못잘 정도로… (회상에 잠기듯) 지금도 그 구절이 생생하게 떠오릅니다. (이때 무대배경에 환등으로 독립신문이 투영된다. 조용히 읊듯이) 말하는 것이 사람의 특별한 권리라 말이 없으면 권리의 오묘함을 궁구할 수 없고, 오륜의 도리를 가르칠 수 없을 터이다. 하늘이 만인을 내실 때, 부귀, 영욕을 다 주지 아니하였으나 말하는 재주는 다 주셨으니, 부귀영욕은 천생권리라 하지 못하되 언권자유는 천생권리라. 하늘이 주신 권리를 어찌 진중히 보존치 아니하리요? 어느 정부든지 그 인민의 생명과 재산과 권리를 보호함이 가장 큰 직분이요, 또 언권자유라는 권리를 없이 하면 공론이 없어지고, 공론이 없어지면 정부 관인들이 기탄없이 인민을 압제하여 국가가 위태하게 되는지라… 그런고로 언론을 채용하는 나라는 성하고, 입을 틀어막아 시비를 못하게 하는 나라는 위태하기로, '백성의 입을 막기가 냇물 막기보다 어렵다' 하고 '말길을 열면 난 길을 막는다' 하였으니 언권의 자유가 나라 다스리는 큰 강령됨을 짐작하겠도다…

눈을 감고서 경청하고 있던 장지연이 폐부로부터 뿜어내는 듯 길게 숨을 몰아쉰다. 환등의 화면이 사라진다.

장지연 백번 옳은 이치이지만 현실적으로는 그게 안 되니 어찌 하겠나!

신채호 안 되다니요?

장지연 우리나라가 이 지구상에서 사라질 날도 머지않을 것 같구먼!

신채호 잘 안 되는 원인이 뭡니까?

장지연 사람.

신채호 예?

장지연 신문사 사옥이나 인쇄기가 있다고 신문이 나오는 게 아닐세. 제대로 글을 쓸 줄 아는 사람이 있어야지. 손끝으로 쓰는 글이 아니라 심장으로 쓰는 글, 머리로 쓴 글이 아니라 행동으로 쓰는 글이라야 해. 그런데 그러한 기사를 쓸 사람이 없단 말이야. 그런 속에 영혼이 깃들고, 피가 흐르고, 그래서 그 글이 독자의 혈관에다가 같은 피를 흐르게 하고, 심장을 뛰게 해야 하겠는데 내가 알고 있는 한 그런 사람이 없단 말일세.

신채호 허지만 위암 선생이 계신 이상 「황성신문」은 살고, 「황성신문」이 있는 동안 대한 나라는 살아남으리라 믿는구먼요.

장지연 (똑바로 보며) 그 「황성신문」에 단재 신채호가 있어준다면 또 모르지.

신채호 예?

장지연 (신채호의 손을 덥석 쥐며 조용하나 간곡하게) 단재, 나와 함께 올라가세.

신채호 위암 선생님.

장지연 「황성신문」이 살아남기 위해서가 아니라 우리나라가 살아남기 위해서일세. 이런 시기에 자네 같은 영재가 이 후미진 산골마을에 낙향하여 학동만을 상대할 때가 아닐세.

신채호 (빙그레 웃으며) 저는 저대로의 생각이 있어서 고향에 내려왔지 낙향이 아니지유…

장지연 그건 먼 훗날에도 될 수 있어. 아까 자네가 학동들에게 역설하던 말대로 (강조하며) 민족이 살아야 나라가 있어! 제국주의자들과 국내의 오족들이 나라를 팔아넘기려는 이 심각한 시기에 이렇게 가만히 있어야 한단 말인가?

신채호 하지만 저와 같은 사람이 어떻게 감히 「황성신문」에서…

장지연 단재의 문장은 이미 평가를 받고 있어! 아홉 살 때 한시를 지어 신동이라 칭송을 받았고, 열세 살에 「사서삼경」을 했고, 열다섯 살 때 「국조명신록」이며 「왕조실록」 등 역사책을 통독했고, 십구세 때 천원군 목천에 살던 개화파의 재상 신기선 대감의 주선으로 성균관의 학생으로 문명을 떨쳤다면 그 이상 무슨 설명이 필요하겠나. 단재! 그러니 다른 생각일랑 말고 나와 함께 「황성신문」을 키워보세!

신채호 위암 선생께서 저와 같은 둔재를 그토록 아껴주시는 충정은 고맙기 한량없지만 아직 문장의 길을 깨우치기에는…

장지연 알고 있다고 했잖은가! 더구나 연전에 성균관에서 나온 〈항일 성토문〉은 단순한 글이 아니라 폭탄이었지. 우리 신문사 간부들도 그런 글을 쓸 수 있는 사람이 있어야 신문으로서의 제구실을 할 수 있다고 합의한 바 있어서 내가 이렇게 찾아온 것이니 함께 올라가도록 하세!

신채호 지금 말이어유?

장지연 중국 삼국 춘추시대의 고사에 나오는 삼고초려의 예가 있어서가 아니라 나는 오늘의 대한이 살아나기 위해서는 「황성신문」이 살 아야 한다는 생각뿐이고 그러기 위해서는 단재가 함께 있어줘야 하겠다는 결심뿐일세. 단재! 나와 함께 「황성신문」을 살려보세! 단재가 우리 신문의 논설위원으로 있어만 준다면 나는…

신채호 저, 담배 한대 피우겠습니다.

장지연 그렇게 하게,

장지연이 담뱃갑에서 한 가치를 뽑아준다.

신채호 저는 이걸 피우겠어유. (하며 주머니에서 짧은 담뱃대와 쌈지를 꺼낸 다. 그는 돌아앉아 담배를 재이고는 성냥을 그어댄다. 그리고 허공으로 퍼져나가는 파란 담배연기를 한동안 바라본다. 담뱃대를 쥐고 있는 손 이 가늘게 떨린다)

장지연 이 산동학당 일이 안 잊혀지겠지만 매사에는 급하고 완한 게 있 고 선과 후가 있는 법일세. 나라가 기울어져 가는데 그걸 좌시할 수도 없거니와 나라가 쓰러진 다음에 민족이 어디 있으며 자유가 어디 있는가 말일세! 단재! 이것은 장지연 개인의 소망이나 황성 신문사의 흥망을 걱정해서가 아닐세, 병들어가는 사회를 씻어내 고, 기울어져 가는 사직을 바로 세우자는 일념은 지난날 1896년 에 세웠던 독립협회 시절이나 지금이나 매한가지일세. 아니 어쩌 면 앞으로 십 년, 삼십 년, 오십 년 후까지도 우리 민족이 풀어나 가야 할 숙제일걸세!

식민지의 아침

이미 배경에 독립협회에 관한 자료 사진이 투영된다.

신채호 1898년 제가 독립협회에 가입했을 때도 그런 말씀을 하셨었지요? 더구나 그해 가을 만민공동회가 열렸을 때 서울 장안을 온통 뒤흔들어 놓았던 그 함성 소리가 지금도 귓전이 쟁쟁하구먼유.

장지연 그렇지. 그 민중대회가 열렸을 때 장안의 상가는 철시하고 학교는 텅 비고 민중들은 남녀노소가 거리로 쏟아져 나와 정부를 개혁하고 새로운 인물로 개화내각을 수립하라고 목이 터지게 외쳤었지!

배경에 다음 인물의 사진들이 차례로 투영된다.

신채호 서광범, 서재필, 박정양, 윤치호, 남궁억, 양기탁, 장지연, 이상재, 신흥우, 김규식, 이승만, 안창호… 아… 정말 기라성 같은 지도자들이었지유! 대한의 찬란한 인걸들이 한 자리에 모였던 독립협회 시절은 정말 잊을 수가 없구먼유.

장지연 그때 단재 나이가 열아홉 살이었지.

사진이 사라진다.

신채호 (멋쩍어지며) 막내동이나 다름 없었지유. 그러나 나이가 어리다고 덕을 보기도 했었지유. 그 해 12월 5일 검거선풍이 불어 체포되었지만 고맙게도 왜놈들이 나는 어리다고 훈계방면 되었으니 나이 덕을 톡톡히 본 셈이지요. 훗흐… (금세 표정이 굳어지며) 하지만 그때 함께 감방에 갇혀 있던 이승훈, 이승만, 안창호, 박은식, 이동휘, 이갑, 안병찬 등 여러 선배, 동지들의 뜻과 지조는 지금도 잊을 수가 없구먼유. 제가 그때 얻은 결론이 우리 민족이 살아남으려면 무지몽매한 민중을 깊은 잠으로부터 흔들어 깨어나게 하는 길밖에 없다고 생각했었지유.

장지연 나도 알지. 그래서 성균관에서 삼년 수학 끝에 출세의 길을 마다하고 고향인 청원군 낭성에 내려와 산동학원을 세웠잖은가. 그렇지만 따지고 보면 교육이고 언론은 한 가지 목적을 위한 한 가지 길일세.

신채호 지그시 눈을 감는다.

장지연 다만 그 대상이 하나는 학동이요, 다른 하나는 성인들이라는 점만이 다를 뿐 나라를 찾고 주권을 찾자는 데는 아무런 차등이 있을 수 없다 이걸세.

신채호 (감았던 눈을 뜨고 장지연을 바라본다)

장지연 단재! 그러기에 문장보국이라는 말도 있잖은가. 내가 단재를 「황성신문」의 논설위원으로 앉히자는 뜻은 바로 단재가 가지고 있는 그 문장의 힘을 빌어 나라를 바로잡고 민중의 깊은 잠을 깨워보자는 걸세. 단재, 지금 우리나라에 문장가가 몇이나 된단 말인가? 아니 글이면 다 글이라던가? 경주 돌이면 다 옥이라던가? 응?

장지연의 눈에 이슬이 번쩍인다. 이심전심으로 통하는 사나이의 열정이 신채호의 가슴에 파도를 일으킨 듯 길게 숨을 몰아쉰다.

신채호 위암 선생님! 잘 알겠어유. 허지만 며칠간만 생각할 여유를 주세유.

장지연 나와 일을 함께 한다는 전제조건이라면… 참 단재 올해 나이가 몇인가?

신채호 스물여섯이구먼유.

장지연 아직 젊어! 뭐가 걱정인가?

신채호 아시다시피 이 산동학당도 그렇고, 또 제게 딸린 식솔도 있고 해
서유……

장지연 식솔?

신채호 내자와 갓난아기 관일이…… 그리고 향란이라는 조카딸까지 있
어서……

장지연 염려 말게. 방 한 칸쯤이야 내가 올라가는 길로 마련할 테니까.
문제는「황성신문」의 흥망은 단재에게 매달려 있다는 한 가지
사실만은 잊지 말게! (악수를 한다)

신채호 위암 선생님!

장지연 인생이란 기회를 포착하는데 있어! 기회! 핫하…

암전

제2장

무대

서울 삼청동에 있는 신채호의 셋방.

좁은 방안엔 책상만 하나. 세간이라고는 찾아볼 수가 없다. 그 주변에 책과 신문지와 그리고 쓰다가 버린 원고지가 어지럽게 흩어져 있다. 개다리소반을 앞에 놓은 채 신채호가 책을 읽고 있다. 바른손에는 숟가락이 들려있는 채로 왼쪽 무릎 위에다 책을 올려놓고 읽고 있다. 정신은 책에 빨려들고 있다. 까치가 두어 번 울다가 푸드득 날아가는 소리가 을씨년스럽다.

부인 조씨가 물그릇을 들고 들어온다. 아직도 촌티가 가시지 않은 평범한 젊은 아낙이다. 방으로 들어서자 책읽기에 넋을 잃고 있는 남편을 내려다보는 눈에는 실망도 아니요, 미움도 아닌 한 가닥의 체념이 짙게 깔려있다. 그녀는 조용히 물그릇을 내려놓고 앉는다. 그리고는 말문을 열까말까 망설이는 눈치다.

조씨 저… 책은 나중에 읽으시고…

신채호는 여전히 책장을 넘기고 있다. 아내 조씨의 말투는 유난히 느리다.

조씨 (조심스럽게) 국이 식는구면유…
신채호 (여전히 대꾸가 없다)
조씨 오늘… 신문사 안 나가실거예유?
신채호 (말없이 책장을 넘긴다)

조씨 있다가 들어오실 때 관일이 약 좀 사오세유… 아직도 푸른똥을
     싸는 게 속이 안 좋은가봐유…

     신채호가 시선은 책에 꽂은 채로 숟가락으로 밥상에 놓인 그릇을 더듬
     어 국물을 떠서 입에 가져간다. 다음 순간 신채호가 이맛살을 찌푸리
     면서 비로소 책에서 얼굴을 뗀다. 책을 놓고 밥상을 내려다본다.

신채호 아이 짜! 웬 국이 이렇게 짠기여!
조씨   국이 짜유? 그럴 리가… (말하다가 말고 킬킬댄다)
신채호 뭐가 우습다는 기여?
조씨   그건 국이 아니라 간장이잖어유.
신채호 간장? 그러면 그렇지… 흣흐.

     그는 국그릇에서 국물을 두어 번 떠마신다.

신채호 이런 때는 올갱이 국물 생각나는구먼. 술 마신 다음날 해장으로
     는 뭐니 뭐니 해도 올갱이국이 제격인기여!
조씨   서울 사람은 올갱이를 안 먹는가벼유. 저자에 가서 눈을 씻고 봐
     도 안보이데유.
신채호 올갱이 국맛이사 충청도 청주 사람이라야 알지 서울 깍쟁이들이
     어떻게 알것어! 왜놈들이 김치 깍두기 맛 모르는 격이지!

     조씨가 멋쩍게 웃는다. 몇 순갈 밥을 떠먹던 신채호가 문득 방안을
     휘돌아본다.

신채호 관일이는 어디 간기여?

조씨	향란이가 업고 나갔어유. 배가 아픈지 보채싸서 업고 나가 바깥 바람 좀 쐬라고 했어유.
신채호	그 자석은 누굴 닮아서 그렇게 잘 우는지 원…… 간밤에도 보채 대던데.
조씨	(못마땅해서) 그렇게 보채는데 당신은 모르는 척하고 코만 골아 유? 애기는 나 혼자 낳는가?
신채호	내가 그런 것까지 걱정하게 되었어? 신문기사 쓰기에도 바쁜 판국에…… 나는 생각이 많아. 집안일 걱정할 겨를이 없어……

수저를 놓고는 숭능을 마신다. 그리고는 습관적으로 그러하듯 재떨이를 끌어당긴다. 재떨이 위에 담배쌈지와 담뱃대가 얹혀 있다. 그는 담뱃대를 물고는 불을 붙인다. 길게 들이마신 담배연기를 되도록 길게 허공으로 내뿜는 게 옆에서 보기에도 그렇게 맛있어 보일 수가 없다.

조씨	그럼 어쩐대유?
신채호	뭐가?
조씨	관일이 약을 사와야 먹이지유.
신채호	임자가 사와. 그걸 꼭 내가 사와야 하는 기여?
조씨	(신경질적으로) 약국이 어디 붙어있는지 병원이 어디가 있는지 알 아야 사고 말고 하지유. 서울로 이사 온 지 반년이 다 되었지만 제가 아는 길이라고는… 이 셋방하고 변소길 뿐이어유… 언제 시내구경 시켜줬어유?
신채호	(약간 미간이 흐려지며) 누가 가지 말라고 붙들은 기여? 가고 싶은 곳 있으면 얼마든지 가봐. 우리 집 뒷산에도 약수터가 있고, 아래 로 내려가면 광화문도 있고 동쪽으로 빠져나가면 돈화문도 있는 디 왜 귀경 못 가? 가보고 싶은 곳 있으면 얼마든지 가봐. 말리지

　　　　　　　　　　　　　　식민지의 아침

않을 테니…

조씨 　(한숨을 몰아쉬며 어처구니없다는 듯 남편 옆얼굴만 쳐다본다)

신채호 　세상이 지금 어떻게 돌아가고 있는 줄이나 알고서 말하란 말이여. 왜놈들이 야금야금 쳐들어오는 이 판국에 서울 구경하게 되었어?

조씨 　그러니께 하루 종일 집안 구석에 틀어박혀 있잖여유.

신채호 　(방바닥에 흩어진 신문을 집어서 내보이며) 이등박문이란 놈이 뻔질나게 드나들고 있는 게 왜 그런지나 알아?

조씨 　나는 무식해서 그런 일 몰라유. 알고 싶지도 않고유. (밥상을 든다)

신채호 　뭣이 어쩌?

조씨 　무식한 여편네 탓하기 전에 당신은 얼마나 집안 걱정해보셨시유? 한 달에 30원 월급봉투만 내주면 그것으로 다인가유? 세끼 밥 안 굶기면 그것으로 다인가 말여유.

조 씨가 물그릇을 밥상 위에다 거칠게 옮기자 쨍그랑 소리가 크게 울린다. 신채호가 멋쩍어지자 벌렁 눕는다. 까치 우는 소리가 가까이서 들린다. 조 씨는 갑자기 슬퍼진다. 신채호는 여전히 허공으로 담배연기를 날려 보낸다.

조씨 　(허공을 바라보며) 세상에… 이것도 낙이라고 사는 기여? 서방 따라 서울로 올라왔을 때는 나도 다 마음속으로는 기대고 싶고 의지하고 싶어서였지 누가 하루 종일 빈집 지키기 위해서였는가 말이어유. 남편이라고 언제 따뜻한 말 한마디 건네줘 봤어유? 시내구경 한번 시켜줬어유? 집에 들어오기가 바쁘게 책상머리에 앉아서 글 쓰는 일 아니면 책 읽기나… 여기가 무슨 서당이래유?

신채호 　(여전히 누워서 허공을 쳐다보면서 남의 일이나 되는 듯) 시집 잘못 왔다 이거구먼! 훗…

조씨   (남편을 쏘아보며) 장가 잘못 들었다고 얘기하시지 그래유?

신채호   (길게 담배연기 내뿜으며) 천지간에 있는 만물은 저마다 각기 맡은
        일 따로 있고 해야 할 일 따로 있는 기여. 남자가 할 일 따로 있고
        여자가 할 일 따로 있고…

조씨   그렇지유. 이 세상의 모든 남자는 다 당신 같은 사람뿐일테지유.
        월급봉투만 내던지고 나면 집안에선 밥이 끓는지 죽이 끓는지도
        모르고 아침부터 저녁까지… 그놈의 신문사 일에만…

신채호가 벌떡 일어나 앉는다. 눈빛에 심상치 않은 빛이 든다. 그러나
무슨 얘기를 하려다 말고 어금니를 지그시 깨물어 본다. 마음을 삭히
려는 흔적이 역력히 보인다. 조씨는 비로소 울음이 복받친다. 까치가
또 운다.

신채호   (되도록 감정을 억제하려 애쓰며) 나는 그런 사람이려니 하고 내버
        려둬. 내가 황성일보사에 입사한 게 어디 호의호식하자는 뜻이었
        나 말이여. (차츰 열기가 오르며) 나는 글을 써서 팔아먹는 사람이
        아니란 말이여. 내가 하루하루 쓴 글이 (신문을 쳐들며) 이렇게 신
        문에 박혀 사람들 손으로 들어가서 읽힌다는 이 한 가지 사실은
        적어도 우리 2천만 동포들의 가슴에 불을 지르기 위한…

불이라는 말에 긴장이 되었는지 조 씨가 얼굴을 들어 신채호를 쳐다본
다. 눈물이 뺨 위에 흘러내리고 있다. 신채호는 아내가 자신의 참뜻을
이해 못해주는 안타까움에 약간 당혹감을 느낀다. 그러나 그녀의 지적
수준으로는 자기의 말을 이해 못할 거라는 체념으로 변하자 꺼진 담뱃
불을 재떨이에다 탕탕 소리 나게 턴다.

조씨 (자신의 가슴을 치며) 제 가슴에 불을 지르셨구먼유!

신채호 (길게 한숨을 몰아쉬며) 지금은 모를 테지만 머지않아 내 뜻을 알아줄 날이 올거구먼! 꼭 올기여. 그러니 그때까지는 참고 견디어 나갈 수밖에 없는 기여! 안 그려?

조씨 기다려유? 언제까지 기다려유? 당신은 문장 잘 쓴다고 어려서부터 어른들한테 칭찬 받으며 자랐고 성균관에서도 글 잘 짓는 선비라고 우대받고 살아오셨으니께 나같은 촌떼기의 마음 같은 건 아실리가 없겠지유 예, 모르고 말고유!

신채호 (어이가 없어서) 글쎄 안다니께.

조씨 (악에 받치듯) 아시는 어른이 이러시기에유? 난 도대체 뭔 재미로 살아유? 당신은 신문사에 나가시고 글쓰시고 그래서 세상 사람들한테서 칭찬받는 낙이라도 있으시겠지만… 이 나는… 나는…

지금까지 참아오던 울음이 복받쳐 오르자 조 씨는 개다리상을 들고 급히 밖으로 나간다. 신채호는 멍하니 쳐다보다가 다시 방바닥에 드러눕는다. 까치가 두어 번 운다. 밖으로 나온 조 씨가 길게 한숨을 몰아쉰다. 그것은 자신을 이겨내려는 뜻이자 어쩔 수 없는 체념의 탄식이다. 이때 무대 좌편에서 박일민이 허겁지겁 등장한다. 가파른 길을 올라오느라고 숨이 차고 이마에서 땀이 흘러내린다. 양복차림에 모자를 썼다. 그는 모자를 벗고 숨을 몰아쉬고 손수건으로 이마의 땀을 닦는다.

박일민 (집을 향하여) 단재! 단재 있나?

마루 끝에 밥상을 들고 서 있던 조 씨가 어리둥절하며 급히 눈물을 닦는다. 박일민이 다가오자 조 씨가 먼저 허리를 굽힌다.

박일민 안녕하세요?

조씨 예? 예…

조 씨가 얼떨결에 눈물을 훔치며 부러 웃는 얼굴을 짓는다.

조씨 박 선생님 웬일이세유?

박일민 예… 좀 급한 일이 생겨서… 단재 집에 있어요?

조씨 예? 예…

방안의 신채호가 일어나며 밖을 향해 소리친다.

신채호 누구여?

박일민 날세! 박일민이야! 휴우…

신채호 (마루로 나오며) 어서 오게. 삼청동 산골짜기까지 올라오느라고 숨
찼겠어!

박일민 단재! 그만큼 세상에 이름이 날렸으니 이제 화동이나 팔판동 같
은 평지로 이사를 할 일이지! 이런 산꼭대기에 살긴.

신채호 이름을 날렸다 했더니만 돈주머니마저 홀랑 날려 보냈지 뭐여!
헛허.

박일민 익살하곤… (조 씨를 돌아보며) 우리 아주머니께서 힘드시겠어요.
우물물 길어대려면…

신채호 그렇게 걱정이 되거든 자네 집을 셋방으로 내놔봐! 헛허.

박일민 헛허!

신채호 그런데 뭔 일인가? 이 시간에…

박일민 일이 터졌나봐!

신채호 일?

박일민 응! 방에 들어가서 얘길 하세.

신채호 그렇게 하지. (들어가려다 말고 조 씨에게) 술상 좀 봐줘.

박일민 술상은 무슨 곧 신문사로 나가야 해.

신채호 나가는 건 나가는 거고 손님 대접은 대접이지. (조 씨에게) 간단히 차려와요.

신채호와 박일민이 방으로 들어가자 조 씨는 뾰루퉁해지며 우편 부엌 쪽으로 퇴장. 두 사람은 앉자마자 담배를 피운다.

신채호 급한 일이라니?

박일민 이등박문이가 어젯밤 한일신협약안을 우리 정부 측에 들이대며 강제적으로 성상폐하의 칙지를 요구했다는군!

신채호 그건 불법이라고 여덟 사람의 각료 중 아직도 세 대신이 반대하고 있는데 어떻게 그런…

배경에 이등박문의 사진이 투영된다.

박일민 아무래도 사태가 이대로 가다가는 영락없이 국권을 빼앗길 것 같으니 우리 「황성신문」으로서는 좌시만 할 수 없다면서 위암 장지연 주필께선 전사원 비상 소집령을 내리셨다네.

신채호 음…

박일민 오늘은 남궁억 사주께서도 나오실 모양일세!

신채호 그 전문 소개조로 된 협약문에 동의를 하게 되는 날에는 우리나라는 산송장이나 다름없게 돼! 외교권도 군사권도 다 빼앗긴 허수아비 정부가 된다는 걸 뻔히 알면서 어떻게 그런…

박일민 성상폐하께선 당신은 모르는 일이라고 한사코 발뺌을 하시니까

이등박문은 외무대신 박제순과 일본공사 하야시 곤스께가 대리 조인하면 되잖겠는가라고 나온다는 게야! 그러니 가만 있을 수가…

신채호 (벌떡 일어나며) 없지, 없고말고! 우리는 무슨 일이 있더라도 그것만은 막아야 해!

박일민 그래서 우리 신문사에서도 사운을 걸고서라도 그것을 막기 위해 전면적으로 기사를 꾸밀 계획이라네.

신채호 천부당 만부당일세!

신채호가 벽에 걸린 두루마기를 입으면서 마루로 나간다. 박일민도 뒤따라 나간다.

신채호 국권을 왜놈에게 넘겨주느니 차라리 2천만 동포가 자결을 하는 게 낫지! 나는 오래전부터 일이 이렇게 되리라 짐작은 했었지! 내가 7년 전 성균관에 몸담고 있었을 때 조소앙 선배님하고 주동이 되어 〈항일성토문〉을 썼던 게 엊그제 같은데… 아… 이렇게 빨리 끝장이 날 줄이야… 진작 이완용, 이하영을 위시한 오적을 쳐죽였어야 했었는데, 에이 빌어먹을…

그는 분을 이기지 못하여 발을 동동 구른다. 박일민도 분에 못 이기며 뜰로 내려선다. 조 씨가 술상을 들고 나온다.

신채호 (불쑥) 오늘밤, 아니 며칠 집에 못 들어올지도 모르니까 그렇게 알고… (박일민에게) 가세!

두 사람 황급히 나간다. 술상을 들고 망연히 서 있는 조 씨의 모습이

을씨년스럽기만 하다. 까치 떼가 요란스럽게 울어댄다. 조 씨가 지그
시 눈을 감는다.

조씨   (긴 한숨) 아… 까치야 백번 울면 뭘혀. 찾아올 사람이 있어야제.

암전

제3장

무대

「황성신문」 편집국. 남궁억, 장지연, 신채호 등을 중심으로 십여 명의 사원들이 비통한 표정으로 더러는 서고 더러는 앉아 있다. 마룻바닥에는 신문이 어지럽게 깔려 있다. 행길 쪽에서 행진하는 시민들의 절규 소리가 밀물처럼 밀려왔다가 멀어진다.

시민 1 (소리) 매국적은 사죄하라!

시민들 사죄하라!

시민 2 강도 일본은 즉각 물러가라!

시민들 물러가라!

시민 3 일본의 앞잡이 오적들은 자결하라!

시민 4 2천만 대한동포는 노예가 아니다!

시민들 (발악적으로) 물러가라! 물러가라! 물러가라!

그들의 절규가 절정에 달하자 멀리서 일본 관헌의 호루라기 소리가 응수라도 하듯 여기저기서 터져 나온다. 군중들의 일치된 구호가 맞선다. 이때 총소리가 요란스럽게 울리자 이러 저리 흩어지는 군중들의 아우성이 무대를 짓누른다. 그러나 신문사 편집국 안은 물을 끼얹은 듯 말이 없다. 모두들 미동도 안 한다. 창가에 서서 밖을 내다보고 있던 신채호가 돌아선다. 눈을 감고 묵묵히 앉아 있는 장지연의 모습을 돌아본다.

신채호 위암 선생님! 이렇게 가만히 앉아 있어야만 됩니까?

장지연 (여전히 돌부처처럼 앉아 있다)

신채호 (남궁억에게 다가가서) 뭐라고 한 말씀 해주십시오. 남궁 사장님. 이 지경에 이르렀는데도 우리가 할 일이란 고작해서 사설이나 쓰고 논설이나 쓰는 것, 그것뿐입니까?

장지연이 눈을 크게 뜬다. 광채가 사람의 가슴을 쏘아붙일 듯 하다.

신채호 (지지 않고 다시 장지연에게 가서) 뭐라고 한 말씀 해주십시오. 말하는 권리도 빼앗겼단 말입니까? 하늘이 만인을 내실 때 부귀영욕은 제대로 다 주지 못했어도 말하는 재주는 다 주셨다고 했지유. 언권자유 없이는 공론도 없어지고, 공론이 없어지면 정부관인들이 백성을 압제하여 마침내 국가가 위태롭게 되었던 역사를 우리는 알지 않습니까? 예? 백성의 입을 막아 시비를 못하게 하는 나라는 망하는 법이라는 걸 잘 아시면서 어째서…

장지연 (냉철하나 위풍이 당당하게) 나는 할 말 다 했제. 내가 하고 싶은 말은 여기 (신문을 들어) 여기 사설에도 나로서 하고 싶은 말 다 했어. (배경에 「황성신문」에 실린 〈시일야방성대곡〉의 기사가 투영된다. 신문기사를 읽는다) "우리민족 2천만이 남의 노예가 되었으니 동포여! 살았는가 죽었는가? 4천년의 국민정신이 하룻밤 사이에 졸연히 멸망하다니 이대로 끊기고 말 것인가! 통탄할 일일지어. 동포들이여!"

장지연의 말끝이 울먹이며 떨리자, 사원들도 크게 동요한다. 어떤 자는 마룻바닥에 무릎을 꿇기도 하고 어떤 사람은 책상 위에 엎드리며 흐느낀다. 신채호도 그 이상 자기 주장을 못한 채 눈을 감는다. 배경에 「황성신문」 제자가 크게 투영된다.

장지연 여기 남궁억 사장님을 위시하여 유근, 나수연 동지가 합석하고 계시오. 우리가 주마다 2호로 발행해오던 「대한황성신문」의 판권을 인수하여 국한문을 섞어 쓰기로 하되 일간신문을 내겠다는 의도가 무엇인지 몰라서 이러는 건가? 아니 내가 단재를 찾아가 향리에서 후진을 양성하는 일보다는 붓으로 나라를 세우자고 끈질기게 설득한 목적이 무엇인지 몰라서 이러는 건가? 말해봐!

신채호 압니다. 「황성신문」은 독자들로 하여금 자주민권사상과 독립사상을 고취시키자는데 있었지유.

장지연 (언성이 높아지며) 그래서 단재와 내가 써낸 사설이나 논설기사가 잘못된 점이라도 있었던가?

신채호가 약간 당혹감을 느낀다.

장지연 (더욱 날카롭게) 오적으로 지탄받은 박제순, 이완용, 이지웅, 이근택, 그리고 권중현들의 매국적인 행동을 한번이라도 좌시한 적이 있었던가 말일세!

신채호 그건 백 번이고 천 번이고 알고말고요. 이등박문이가 경부철도로 서울에 들어와 동양의 평화를 위하고 우리나라를 보호하기 위하고, 황실의 안녕을 지키기 위함이니 다섯 조항에 걸친 보호조약의 인허를 강요해왔던 과정을 왜 모르겠습니까? 하지만 지금에 와서는 그게 다 허사가 되었지 뭡니까. 총검을 번쩍이며 내 정부와 궁중에 왜병이 벌려서고 이등박문과 장곡척의 협박에도 참정 대신 한규설이 굳이 뿌리쳤건만 결과적으로 오늘날 우리는 국권을 빼앗겼다는 이 현실을 어떻게 하겠습니까? 붓만 가지고는 물리칠 수 없습니다. 글로 써서 되는 일이 아닙니다.

장지연 그렇다면 단재는 무슨 수단을 원하는가 말일세.

신채호 행동입니다.

장지연 행동이라니?

밖에서 다시 군중들의 함성과 그것을 제압하는 총성이 요란하게 들려온다.

신채호 눈에는 눈으로, 피는 피로 응수하는 행동이라야 합니다.

좌중이 술렁인다.

사원 1 옳소! 단재 말대로 우리도 거리로 나갑시다.

사원 2 성난 군중들과 함께 항쟁을 합시다.

신채호 감언과 위협과 홍계로 가득한 왜국의 부정이 만천하에 알려진 이상 이제 우리가 할 수 있는 일은 최후의 수단인 행동만이 남았다고 봅니다. 그러니 여러분! 우리도 다 함께 거리로 나갑시다. 나가서 왜적들과 싸워야 혀!

사원 1 옳소! 나갑시다!

사원 2 「황성신문」의 명예를 걸고라도 나갑시다!

장지연 안 돼! 그건 절대로 안 돼! 경거망동은 안 돼!

장지연이 군중들 앞을 막아선다. 신채호가 맞선다.

신채호 위암 선생님! 우리 젊은이들의 갈 길을 막으실 순 없습니다!

장지연 우리가 할 일은 따로 있다는 걸 알아야 해. 언론의 길은 따로 있어!

신채호 우리에게 지금 필요한 건 말이 아니라 행동이에요!

일동 옳소! 나갑시다!

장지연 내 말을 들어! 내 말을!

이때 일본 헌병대장과 완전무장한 헌병 1, 2가 들어선다. 긴장과 공포가 삽시간에 퍼진다.

헌병대장 「황성신문」 사주가 누구요?

서로가 머뭇거린다. 남궁억이 저만치서 군중 앞으로 나온다.

남궁억 나요!

헌병대장 당신이 발행인 남궁억이요?

남궁억 그렇소.

헌병대장 저 바깥세상의 소요사태에 대해서 책임을 지겠소?

남궁억 (말이 없다)

헌병대장 (신문을 한 장 들어) 여기 실린 사설 (읽으며) 〈시일야방성대곡〉 (자기 스스로 풀이하며) 이날을 소리 높여 곡을 한다? 흥! (남궁억에게) 그렇소?

남궁억 예.

헌병대장 이 사설 당신이 썼소?

남궁억 (난처해진다)

헌병대장 이 사설 누가 썼소?

긴 침묵, 헌병대장이 한 사람 한 사람의 얼굴을 뜯어본다.

헌병대장 (모멸에 찬 어조로 신문 기사를 읽어가며) 4천년 강토와 5백년 종사를 남에게 봉헌하고 2천만 생명을 남의 노예로 팔아넘겨? 흥 이런 말을 아무나 내뱉을 수 있는 거야? 응?

태도가 표변하여 노기와 오만으로 휩싸인다.

헌병대장 신문은 아무 말이나 멋대로 내깔겨도 무관하다는 뜻인가? (다시 읽으며) 우리 2천만 동포가 남의 노예로 되었으니 동포들이여! 살았는가 죽었는가. 4천년 이어 내려온 국민정신이 하룻밤 사이에 졸지에 멸망하다니? 원통하고나 원통하고나, 동포들이여! (다시 남궁억을 윽박지르며) 이렇게 해서 백성들을 충동질하고 선동하고 마침내 사회질서를 문란케 하여 대 일본제국에 항거케 한 책임은 누가 지겠는가 말이다.

신문을 남궁억의 면상에다 내던진다. 남궁억은 태연히 눈을 감고 서 있다.

헌병대장 (부하들에게) 연행해!
헌병 1, 2 예!

두 사람이 남궁억에게 포승을 건다. 신채호가 앞줄로 나온다.

신채호 잠깐!
헌병대장 너는 뭐냐?
신채호 그 사설을 쓴 신채호요.
헌병대장 신채호?
장지연 아니오. 그 글은 내가 썼소!
신채호 위암 선생님!

장지연 내가 「황성신문」의 주필 장지연이오. 이 어른은 신문사 사주일 뿐 신문 발행에 관한 모든 책임은 나한테 있으니 연행하려거든 나를…

헌병대장 (신채호를 가리키며) 이 사람은?

장지연 논설위원이오,

헌병대장 (고개를 끄덕이며) 옳지! 너의 글재주는 나도 익히 알고 있어. 그러나 조선 사람한테는 이로울지 모르나 우리 일본정부로서는 용서 못해! 그간 네가 써낸 그 악의에 찬 글들.

신재호 (태연하게) 악의에 찬 글을 쓴 적이라고는 없소. 나는 어디까지나 진실에다 바탕을 두고 우리 조선 사람의 혼과 긍지와 그리고 이익을 대변하는 글을 써왔지 결코…

헌병대장 솔직하게 말해! (강조하며) 민중들에게 항일사상을 심어 주려는 글을 써왔다고 왜 말을 못하나. 흥 네놈의 글이 우리 일본 정부로서는 가시요, 독이요, 비수 같아서 언제고 기회가 오는 대로 한번 다스리려고 해왔던 차에 마침 잘 걸렸군! 핫하… (헌병들에게) 세 사람 모두 연행해.

현병 1, 2 예.

그들이 총검을 들이밀며 출구 쪽으로 나가라고 위협한다. 신채호, 장지연, 남궁억이 서로 시선을 마주친다. 사원들이 웅성거린다.

신채호 갑시다!

장지연 갑시다!

사원들이 몰려든다.

사원 1 주필님! 우리도 함께 가겠습니다.

장지연 자네들은 신문사를 지켜야 해.

신채호 아직도 「황성신문」은 안 죽은 기여! 위암 선생이나 이 신채호가 없어지면 제2의 위암 선생, 제3의 신채호가 나와야 하는 기여! 만사에는 맥이 있어야 혀! 맥이 남아 있는 이상 우리는 살아남을 수 있어! 겨우내 시들었던 억새풀이 다음해 봄에 다시 돋아나듯이 말이여! 맥이 끊겨서는 안 돼! 그러니 여러분은 여기 남아야 혀. 남아서 맥을 이어야 혀! (장지연에게) 자, 갑시다!

세 사람을 앞세우고 헌병들이 나간다. 모두들 뒤를 따라 나간다. 거리에서 군중들의 함성이 다시 터져 나온다.

소리들 매국노는 사죄하라!

소리들 강도 일본은 즉각 물러가라!

소리들 일본의 앞잡이 도적은 자결하라! 자결하라!

암전

제4장

무대

「대한매일신보」 사장실. 19세기식 소파에 영국인 베델이 앉아서 신문을 읽고 있다. 맞은편에 양기탁이 앉아 역시 신문을 읽고 있다. 처음에는 신문에 가리어 두 사람의 얼굴을 볼 수가 없다. 옆방 공무국에서 인쇄기 돌아가는 소리가 찰칵거리며 들려온다. 양기탁이 서서히 신문에서 얼굴을 떼며 베델을 바라본다. 눈에 핏기가 돌고 있음이 감격한 사람의 표정이다. 상대방의 입에서 무슨 말이 떨어지기를 기다리는 눈치이다.

양기탁 어떻습니까? 베델 사장님! 이쯤 되면 기대해도 무방하겠죠?

베델이 길게 한숨을 몰아쉬면서 신문을 내려놓는다. 역시 어떤 감동을 받은 사람의 표정이다.

베델 그동안 미스터 신이 써오던 논설기사를 유심히 읽어 봤지만… 한 마디로 말해서 (강조하면) 원더풀! 감동적이오.

양기탁 베델 사장님께서 그렇게 인정해주시다니 이 양기탁 몸 둘 바를 모르겠습니다. 감사합니다.

그는 앉은 채로 공손히 허리를 굽힌다.

베델 노우! 노우! 감사해야 할 사람은 나예요. (양기탁을 손가락으로 가리키며) 총무부장이 우리 신문사에 유능한 일꾼을 소개해줌으로

써 우리 「대한매일신보」의 앞날은 더욱 더 탄탄하고 밝은 길을 가게 해줬으니 말이오. 땡큐 베리 머취! 미스터 양! 헛허…

양기탁 황송합니다. 사실인즉 제가 신채호더러 우리 신문사에 와서 함께 일을 하자고 권해 놓고는 마음속으로는 불안했거든요.

베델 조선 속담에 중매 잘하면 술이 석잔, 잘못하면 빰이 세 대라서? 헛허…

양기탁 헛허… 맞습니다. (잠시 생각을 가다듬고 나서) 「황성신문」이 그 지경으로 강제 폐간처분을 당하게 되면서 유능한 인재가 놀고 있다는 말을 듣고는 그대로 내버려 둘 수가 없었지요. 사실 신채호의 문필가로서의 능력도 능력이지만 그의 정신 속에 흐르고 있는 강인한 애국심과 신념! 요즘 젊은이들에게서 찾아볼 수 없죠. 그 적극적이고도 행동적인 주장은 우리 조선민족으로서는 다시없는 힘입니다. 앞서 신채호가 쓴 논설 〈나는 또 다시 이날을 방성통곡한다〉 읽으셨죠?

베델 동감이요! 미스터 신이 어려서부터 한학에 능통해서 문학과 역사에 해박한 지식을 가지고 있다는 예비지식으로 쉽게 추측이 갔지만 내가 보기에는 미스터 신은 (강조하며) 한국 민족주의 사상가로서 독보적이에요.

양기탁 정말 그렇게 보십니까?

베델 (소파에서 일어나며) 오브 코오스. 말로만 듣던 자주독립을 외치는 그런 타입이 아니라 사상과 행동으로서 역사의식을 뒷받침하고 있다고나 할까… 대체적으로 조선의 선비들이란 이론적으로는 밝아도 실천력이 부족해요. 유교사상의 영향으로 선비는 되도록 행동을 삼가한다는 고정관념에 젖어든 나머지 (입을 가리키며) 말은 많으나 구체적 행동을 천시하는 풍조가 있는데 (강조하며) 그게 흠이에요. 참다운 지성이란 행동이 뒤따라야 합니다. 그런 점에서 나는 미스터 신의 논설기사에서 어떤 힘을 느껴요. 지성의 힘! 인텔렉츄얼 파우워! (하며 자신의 주먹을 힘껏 쥐어 흔들어 보인다)

양기탁 사장님! 바로 보셨습니다. 신채호는 제가 일찍이 독립협회 시절부터 알고 지냈지만 그의 눈빛 속에 패기가 빛나듯 그의 문자는 단순한 글을 쓰기 위한 글이 아닙니다. 그 속에 생명력이 흐르고 있음으로써 독자를 자극시키는 야릇한 충동력이 충만되어 있지요. 그러기에 그가 그 시절부터 조선독립을 위해서는 우선 무지한 민중들로 하여금 깊은 잠에서 깨어나게 해야 한다는 사명감에서 민중의 계몽교육에 눈을 떴던 겁니다.

베델 오우 예스! 동감이에요. 며칠 전 신문에 난 논설기사. (책상 위에서 신문 한 장을 집어 펴며) 여기 쓴 논설기사 〈동양주의에 대한 비평〉 읽으셨죠?

양기탁 예! 요즘 일본정부가 우리 조선 사람을 회유하고 설득시키려는 간교한 술책에 대한 신랄한 비판입니다.

베델 나는 영국사람이지만 신채호가 주장하는 논리엔 전적으로 찬동합니다. 보세요!

이와 동시에 무대 한구석에 신채호가 스포트라이트를 받고 서 있다.

신채호 하물며 국가는 주인이요 동양은 객이어늘 오늘날 동양주의를 제창하는 무리들을 보건데, 동양이 주인이요 국가를 객으로 전도시켜 국가의 흥망은 운명인양 피하고 오직 동양만을 보존하려 하니⋯ 그렇다면 우리 국토가 영원히 사라지고 우리 겨레가 영원히 망하여도 이 땅이 단지 같은 황색인종의 수중으로 돌아간다 해도 이 사실은 방관해야 옳단 말입니까? 아니올시다. 그런데 그 동양주의를 찬동하는 사람들의 속셈은 그게 아닙니다. 이 주의를 이용하여 국가를 구하기 위함이 아니요. 내가 알기로는 조선 사람으로서 동양주의를 이용하여 국가를 구하려는 자는 없고, 외국인이 동양주의를 이용하여 우리 민족혼을 빼앗으려는 자만 있는 실정이니 우리 2천만 동포는 신중히 새겨들어야 할 일입니다.

이 말이 끝남과 동시에 스포트라이트는 꺼지고 무대는 다시 처음으로 되돌아온다.

베델 이 예리하면서도 논리적이고, 논리적이면서도 행동적인 논리전개에는 그저 감탄할 뿐이었소!

양기탁 그뿐입니까! 얼마 전에 한국정부가 일본정부와 차관약정을 맺은 데 대한 논평은 삼척동자가 들어도 부당함을 직감할 수 있었지요. 단재는 경제면에서도 일가견을 지니고 있었죠.

이와 동시에 전번과는 반대되는 무대 위에 신채호가 스포트라이트를 받으며 등장한다.

신채호 최근 한국 탁지대신과 일본 흥업은행 사이에 차관협약이 조인되었다는데 그 금액이 무려 일천만원입니다. 그런데 그 이자가 6부 5리요. 수수료가 원금 당 매 천분의 삼이요, 이자에 매 천분의 오, 구문내감이 백만 원에 매 백 원에 십 원이요, 상환기한은 십년이요, 저당은 해관세라 형식상의 이자는 6부 5리라 하지만 실제로는 8부 4리나 초과하는 액수입니다. 그러므로 일천만원 이자가 매년 7십5만 6천2백5십 원에 달합니다. 이 돈이 한국의 문명 교육과 농상공업의 발달 전진을 위하여 쓰여진다고 하나 오늘날과 같은 동서양의 대립각축과 조전석화 朝戰夕禍의 시대에 누가 그

신의를 지킬 수 있을지 모를 일입니다. 그러나 (비양거리듯*) 바라옵건대 동양의 최선진국이자 제 일등국인 일본의 최선각자요 제 일등인이신 이등박문 씨가 그 신의를 지켜주리라 믿습니다.

이 말과 동시에 스포트라이트가 꺼진다.

베델   핫하… 신채호 그 사람은 대단한 험구가이자 익살꾼이지 뭡니까? 지금 나는 새도 떨어뜨린다는 천하의 이등박문을 그렇게 보기 좋게 후려치다니 헛허!

양기탁   신채호는 용기가 있는 선비입니다. 언젠가는 〈일본의 삼대충조〉라는 논설을 썼을 때 자기 자신으로서는 은인이나 다를 바 없는 신기선을 향해 이등박문으로부터 일금 만 원을 얻어 대동학회를 확장하여 유교를 부진한다는 미명아래 실질적으로는 일본의 동화정책에 협력한 매국노라고 통박을 했을 정도이니까요! (일어나 무대 정면에 나서며) 그 글의 끝 구절이 지금도 안 잊혀집니다. (잠시 생각을 가다듬다가) 혁혁한 단군 자손이면서 일본의 신무천황을 묘배하며 당당한 임진 유민이면서 풍신수길을 경앙하고, 웅회 조정의 신하이면서 명치천황 만세를 외치며 독립산하의 종자로 보호정책이나 구가하여 한국의 국토를 뒤엎기 위하여 일본의 일월을 참배하는 무리가 나날이 늘어만 가는구나. 제아무리 나라가 위급하다 해도 정신만 제대로 있다면 안심이 되는 법이니 오늘날 나라는 망하였다 하더라도 정신만 있다면 흥할 수도 있는 법이니라, 그기에 전하여지는 말에 "어디에 있건 희랍인은 역시 희랍인이니라"라고 하지 않았던가!

<hr>

★ '비아냥거리다'의 방언.

베델	신채호는 우리 신문사의 구세주예요. 그의 글이 실리기에 우리 「대한매일신보」의 발행부수가 나날이 늘어가는 게 아니겠소? 양부장!
양기탁	그렇습니다. 지금 다른 신문의 발행부수는 고작해서 삼, 사천부에 불과한데 신채호가 입사하여 논설을 싣게 되면서부터는 우리 「대한매일신보」의 독자 수는 날이 갈수록 늘어나 지난 달 월말 통계로는 영문판과 국문판 합하여 무려 2만부에 육박하고 있으니까요.
베델	(환호성을 지르듯) 2만부! 오… 이대로 가다가는 신문사 사옥을 확장하고 인쇄기도 최신 시설로 바꾸어야겠군요. 헛허…
양기탁	예, 그리고 가능하다면 상여금도 듬뿍 주십시오. 헛허.
베델	그렇게 합시다. (자신의 가슴을 탁 치며) 이 어네스트 토마스 베델은 영국 사람입니다. 신의를 지키는 신사의 나라 영국 태생이오. 내가 이 신문사 사장으로 있는 이상은 제아무리 일본 관헌이 큰소리를 친다 해도 우리 신문에 대해서는 간섭을 못할 거요!
양기탁	잘 알고 있습니다. 그러기에 일본 정부도 우리 신문만은 사전검열을 못하고 있는 게 아닙니까. 그런 점에서 베델 사장님은 우리 조선 지식인에게 있어서 방탄조끼입니다.
베델	노우! 그 찬사는 신채호에게 돌리시오. 헛허. 그런데 미스터 신은 요즘 안 보이는 것 같던데.
양기탁	예… (조심스럽게) 얼마 전 조직된 신민회 일로 바쁜 모양입니다. 게다가 일본 관헌들의 감시가 여간 엄한 게 아니라서…

이때 신채호가 들어온다. 여전히 검정두루마기 차림이다. 몹시 초췌해보이며 두루마기 동정에 기름때가 절었다.

신채호 방해가 안 되겠습니까?

베델 오… 조선 속담에 호랑이도 제 말을 하면 온다더니… 헛허…

양기탁 어서 오게 단재! 지금 막 자네 얘기를 하고 있던 중이었지.

신채호는 우울한 표정이나 그의 쏘아보는 듯한 눈초리는 여전하다.

베델 안색이 안 좋아 보이는데…

양기탁 간밤에 과음했었나보군! 단재!

베델 술? 삼가하시오. 미스터 신은 건강에 유의해야지… 듣자니 담배도 줄담배라던데… 사람에게 있어서 건강은 유일한 자산이오. 인생은 한번 사는 게지 두 번 사는 게 아니니까! 더구나 미스터 신 같은 인재는 남보다 오래 살아서 좋은 기사를 써야만 이 나라 민중을 위해서…

베델이 이야기를 하다말고 신채호의 시큰둥한 표정을 돌아본다. 고민을 억지로 이겨내려는 듯한 어두운 표정이다. 베델이 양기탁의 의견을 묻기라도 하려는 듯 돌아본다.

양기탁 (조용히) 단재… 무슨 어려운 일이라도…

신채호 (길게 한숨을 내뱉는다)

양기탁 (비밀스럽게) 참 신민회 일은 잘 되어가나? 나는 지난번 집회에 참석 못했지만… 석오 이동녕, 도산 안창호, 남강 이승훈 동지들도 나오셨다지?

신채호 (시들하게) 예.

베델 그래 신민회 결사에 관해서 무슨 어려움이라도 있었나? 미스터 신 보아하니 무슨 애로사항이 있는 듯한데. 응?

신채호 (길게 숨을 내뱉고 나서 망설이다가 큰 결심이라도 한 듯) 운강 선생님 가불 좀 해주시기여!

양기탁 가불?

신채호 사내대장부… 돈 이야기 꺼내기가 여간 어렵구먼요. 흠…

양기탁 (밝게) 단재도 돈이 필요할 때가 있었던가? 헛허… 우리 신문사에 들어온 지 삼년이 되어가지만 단재가 자청해서 가불을 해달라는 소릴 들은 적 없었지… 믿어지지가 않구먼 헛허…

베델 (농담으로) 외상술값이오? 미스터 신.

양기탁 단재는 외상술 마신 적이라고는 없습니다. 원래 돈을 모르는 사람이라…

베델 그런데 가불은 왜…

양기탁 참 어린아이가 늘 잔병으로 고생한다고 들었는데 혹시 그 일 때문에?

신채호 (담담하게) 아니오. 관일이 그 녀석… (약간 머뭇거리다가) 갔어유. (쓰게 웃는다)

양기탁 가다니?

신채호 원래 명줄이 짧았던 게죠. 이틀 전에…

양기탁 그걸 왜 여태 숨기고 있어? 이 사람아.

신채호 그럼 신문기사로 알려야 하나요?

베델 그럼 애기 장례비용이 필요해서 왔단 말이오?

신채호 아니오. (사이) 내자하고 이혼하기로 했지요.

베델이 어이가 없다는 듯 자리에서 일어선다.

신채호 (되도록 냉정하려고 애쓰며) 관일이가 위장이 약해서 그동안 고생을 했지만 우리 관일이를 죽게 한 건 제 에미였지요. 에미의 무지가 자식을 죽게 했어요. (차츰 흥분하며) 어린 것에게 우유 하나 제대로 끓여 먹일 줄 모르고… 생우유를 그대로 먹이게 하다니… 병신! 등신! 아무리 못 배우고 못 가르쳤다기로서니… 끓여 먹여야 할 우유를 그대로…

신채호가 말을 잇지 못하고 책상 위에 머리를 떨군다. 베델과 양기탁이 할 말을 못한다. 신문사 안의 조명이 꺼진다.

제5장

무대

신채호의 셋방. 한쪽에 쭈그리고 앉아 있는 부인 조 씨와 약간 떨어져서 겁에 질려 떨고 있는 질녀 향란이 보인다. 조 씨의 차림은 흐트러져 있다. 신채호가 돌아앉아서 연거푸 담배만 피우고 있다. 무거운 침묵. 뻐꾹새가 울어댄다. 신채호가 담뱃불을 끄고는 안주머니에서 봉투를 꺼내서 방바닥에 내려놓는다.

신채호   (담담하게) 받아둬. 넉넉한 액수는 아니지만 당분간은 먹고 살 수 있을 기여. (사이) 그리고 고향에 남아 있는 다섯 마지기 밭뙈기도 임자 앞으로 등기 이전할 테니께 그렇게 알고… 나한테는 필요없으니께.

조 씨가 원망스러운 눈으로 봉투를 내려다본다. 눈물자국도 말라버린 표정이다.

신채호   내가 이런 이야기한다고 야속하게 여길지 모르지만… 이게 다 운명이겠거니 하고 잊어버려. (무겁게 다짐하듯) 잊는 기여!

신채호가 다시 담뱃대에 담배를 재여서 입에 물고 불을 붙인다.

신채호   향란이도 이제부턴 고향에 가서 할머니하고 살아야 혀. 지금까지는 작은 아버지보다 관일이가 너를 필요로 해서였지만… 관일이가 없는 이 집에 네가 더 있어야 할 이유도 없고… (담배 연기를

내뱉는다)

향란이가 고개를 더 깊숙이 떨구며 두 손으로 얼굴을 가린다. 무거운 침묵이 흐른다. 조 씨가 이윽고 신채호를 쳐다본다. 뻐꾹새가 운다.

신채호 뭔… 할 이약 있으면 혀봐. 우리 부부 사이엔 지금까지 이렇다 할 이약도 없이 세월만 흘러보냈으니 말이여.

조씨 눈에 든 것이라고는 없는 촌것이 뭔 얘기를 하것어유. 당신하고 나는 천양지차인데…

신채호가 눈을 지그시 감는다.

조씨 그러나 한 말씀만 꼭 하것이유.

신채호 (눈을 감은 채) 이약하라고 했잖여. 그동안 집안일에는 신경 쓸 겨를도 없이 내가 하고 싶은 일에만 몰두하다보니께 내외지간의 정도 모르고… 그래서 당신 고생시킨 일… (한숨을 내뱉듯) 미안하다고 생각혀… 허지만…

조씨 허지만 뭐래유? 예?

신채호가 비로소 조 씨를 돌아본다. 조 씨의 눈에 이슬이 맺혔다.

조씨 저더러 친정으로 내려가라는 게 잠정적으로 가 있으라는 말씀은 아닐테지유? (차츰 항변조로 변하며) 관일이를 죽게 한 것은 내 탓이니 그 벌을 받으라 이거지유? 인자 신씨 문중 사람이 아니니 보따리 싸가지고 나가라 이건가유? (악에 받친 듯) 관일이가 죽은 게 어째서 내 탓이래유? 나는 당신이 사다준 우유통을 따서 먹인 것 뿐이에유. 그 우유가 몸에 안 받아들인 탓으로 우리 관일이가 죽었지 어째서 그걸 내 탓으로…

신채호 (호령을 하며) 우유를 끓여서 먹일 일이지 누가 날 우유를 먹이라고 했어? 응? 그것도 모르고 자식을 키운다는 기여?

담뱃대로 재떨이를 신경질적으로 두들긴다. 향란이가 겁에 질려 방구석으로 몸을 숨긴다.

조씨 내가 언제 우유를 사보기를 했나유? 먹어보기를 했나유? 나는 당신이 사다주니께 그저…

신채호 그 이약은 이제 그만둬! 다 끝난 일인 기여!

조씨 끝나다니유?

신채호 이것만은 분명히 일러둘 것이구먼. (사이) 관일이는 둘도 없는 내 아들이었지. 눈에 넣어도 아프지 않은 귀한 자식이었어. 허지만 내가 당신더러 친정으로 내려가라는 건 결코 보복이 아니란 말이여!

조씨 아니 그럼…

신채호 나름대로 딴 이유가 있어서 그런 기여. 사랑하는 내 아들이 죽은 일은 기왕지사고… 나는 나대로 평소부터 생각해온 일이 있었던 기여!

조씨 그게 뭔 일이래유?

신채호 그건 말할 수 없어! 그건 부부지간 아니라 부자지간일지라도… 다만 내가 지금 가슴 속에 품고 있는 일을 해내기 위해서는 내게 딸린 식구가 있는 것보다 없는 편이 더 낫다는 건 말할 수가 있어!

조 씨는 미처 무슨 뜻인지 못 알아듣겠다는 듯 고개를 서서히 도리질을 한다.

신채호 임자는 그저 집안에서 살림이나 하고 아이나 키우면 그것으로
      자기 할 일 다 했다고 생각해 왔어. 허지만 내게는 지금 할일이
      태산같다 이거여! 신문에다 논설을 쓰고, 국사를 쓰는 것만이 아
      니여. 내 앞에는 더 크고 엄청나고 원대한 일이 있다 이거여. 알
      겄어? 나는 어쩌면 이 땅을 떠나게 될 지도 몰라.

조씨   떠나시다니유? 또 이사를 하시겠다 이거에유?

신채호 이사? (쓰게 웃으며) 그래 이사는 이사지… 허지만 보다 멀리, 보다
      넓은 곳으로 이사하게 될 것이구먼. 그렇게 되면 내 앞에 닥쳐올
      고생도 그만큼 크고 무거울기여. 그건 아녀자들이 해낼 수 있는
      일이 아닌 기여. (조 씨의 손목을 쥐며) 여보! 내가 당신을 미워서
      버리는 게 아니여. 내가 이제부터 해야 할 일이 너무 험난하고
      내가 가야 할 길이 너무 고생스럽고 내가 가야 할 길이 너무나
      멀기 때문에 당신을 데리고 갈 수도 없기 때문이여!

조씨   그게 어디래유? 그게 뭔 일인데…

신채호 그건 말 할 수 없다고 했잖여! 남아 대장부들끼리의 피와 피로
      맺어진 약속이여. 넋과 넋이 엉키어야 이루어질 일인 기여. 그러
      니 당신은 이 신채호 같은 사람을 따를 필요도 없는 기여. 아니
      기회를 보아 당신이 좋은 사람 만나 개가한다 해도 나는 흔연스
      럽게 여길 것이구먼. 그러니 여보! 지금까지의 우리들의 일은 처
      음부터 없었던 일로 여기고 향란이를 데리고 내려가. 알것어?

조씨   그런 법이 세상천지 어디 있데유? 싫어요. 난 못가유!

신채호 여보!

조씨   신씨 문중으로 시집 온 이상 나는 죽어도 신씨 문중의 귀신이 될
      것이구먼유. 그리는 못혀! 못혀!

신채호 아무리 발버둥을 친다 해도 내 뜻은 못 꺾을 기여! 천하장사 역발
      산일지라도 내 뜻은 못 꺾는다. 두고 봐! 내게는 내 길이 있고

당신에게는 당신의 길이 있다는 걸 알아야 혀!

신채호가 자리에서 일어난다. 그러나 조 씨는 넋 나간 사람마냥 멍하니 앉아 있을 뿐 말이 없다. 신채호는 어떤 환영을 좇는 듯 허공의 일각에 시선을 꽂는다. 이와 동시에 무대 좌편에 상동교회의 지하실 광경이 나타난다. 낮은 천정과 시멘트 벽. 희미한 호롱불이 탁자 위에 놓여있다. 그 탁자를 에워싸듯 신채호, 전덕기, 양기탁, 이동녕, 이회영, 김구, 이동휘 등 신민회 회원들이 십여 명 앉아 있다. 진지한 분위기가 엄숙하리만치 무겁기만 하다. 무대 후면에 '비밀결사 신민회'라는 간판이 투영된다. 전덕기 목사가 일어나 발언을 하고 있다. 발언하는 동안 회원의 실물 사진이 차례로 투영된다.

전덕기　애당초 우리 신민회가 결성되었을 때는 여기 계신 (차례로 가리키며) 양기탁, 이동녕, 이회영, 그리고 나 이렇게 단 네 사람이 뜻을 모은 집회였소. 허나 날이 갈수록 회원 수는 늘어나 안창호, 이승훈, 박승봉, 이관직, 신채호, 여준, 김진호, 김영선이 합세함으로써 전국적으로 동지들이 줄을 이어 결사에 참여하기 갈망하는 실정이오. 이것은 우리 조선의 2천만 동포가 아직 죽지 않았다는 증거이며 왜놈들이 제 아무리 총검을 들이대고 약탈을 한다 해도 우리 조선민족의 근본은 뽑히지 않는다는 확증이기도 합니다. 특히 교육의 보급이야말로 독립을 되찾는 지름길이라는 우리의 소신은 평양 대성학교에 김사열 동지가, 정주 오산학교에 이강연 동지가, 안동 협동학교에 이관직 동지가, 그리고 이 상동교회에는 청년회를 조직함으로써 여준 동지가 각각 헌신적 노력을 기울인데서 그 큰 밑거름이 있었다고 봅니다.

이동녕　그뿐이겠소? 여기 앉아 있는 단재의 수고를 빼놓을 수 없지요.

안 그렇소? 양 동지.

양기탁 옳은 말씀이오! 단재를 우리 「대한매일신문」 주필로 끌어들인 사람은 나였지만 단재가 그동안 발표한 논설은 바로 독자들의 가슴에다 애국심을 불어 넣는 불심지가 되었지요.

신채호 과찬의 말씀을…

김구 사실이오. 가까운 예로 재작년 우리 신민회가 결성되었을 때의 그 취지문이야말로 근래 보기 드문 명문이었지. 단재의 글을 읽고 있노라면 나는 저절로 힘이 솟고 오금이 쑤셔오니 아무래도 단재의 피 속에는 사람을 충동질하는 그 무엇이 남달리 스며 있는 모양이야! 핫하…

이회영 백범 말씀은 천번 만번 옳소. 언젠가 「대한매일신보」의 논설 가운데 〈금일 대한국민의 목적지〉라는 글이 있었지?

신채호 지난 오월 이십사일 이십오일에 실렸던 글 말이군.

이회영 그래! 그 글을 읽어가면서 나도 모르게 내가 지금 어디를 향하여 가고 있는가를 생각하게 되더군! (회상을 하며 신문기사를 낭독한다) 우주고금에 목적이란 두 글자가 없을 진대 생인은 송장이 되고, 양계는 음악이 되고, 인민도 없고, 영웅도 없고, 세계도 없고, 역사도 없어질테니 생각을 해봅시다. 동서 양반구 태양 아래 소리높이 광분하는 자도 무기를 휘두르며 날뛰는 자도, 어릿광대를 연출하는 자도, 노래하고 춤추는 자도, 통곡하고 박장대소하는 자도 모두가 어떤 목적을 품고 어떤 목적지를 향하여 가고 있습니다.

신채호 (곧바로 말끝을 되받아서) 국토가 없어지면 망할 것이며, 국토가 있으면 존재할 것이고, 이 땅이 없으면 멸하고 이 땅이 있으면 살아남을진대 그곳이 과연 어디인가! 오늘의 대한민국의 목적지여. 목적지만 있다면 천지 망망대해도 능히 건널 수 있을 것이요, 만

장준령도 넘을 수가 있을 것이다. 그러기에 워싱턴은 일개 농부의 아들로 태어나 미대륙 십삼 주에 독립 깃발을 세웠고, 한니발은 일개 뱃사공의 아들로 태어나서 이태리 전 국토에 의용군을 일으켰고, 나폴레옹은 작은 섬에서 태어났으되 대혁명을 일으켜 유럽천지를 일대 개혁시켰고, 비스마르크는 게르만 연방을 연합하여 천하에 웅비하였으니, 아름답구나! 목적지여! 기로에서 방황하고 지옥에서 애곡하는 자는 모두가 목적지를 모르는 자들일진대, 오늘의 대한국민이여! 그 목적지를 알고 있는가. 상기도 모르고 있는가!

신채호의 눈에 빛이 돌고 전신이 부르르 떨린다. 좌중이 일시에 뜨거운 도가니에 녹아 들어가듯 찬동의 박수를 친다. 다음 순간 전덕기 목사가 제지를 한다.

전덕기 쉿! 제발 조용히들 하시오.

좌중은 일제히 숨을 죽이며 출입문 계단 쪽을 향한다. 긴 침묵.

김구 (소리를 낮추며) 훌륭한 글일세!
이동녕 단재의 서양역사에 대한 안목은 당대 으뜸이지!
양기탁 우리 신문에 연재했던 〈이순신전〉이나 〈을지문덕〉이 독자의 심금을 울리게 한 까닭이 결코 우연은 아닐 것이오!
신채호 (길게 한숨 쉬며) 그렇지만 그게 무슨 소용이 있는지… 나는 근자에 와서 새삼 회의의 먹구름만 짙어갈 뿐이오.
양기탁 회의의 먹구름?
이동휘 단재! 우리 신민회에다 대고 하는 말인가?

신채호 물론일세!

이동휘 뭣이 어째?

분위기가 급변해진다. 모두들 신채호로 시선이 집중된다.

이회영 단재! 침착하게. 그리고 좀 더 자세하게 그 가슴 속을 펼쳐주게. 단재가 신민회에 대해서 회의를 품게 되었다면 이건 예사로운 일은 아닐 테니…

김구 동감일세! 우리끼리 못할 말이 뭔가? 왜놈들의 감시가 두렵다는 건 아닐 테지?

신채호 왜놈? (이지러진 웃음을 내뱉으며) 그게 두려웠던들 내가 붓대를 함부로 놀릴 수 있었을까? 흠…

김구 그렇다면…

신채호 여러분, 신민회가 내걸었던 5대강령을 기억하오?

이회영 기억하고말고! (자리에서 일어나) 첫째, 독립지사를 규합하여 국민교육을 장려하고.

김구 광복군을 만주에서 양성하여 조국광복에 헌신하며.

양기탁 선현 선열의 정신을 이어받으며.

전덕기 본회를 이탈 배반하는 자는 그 생명을 언제라도 빼앗길 것이며.

이동휘 본회의 비밀을 엄수하다가 탄로가 났을 경우는 작설불언 죽음으로 항거할 것.

다섯 사람이 차례로 일어나 신채호에게 공세를 취하는 각도에서 말을 한다. 신채호가 자신을 내려다보고 있는 사람들에게 태연자약한 자세로 응수한다.

식민지의 아침

신채호 옳소! 그래 그 규약을 우리가 얼마만큼 실천을 했다는 기여?

그의 말투는 잔잔하나 어떤 오기와 신념으로 가득 차 있다.

신채호 (일어나며) 광복군 양성을 했는 기여? 선현 선열의 정신을 어떻게 계승했던 실적이 있는가 말이여! 쥐둥아리만 가지고는 독립을 할 수는 없다 이거여! 붓대만 놀린다고 왜놈들이 물러가지 않는다 이거여 내 말은!

이동녕 그럼 방법이 뭔가?

양기탁 구체적인 방법을 제시해 보게.

신채호 바로 그거여! 구체적인 방법을 찾아야 혀! 관념적이며 추상적인 독립운동이 아닌 보다 실질적이고도 현실적인 방법을 택할 때가 왔단 말이여! 내말은!

좌중이 술렁거리기 시작한다.

신채호 여러분은 지금 나더러 그 구체적이고도 현실적인 방법을 먼저 제시하라는 눈치 같은데…

이회영 바로 말했군! 단재가 어떤 생각을 가지고 있는가 부터 말해봐!

신채호 말해서 정당하다면 나와 행동을 함께 하겠다 이거지요?

이회영 못할 것도 없지! 지금까지 우리가 무엇을 위하여 이 고생을 했던 가를 잘 알고 있지 않은가?

신채호 그럼 말하겠소! (사이를 두고) 투쟁해야 혀!

일동 투쟁?

신채호 지금까지 우리가 해온 일은 따지고 보면 투쟁정신으로 글을 썼고 투쟁정신으로 신문을 만들었고, 신민회를 결사하였다 이거여!

양기탁 그럼 되었지 뭐가 또…

신채호 투쟁정신은 있었을지 모르지만 그 투쟁의 성과가 구체적으로 나타나 있지 않다는데 나의 불만이 있단 말이오! 이론만 있지 실천이 없는 독립투쟁. 그것은 형체는 있어도 향기 없는 꽃이지. 언젠가 도산 안창호 동지는 무실역행을 주장했지. 나도 대찬성이었지. 허지만 곰곰이 생각해 보자니 나는 구호만 외치며 살아온 셈이 되고 말았구먼! 「황성일보」에서 글을 쓰다가 왜놈들에 의해서 폐간 당했고, 「대한매일신보」에 들어와서 논설, 역사, 전기 등 다각도로 글을 써나왔지만 그게 우리에게 있어서 무엇이냐 이 말이지.

양기탁 그게 얼마나 값진 노력이었는지 몰라서 그러나? 「황성일보」가 읽히고 「대한매일신보」가 독자들 사이에서 얼마나 많이 팔리고 단재 신채호의 이름이 얼마나…

신채호 (노기를 띠우며) 명성을 얻기 위해서 글줄을 쓰는 놈이란 말이오? 이 신채호는 이름을 팔고 글을 파는 속물은 아니오!

양기탁 이사람! 왜 이렇게 흥분을…

신채호 (자제하려고 애를 쓰며) 내가 그토록 많은 글을 쓰고 있는 동안 세계가 얼마나 변해가고 있는데 우리 조선은 아직도 변하고 있지 않아! 제자리걸음이요. 뒷걸음질이란 말이여! 20세기라는데 아직도 중고시대의 보수적 정신을 품고 있고, 중고시대의 물질에만 집착하고 있단 말이여! (흥분하며) 새로운 시대가 왔으면 새로운 백성이 되어야 혀! 20세기란 뭔가? 한두 사람의 영웅에게 달려있는 게 아니라 국민 전체에 그 힘이 있단 말이여. 정치도, 경제도, 학문도 그리고 종교도 치열한 경쟁 속에서 발전하는데 지금 우리나라는 뭔가 이 말이지! 나는 그래서 내일 신문에다 내려고 이 원고를 가지고 왔어.

품에서 두툼한 원고를 꺼내 양기탁에게 준다. 양기탁이 받아 읽는다.

양기탁 〈20세기 신국민〉

신채호 열흘 동안 연재를 해야겠어!

양기탁 (원고의 소제목을 읽어가며) 첫째 국민과 각오, 둘째 국민과 도덕, 셋째 국민과 무력. 단재 우리가 어떻게 무력을 갖출 수 있단 말인가?

신채호 무력이라고 해서 반드시 물질적 무력만을 두고 하는 말은 아니오, 정신적 무력의 증강으로 국민에게 서협, 충용, 강우, 견인의 미덕을 심어주자는 기여. 세계열강은 문과 무를 두루 숭상하였지만 우리는 문만 숭상하고 병역을 노역으로 낮추어 보고 있으니 언제 국민의 기력이 생기는가 말이지.

양기탁 (계속 원고를 넘기며) 넷째 국민과 경제, 다섯째 국민과 정치, 여섯째 국민과 교육, 일곱째 국민과 종교… (원고를 책상에 내려놓고) 역작일세! 단재의 이 논설이 신문에 실리기만 하면 우리 신문은 그만큼 독자를 확보하게 될 테니 얼마나 좋겠는가 말이지…

김구 단재! 그것이 구체적이고도 현실적인 방법이란 말인가?

이회영 그렇지! 우리가 알고 싶은 것은 이론이 아니라 실천이었잖는가!

전덕기 단재! 지금 뭣을 생각하고 있나?

신채호 (조용히) 꿈입니다.

일동 꿈?

신채호 그렇소! 보다 넓은 세계에 뛰어 들어서 우리 신민회가 내걸었던 그 규약을 현실적으로 실천하고 싶은 꿈이오!

이동녕 넓은 세계라니?

신채호 (무대 앞으로 나오며) 중국으로 가겠소!

일동 중국?

신채호 (꿈꾸는 소년처럼) 압록강을 건너 간도로 거쳐 우선 중국 청따오로 갈 참이오! 거기서 상하이로… 아… 넓은 대륙은 나를 가만 두지 않을 것이오! 나에게 용기를 주고 투쟁방법을 가르쳐주고 그래서 독립의 소중함을 몸으로 터득해야 할 것이오! 헛허…

암전

식민지의 아침

제6장

무대

무대는 텅 비어있다. 황량한 대륙을 나타내면 된다. 삭풍이 휘몰아치는 소리가 드높다가 아슬하게 멀어지면 어디선가 노래 소리가 울려 퍼진다. 이와 함께 무대 상수에서 한 무리의 유랑민이 지친 걸음과 굶주림을 견디어내며 나온다. 그 동작은 느리고 아픈 춤사위라야 한다. 그것은 자유와 주권을 잃은 이 민족의 모습이며 땅과 권리를 빼앗겨 간도로 쫓겨가는 주권 잃은 겨레의 모습이다.

신채호의 시 〈1월 26일〉 낭송된다.

"바람을 따라 가볼까
요동의 먼지 쓸려
발해의 물결도 밀려
바람을 따라 가볼까
나야 바람뿐이랴
더 멀리 가
하늘에 가 별도 따고
해도 잡아 오려 한다마는
네가 좇아오지 못하니 나도 가지 못한다.

열해를 갈고 나니
칼날은 푸르다마는
쓸 곳을 모르겠다
춥다 한들 봄 추위니

그 추위가 며칠이랴
자지 않고 생각하면
긴 밤만 더 기니라
푸른 날이 쓸데없으니
칼아 나는 너를 위하여
우노라"

이윽고 새벽을 알리는 소리와 함께 무대가 조금씩 밝아온다. 땅위에
쓰러져 있던 사람들이 하나, 둘, 꿈틀거리기 시작하자 전보다는 생동
감이 돌고 의지를 나타내는 노래가 들려온다. 쓰러진 무리들은 저마다
새로운 용기와 희망을 되찾아 서로 부축하고 일으켜 세워주며 행진
한다.
신채호의 시 〈새벽의 별〉 낭송된다.

"달은 이미 졌다.
해는 아직 멀었다.
이때! 이때!
우리 곧 없으면
우주의 광명을 뉘 찾으랴!
만리타향에 앉아
늙은 나그네의 머리털
산을 넘어 물을 건너
홀로 가는 지사의 마음
우리가 아니면 동정할 이
그 누구냐?
새벽의 빛

자연의 구슬

낱낱이 따 내리어

하나씩 둘씩

우리가 아기들 품안에

구름이 끼거나

안개가 일거나

바람이 불거나

꺼지지 않는 빛에

천년 만년 긴 새벽이어라"

암전

제7장

무대

무대는 중국 산동성, 칭따오에 있는 어느 중국 식당이다. 원색적인 장식이며 육중한 식탁과 의자 그리고 널찍한 공간이 이국정서를 잘 나타내고 있다. 안창호, 신채호, 이갑, 이회영, 이동휘 등 10여 명이 둘러앉아있다. 더러는 중국 옷차림이고 더러는 양복이다. 그러나 신채호는 여전히 허술한 한복 두루마기 차림이다. 다만 콧수염이 있는 게 전과 다르다. 배경에는 '1910년 중국 칭따오靑島'라는 자막이 투영된다.

이회영   동지들, 정말 감회가 무량하외다. 일 년 전만 해도 비밀결사 신민회를 위하여 서울 상동교회 지하실 아니면 원서동에 있는 (이갑을 가리키며) 이 동지 사랑방 등으로 전전하면서 행여 목소리가 밖으로 새어 나갈세라 말도 제대로 못했는데 오늘은 (과장하며) 이렇게 넓은 중국에서 두려움 없이 마음껏 소리칠 수 있게 되었으니 이 얼마나 당당하고 대견한 일인가 말이오! 안 그렇소? 도산? (하며 옆자리의 안창호의 손을 잡고 흔든다) 정말 잘 왔소! 얼마나 수고가 많았소? 헛허⋯

안창호   고맙소! 지난 봄 4월 8일 저기 앉아 있는 단재와 김지간 동지들과 함께 뒤늦게 조국을 등지고 망명길을 떠나올 때는 과연 살아서 동지들을 만날 수 있을 것인가 하고 저물어가는 지평선을 망연히 바라볼 뿐이었는데 이렇게 다시 만나게 되니 그저⋯ 그저 감개무량할 뿐이외다!

이동녕   하느님이 도와주신 덕이지! 우리 신민회 동지의 불굴의 의지가 비록 조국에서는 꽃을 못 피웠을지라도 이 중국 땅에서는 기필코 피어날 것이오! 그러니 오늘부터 이 모임을 칭따오 회의라고 부르기로 하는 게 어떻소? 동지들…

일동 옳소!

모두들 박수를 한다. 그러나 신채호는 여전히 눈을 감고 있다.

이갑 단재! 뭘 그렇게 골똘히 생각하나? 설마 부인 생각이 나는 건 아닐 테지. 헛허…

안창호 이 동지! 그 말은 취소하게…

이갑 농담도 못하겠나?

안창호 농담할 일이 따로 있지… (사이, 모두들 의아해지자) 단재는 부인과 이혼을 하고 떠나왔소! 망명을 하기 위하여 이혼까지 한 그 심정을 농담으로 메꿀 순 없잖소?

이갑 (놀라움에서) 단재, 미안하이! 아까 그 말은 취소하겠네!

단재는 여전히 움직이지 않는다.

이동녕 단재! 뭐라 한마디 하게.

이회영 망명의 소감을 들어보세! 더구나 단재처럼 문필을 업으로 살아온 처지가 되고 보면 느낀 바가 비일비재일 터인데… 한마디 하게…

일동 옳소! (하며 재촉의 박수를 친다. 신채호가 자리에서 일어선다)

신채호 그럼 제가 한 말씀을… 오는 길에 정주 오산학교와 북간도에 들렀을 때 남강 이승훈, 춘원 이광수를 만나 이야기했지유. 그리고 만주 벌판을 지나왔을 때는 그 벅찬 감회를 억누를 수가 없었지유. (그의 눈빛이 차츰 생기를 되찾기 시작한다) 왜놈들은 일찍이 우리의 역사를 말살하려고 만주 땅은 중국의 영토인 양 왜곡해 왔지만 실상은 그 옛날 고구려 시대에는 우리 한민족의 영토였지유. 나는 그 땅 위에 발을 딛고 섰더니 꼭 고향 땅을 밟은 느낌이 들더구먼유. 물론 금의환향이 아니라서 어설펐지만 말이여… 헛허…

일동   핫하…

신채호   그러나 다음 순간, 먼 훗날 언젠가는 고향 땅을 꼭 되찾아야지 하는 생각이 가슴속 깊숙한 데서부터 용솟음치는 소리가 들려왔지유.

단재는 생각을 가다듬는지 잠시 눈을 감더니 이윽고 시를 읊기 시작한다. 신채호의 시 〈한나라 생각〉이다.

"나는 네 사랑, 너는 내 사랑
두 사랑 사이 칼로 썩 베면
고우나 고은 핏덩이가
줄줄줄 흘어나려 오리니
한 주먹 덥석 그 피를 쥐어
한나라 땅에 고루 뿌리리
떨어지는 곳마다 꽃이 피어서 봄맞이 하리…"

시 낭독이 다 끝나도 누구 한 사람 박수를 할 줄도 모르고 물을 뿌린 듯이 조용하다. 그리고는 누군가가 복받치는 오열을 삼키느라고 안간힘 쓰는 소리가 들린다. 한 사람이 "윽!" 하고 울음을 터뜨리자 여기저기서 오열하기 시작한다. 한동안 울음바다가 된다.

신채호   그러나 나는 언젠가는 이 땅이 우리 땅이 되어야 한다고 마음

속으로 외치면서 그 방법이 무엇이며 그 길이 어디에 있는가를 생각했지요. 나라 안에서는 왜놈들의 총칼이 가로막고 있기에 어려움이 있었지만 이제부터는 그런 두려움은 없어졌습니다. 그렇다면 지금은 무엇부터 어떻게 시작해야 옳은 건가 문제가 아닐 수 없지요.

청년 1 길은 하나뿐이다!

이동녕 말해보시오. 동지!

청년 1 항쟁합시다. 내일이라도 당장에 무기를 구입하여 일본군과 싸우는 길 뿐입니다.

청년 2 옳소! 나라가 망했는데 우리의 목숨 하나 못 바치겠습니까? 당장 싸움터로 나갑시다.

몇 사람이 동의의 뜻을 표한다. 분위기가 격앙되어 간다.

안창호 나는 생각이 다릅니다. (하며 자리에서 일어서자 일제히 안창호로 시선이 쏠린다) 매사에는 순서가 있고 시기가 있고 그리고 무엇보담도 준비가 있어야 하는 법이오!

청년 1 준비는 다 되어 있어요. 우리의 끓는 피! 이것 이상의 준비가 필요합니까?

청년 2 동감이요. 직접 행동개시 합시다.

안창호 끓는 피는 왜놈들에게도 있어요!

그의 차분하고도 위엄 있는 말에 장내가 조용해진다.

안창호 완력이나 무력을 써서 우격다짐으로 정복하기란 쉽습니다. 허나 그것은 일시적이오, 피상적인 변화일 뿐 근본적인 해결은 못됩니다.

이회영 그럼 도산은 무엇을 주장하는 게요?

안창호 독립을 위한 준비가 있어야지요.

이회영 준비라면?

안창호 여러 가지 의견이 있겠는데 나는 무엇보담도 우선 해외동포들의 자산 확보와 직업 확보를 한 다음, 국민교육을 통하여 점진적으로 독립운동을 전개해 나가야 된다고 봅니다.

이갑 좀 더 구체적으로 설명해 보시오.

안창호 첫째 해외동포들로 하여금 토지 개간사업을 일으켜 농토를 확보토록 해야 합니다. 우선 식량 비축과 재력, 저축을 해야지요. 그러고 나서 독립운동의 기지를 창설해야 합니다.

청년 3 동감이요. 독립운동의 역군을 길러내는 무관학교 같은 것도 절대 필요합니다.

청년 4 독립군을 양성하려면 장소와 시설이 있어야잖겠소?

청년 1 그런 시간적 여유가 어디 있소? 언제 무관학교를 세워, 언제 교육을 시켜, 언제 싸우겠다는 거요? 그러다간 손자 환갑 돌아오겠어.

안창호 바삐 서둘러서 되는 일이 아니오.

청년 4 때를 놓쳐도 안 된다고 봅니다.

청년 1 옳소! 우리가 무엇 때문에 고국을 떠나왔는지 그것부터 재확인합시다. 때를 기다리기 위해서인가요, 아니면 항쟁을 하기 위해서인가요?

안창호 물론 항쟁하기 위해서지요.

청년 2 그렇다면 도산은 어째서 아까부터 그 뜨뜻미지근한 기회주의자 같은 발언을 하오?

안창호 기회주의자? (그의 표정이 굳어지자 분위기가 경직된다)

신채호 (청년 2에게) 지금 그 발언은 취소하시게! 도산한테는 모욕적인 발언인 기여!

청년 2 (머뭇거리다가) 잘못되었오! 흥분하다보니 그만… 미안하오!

신채호 됐어! 됐어!

이동녕 단재 의견은 어떤가?

신채호 지금 듣고 있자니까 독립 쟁취를 위해서, 급진파와 온건파로 나뉘어진 모양인디…

청년 1 단재는 어느 편인가?

신채호 나? 나는 예나 지금이나 이론보다는 행동으로 대하자는 급진파에 속하지만 그 대신 조건이 붙는 기여.

일동 조건?

신채호 아까 도산의 말대로 준비단계가 있어야지.

청년 3 무관학교를 세우자는 쪽인가?

신채호 무관학교건 문관학교건 간에 국민들의 의식구조를 바로잡는 일이 급선무인 기여!

이갑 의식구조?

신채호 이약 나온 김에 다 털어놔야겠구만. 헛허…

이회영 좋아!

신채호 나는 우리가 하려는 독립운동에도 철학이 있어야 한다고 생각해 왔어.

품에서 책 한 권을 꺼낸다. 모두들 관심 있는 눈으로 본다.

신채호 이 책은 내가 고국을 떠나오면서 간직해 나온 순암이 쓴 역사책 「동사강목」이오.

이회영 「동사강목」이 무슨 관계가 있나?

신채호 있고말고! (당당하게) 독립을 쟁취하기 전에 내 나라 내 민족의 역사에 대해서 정확하고도 확고부동한 역사의식이 있어야한다.

이런 기여, 내 주장은. (하며 식탁을 쾅 친다. 좌중이 다시 물을 끼얹은 듯 조용해진다) 독립투쟁도 역사를 익히 알고 나서 할 일이지, 일시적인 반항감이나 왜놈들에 대한 적대의식으로 되는 게 아닌 기여! 우리는 잃어버린 역사부터 찾아야 혀! 그래서 나는 이 「동사강목」을 항상 몸에 지니고 다니면서 내 조국이 어떤 나라이며 내 겨레가 어떻게 이어져 나왔는가를 내가 먼저 알고 그것을 민중들헌테 널리 심어줘야만 한다고 믿었지. 그래서 나는 「황성신문」이나 「대한매일신보」에다 역사를 기록했고, 우리의 위인을 내세우고 한 기여! 나는 독립군을 키우기 위한 무관학교 설치도 물론 찬성하겠어… 토지개간도 물론 찬성하겠어. 그러나 더 중요한 일은 해외동포들에게 올바른 역사교육을 시키는 게 급선무라고 생각혀.

여기저기서 호응하는 소리가 터져 나온다.

이회영 그 구체적 방법이 무엇인가?

신채호 신문을 발행합시다.

일동 신문?

신채호 그렇소. 만주, 블라디보스토크, 북경, 상하이… 어디 가나 우리교포는 살고 있는데 그들의 머리와 심장에다 올바른 역사를 심어줄 신문이 없다는 게 나는 가슴 아픈 기여! (강조하여) 결론적으로 진정한 독립과 자유를 쟁취하기 위해서는 올바른 역사의식과 그것을 퍼뜨릴 진정한 언론이 있어야 한다 이거요. 내 말은…

일동 옳소! 옳소!

안창호 독립과 역사와 언론!

신채호 나는 그런 일이라면 블라디보스토크이건 하바로스크이건 아니

저 북쪽 시베리아 벌판이건 가리지 않고 갈 자신 있어. 올바른 역사관에서 출발한 독립정신을 거짓말 없는 신문으로 널리 알려 줄 자신 있어. 두고 봐요! 이 신채호가 해내는지 못하는지 일을 시켜보란 말이여!

뜨거운 박수가 터져 나온다.

암전

제8장

무대

상하이에 있는 박달학원. 사무실 배경에 '1914년 상하이 上海'라는 자막
이 투영된다. 벽에 태극기가 걸려 있다. 신규식과 신채호가 탁자를 사
이에 두고 마주 앉아 있다. 신규식은 신사복 차림이나 신채호는 중국
옷을 입었다. 전에 비하여 몸이 수척해 보인다. 신규식이 학원 운영상
태를 알아보기 위하여 장부를 살피는 중이다.

신규식 음… 우리 박달학원이 벌써 졸업생을 백열세 명이나 배출시켰다
고? 헛허…

매우 탐탁해 한다.

신채호 모두가 예관 선생께서 염려해주신 덕분이지요.

신규식 아닐세. 단재가 그동안 심혈을 기울인 덕일세… 헛허…

신채호 제가 해놓은 일이 뭐 있습니까? 예관 선생께서 물심양면으로 도
와주셨고, 이 박달학원을 돕기 위해 고국에서 망명해온 백암 박
은식, 또 위당 정인보, 토암 문일평, 소망 조용은, 벽초 홍명희
그리고 춘원 이광수 등 여러 동지들이 합심한 까닭에 오늘의 박
달학원이 건재하고 있다고 봐야지유.

신규식 하긴 이러한 일이 한 개인의 힘만으로 되는 것은 아닐 테지. (긴
한숨을 내뱉고서) 생각하면 꿈만 같기도 하고… 어떻게 생각하면
피맺힌 원한과 굴욕의 역사 같기도 하고… 내가 이 중국 땅에서
당대의 혁명가요, 중국 개화의 아버지인 손문 선생과 의기투합하

여 혁명전선에서 싸워 나온 일을 생각하면… 그저 꿈만 같군!

신채호 그러기에 저희들 조선청년들에게 있어서 예관 선생은 커다란 기둥이시며 방파제가 아니겠어유? 선생이 안 계셨던들 제가 어떻게 상하이에서 살아남을 수가 있었겠어유. (회상에 잠기며) 3년 전, 블라디보스토크로 건너가 광복회를 조직하여 「청구신문」을 창간했고, 다음 해엔 「권업신문」 주필로 초청받아 해외교포를 위한 신문을 발행하면서도 역시 우리에게 근본으로 필요한 건 교육기관이라고 생각했었지요. 지난날 충청도 산골에서 산동학원을 운영하던 때에 제가 마음 속 깊이 간직했던 그 야심. 역시 그걸 저버릴 수도 없었거니와 우리가 독립을 찾는 길이란 젊은이들 가슴 속에다 불을 질러야만 된다는 일념뿐이었지유!

신규식 동감일세! 그래서 나도 많은 돈은 아니지만 사재를 털어서라도 박달학원을 세우자는 데는 동의한 게 아닌가?

신채호 감사합니다. 그러시기에 우리들의 사부님이 아니십니까!

신규식 사부님? 그거 듣기에도 민망하고 과분한데. 헛허…

신채호 사부님! 저에게 또 하나의 꿈이 있는데 들어주시겠습니까?

신규식 꿈이라.

신채호 예.

이매 백암 박은식이 두터운 책을 끼고 들어선다. 중국옷을 입었다.

박은식 예관 선생님 나오셨습니까? (하며 깍듯이 절을 한다)

신규식 수고하는군.

박은식 오셨다는 말씀 듣고도 강의가 끝나질 않아서요… (신채호에게 낮게) 단재, 그 말씀을 드렸나?

신채호 지금 그 얘기를 꺼내려던 참이여…

신규식 (농담조로) 이 친구들! 나를 중국에서 몰아내자는 음모를 했었군! 헛허…

박은식 그, 그게 아닙니다… 저…

신규식 (농담조로) 나를 추방시키려거든 먼저 손문 선생의 재가를 얻어 오게. 그럼 언제든지 내 발로 걸어서 나가겠네… 헛허…

박은식 그게 아니라… (신채호에게) 말씀드리게.

신채호 응… (자세를 바로 세우고) 예관 선생님!

신규식 말하게. 뭔가?

신채호 그럼 결론부터 말씀드리지요… (사이) 박달학원 졸업생을 중국의 정규대학과 서양의 대학으로 유학시키는 길을 터주십시오!

신규식의 안면에 의연하고도 경악스러운 표정이 인다.

신채호 박달학원에서는 겨우 움이 튼 정도입니다. 그 움에서 줄기가 돋고 꽃이 피어 열매를 맺게 하기 위해선 보다 넓은 세계로 뛰어들어 자기 존재를 인식케 해야 합니다. 우리 학원에서 역사를 가르치고 영어를 가르치는 게 어디 지식을 전수하기 위해서겠습니까? (강조하며) 빼앗긴 주권을 되찾아야죠! 왜놈들의 구둣발 아래 짓밟힌 내 조국을 되찾아야죠! 그렇게 되기 위해서 젊은 지도자가 더 많이 나와야 하고 또 그렇게 하기 위해서는 보다 넓은 세계에서 힘을 길러야 하지 않겠습니까?

박은식 저도 한 말씀 드리겠습니다. 예관 선생께서 사재를 희사하시어 박달학원을 세우신 은공은 그 누구도 부인 못할 것입니다. 아니 적어도 중국에 나와 있는 우리 동포들이라면 예관 선생의 은공을 저버릴 수는 없지요. 그러나 단재의 얘기처럼 우리는 한 목적지를 향하여 걸어가는 과정일 뿐 박달학원 그 자체가 목적은 아닙니다. 독립을 찾아야죠! 조국을 찾아야 해요! 그러기 위해서는 힘을 더 길러야 한다고 봅니다.

신채호 독립군을 길러내면서 한편으로는 이 머리를 (자신의 머리통을 가리키며) 트이게 해야지요! 제가 지난번에 백두산에 올라가는 길에 광개토왕의 비석을 보았을 때도 그런 생각이었지요. 우리 민족이 분명히 우수한 머리를 가지고 태어났음에도 그걸 개발하고 훈련시켜 주는 뒷바라지가 없었기에 결국 왜놈들의 손아귀에 들어간 것입니다. 그러니 이제부터라도 그 머리를 준다면 우리 조국 광복의 대역사는 기필코 성사 되리라고 확신합니다.

두 사람의 열변을 눈을 지그시 감은 채 듣고만 있던 신규식이 눈을 뜬다. 그리고는 두 사람의 눈을 번갈아가며 응시한다.

신규식 (빙그레 웃으며) 요컨대 이 신규식더러 재정적으로 더 투자를 하라 이 말이군?

신채호
박은식 (동시에 어리둥절해서) 예? 예!

신규식 (단정적으로) 좋아!

신채호 예?

신규식 우리 박달학원 졸업생 가운데 우수한 인재는 유럽으로 유학보냅시다. 그까짓 돈이야 내가 더 벌면 되는 거고…

박은식 감사합니다!

두 사람이 마룻바닥에 엎드려 큰절을 넙죽 한다.

신규식 꼴사납게… 일어나게!

신채호   우리 학생들도 중국 대학이나 외국에 나가도 결코 뒤지지 않으리라 믿습니다.

신규식   알았어! 중국 국내대학 진학문제는 손문 대인께 부탁할 것이고 학비문제는 내가 사업을 더 열심히 벌이면 될 게고… 뭐가 걱정인가 염려 말게! 헛허…

신채호와 박은식도 파안대소한다. 그러나 신규식이 문득 신채호의 얼굴을 훑어본다.

신규식   그런데 한 가지 걱정이 있군.

신채호   예?

신규식   올해 몇인가?

신채호   뭘 말씀인가요?

신규식   아직도 홀아비인가?

신채호   아… 그건… (쑥스럽게 웃는다)

신규식   마흔 다 되었지?

신채호   글쎄요… 몇 살인지 생각해 본 적이 없어서…

박은식   서른일곱일세. 이 사람! 자기 나이도 모르는 사람이 어디…

신채호   그걸 알고 모르고 우리가 해야 할 일과 무슨 상관인기여? 나이가 말을 혀?

신규식   (혼잣소리처럼) 서른일곱이라… 그건 안 되지! 안 돼!

신채호   예?

신규식   홀아비 신세에서 벗어나야 하네! 홀어미는 흥이 안 되지만 홀아비는 흥이어!

박은식   그렇죠. 홀아비는 이가 서 말이라는 옛말도 있잖은가? 헛허…

신규식   재혼을 하도록 하게. 나도 적당한 규수감을 찾아볼 테니까. 사람

은 갖출 건 갖추어야 돼! 외눈이나 외팔이나 외다리가 성치 않은
것처럼 제 짝 없는 사람도 따지고 보면 불구자일세!

신채호 그런데 신경 쓸 정신적 시간적 여유가 없는데요.

신규식 여유?

신채호 지금 새로운 소설을 쓰고 있어요. 재작년에 〈꿈하늘〉이라는 소설
을 쓰고 나니까 새로운 의욕이 또 솟는군요.

박은식 단재는 욕심이 너무 많아 걱정입니다. 언제 교육하고, 역사 연구
하고, 시문학 창작하고 정치운동하고… 몸이 열 개 있어도 모자
라겠어! 헛허…

신채호 어차피 인생은 한번 살다가 가는 건데, 겁날 건 없는 기여!

신규식 참, 며칠 전에 임시의정원 긴급회의가 있으리라는 기별이 왔던데
알고 있나?

신채호 저도 연락 받았습니다. 이번 회의에선 결단을 내야겠어요.

신규식 결단을 내다니?

신채호 (긴장하며) 우리 임시정부의 법통을 세워야 해요. 임시정부 조직
당초부터 문제가 되어왔던 합법적인 찬성 정부의 법통을 이번
기회에 확정해야 합니다. 들리는 이약으로는 미국의 윌슨 대통령
앞으로 위임 통치를 청원한다는 의견이 있는 모양인데 그게 될
뻔이나 할 이약인 기여? 아니 이제 와서 우리 조선나라를 외국정
부에다 위임하겠다니… 왜놈들이 우리 조선을 삼킨 지 엊그제며,
그 상처의 아픔이 채 가시지도 않은 이 판국에 또 다시 미국 측에
다 대고 통치를 위임하자고 하다니 나는 그 사람들의 오장육부가
의심스럽다 이거여.

박은식 그게 누군데?

신채호 누군 누구! 우남 이승만일파의 수작들이지.

박은식 미국에 망명 중인 이승만이가?

신채호 그 사람은 운이 좋아 미국 유학까지 하여 나보다 아는 것도 많고 가진 것도 많겠지만, 이번 일은 어디까지나 반대해야 혀! 우리의 주권을 누구한테 맡긴다는 기여! 내 삶은 내가 사는 게지 누구더러 대신 살아달라는 기여! 그걸 하기 위해서 우리가 지금까지 독립운동을 해왔는가 말이여! 이건 마치 집을 두 번씩이나 남의 손에 넘기는 꼴이지요. 예관 선생님! 나는 공식적으로 반대성명을 할 작정이구먼유. 내가 지난 무오독립선언과 2·6독립선언 그리고 3·1독립선언이 무엇 땜에 있었는가 이거여! 아니 왜놈들 총칼 아래 죽어간 귀신들이 이 소릴 들으면 원한에 못 이겨 벌떡 되살아날 기여! 두고 봐! 나는 절대 반대니께. 신문 「신대한」에다가도 쓸거구먼! 내 소신대로 말이여!

암전

제9장

무대

프랑스 조계안 보창로 320호에 있는 허술한 민가. 임시정부 요원들이 앉아 있다. 한눈에도 비통한 분위기임을 직감할 수가 있다. 그러나 희미한 조명이라 사람들의 얼굴은 낱낱이 알아볼 수가 없다. 다만 일어나서 성토문을 읽고 있는 신채호의 파릿하고도 야윈 얼굴만이 어둠 속에서 돋보일 뿐이다. 배경에 '1921년 4월 19일'이라는 자막이 투영된다.

신채호 나는 2천만 동포에게 이승만, 정한경 등 대미위임통치청원 및 매국 매족의 청원을 제출한 사실을 들어 그 죄상을 성토하는 바이다. 우리는 일찍이 세계대전이 종결되자 세계평화회의에서 제청된 민족자결의 소리 높은 외침을 들을 수가 있었으니, 첫째.

회원 중에서 차례로 일어난다.

회원 1 고유의 독립을 잃은 민족은 다시 그 독립을 회복할 것이며…

신채호 둘째.

회원 2 갑의 소유로 을에게 빼앗겼던 국토는 다시 갑에게 돌려 줄 것이며…

신채호 셋째.

회원 3 다만 독일, 오스트리아, 터키의 각 식민지는 그 주국이 난수의 책벌로 이를 몰수하여 협약국에 신탁 통치케 한다.

신채호 반만년 역사를 지닌 우리 조선은 지난 10년간 왜적에 의하여 강제적으로 병합되어 왔으며 국내에 있는 동포는 물론 중국, 러시아, 미국, 일본 등 각 나라에 흩어져 살고 있는 우리 동포는 저마다 독립을 외쳤고 왜놈의 식민지가 된 아픔을 단 하루도 잊은 날은 없었다. 따라서 독립에서 단 한 발자국만 물러선다면 합병의 괴수 이완용이 되거나 정합방론자 송병준이 되거나 가치운동자 민원식의 꼴이 되고 말진대, 우리는 독립의 대방을 위하여 이승만, 정한경 일파를 성토하지 않을 수가 없는 것이다. 방관자의 안중에는 조선은 이미 멸망했다고 볼 것이다. 조선 사람의 가슴 속에는 영원독립의 조국 조선이 살아있을진대 비단 일본뿐만이 아니라 그 어느 나라일지라도 우리 조선에 대하여 무례를 가할 작시면 우리는 적수공권으로라도 혈전을 겁내지 않을 것이다. 뿐만 아니라 위임통치청원에 대하여 재미국민회 중앙총회장 안창호는 자의에서건 타의에서건 간에 이승만, 정한경 등 대표를 보내어 위임통치원을 올리게 했으니 그 죄책 또한 용서할 수 없는 일이다.

회원 4 (일어서며) 이승만 씨는 우리 상해의 정권 즉 임시정부의 국무총리로 추대되었고 제2차 개각 때는 대통령으로 선임된 어른인데 어떻게 그럴 수가 있겠소? 그건 예우가 아니오! 지금 발언 취소하오!

신채호 취소? 만부당한 소리! 그 당시 이승만을 국무총리로 추대한 자체가 경거망동이며 대통령으로 선출한 그 자체가 불합리한 처사였소!

회원 5 (일어서서) 이제 와서 무슨 망발이오? 무슨 근거로 그런… 발언 취소하시오!

신채호 못하오! 증인을 대리까? 특파대사 김규식 동지가 유럽에서 돌아왔을 때 뭐라고 한지나 아오? "조선 사람이 독립운동을 하면서 어떻게 감히 위임통치청원자인 이승만을 대통령으로 선출했는가"라고 가는 곳마다 반문을 받았지만 대답에 급했다고 말했던 한 가지 사실만으로 외국의 여론을 알 수가 있단 말이요!

식민지의 아침

회원 5 그건 본인들의 의사라기보다 시대적 조류가 그렇게 만들었을 뿐
이오! 그러니 이제 와서 이승만, 정한경 두 동지를 추궁할 성질의
일이 아니라고 봅니다.

여기저기서 "옳소!" 하는 동의의 소리가 들리자 신채호는 더 날카롭게
쏘아본다.

신채호 좋소! 그렇다면 한 가지 방법이 있어요!
회원 4 방법이라니요?
신채호 위임통치청원이 타의에 의해 취해진 일이라면 지금이라도 늦지
않으니 이승만 씨가 그 청원을 취소한다는 성명서를 미국정부에
제출할 일과 2천만 조선동포 앞으로는 공식 사과문을 발송함으
로써 자성의 태도를 보이지 않는 한 나는 승복할 수가 없단 말이오!

여기저기서 반대하는 고함소리가 터져 나오고 책상을 치는 소리가 높
다. 그러나 반대로 신채호의 발언에 동조하는 소리도 높아 회의장은
아수라장이 된다.

회원 1 모든 진상이 밝혀진 이상 우리는 이승만, 정한경의 망동을 용서
못하오!
회원 2 옳소! 그건 우리 전체의 의사가 아니니 무효다!
신채호 나와 뜻을 같이 한 쉰네 명의 동지가 여기 성토문에 연서로 서명
날인했소. (하며 성토문을 들어 보인다) 이것은 이 신채호 개인이
이승만 씨나 정한경 씨에게 사감이 있거나 다른 정치적 야욕이
있어서가 아니라는 걸 증명하고도 남는 일이오. 그러나 나는 이
상 더 상해의정원의 일원으로 남고 싶지도 않거니와 이 상해에서

살기조차 싫소! 나는 내일이라도 떠날 것이오! 그리고 다시는 여러분을 동지라고 생각하지 않을 것이오. 그럼 이만!

신채호가 나가려 하자 회원1, 2가 앞을 막는다.

회원 1 안 돼! 가면 안 돼!

회원 2 어디로 가겠다는 건가?

신채호 북경으로 가겠어!

회원 1, 2 (동시에) 북경?

신채호 상해만이 사람 살 곳은 아닌기여! 북경에 가도 동지는 있어! 우당 이회영, 심산 김창숙 형께서 언제든지 오라고 하셨으니 설마 굶어죽지는 않을 거여! (쓰게 웃으며) 잘들 계시기여! 이 신채호는 본시가 역마살이 낀 부평초 인생인기여! 핫하하… (하며 퇴장한다)

장내의 사람들은 언제까지나 돌처럼 움직이려고 하지 않는다. 이 장면에서 신채호가 성토문을 읽어나가는 동안 배경에 윌슨 대통령, 이승만, 정한경, 김규식 등의 사진이 차례로 투영됨으로써 인상적으로 강조를 할 필요가 있다.

암전

제10장

무대

북경 금십방가에 있는 허름한 셋방. 중국식 초롱불이 놓인 책상에서
원고를 쓰고 있는 신채호. 머리는 헝클어지고 땟국에 찌들은 중국 옷
차림이 한층 더 초췌해 보인다. 그는 가끔 기침을 하는데 병색이 완연
하다. 어디선가 구슬픈 호궁소리가 흐느끼듯 흘러나온다. 무대배경에
'1920년 북경'이라는 자막이 투영된다. 이윽고 단재는 붓을 놓고 원고
를 읽는다. 그 목소리는 슬프다기보다는 체념한 듯한 목소다. 다음
시를 읊는 동안 배경에는 한시 〈고원〉 원문이 투영된다.

신채호 "한 굽이 맑은 강

두 언덕인 숲이 있고

두어 칸 초가 한 채

강기슭에 있었다네

얼굴 아래 맑은 바람

베개에 스쳐들고

처마 끝 밝은 달빛

거문고를 비쳤었네

들길에는 이따금 다람쥐 지나가고

모래밭엔 예대로

흰 갈매기 떠도리니

어쩌다 십년이 가도

돌아가지 못하고서

이역 땅에 머물며

망향가만 부르는고"

시를 읊는 동안 신채호의 뺨에는 눈물이 흘러내린다. 그리고 이웃집에서 흘러드는 호궁소리가 마치 반주라도 하듯이 애를 끓게 한다. 이때 두 대의 양차가 집 앞에 멎는다. 이윽고 앞차에서 이회영이 그리고 뒤차에서는 박자혜가 내린다. 이회영이 양차 차부에게 돈을 주자 양차는 다시 돌아간다. 박자혜가 수줍듯 주위를 두리번거린다.

이회영 자혜 씨, 주위가 지저분하죠?
박자혜 아, 아니에요. 북경에도 이렇게 한적한 곳이 있었던가 싶어서요.
이회영 이런 곳이라야 방값이 싸니까! 헛허… 그렇다고 신채호라는 인간은 결코 싸구려가 아닙니다.
박자혜 별 말씀을 다… 흠…
이회영 만나 보시면 알게 되겠지만 사람 하나는 쓸만하지요.
박자혜 은숙 언니한테서 이야기 다 들었어요.
이회영 그렇군! 집사람이 더 자세하게 인적 사항을 얘기했을 테니까 나는 이상 더 얘기 안 하겠습니다. 나는 다만 조선의 외로운 한 천재가 이국땅에서 고생하고 있다는 그 한 가지 사실만을 이야기하고 싶을 뿐이오.
박자혜 잘 알고 있습니다.
이회영 그럼 들어가 보실까요.

이회영이 앞장을 서 집안으로 들어간다. 박자혜가 뒤를 따른다.

이회영 단재 있나?
신채호 예! 우당 오셨는 기여.

신채호가 반갑게 마중을 한다. 다음 순간 박자혜와 시선이 부딪치자 당황하여 몸 둘 바를 모른다.

이회영   손님을 모시고 왔네.

신채호   예… 예… 이거 어떻게 하죠? (하며 뭘 찾느라 안절부절 못한다)

이회영   단재, 뭘 찾나?

신채호   방석이… 방석이 있었는데… (하다가 의자에 깔았던 방석을 집어 바닥에 놓는다. 그 순간 구멍이 뚫린 곳에서 하얀 솜이 기어 나온 것을 보자 황급히 뒤집어 놓는다. 그 곳에는 더 큰 구멍이 나 있다. 당황하던 신채호가 두 사람을 쳐다본다. 다음 순간 세 사람이 약속이라도 한 듯 크게 웃는다)

이회영   자네답지 않게 방석은 또… (자혜에게) 바닥에 앉으시지!

박자혜   예!

이회영   참, 서로 수인사나 하게. 이 사람이 충청도 꼿생원 신채호, 그리고 이 분이 경기도 양주 태생으로 숙명여학교 기예과를 나와 지금은 북경 연경대학 의예과에 재학 중인 박자혜 씨…

신채호와 박자혜는 자기도 모르는 사이에 방바닥에 앉아 서로 절을 한다. 말 없는 가운데 서로의 의중을 꿰뚫어 보는 눈을 가졌다.

신채호   앞으로 잘 좀…

박자혜   저는 아무 것도 몰라요. 허지만 신채호 씨의 함자는 익히 알고 있었죠…

신채호   예?

박자혜   고국에 있을 때부터 「대한매일신보」에 쓰신 논설은 물론이고, 역사책 「이순신장군」과 「을지문덕」, 그리고 「독사신론」 특히 「대동 사천년사」는 감명 깊게 읽었어요. 그래서 막연하나마 신채호라는 분이 어떻게 생겼을까 하고 상상으로만… 흠…

신채호　(턱수염을 만지작거리며) 보시니까 어때유? 보나마나 실망일 기여! 헛허…

박자혜　(분명하게) 아니에요.

신채호　예?

이회영　단재! 그런 상투적이고 의례적인 언사는 필요 없어! 자혜 씨는 이미 집사람을 통해서 단재에 대한 모든 것을 익히 알고 왔으니까.

신채호　예?

이회영　이런 이야기는 단도직입적으로 처리하는 게야. (자혜에게) 안 그렇소?

박자혜　예. 저… 스물여덟입니다.

신채호　예?

박자혜　선생님은 마흔하나… 그렇죠?

신채호　(더욱 얼어서) 예? 예. 그, 그렇군요.

이회영　자네가 첫 결혼에 실패한 점, 아들이 하나 있었으나 병사한 점, 그리고 서른한 살에 단신 중국으로 건너와 십 년 동안 홀아비로 지내왔으며, 아직 집 한 칸 없는 빈털터리라는 점, 모두 밝힌 바 있지.

신채호　그런데도 저를…

박자혜　저도 마찬가지인걸요. 흠…

신채호　예?

박자혜　물론 결혼한 적은 없어요. 다만 신 선생님께서 그동안 항일투쟁을 해왔듯이 저도… 그런 점에서 마찬가지라고 했었지 다른 의미가 있었던 건 아니에요.

신채호　(압도당한 듯) 예…

이회영 단재! 간우회사건 기억하나?

신채호 간우회? (사이를 두었다가) 알고말고요. 3 · 1 독립만세 때 조선 사람 간호원들이 뭉쳐서 왜경들에게 항거한 사건 아닙니까?

이회영 바로 맞췄네, 이 박자혜 씨가 바로 그 간우회사건의 주동이라고 말한다면 안 믿을 테지?

신채호 (경악의 빛을 보이며) 자혜 씨가요? (하며 새삼스럽게 박자혜의 모습을 훑어보기 시작한다)

박자혜 (쓰게 웃으며) 왜놈들에게 한번 낙인이 찍히고 나니까 가만히 있게 안 하더군요. 그래서 생각 끝에 거짓말로 만주 길림성에 계신 아버님의 병 수발을 하러 간다고 꾸며대고는 병원에다 2주일간의 휴가계를 내는 길로 단숨에 압록강을 넘어 왔어요… 그동안 겪은 고생이야 이루 말할 수 없이 많았지만 그래도 가는 곳마다 고마운 분이 계셨어요. 특히 만주에서는 석운 우응규 선생님의 보살핌을 받았고, 북경에 와서는 (이회영을 쳐다보며) 이 선생님 내외분의 덕분으로…

이회영 그건 박자혜 씨의 천성이 혁명가적 투쟁력이 있고 성격이 솔직하고 활달하시니까 누구에게서나 신뢰감을 얻게 된 거죠. (단재에게) 어떻게 생각하나? 그 점에 대해서는…

신채호 (서슴지 않고) 동감이오!

박자혜 예?

신채호 난 지금까지 여성하고는 별로 사귄 바 없지만… 박자혜 씨처럼 이렇게 자신감에 차서 자기 의사표시를 스스럼없이 하는 여성은…

이회영 (바로 받아넘기며) 머리에 털 나고는 처음이라 이건가? 헛허…

신채호 그렇습니다. 우리 조선의 여성은 아직도 그런 점에서는 뒤지고 있지요, 서양 여성보다는…

박자혜 저도 그렇게 생각해요. 허지만 장차는 그래서는 안 되죠. 여성도 남성과 대등하게 의무를 이행하고 권리를 주장할 수 있는 그런 세상이 와야 한다고 봐요! 남녀가 평등하고 국가와 국가, 민족과 민족이 평등하게 되지 않는 한 이 지구상에서 전쟁은 그치지 않을 거예요! 저는 그런 점에서 평소부터 신 선생님의 글 가운데서…

신채호와의 시선이 마주치자 자기도 모르게 볼이 달아오르는지 두 손으로 뺨을 감싼다.

신채호 (낮으나 감동적으로) 몸 둘 바를 모르겠군요!

박자혜 경망하다고 여기시지나 않으셨는지…

신채호 나는 여자에게 대해서만은 캄캄하게 살아왔었는데 이제 보니까…

이회영 (잽싸게) 앞이 훤하게 트였다 이건가? 핫하… 됐어! 그럼 됐어!

신채호 됐다니요? 뭐가…

이회영 이 사람 눈치도 없긴. 합격이다 이거야! 오늘밤 맞선! 헛허…

신채호 맞선이라니… 아니 그럼 지금 저를…

이회영 전부터 이야기 했었잖은가? 나와 심산이 자네한테 좋은 짝을 지어주려고 얼마나 애 쓰고 있는가를… 그래야 그 때국 쩌린 옷 빨래라도 벗게 되고 제때 밥이라도 먹여줘서 병이라도 안 나게 해야 한다고…

박자혜 허지만 저는 그런 살림은 잘 몰라요…

이회영 알게 됩니다. 여자는 결혼을 하면 누구나 여자다워지는 게요. 헛허… 그럼 나는 이만 가볼 데가 있어서… 둘이 좀 더 이야기들 하고…

신채호 가시면 어떻게 해, 나 혼자서…

이회영 난 심산하고 약속이 있어서… (시계를 보며) 이런! 25분이나 지났

군! (하며 자리에서 일어난다)

신채호 이거 입장 곤란한데요…

이때 심산 김창숙이 황급히 뛰어온다. 중국옷차림이다.

김창숙 단재! 단재!

이회영 응? 저게 심산 목소리 같은데!

신채호 제가 나가 보죠.

이때 김창숙과 마주친다.

신채호 웬일이세유?

김창숙 마침 집에 있었군.

이회영 나도 여기 있어. 심산!

김창숙이 들어온다. 박자혜를 보자 반긴다.

김창숙 자혜 씨도 와 있었구만.

박자혜 예.

김창숙 그래, 어떻게… 합격인가 불합격인가?

이회영 전광석화지!

김창숙 전광석화?

이회영 아닐세. 이심전심이라고나 할까? 헛허…

김창숙 그럼 두 사람 다…

이회영 단재가 여성에는 어두운 줄 알았는데 그렇지도 않아. 역시 여성을 끌어들이는 그 어떤 힘도 가지고 있나… 헛허…

신채호와 박자혜가 쑥스러워하면서도 마음속으로 싫지 않은 눈치이다.

김창숙   축하하네!

신채호   아, 아직은…

김창숙   홀아비와 노처녀의 결혼이야 간단해… 내일이라도 냉수 한 그릇
        떠놓고 예를 올리면 되는 게야…

이회영   주례는 내가 서지!

일동   핫하…

김창숙   그건 그렇고… 단재! 자네에게 또 한 가지 희소식을 전하러 왔네.

신채호   무슨 일인데요?

김창숙   내년 정월부터 잡지를 내게.

이회영   잡지라니?

김창숙   전부터 단재가 나더러 잡지를 하나 내고 싶다고 했지만 재정이
        여의치 못해 미루어 왔거던. 그런데 오늘 그게 길이 뚫렸지 뭔가.

신채호   정말입니까?

김창숙   그 대신 발행인은 내 이름으로 하되 잡지의 원고, 편집 일체는
        단재가 맡게!

신채호   맡지요! 제가 쓰고 싶은 글을 종횡무진 쓸 수만 있다면야! 핫하…
        이런 기쁨과 보람이 또 어디에…

박자혜   축하합니다. 신 선생님.

신채호   고맙소!

이회영   (약간 불안해지며) 이 북경 바닥에서 조선말로 잡지를 내서 독자를
        얻기가 그리 쉽지는 않을 텐데…

신채호   왜 조선말로 냅니까?

이회영   그럼…

신채호   한문 잡지를 낼 작정입니다.

이회영 한문 잡지를?

김창숙 그렇지! 한문 잡지라야 채산이 맞지.

이회영 그렇지만…

김창숙 단재의 한문 실력은 이미 정평이 나 있거던. 그동안 여기저기에 중국신문이며 잡지에 발표한 글을 읽은 중국 사람들은 하나같이 입을 모아 그 문장력에 감탄하고 있거던! 단재 신채호가 조선 사람이라고 해도 믿으려 하지 않을 정도라네. 헛허…

박자혜 저도 그런 소문 들은 적 있어요. 연경대학에 다니는 학생이 신 선생이 정말 조선 사람인가 하고 물은 적이 있었어요.

신채호 부끄럽구먼요.

김창숙 그럼 책 제호부터 생각해 두게.

신채호 염려마십시오, 이미 다 정해왔으니까요. 흠…

김창숙 벌써? 그래 뭐라고 지을 텐가.

신채호 잠깐만 기다리십시오!

신채호가 책상 쪽으로 가서 모필을 들더니 먹물을 적시고는 백지에다 제호를 쓴다. 모두들 유심히 지켜본다. 이윽고 신채호가 백지를 들어 보인다. 「천고 天鼓」라고 쓰여 있다.

김창숙
            (동시에) 「천고」?
이회영

이와 동시에 배경에 「천고」 잡지표지가 투영된다.

신채호 하늘의 북소리라는 뜻이오. 하늘의 북소리…

이회영 무슨 뜻인가?

신채호 (허공을 향하여 시를 읊듯이) 하늘의 북이 한번 치면 우렛소리요 두 번 치면 그 기세가 신라 같고 세 번 치면 의사들이 구름처럼 모여들고 다섯 번, 여섯 번, 북이 울릴 때마다 원수들의 목은 낙엽처럼 떨어질지니… 북이여… 하늘의 북이여…

이 시를 읊는 동안 한문으로 된 〈신년신간록〉의 원문이 배경에 투영된다. 박자혜의 눈에 이슬이 고인다. 모두가 감동적이다. 세 사람은 굳게 악수를 한다.

암전

제11장

무대

어둡고 습진 지하실, 20여 명의 장정들이 회합을 하고 있다. 좌편으로 뚫린 작은 창문을 통하여 한줄기 햇빛이 흘러들어올 뿐이다. 벽에는 '동방연맹결성대회'라는 방이 붙어 있다. 대부분이 중국옷을 입었으나 그 가운데는 인도, 일본의 복식을 차린 사람들도 보인다.

사회 오늘 우리가 이 자리에 모인 경과에 대해서는 앞서 발기인을 대표하여 소상한 설명이 있었습니다. 동방의 약소민족을 대표하는 우리들이 국경을 초월하고, 혈통을 초월하고, 계급을 초월하여 동양의 모든 민족이 단결하여 악독한 일본 제국주의와 군국주의적 착취행위에 항거, 투쟁하자는 그 의미가 있는 것입니다.

일동 옳소!

사회 그러므로 우리 동방 연맹의 나아갈 길은 자본주의의 강도일본을 타도하는데 있으며, 군국주의의 강도, 일본의 약탈행위에 죽음으로 항거하자는데 있는 것입니다.

일동 (더 격해지며) 옳소! 옳소!

사회 그럼 여기서 우리 동방연맹 의지와 행동과 그 목표를 만천하에 천명하는 뜻에서 선언문을 낭독할 순서가 남아 있습니다. (사이) 이 선언문은 조선민족을 대표해서 신채호 동지께서 손수 글을 쓰셨고 또 오늘 이 자리에서 낭독을 해주시겠습니다. 낭독이 끝나면 그 채택여부를 박수로서 표시해 주시기 바랍니다. (장내를 두리번거리며) 신채호 동지, 앞으로 나와 주실까요?

이 말에 모두들 신채호를 찾기 위하여 두리번거린다. 이윽고 맨 뒷줄에서 사람들에게 가리워져서 안 보이던 신채호가 일어선다. 두루마기를 입었다. 손에는 하얀 두루마리가 들려 있다. 그는 색안경을 썼으나 어딘지 병색이 완연하여 약간 비틀거리며 천천히 나오는 동안 사회자가 계속 설명을 한다.

사회   조선민족 대표인 신채호 동지께서는 평생을 일본제국주의에 항거해 나오신 투사이자 조선민족의 의식을 깨우쳐 나가려고 문필을 휘두르신 민족주의자이기도 합니다. 북경에 와서 『천고』라는 잡지를 발행한 바 있으나 아깝게도 재정난으로 폐간을 하게 되었음은 주지의 사실입니다. 또 신 동지는 민족혁명을 목적으로 하는 다물단을 이끌어 왔으며 근자에 와서는 현실문제에 회의를 느낀 나머지 자취를 감추더니 북경 근교에 있는 대사찰 관음사에 입산 불자로서 고행과 수도를 한 바 있는 우리 시대의 천재요, 행동하는 지식인이기도 합니다. 여러분 박수로서 환영합시다.

이와 동시에 우레와 같은 박수가 장내를 뒤흔든다. 잠시 고개를 수그리고 서 있던 신채호가 색안경을 벗는다.

신채호   (잠시 침묵을 지키다가 꾸밈없는 어조로) 신채호올시다. 제가 요즘 몸이 좀 안 좋은데다가 엎친 데 덮친다는 격으로 이 시력까지 말을 안 듣는 걸 보니 이제 염라대왕께서 일 그만하고 저승으로 올라오라는 예비신호인가 봅니다.

모두들 까르르 웃는다.

신채호 돈도 없고, 이름도 없고, 기력도 없는 빈털터리지요. 그러나 이 신채호가 가진 것이라고는 자존심하고 고집뿐입니다. (차츰 열이 오르며) 반골정신과 투쟁정신입니다. 그래서 지금까지 해나온 일이라고는 독립운동 밖에 없습니다. 그리고 그 독립운동도 단순히 말로 떠들고 있을 때가 아니라 적극적인 투쟁방법을 택하지 않는다면 또 다시 노예가 될 수밖에 없다는 생각 끝에 이 동방연맹 운동에 가담하게 된 것입니다.

일동 옳소! (하며 박수소리 터진다)

신채호 내게는 지금 젊은 아내와 두 살짜리 아들이 있습니다. 내가 동방 연맹 운동에 가담하게 되었으니 언제고 또 그 왜놈들의 독아가 우리 세 식구를 위협할 것이라는 것도 나는 잘 알고 있습니다. 허지만 나는 나의 길을 갈 것입니다. 우리 민중들의 피와 고기와 뼈를 갉아먹고 살쪄온 강도들을 몰아내기 위해서 이 병든 몸을 바칠 각오가 되어 있습니다.

다시 박수와 환호성이 터진다.

신채호 (다시 처음처럼 여유를 보이며) 그럼 제가 쓴 선언문을 낭독하겠습니다. 천학비재한 조선놈이 되지도 않은 글을 썼으니 그렇게 아시고 쓸만 하거던 박수 쳐주시고 일고의 가치가 없다고 생각되시면 뒷간에 갈 때 휴지로 쓰겠습니다.

일동 헛허…

신채호 (두루마리를 펴며 읽기 시작한다. 담담한 어조로) 우리의 생존은 우리의 생존을 빼앗는 우리의 적을 없애버리는 데서 찾을 것이다. 일본의 정치는 곧 우리의 생존을 빼앗는 적이다. 그네들의 존재를 잃는 날이 곧 우리 동방민중들이 열망하는 자유와 생존도 해방을 이루는 그날이 될 것이다. 그러니 우리가 살 길은 바로 그 혁명에 있을 뿐이다. 다만 우리들 동방 각 식민지와 비식민지의 민중들은 장구한 역사 속에서 곰팡내 나는 윤리 도덕관과 비린내 나는 봉건제도와 정치체제 속에서 헤매다가 하루아침에 영국, 불란서, 일본 등의 자본주의와 제국주의의 착취와 압박 속에서 신음하게 되었으니, 우리를 맷돌의 한 돌림에 다 갈아 죽이려는 판인즉 우리 동방민중의 혁명이 만일 급속도로 진행되지 않으면 우리는 그 존재가치마저도 잃어버릴 것이다. 따라서 우리는 정치, 법률, 도덕 등 모든 기성제도를 파괴하고 그 곳에다 새로운 자유와 평등의 사회를 건설해야 할 것이다.

일동 옳소! (하며 기립박수를 친다. 이때 층계 쪽 작은 통용문을 거칠게 두들기는 소리가 난다. 모두들 긴장한다. 한 남자가 통용문에 귀를 대고 바깥을 향해 말한다)

청년 갑 누구요?

소년 (밖에서) 빨리 문을 열어요! 빨리!

청년 갑이 급히 문을 열어주자 중국소년이 뛰어 들어온다.

사회 무슨 일이냐?

소년 어서 피하세요. 경찰이 와요!

사회 경찰?

소년 저기 다리를 건너오는 것 봤다니까요. 어서요!

분위기가 긴장에서 불안으로 바뀐다.

사회 여러분! 침착하게 삼삼오오 뒷문을 통하여 피하십시오. 그리고 서류는 일괄해서 반출하시오! 후일 다시 연락하겠습니다.

이와 동시에 모두들 잽싸게 퇴장한다. 그러나 신채호는 멍하니 제자리
에 서 있다.

사회　신 동지! 어서 나갑시다!

신채호　(눈으로 손이 가며) 아… 또 눈이… 눈이 안보여 아…

사회　어서 나갑시다. 나를 붙들어요!

사회자 신채호를 부축하여 나간다.

암전

제12장

무대

신채호가 살고 있는 셋방. 박자혜가 여행용 트렁크에다 옷가지를 담고 있다. 그 옆에 아들 수범이가 엎드려서 그림책을 읽고 있다. 6, 7세 정도 들어 보인다. 박자혜는 생활에 찌들었다. 가난이 몸에 배인 모습이다. 이웃집에서 흘러나오는 중국민요를 연주하는 호궁소리가 을씨년스럽다. 박자혜는 문득 일손을 멈추고 눈을 감는다. 뭔가 골똘히 생각하는 사람 같다. 신채호가 옆방에서 나온다. 두툼한 원고 뭉치를 들고 나온다. 그러나 박자혜는 돌아보지 않는다.

신채호 짐은 다 꾸렸소? 이걸 좀 전해줘야겠는데… (하며 각각 묶은 세 편의 원고 뭉치를 내민다. 박자혜가 말없이 받는다) 이건 「조선 고대의 문자와 시가의 변천」… 그리고 이건 「조선사 연구초」고… 그리고 이게 「조선 상고사」요.

박자혜 (담담하게) 이걸 어떻게 하라고요?

신채호 조선일보사에 있는 벽초 홍명희 형을 찾아가서 알아서 해달라고…

박자혜 (비로소 남편을 쳐다보며) 알아서라니요?

신채호 신문에다 연재를 하건 적당한 출판사가 나서면 출판을 하건… 그건 홍 형이 잘 알아서 해줄 기여… (한숨) 그래야 원고료를 받게 될 게고… 그래야만 당신과 수범이가…

박자혜 우리 걱정 하실 필요 없어요. (원고를 트렁크 안에 넣으며) 당신 건강이나 조심하세요.

신채호 그렇지만…

식민지의 아침

박자혜 저와 수범이는 무슨 짓을 해서라도 살아갈 수 있어요. 의과대학을 다녔으니 서울에 가면 하다못해 산파노릇을 해서라도 목구멍에 풀칠은 할 수 있을 테니까요.

박자혜가 트렁크 뚜껑을 조용히 닫고는 비로소 남편을 마주본다. 신채호가 마치 눈부신 것이라도 본 듯 시선을 피한다.

박자혜 여보!
신채호 (말없이 아들 수범의 머리를 쓰다듬어주며 낮게) 미안하오.
박자혜 무슨 말씀이세요?
신채호 지아비 구실도, 지애비 구실도 못하고… 이렇게 고국으로 떠나보내야만 하는 이 마음…
박자혜 그러면 되었지 뭐가 또…
신채호 (아내를 뚫어지게 바라보며) 그럴수록 나는 마음이 아프다는 기여. 그동안 나 때문에 고생이란 고생은 다하면서…
박자혜 그럼 후회하신다는 거예요? 당신이 하시고 계시는 일에 대해서…
신채호 아니야… 그건 절대로 아니어!
박자혜 그럼 왜 그런 말씀 되풀이 하세요? 간밤에도 당신은 잠꼬대를 심하게 하셨어요.
신채호 여보 한 가지만 말해 두겠소. (사이) 나는 머지않아 북경을 떠나야 해.
박자혜 어디로요?
신채호 ……
박자혜 조선은 아닐 테죠?
신채호 그건 밝힐 수 없소.
박자혜 왜요? 자기 아내에게도 못 밝힐 수 있는 일도 있나요? 그럼 당신

차범석 전집 7

과 나는 남남이었군요?

신채호 여보!

박자혜 좋아요. 그러나 실망했어요. 이제 우리가 헤어지는 마당에 무슨 얘긴들 못하겠는가 했는데 역시 그게 아니었군요. 물론 당신은 남자의 세계가 그렇다는 주장일 테죠. 말하고 싶어도 비밀은 비밀로 지켜야 하는 게 남자의 세계라고 우기실테죠. 그럼 저는 뭔가요? 당신과 결혼한 지 7년. 제가 당신한테서 얻은 게 뭔가요? 수범인가요?

책을 읽고 있던 수범이가 고개를 들어 신채호를 쳐다본다.

수범 아버지! 나 불렀어요?

신채호 응? 응…

수범이가 일어나 앉는다.

수범 아버지는 왜 안 가시는 거예요? 함께 서울 가면 좋을 텐데… 그렇지? 엄마…

신채호 수범아, 그 대신 내년이고 내명년엔 꼭 나갈 테니까… 너는 엄마 말을 잘 듣고… 참 보통학교 들어가겠구나……

수범 보통학교 들어가면 반장할 거예요.

신채호 해야지! 이 아버지 이름을 기억하는 사람들에게 우리 아버지는 신채호예요! 하고 떳떳하게 말해야지! 그리고 우리 아버지는 자나 깨나 조선독립하고 자유 평등만 외치다가…

박자혜가 참다 못하여 두 손으로 얼굴을 가리며 오열을 간신히 삼킨다. 신채호의 눈에도 이슬이 맺힌다. 그리고는 입가에 심한 경련이 일자 말을 계속 못한다.

수범 　아버지! 그 다음에 뭐라고 해요? 자유와 평등을 외치다가… 예? 다음에 어떻게 되었다고 말하죠? 예? 아버지… 왜 그렇게 앉아만 계세요? 예?

신채호가 서서히 수범을 돌아보더니 와락 품안으로 끌어 당기며 아스라지라고 껴안는다.

수범 　(숨이 막혀) 아… 버… 지…

신채호 　(소리를 안 내려고 안간힘 쓰며) 윽… 윽… 윽…

박자혜 　(드디어 통곡을 털어놓으며) 흑… 흑…

수범 　아버지… 숨 막혀…

신채호 　(서서히 풀어주며) 수범아… 이 아버지는… 며칠 후… 멀리… 멀리 가는 기여… 배타고 가는기여…

수범 　뭣하러요? 돈벌러 가요?

신채호 　그래… 돈 벌러! 돈 벌어서 그 돈으로 총과 대포를 사서… 우리를 못살게 하는 강도들을… 깡그리… 깡그리…

박자혜 　(울부짖으며) 여보! 제발… 그만, 그만해요. 수범이가 뭘 안다고… 흑… 아무 말씀 마세요. (간신히 냉철해지며) 저는 이미 다 알고 있어요. 당신이 아무 말씀 안 하셔도 저는 이미 다…

신채호 　여보!

박자혜 　동방연맹의 자금을 마련하기 위하여 대만으로 가시는 거죠?

신채호 　어떻게 그걸 당신이…

박자혜 　얘기 다 들었어요. 지난달 열이틀날 밤 우무관리국에 다닌다는

110

그 대만 사람하고 이 방에서 얘기하시던 내막… 제가 다 엿듣고서…

신채호 (노기를 띠우며) 엿듣다니? 당신이 그런 짓을…

박자혜 우연히 엿들었어요. 당신도 중국 사람으로 가장을 하고 이름도 유병택이라는 가명을 쓰고 일본 고오베를 거쳐 대만까지 가라는 상부 명령이라는 이야기… (꺼질듯) 다 알고 있었어요… 윽…

수범 아버지… 왜 우세요? 예? 또 아프세요? 병원에 가세요!

신채호 수범아! 먼 훗날 누가 너에게 묻거던…

수범 뭐라고요?

신채호 (남의 일처럼) 너희 아버지 함자가 뭐냐?

수범 (밝게) 채자 호자예요.

신채호 뭘 하시는 분이냐?

수범 음… 신문사 다니셔요… (자기 말에 자기가 부인하며) 아니다. 우리 아버지는 글을 쓰시는 문학가예요! 그렇지. 엄마!

박자혜가 새로운 충격에 입술을 깨문다.

신채호 (수범의 뺨에다 자신의 뺨을 대면서 평화롭게) 그래 그것도 답이 될 수 있겠지. 그렇지만 아버지는 니가 이렇게 대답을 해줬으면 좋겠다.

수범 어떻게요?

신채호 (잠시 허공을 바라보더니 소년시대로 돌아가는 기분으로) 우리 아버지는요. 돈도 한 푼도 못 버시면서도요. 언제나 이런 시만 외우셨거던요. 제가 암송할 테니 들어 보실래요? 흠…

신채호가 수범을 풀어주고는 서서히 자리에서 일어선다. 무대는 어두워지고 한줄기 불빛이 신채호의 야윈 얼굴을 비쳐준다. 그는 시 〈너의 것〉을 조용히 읊기 시작한다. 어디선가 아름답고도 처절한 음악이 흘러든다. 그의 목소리는 자신의 본 목소리로 돌아간다.

신채호　너의 눈은 해가 되어

여기저기 비치우고 지고

님의 나라 밝아지게

너의 피는 꽃이 되어

여기저기 피고지고

님 나라 고와지게

너의 숨은 바람되어

여기저기 불고지고

님 나라 깨끗하게

너의 말은 불이 되어

여기저기 타고지고

님 나라 더워지게

살이 썩어 흙이 되고

뼈는 굳어 돌 되리라

님 나라에 보태지게

암전

에필로그

무대, 법정이다. 무대에는 피고석에 미결수복을 입은 신채호가 용수를 쓴 채 앉아 있다. 무대는 어둡고 그 어둠 속에서 신채호의 모습만이 보인다. 법관들의 얼굴은 보이지 않는다.

무대 배경에 '1930년 4월 28일 만주 대련大連 법정'이라는 자막이 투영된다. 개정을 알리는 나무망치 소리가 법정 안에 울려 퍼진다. 간수가 나와 신채호가 쓰고 있는 용수를 벗겨 주고 포승을 풀어준다. 신채호가 무대 앞으로 나온다. 편의상 재판관은 객석 쪽에 앉아 있는 걸로 설정한다.

재판장 (소리) 피고 신채호의 치안유지법 위반 및 유가증권 위조 및 사기, 살인 및 시체유기사건에 관한 제4회 공판을 속개하겠다.

다시 한 번 망치소리가 울려 퍼진다.

재판장 (소리) 피고 신채호. 26세 때 조선독립을 목적으로 조직된 신민회라는 단체에 가입한 일이 있는가?

신채호 (담담하게) 예.

재판장 (소리) 신민회에 가입한 후부터 일본의 국체를 부정하여 사유재산을 부인하는 공산국을 건설하려고 했다는데 사실인가?

신채호 아닙니다. 신민회는 이름 그대로 오로지 조선독립만을 목적으로 삼았었소.

재판장 (소리) 신민회 간부는 누구였나?

신채호 안창호, 이동녕 그밖에 몇 사람이 있소.

재판장 (소리) 회원은 몇 명이나 있었나?

신채호 자세한 숫자는 모르겠으나 수백 명은 족히 되었을 것이오.

재판장 신민회에서 직접 했던 일은 무엇이었는가?

신채호 없었소.

재판장 피고는 그동안 생활은 어떻게 하였지?

신채호 신문기자 생활을 했었소.

재판장 어떤 신문이지?

신채호 「한성신문」이오.

재판장 (소리) 북경에 체류한 적이 있었나?

신채호 예. 서른다섯 살 때부터 북경에 있었소.

재판장 (소리) 독립운동을 목적으로 말인가?

신채호 그렇소.

재판장 (소리) 그 후 일본의 무정부주의자 행덕추수가 저술한 책을 읽고 공명하여 이필현의 소개로 동방연맹에 가입했던가?

신채호 예. 그러나 이필현의 소개가 아니라 행덕추수의 지론이 합리적이라고 생각했기 때문이오.

재판장 (소리) 동방연맹이란 기성국체를 변혁하여 사유재산제도를 부인하려는 단체인가?

신채호 모르겠소.

재판장 (소리) 동방연맹의 주도자는 누군가?

신채호 임병문이었소.

재판장 (소리) 그럼 피고는 임병문의 소개로 입당했던가?

신채호 그렇소.

재판장 (소리) 강령 규약이 무엇인가?

신채호 그런 것 없었소. 다만 동방의 기성 국체를 변혁하여 다 같은 자유로써 잘 살자는 것뿐이오.

재판장 (소리) 피고는 유병택이라는 가명을 써가며 대만의 기륭항에 잠입하려고 했는데 그 목적이 무엇이었는가…

신채호 (말이 없다)

재판장 (소리) (엄하게) 공범 대만인 임병문과 공모하여 총액 6만 4천원에 해당하는 외국 위체 2백장을 위조했었잖은가?

신채호 (여전히 말이 없다)

재판장 (소리) (엄하게 추궁하며) 그 가운데서 임병문은 대련은행에서 위체 액면 2천원을 찾으려다가 발각되어 경찰에 체포되었잖은가? 시인하는가?

신채호 예.

재판장 (소리) 그리고 피고는 분담돈 1만 2천원의 위체를 찾기 위하여 중국인으로 가장 여객선 항춘환 선편으로 대만으로 갔다가 일본 수상경찰에 의하여 체포되었지? 사실인가? 시인하는가?

신채호 (담담하고) 시인합니다.

재판장 (소리) 그 돈을 어디다 쓰려고 했지?

신채호 우리 동포가 나라를 독립하기 위하여 취하는 수단은 모두가 정당한 일이며 사기가 아닙니다. 나라의 독립을 위해서라면 사기 아니라 그보다 더한 도둑질을 했을지라도 양심에 부끄럼이나 거리낌은 없소!

재판장 (소리) (감정적으로) 그따위 억지가 어디 있어?

신채호 (당당하게) 내가 동방연맹에 가담한 목적은 사리사욕도 아니고 공명심도 아니었다. 오직 일본의 제국주의에 대한 반발이요, 침략주의에 대한 투쟁이었으며, 그것은 우리 조선의 독립을 쟁취하기 위한 수단이었을 뿐이오. 약소민족의 슬픔과 분노를 만천하에 터뜨리고 강도 일본의 죄악상을 폭로하려고 했을 뿐이다. 왜 약소민족의 피와 고기가 아니면 굶어 죽을 강도를 박멸하려는 우리는 죄인이고 너희들은 죄가 아닌가 말이다! 백보를 양보해서 소수가 다수에게 지는 것이 원칙이라면 어디 물어보자! 이 지구상에서 어느 편이 다수인가 말해 봐! 대다수의 민중들이 최소수의 야수적 강도들에게 피를 빨리우고 고기를 찢기우는 것이 정상적인가 말해봐! 입이 있으면 말해봐! 이놈들아…

재판장 (소리) 조용히 해! 조용……

간수가 뛰어나와 흥분한 신채호를 제지시킨다. 몇 차례 반항하던 신채호가 갑자기 온순해진다. 눈을 지그시 감는다. 흥분한 뒤라 안색이 더 창백하고 어깨만 들먹인다. 재판장의 망치소리가 크게 들린다.

재판장 (소리) 피고 신채호에 대하여 본 법정은 징역 10년을 언도한다.

다시 망치소리가 울린다. 방청석에서 여기저기서 고함을 지르고 통곡이 터져 나온다. 그 소리는 피를 토하는 것처럼 처절하다.

소리 1 단재! 단재!

소리 2 용기를 내게!

소리 3 전쟁은 끝나지 않았네! 아직은 새벽일세!

소리 4 조선으로 가는 길은 아직 남았네. 태양이 솟을 시간은 멀었어!

이 말에 신채호가 서서히 눈을 뜬다. 눈물이 주르르 흘러내린다. 무대는 어두워지고 신채호의 파릿한 얼굴만이 새벽녘 어둠 속에 핀 하얀 꽃송이 같다.

신채호 (조용히) 여보, 수범아… 미안하다. 정말 미안하다. 그렇지만… 이 새벽길은 누군가는 가야 해! 10년이 걸리건, 50년이 걸리면 어떠

냐? 캄캄한 식민지에도 밝은 태양은 솟을 게다. 두고 봐. 새벽이
가면 아침이 오고, 아침이 가야 낮이 올 테니까, 여보!

—막

사막의 이슬 (11장)

• **등장인물**

코러스장

코러스 1, 2, 3, 4, 5, 6, 7, 8, 9

김안드레아

최도마

최방지거

모방 신부

정하상

유방제

유진길

조신철

현석문

교우

샤스땅

리브아

아버지

어머니

노수녀

세실

신부

교우 1, 2, 3, 4, 5

남정네

포졸 갑, 을

어부

관장

망나니

• **때**

1836년부터 1846년까지

• **곳**

한국, 마카오, 만주, 마닐라 등

무대

이 연극은 일정한 무대양식이나 묘사적인 장식을 필요치 않는다. 다만 되도록 넓고 높고 거룩해 보이기만 하는 호리즌트와 그곳에 투영되는 갖가지 슬라이드는 필수조건이다. 그것은 광막하다 못해 걷잡을 수 없이 넓어서 그 앞에 세워진 인간의 존재는 인식조차 할 수 없을 정도로 무기력해 보였으면 좋겠다. 그것은 아직 동트기 전의 어둠이기도 하고 깨우치기 전의 무지이기도 하고 절대적인 천주天主 앞에선 한 인간의 미력을 최대한을 상징하는 공간이 있으면 된다. 그 대신 호리즌트에 투영되는 변화무쌍하면서도 미세한 영상과 색채가 최대한으로 활용됨으로써 한 선각자의 예지를 표현해주었으면 더욱 좋겠다. 그러나 몇 개의 계단이며 기둥은 설정해도 무방하다.

서막

막이 오르면 무대 오른쪽에 코러스단이 스포트라이트 속에 나타난다. 코러스단은 이 연극에 출연하는 인물 전원이 겸하게 된다. 따라서 코러스로 출연하다가 극의 진행에 따라 극중 인물로 등·퇴장하게 된다. 코러스는 원래 자신이 맡고 있는 극중 인물의 의상 위에다가 하얀 가운을 입는 것으로 통일시킨다. 그 가운은 미사복에 기본을 두고 고안된 것으로 그 옷감은 되도록 광택이 없는 것을 택하되 무거워 보이지 않았으면 좋겠다. 호리즌트엔 먹구름이 용트림하듯 첩첩이 끼어있고 하늘에서 내리비추는 한줄기 광망 속에서 코러스가 노래를 한다. 노래가 진행되면서 코러스장이 대사 또는 레지타티브 형식을 빌어 코러스와 대화를 한다. 코러스장은 이 연극에서 해설을 겸하는 게 좋겠다.

코러스　　(노래)

우리가 여기 함께 한 것은
우리가 이제 함께 노래함은
거룩한 피로 쓰인
뜨거운 눈물로 부를
억만년을 두고 마르지 않은
영겁을 두고 지워지지 않을
오… 김 안드레아
오… 김 안드레아

코러스의 허밍이 깔리며

코러스장 한가람의 물줄기가 마르지 않는 한, 이 땅과 하늘이 영원할 동
안 우리 겨레와 함께 빛나리라 그 찬란한 기록. 그런데 그분은
왜 여기 아니 계신가?

코러스 1 오… 김 안드레아.

코러스장 그분은 누구이신가?

코러스 2 오… 김 안드레아.

코러스장 그분은 무엇을 하시었는가?

코러스 3 오… 김 안드레아.

코러스장 그분은 지금 어디 계신가?

코러스 (노래)

바람소리 영원한 그 자리

말 한마디 없어도

우리는 들을 수 있네

그림자 하나 없어도

우리는 볼 수 있네

그것을 알아내기 위하여

우리 모두 여기 있네

오… 김 안드레아

오… 김 안드레아

제1장

코러스가 퇴장하고 무대는 코러스장만이 남는다.

코러스장 1836년 12월 2일, 이 땅의 최초의 신학생 세 사람을 멀리 이국땅
으로 유학보내기 위한 모방 신부의 계획이 구체적으로 실현된
날이다. 오래전부터 서양인 신부의 입국선교가 어려운 처지임
을 알자 모방 신부는 조선인 교단을 조선인 신부가 이끌어야
한다는 원칙을 세웠었다.

이와 동시에 무대 왼쪽에서 정하상, 유진길, 현석문, 조신철이 차례
로 나와 선서식에 필요한 물건들을 들고 나와 계단을 꾸민다. 이윽
고 모방 신부가 나와 중앙에 선다. 그 뒤를 이어 나이 15세부터 17세
의 세 소년 최도마, 최방지거, 그리고 김안드레아가 들어온다. 시종
장중한 파이프 오르간이 연주하는 미사곡이 장내를 엄숙하게 만든
다. 김안드레아는 유독 어리고 허약해 보인다.

모방신부 성부와 성자와 성신의 이름으로 인하여 하노라.

세 사람은 나란히 모방 신부 앞에 선다.

모방신부 세 사람은 성서 위에 손을 얹고 분명하고도 경건한 마음으로 선
서를 하시오. (세 사람은 시키는 대로 한다) 첫째, 나와 그리고 나
의 뒤를 이어 조선교회를 다스릴 목자들에게 순명과 복종을 맹
세하느뇨?

세 사람	맹세합니다.
모방신부	둘째, 나와 나의 뒤를 이어 조선교회를 다스릴 수석 성직자들에게 장상의 허가 없이는 그들이 지정하지 아니한 다른 지방이나 다른 회로 가지 않을 것을 맹세하느뇨?
세 사람	맹세합니다.
모방신부	수고들 하셨소. 이제 남은 일은 험난하고도 벅찬 장도의 여행 길을 과연 견디어낼까 하는 걱정뿐이오. 그동안 여러 방면으로 알아본 결과 목적지는 마카오에 있는 신학교로 보내기로 했소.

모방 신부가 제단에서 내려서자 분위기는 다소 누그러지고 사석으로 변해간다. 세 소년이 새로운 사실에 약간 어리둥절해 한다.

정하상	모방 신부님, 어째서 하필이면 마카오로 보내시려 하십니까?
모방신부	그 문제는 그동안 조선에 입국할 기회를 기다리며 산동성에서 포교활동 중인 샤스땅 신부님께 일임하였더니 마카오가 좋을 거라는 답을 얻었소.
유방제	제가 알기로는 앵베르 주교님께서 달탄지방에 조선인 신학교를 세울 복안을 가지고 계시다고 언젠가 모방 신부님께서 말씀하셨기에 그 쪽이 아닌가 했습니다…
모방신부	계획이 실현될 가능성 여부도 미확정이거니와 그렇게 된다면 학생들을 장차 그쪽으로 옮겨야 할테니 그곳보다는 마카오 쪽이 좋을 것 같소. 마카오 신학교에서는 르그레죠아 경리신부님께서 모든 것을 보살펴주실 터이니 그렇게 알고 서두르시오.
일동	예.
모방신부	그리고 무엇보담도 국경을 넘을 때까지 남의 이목에 띄지 않기 위해서는 한데 몰려다니느니 보다는 두 패로 나누어서 가는 게

좋을 것 같으오. 아직도 포졸들이 비상망을 치고 우리 천주교인을 체포한다는 소문이 나돌고 있으니…

유방제 그렇군요.

모방신부 그러니 유방제 신부는 정하상, 조신철 그리고 김안드레아와 편을 짤 것이며, 유진길 씨는 이광열, 최도마와 최방지거를 인솔하시오. 어떻소?

유진길 분부대로 따르겠습니다.

모방신부 (새삼스럽게도 세 소년을 인자하게 돌아보며) 소감들이 어떠냐? 최도마부터 얘기를 들어보자.

최도마 그저 구름을 탄 느낌입니다. 신부님.

모방신부 구름이 아니라 작두 위에 선 기분일테지. 헛허…

일동 헛허…

모방신부 최방지거는?

최방지거 감개무량합니다. 꿈만 같군요.

모방신부 음… (안드레아의 머리에 손을 얹으며) 김안드레아는?

안드레아 예, 신부님.

모방신부 네가 걱정이구나. 너는 영세 받은 지도 일천하거니와 세 사람 중에서 가장 나이도 어리고 몸이 허약해 보이니… 열다섯이라고 했지?

안드레아 예.

정하상 김안드레아는 나이에 비해 총명하고 신덕이 좋은 아이입니다.

모방신부 그 점은 나도 잘 알고 있소. 지난 넉 달 동안 가르쳐본 경험으로 보아서… 이제 얘기지만 난 네가 이다음 기회에 갔으면 했던 게 솔직한 심정이었다.

김안드레아가 긴장된 눈으로 모방 신부를 쳐다본다. 모방 신부는 미소를 짓는다.

모방신부   왜, 불만이냐? 나는 좀 더 너하고 함께 지내보고 싶어서였지.
         열다섯 살 난 너를 이국땅으로 떠나보내기란… 아무래도…

안드레아   신부님.

모방신부   말하여라.

안드레아   신부님께서 굳이 그렇게 하신다면 순종하겠습니다.

모방신부   응? 그럼…

안드레아   (똑바로 쳐다보며) 그러나 이미 굳게 마음을 먹었습니다. 안드레
         아는 대대로 천주교를 믿어 온 집안의 후손입니다.

모방신부   아다마다. 증조부님이신 한현 씨는 을해 교난 때 안동 포교에
         게 붙들려 대구 감옥에서 옥고를 치르는 동안에도 수많은 사람
         들에게 교화를 시키다가 결국은 치명*하셨다는 것도 잘 알고
         있다.

안드레아   저는 진작 영세를 받고 싶었지만 머지않아 신부님이 오신다기
         에 신부님으로부터 성사를 받으려고 하루를 천추같이 기다렸
         습니다. 그리고 저의 교명을 우겨서 안드레아로 정한 것도 사실
         은 치명하신 증조부님이 안드레아였기 때문입니다. 신부님, 교
         인으로서 영세를 받는다는 것은 천주님의 아들로서 천국을 누
         릴 자격을 얻으며, 성교회의 회우가 되어 성사를 받을 권리를
         갖게 된다고 들었습니다.

모방신부   그건 그렇다. 그러기에 나는 너를 지켜보았고 또 장차 네가 큰
         일을 이룩하리라 내다보았지.

안드레아   그런데 어째서 저더러… (머뭇거리다가) 신부님께서 가지 말라

---

* '순교'의 이전 말.

하신다면 저도 우기지는 않겠습니다… 하오나… 저는…

안드레아의 눈에 금시 눈물이 핑 돌고 말꼬리가 흐려진다.

모방신부 안드레아! 이제부터 네가 가야 할 길이 너무도 멀고 험하기 때문이다.

안드레아 (고집스럽게) 제아무리 멀고 험해도 갈 수 있습니다.

모방신부 어느 날, 갑작스런 죽음이 네 앞길을 막아설지도 모른다.

안드레아 죽음보다 더한 것일지라도 겁나지 않습니다. 신부님 저를 보내주십시오… 저는 갈 수 있습니다.

안드레아의 결의에 찬 말과 표정에서 모두들 가슴이 찡하게 저려온다.

안드레아 신부님께서 늘 이렇게 가르쳐주셨습니다. (허공을 쳐다보며) 늘 리티메네, 늘리티메네!

모방 신부는 뜻밖의 공세에 몰린 듯 당혹의 빛을 나타낸다.

모방신부 아니 네가 언제 그 라틴어를 다…

안드레아 신부님께서는 겁내지 말라. 겁내지 말라 하시며 요이공소에서 한결같이 가르쳐 주셨습니다. 그것은 저희들 곁에는 항상 천주님이 계시기 때문이라고 말씀하셨습니다. 신부님 저는 겁내지 않을 것입니다. 신부님께서 서울로 빨리 올라오라는 편지를 받았을 때 온 집안 식구는 우리 가문에 천주님의 강복이 내렸다 하시며 할아버지, 할머니, 어머니 그리고 형제들도 다함께 기뻐해주었습니다. 특히 어머님께서는 자식을 낳아 천주님께 바치게 되니 이보다 더한 영광이 또 어디 있겠는가 하며 감격의 눈물을 흘리셨습니다. 그러니 신부님! 저를 겁쟁이로 보시지 말아 주십시오!

모두들 탄복의 빛을 짓는다.

모방신부 알겠다. 가거라. 그리고 어딜 가나 어려운 일이 있을 때는 기도하여라.

안드레아 신부님! (모방 신부 앞에 무릎을 꿇는다)

모방신부 그 기도 가운데 빛이 있고 길이 있을 것이다. 어두운 때 기도하면 언제고 빛이 나타나 너희들을 인도하고 위난을 면하게 해줄 것이다.

세 사람 예.

모방신부 안드레아의 말대로 '늘리티메네'를 좌우명으로 여겨라.

그들은 서로 손목을 쥐기도 하고 얼싸안으며 격려하고 의기투합이 된다. 호리존트에 라틴어로 '늘리티메네'라고 투영이 된다. 이때 교우1이 급히 뛰어든다. 그 무엇에 쫓기는 사람마냥 숨이 가쁘다.

교우 신부님, 신부님!

모방신부 무슨 일이오?

교우 큰일났습니다요.

유진길 대체 무슨 일이오?

교우 거리마다 포졸들이 쫙 깔려서 이 잡듯이 행인들 수색을 하고 있습니다.

좌중이 일시에 술렁인다.

정하상   수색을 하다니?

교우   예. 반역 죄인을 잡으려고 행인들 몸수색은 물론, 심지어는 말
        안장까지…

모두들 약속이나 하듯 모방 신부 쪽으로 시선이 집중된다.

유방제   신부님!

정하상   어떻게 하시겠습니까?

유진길   아니면 다음날로 미루는 게 어떨런지요?

모방 신부는 대답 대신 성호를 긋고 무릎을 꿇는다. 눈을 지그시 감
고 있는 게 마치 계시라도 기다리는 표정이다. 모두들 모방 신부의
말이 떨어지기를 기다린다. 무겁고도 긴 침묵이다.

모방신부 떠나시오!

일동   예?

모방신부 지체 말고 오늘밤 안으로 떠나도록 하시오.

유진길   그렇지만 만약에 포졸들에게…

모방신부 (일어나며) 그럼 우리 천주교인에 대한 감시의 눈이 사라지는
        날을 기다리자는 뜻인가요? 그날이 언제면 올 것 같소? 내일?
        일 년 후? 3년 후? 그런 날은 안 올 것이오!

모두들 말문이 막힌다.

모방신부 그날이 오기를 기다리자는 건 차라리 이대로 주저앉자는 말과
도 같소. 조선 땅에서 천주교를 사학으로 규정하여 국법으로
금하고 있는 이상 우리는 순교를 각오해야 합니다. (안드레아에
게) 김안드레아! 너희들은 을사추조적발사건을 기억하겠지?

안드레아 예.

모방신부 말해 보아라.

안드레아 1783년 3월.

이와 동시에 호리존트에 연대와 '을사추조적발사건'이라는 자막이
투영된다.

안드레아 이벽, 이승훈, 정약종, 정약전, 정약용, 권실신 등 수십 명이 역
관인 김범우 집에 모여 설교한 사실이 드러나자 김범우가 형조
에 붙들려 귀향살이를 가게 되었는데 그 도중 고문을 당한 상처
로 인해 치명한 사건입니다.

모방신부 그렇다. 허나 그로부터 4년 후인 1787년에 앞서 얘기한 이승훈,
정약용, 강이원 등은 여전히 굽힐 줄 모르고 천주교를 포교하다
가 발각되었고 다음 해인 1788년에는 전국에 포교를 내려 천주
교 서적을 모조리 압수하여 불태워 버리는 지경에까지 이르렀
더니라. 그렇게 한다고 천주교가 뿌리 뽑혔던가? (최도마에게)
말해봐라. 최도마!

최도마 탄압하면 할수록 천주교도는 늘어만 갔고 윤치중과 권상연 같
은 어른은 을사사건 때 순교하신 김범우의 뒤를 이어 다시 순교
자가 되셨습니다.

모방신부 그것이 바로 신해교난 申亥敎難으로 번지고 이벽, 이승훈, 권일
신, 정약용, 정약전 등이 체포되어 심한 국문까지 받게 되었다.

그러나 우리 천주교는 아직도 가시밭길을 가고 있으니 편한 날을 기다릴 수는 없느니라. 그러니 겁내지 말고 떠나도록 하시오. 의주에서 국경을 넘으면 샤스땅 신부가 기다리고 있을게요. 알겠소?

일동   예.

모방신부   오늘밤 안으로 의주로 떠나시오. 밤이 가면 아침은 밝아오게 마련이오.

제2장

무대 한 귀퉁이에 코러스장이 등장.

코러스장 서울에서 의주까지는 천백팔십육리. 일행은 유학생 세 사람에, 보호인 네 사람, 그리고 인솔책임자로 중국인 신부 유방제 신부까지 합하여 여덟 명이었다.

이와 함께 코러스가 차례로 등장하여 처음처럼 자리를 한다.

코러스 낮에는 산길을 밤에는 들길을
눈보라 비바람에 걸음마다 아픔일세.
들을 지나 산 넘어 해 뜨고 달이 지니
고향은 구름 밖에 이국땅은 강 건너
얼어붙은 압록강에 삭풍이 찢는 소리
꽃다운 소년들의 피눈물만 짜낸다.

코러스들은 마치 먼 길을 가는 길손처럼 차례로 무대를 한 바퀴 돈다. 이와 함께 호리즌트에는 눈보라가 흩날리며 세찬 광풍 소리가 더욱 처절감을 준다. 코러스장이 지휘자처럼 그들 앞을 인도하고 격려하고 독려를 한다. 그들의 동작은 율동적인 표현을 통하여 고난과 극기를 상징적으로 나타내도 되겠다.

코러스장 가는 곳이 어딘가?
코러스 국경! 국경!

코러스장 어디로 가는가?

코러스 중국 땅! 중국 땅!

코러스장 누가 기다리뇨?

코러스 우리들의 신부님, 샤스땅 신부님!

코러스가 일단 퇴장하자 무대 잠시 빈다. 반대쪽에서 샤스땅 신부가 팔을 벌리며 손을 반기는 시늉으로 서 있다. 바람은 자고 눈보라도 사라지고 잿빛 하늘만이 호리즌트에 남는다. 그리고 '1836년 12월 28일'이라는 자막이 투사된다.

샤스땅 어서들 오시오. 얼마나들 수고가 많으셨소?

허름한 차림을 한 일행들이 우르르 몰려나온다. 그들은 서로 얼싸안고 반가워한다.

일동 신부님, 신부님!

유방제 샤스땅 신부님. 이렇게 저희들 때문에 신부님께 심려를 끼쳐드려서… 뭐라 말씀을 드려야 할지 모르겠습니다.

샤스땅 무슨 말씀을… 헛허… 모방 신부님으로부터 진작 연락을 받고 여러분들을 위하여 만반의 준비를 마련해왔소.

유방제 이제 어디로 가야합니까?

샤스땅 마카오로 가게 됩니다.

일동 마카오?

정하상 마카오는 먼 곳이라지요?

샤스땅 예, 이곳 변문에서 심양까지가 7백리니… 심양에서 산해관, 북경, 황하, 제남, 남경, 황하, 서주, 항주, 복주, 하문, 광동… 아마 줄잡아도 일만 리는 족히 될 거요.

일동　만 리?

이와 동시에 호리즌트에 광활하다 못해 거대한 짐승의 머리통같이 보이는 중국의 지도가 압도적으로 투영된다. 코러스장이 무대 한쪽에 서 있고 다른 사람은 어둠 속에 파묻힌다. 다만 김안드레아만이 스포트라이트 속에 서 있다. 김안드레아가 깊은 상념에 잠기어 우울하게 한숨을 내뱉는다. 새가 울고 간다.

코러스장　안드레아, 무슨 생각을 하고 있지?

안드레아　(말 대신 돌을 집어 호심에 던진다)

코러스장　하긴 석 달이나 흘렀으니 고향 생각도 날 테지. 부모님도 보고 싶고 경성에서 심양까지가 천 칠백 리… 심양에서 북경까지 천 팔백 리… 앞으로도 줄잡아 육천 리를 더 가야 하니… 중국 땅은 넓기는 넓구나.

새가 가까이서 운다. 안드레아가 한숨을 뱉고는 허공을 쳐다본다.

안드레아　고향 땅에도 진달래, 개나리에 제비꽃도 피었겠다…

코러스 1　되돌아가고 싶은 게로구나?

안드레아가 지그시 눈을 감는다.

코러스 2　네 할아버지 일을 생각해 봐.

안드레아가 고개를 든다. 눈물이 흘러내리고 있다.

코러스장 너희 할아버지께서 왜 천주교를 포교하려 했고 왜 치명을 하셨는가라는 물음이라도. 상통할 게야, 안드레아. 너는 네가 마카오까지 왜 가야 하는가를 생각해 봐.

안드레아 알고 있습니다.

코러스장 그렇다면 고향 생각에 그렇게 눈물을 흘려서야 되겠니?

안드레아 그게 아니라니까요.

코러스장 금방 그렇게 말했지 않았느냐? 고향에도 봄꽃이 피어있을 게라고…

안드레아 예, 그러나 저의 생각은 그게 아닙니다. (사이를 두고) 어째서 조선에서는 천주교를 금하며 교우를 마구 죽이려 하는가 말입니다. 이 중국 땅에도 조선처럼 봄이면 어김없이 얼음이 녹고 꽃이 피고 새가 지저귀는데 말씀입니다. 그런데 왜 유독 우리 나라에서는 천주교를 못 받아들이게 하는지 그게 궁금할 뿐입니다.

코러스 1 국법이 그러하니 어쩔 수 없지.

안드레아 국법이 왜 있습니까?

코러스 2 임금님을 위해 있지!

안드레아 백성을 위해 있는 게 아닙니까?

코러스 3 임금님이 천주교를 싫어하니 그 국법이 천주교를 금하는 건 어쩔 수 없지 않은가?

안드레아 그럼 조선은 나의 원수인가요?

코러스장 원수라니?

안드레아 천주교를 금하는 나라를 천주교인이 어떻게 사랑할 수 있을까요? 나라의 주인이 임금님이고 그 임금님이 천주교를 거역하는데 어떻게 우리는 그 나라를 내 나라라고 믿을 수가 있겠으며, 그 임금님을 공경할 수가 있겠는가 말입니다. 저는 그것이 풀

사막의 이슬

리지 않습니다. 답답합니다. 우리 교우들을 붙들기만 하면 죽이는 조선을 과연 사랑할 수 있겠는가 말입니다.

안드레아의 처절한 추구 앞에 이번에는 코러스장이 당혹감을 금치 못한다.

안드레아   고향을 떠나온 지 4개월, 저는 많은 것을 보고 배웠습니다. 그러나 이 마음속에 도사리고 있는 미움은 어찌할 수가 없습니다. 원수를 사랑하라고 말씀하신 천주님의 말씀을 저는 도저히 이해할 수가 없습니다. 그것이 괴로울 뿐입니다. 사랑할 수 있는 것인지 미워해야 옳은 것인지 그것을 알고 싶습니다.

코러스장은 서서히 안드레아에게 다가선다. 그것은 마치 커다란 나무가 작은 벌레 위에 그림자를 드리우는 모양 같기도 하다.

코러스장   김안드레아, 그것은 너에게 보다 큰 사랑이 없다는 증거일 뿐이다.

안드레아   사랑이라고요?

코러스장   그렇지! 사랑이지. 그리고 남을 미워하기는 쉬워도 사랑하기는 어렵다는 증거일 게다. 그러나 그 미움은 우선 눈에 보이는 세계만을 상대하기 때문이다. 일을 하면 피곤해지고 피곤하면 쉬고 싶지. 목이 마르면 물을 마시고 싶고 물을 마시면 시원하겠지. 나를 해치려는 사람에겐 사랑하고 싶은 생각보다는 미워하고 경멸하는 생각을 품게 되는 게 인간이란다.

안드레아   그게 잘못인가요?

코러스장   잘못이 아니라 아직도 사랑이 모자라다는 뜻이다.

안드레아   참사랑? 그게 무엇입니까?

코러스들 믿음이다.

안드레아 믿음?

코러스장 그렇지. 반드시 눈으로 볼 수 있고 손으로 만질 수 있어야만이 믿는다는 건 범속한 인간의 삶이다. 그러나 참된 믿음과 사랑이란 보이지 않아도 믿고 느끼지 못해도 믿는 마음을 가지게 된다.

안드레아가 어떤 주술에 말려드는 사람마냥 허공을 향하여 뇌까린다.

안드레아 보이지 않아도 믿고, 느끼지 못해도 믿는다?

이때 코러스가 서서히 허밍으로 노래한다. 마치 밀물이 철썩거리듯 안드레아에게 다가간다. 코러스장의 선창에 이어 합창으로 변해간다.

코러스장 이 세상에 천주님을 본 사람이 그 누구인가? 이 세상에 태양을 직접 대해본 사람이 있는가?

코러스 (일제히) 없다. 없다.

(노래)

먹구름 속에 해가 가리어도 우리는 해가 있다고 믿는다.

병들어 죽어가는 시체 앞에서 사람의 기도를 잊지 않는다.

천주님의 모습을 보지 않았어도 우리는 천주님이 계심을 믿는다.

오… 그 사랑을 그 누가 탓하랴.

코러스장 우리를 취하게 하는 꽃향기는 일시적인 것. 우리를 즐겁게 하는 노래도 일시적인 것. 진정 우리에게 영원을 심어주는 것은 오직 믿음이 있을 뿐이다.

김안드레아는 새삼 어떤 광명을 찾아 나선 소년처럼 코러스의 한 사람 한 사람에게 절을 꾸벅한다.

안드레아 저는 사랑하겠습니다. 교우를 죽이고 탄압하고 박해할지라도 나는 내 조국을 사랑하겠습니다. 제가 이 머나먼 나라까지 왜 찾아왔는가를 다시 한 번 생각하게 되었습니다.

코러스장 사랑이다. 고향을 생각하듯 나라를 생각하고 부모형제 생각하듯 이웃을 믿는데 무슨 불평이 있겠는가?

안드레아 믿음! 믿음!

제3장

호리존트에 성당의 스테인드글라스 창문이 투영된다. 멀리 성당의 종소리가 은은히 울려 퍼진다.

코러스장 김안드레아 일행이 마카오에 도착한 것은 1837년 6월 7일, 경성을 떠나온 지 꼭 반년 만이었다. 주강珠江 하구에 자리하여 광동만을 서쪽에, 구룡만九龍灣을 동쪽에 끼고 있는 마카오는 아름답고 아늑한 서양식 항구도시였다. 1553년 포르투갈이 중국과의 통상권을 인정받고 이곳을 근거지로 삼았으며 4년 후에는 해적들을 격퇴시킨 보상으로 마카오는 포르투갈 정부의 소유가 되었다. 그런데 왜 하필이면 김안드레아 일행을 마카오로 보내게 되었을까. 그것은 마카오가 외국인이 중국으로 입국하기 위해서는 유일한 관문이었으며 로마 교황청의 포성성이 이곳에다 경리부를 설치한 것도 바로 그 까닭 때문이었다. 마침 저기 리부아 신부님이 나오고 계십니다.

오른쪽에서 리부아 신부 등장, 은빛 머리와 수염이 인상적이다.

코러스장 이곳 경리부의 책임자이시며 파리 외방전교회 소속 신부이십니다. (리부아 신부에게) 안녕하십니까? 신부님.

리부아 신부가 미소로 응답한다.

코러스장 (주위를 새삼스럽게 돌아보며) 정말 아름다운 곳이군요. 푸른 산

사막의 이슬

푸른 하늘… 푸른 바다… 이런 곳에서 지낼 수 있다니 얼마나
좋겠습니까?

리부아 (빙그레 웃으며) 반드시 그렇다고도 볼 수 없지요.

코러스장 예?

리부아 경치는 아름다울지 모르지만… (한숨) 일기 불순한데다가 세상
이 변하는 꼴이 조용했다가도 금세 성난 파도가 치는가 하면
아침바다의 빛 다르고 낮 다르고 저녁 다르고… 흠…

코러스장 무슨 뜻이지요? 신부님.

리부아 무엇보다도 치안상태가 온전치 않아요. 건듯하면 폭동이 일어
나거든요.

코러스장 폭동이라뇨?

리부아 여기저기에 파괴하는 소리가 들려오고… 저기 언덕 아래 서 있
는 하얀 사원 건물 좀 보세요.

리부아 신부가 가리키는 쪽을 코러스장이 바라본다. 성당의 종소리
가 한가롭다.

코러스장 아… 그런데 하얀 벽만 남고 지붕이 없군요?

리부아 일본사람 교우들이 세운 세인트프폴 성당인데 얼마 전 폭도들
에 의해 저렇게 무참히도 파괴되었지 뭡니까? 폭동이 일어났어요.

코러스장 파괴라뇨? 그게 누구이십니까?

리부아 중국 사람들이에요.

코러스장 왜 폭동을 일으켰죠?

리부아 영국사람들 때문입니다.

코러스장 영국사람?

리부아 아시아 침략을 꿈꾸어 오던 영국이 인도에서 재배한 아편 3만4

천 상자를 중국에다 마구 들여오는 바람에 처음에는 아편을 즐기던 사람도 있었으나 그 해독을 뒤늦게 알게 되자 반발이 생기고 그 반발은 영국인 배척으로 번져나가니… 아… 아직도 불안의 요소는 여기 남아 있어요. 언제 또 무슨 일이 터지려는지 아무도 아는 사람은 없습니다.

코러스장 그렇게 되었군요.

리부아 그런데 댁은 뉘시죠? 왜 여기 오셨죠?

코러스장 (어리둥절해서) 예? 예? 저는 이 연극의 해설자입니다.

리부아 연극의 해설자? 그게 뭐죠?

코러스장 신부님께서는 그것까지 아실 필요는 없어요. 핫하… 그것보다도 실은 몇 가지 알고 싶은 일이 있어서 용서하십시오. 그렇다고 저는 폭도는 아니니까요. 헛허…

리부아 헛허… 재미있는 사람이군… 무슨 일이죠?

코러스장 이곳에 조선에서 세 사람의 신학생이 와 있다고 들었는데…

리부아 예, 모두 건강하고 열성적이죠?

코러스장 그런데 신학공부를 시키려면 신학교로 입학시킬 일이지 어째서 경리부에서 그 소년들을… 맡고 계신가요?

리부아 학기 중간이라 교과진도가 서로 맞지 않고 해서 우리 경리부에서 독자적으로 그 세 소년을 교육시키기로 뜻을 모았지요. 그래서 깔레리 신부가 책임교수직을, 레폴레슈가 보좌교수를 맡되 소년을 위해서 열한 명의 신부가 교육을 담당하고 있답니다. 이건 특수교육이죠.

코러스장 어떻습니까? 그 소년들의 공부하는 태도는…

리부아 (매우 호의적으로) 아주 훌륭합니다. 열심이고, 참을성 있고… 아주 좋은 학생들이예요.

코러스장 가장 나이 어린 안드레아는 어떻던가요?

　　　　　　　　　　사막의 이슬

리부아 안드레아? 아주 민첩하고 영리해요. 머리가 잘 돌아가는 게 비상한데다가 의지가 굳어요. 모르긴 몰라도 장차 조선을 위해서 가장 훌륭한 성직자가 되리라 믿고 있어요.

코러스장 그것 참 다행이군요. 어린 나이에 이국땅에 와서 고향생각 부모 생각에 눈물이나 짜고 콧물이나 푼다면 그것도 문제인데…

리부아 아니오, 나는 최도마, 최방지거, 그리고 안드레아의 자라나는 모습 속에서 조선이라는 나라와 조선 사람들이 무엇인가를 알 수가 있을 것 같아요. 아직 한 번도 가보지 못한 나이긴 하지만 그 땅에도 신부가 꼭 가 있어야 하겠다는 마음에는 변함이 없습니다.

코러스장 모두가 리부아 신부님 덕분이죠? 우리 세 소년이 이 마카오에서 라틴어, 프랑스어, 영어 등 외국어를 습득한 다음 성서, 철학, 역사 공부를 마치고 나면 곧 고국으로 돌아가 줬으면 합니다.

이때 종소리가 들린다. 몇 사람의 신학생이 몰려온다. 그 가운데 산뜻한 김안드레아가 책을 끼고 들어선다. 표정이 전에 비하여 한결 건강해 보인다. 코러스장은 의식적으로 피해 선다. 김안드레아가 리부아 신부 앞에 무릎을 꿇는다.

안드레아 신부님 나오셨습니까?

리부아 안드레아, 오늘은 무슨 학습을 하였느냐?

안드레아 (일어나며) 레폴레슈 신부님의 신약성서 강의를 마치고 오는 길입니다.

리부아 라틴어를 해독할 수 있더냐?

안드레아 예. 대강은…

리부아 열심히 배워야지, 라틴어는 기본이니까. 그래 무슨 내용이었지?

안드레아　산상 수훈의 강의였습니다.

리부아　(성경 구절을 암송하며) "예수께서 무리를 보시고 산에 올라가 앉
　　　　으시자…" 이렇게 시작되었지.

안드레아　예. 그 가운데서도 주님께서 "회개하라 하늘나라가 왔으니"의
　　　　대목에서 많은 것을 배울 수가 있었습니다.

리부아　더 구체적으로 말해보겠니?

안드레아　예… (그는 잠시 생각하다 말고) 마태오 3장 3절에서 "이 독사의
　　　　족속들아! 닥쳐올 징벌을 피하라고 누가 일러주더냐? 너희는
　　　　회개했다는 증거를 행실로써 보여라" 하신 말씀에서 큰 감명을
　　　　받았습니다. 예수께서 요구하시는 회개했다는 증거를 행실로
　　　　써 보여라 하신 말씀은 마치 저희들의 가슴을 꿰뚫는 것처럼
　　　　아프고 시원했습니다.

리부아　그렇지, 그분이 회개하라는 건 우리의 생활방식을 백팔십도로
　　　　전향하라는 뜻이다. 나 자신을 위한 자리나 지상의 것들을 위
　　　　한 자리에 하나님이 오시도록 하는 것이며 우리 생활의 중심에
　　　　오시도록 하는 것인데 지금 사람들은 그게 아니거든. 오히려
　　　　하나님에 대하여 바라고 요구하는 것이 너무 많다는 점을 우리
　　　　는 알아야 해. 그러니 회개한 인간 생활에 하나님을 받아들였
　　　　던 생활로 되돌아오는 걸 뜻한다.

안드레아　예… 오늘날의 상처 입은 세상은 오로지 예수에 의해서 치유될
　　　　수 있다는 결론을 재확인했습니다.

　　　　이때 멀리서 폭약이 터지는 소리에 이어 무거운 담벽이 지축을 울리
　　　　며 쿵 하고 쓰러지는 소리가 들린다.

리부아　무슨 소리냐?

안드레아　폭발사고가 아닌지 모르겠습니다.

이어서 총소리와 사람들의 비명소리가 들려온다. 이때 코러스장이
급히 등장.

코러스장　중국 사람들이 관청과 무역상인들 집을 마구 때려 부수고 있군
요. 그것도 영국인들 회사를 목표물로.

멀리서 군중들의 격앙된 부르짖음과 함께 호리즌트에 불길이 타오
르고 검은 연기가 금세 퍼져나간다. 무대 위 여기저기 군중들이 모
여들어 불길에 싸여가고 배경을 불안하게 바라본다. 부녀자들의 찢
어질 듯한 비명소리며 아이들의 울부짖는 소리가 귀청을 찢는다.

코러스장　신부님 말씀이 옳군요. 마카오는 얼핏 보기에는 아름다운 곳이
지만 저 바다를 닮아서 시시각각으로 변하더니… 헛허…

리부아　그것보다도 앞으로의 대책이 문제가 아니겠소?

코러스장　그렇지요. 제가 보기엔 이 폭동은 하루 이틀에 진압될 것 같지
가 않군요. 영국 상인들과 관료들의 횡포에 짓눌려왔던 중국
사람들이고 보면, 거의 이성을 잃고 일어난 폭동이고 보면…
리부아 신부님. 이곳을 피하십시오!

리부아　피해? 어디로?

코러스장　마닐라가 좋을 것 같군요. 당분간 그곳에서 세상 돌아가는 것
보시고 계시다가 다시 돌아오십시오. 게다가 듣건대 필리핀은
스페인 통치하에 있는 식민지라 천주교가 널리 포교되고 있으
니 이 세 신학생들 공부하는데도 지장이 없을 것 같군요.

리부아 신부가 세 소년을 번갈아 내려다본다. 그러나 선뜻 결심을 못한다.

리부아   너희들 생각은 어떠하냐?

최도마   마카오에 정착한 지 얼마 안 되었는데… 떠나기가 차마…

리부아   최방지거 너의 생각은?

최방지거   잘 모르겠습니다.

리부아   안드레아 너는?

안드레아   마닐라가 안전한 곳이라면 일단 그곳으로 피하는 게 좋겠습니다. 이곳에서 불안한 생활을 하다가는 공부도 안 될 테니까요. 저희들에게는 단 하루가 값진 시간이라고 생각합니다.

코러스장   바로 그 점이지. 나도 동감일세 헛허…

리부아   학생들을 곧 마닐라로 떠나도록 하시오.

안드레아   그렇지만 리부아 신부님도…

리부아   모든 사람이 이 경리부를 비워둔 채 다 갈 수는 없어요. 그러니 이곳 일은 나에게 맡기고 너희들은 레폴레슈 신부의 인솔하에 떠나가거라.

안드레아   예.

호리존트에 투영된 불길은 더욱 번지고 군중들의 격한 아우성소리가 드높아진다.

암전

제4장

잠시 호리즌트는 암흑으로 변한 다음 차츰 밝아지면서 짙은 쪽빛 바다의 그림으로 변한다. 그것은 억만년을 두고 변함없는 자연의 섭리이자 조화를 말해주는 것 같다. 무대 한 구석에 코러스장이 나온다.

코러스장 김안드레아 일행이 내란을 피하여 마닐라로 옮겨갔다가 석 달 만에 다시 마카오로 돌아왔습니다. 마카오는 고향의 품처럼 다정해 보였습니다. 김안드레아, 최도마 그리고 최방지거도 생활에 익숙해졌고 이제는 라틴어로 쓰인 세계역사며 세계지리까지도 읽어갈 수 있었으니 그들의 마음은 차츰 자리를 잡아가는 것 같았습니다. 머지않아 신부가 되어 고국에 돌아가 복음을 전하게 될 날만을 기다리는 세 소년의 꿈은 남국의 탐스러운 과실 만큼이나 익어가고 있었습니다. 그러나 사태는 그렇지가 않았습니다.

호리즌트의 바다 풍경이 사라지고 1838년 11월 27일이라는 자막이 투사된다. 무대 한쪽에 침대가 보인다. 머리맡에서 촛불이 타고 있다. 침대 위에 고열로 신음하고 있는 최방지거의 수척한 모습이 보인다. 리부아 신부, 의사와 수녀, 간호원이 환자를 보살피고 있다. 저만치 떨어져서 김안드레아와 최도마가 초조한 시선으로 지켜보고 있다. 의사가 최방지거의 체온을 재고 있다. 간호원이 최의 이마에 솟은 땀을 닦아내고 있다. 그러나 최방지거는 헛소리를 한다.

최방지거 음… 음…

리부아   어떤가요?

의사   (체온계를 뽑아보며) 대단한 고열입니다. 39도 3부인데요.

리부아   무슨 방법이 없겠습니까?

의사   그동안 마카오 항구에 정박 중인 외국상선에 부탁해서 약이란 약은 다 구해다가 투약했습니다만…

리부아   병명이 무엇인가요?

의사   말라리아 같군요.

리부아   말라리아.

저만치서 듣고 있던 김안드레아가 더 충격을 받는다. 자신도 모르게 침대 쪽으로 빨리어간다.

의사   하루걸러 이렇게 고열이 계속되는 걸 보니… 말라리아가 틀림 없습니다. 신부님, 남쪽지방의 일종의 풍토병이지요.

리부아   말라리아에는 키니네가 특효라고 들었는데…

의사   예. 다 투약해봤습니다만 벌써 3주일째를 이렇게 시달렸으니…

최방지거가 손을 허우적거리며 알아들을 수 없는 소리로 마구 외친다. 리부아 신부가 약간 겁먹은 눈으로 의사를 바라본다.

의사   열 때문입니다. 잠시 안정을 기다리면 괜찮을 거예요. 그럼 나 가보실까요.

의사가 자리를 뜨자 리부아 신부가 따라 나선다. 김안드레아와 최도 마에게 시선을 던진다.

안드레아 신부님 저희들은 좀 더 옆에 있겠습니다. 괜찮겠죠?

리부아 그렇게 해.

김안드레아와 최도마를 남기고 세 사람이 나간다. 김안드레아와 최도마가 침대 쪽으로 간다. 헛소리를 하던 최방지거가 어느덧 조용해졌다. 자고 있는 얼굴을 들여다본다.

안드레아 (조용히 조심스럽게) 잠들었나 봐.

최도마 숨소리가 어쩐지 불안해.

김안드레아가 최방지거의 여윈 손을 조심스럽게 쥐어본다. 금세 눈물이 핑 돈다.

안드레아 아… 이렇게 쇠약해지다니…

최도마 3주일 동안에 물 한모금도 못 마셨으니…

안드레아 (낮게 기도한다) 방지거, 져서는 안 돼. 알겠지? 절대로 져서는… 안 돼!

최방지거가 눈을 뜨고 두 사람을 번갈아 본다. 그리고 일부러 밝게 웃어 보이려고 하나 마음대로 안 된다.

안드레아 방지거.

최방지거 (간신히 그러나 숨이 찬 상태에서) 언제… 왔었지?

최도마 아까부터… 의사선생님이 다녀가셨다.

최방지거 (고개를 도리질하며) 도마. 틀렸어. 난… 다 알아… 알아…

최도마 무슨 소릴 하는 게야. 마카오에 정박 중인 외국선박에 부탁해서 좋은 약이란 약은 죄다 구해다가… 쓰고 있어… 곧 좋아질 거래.

최방지거 (쓰게 웃으려고 애쓰며) 약이 무슨… 소용 있어? 난… 알아… 내 병…

안드레아 방지거! 아니야. 그게 아니야.

최방지거 안드레아 나는 말이지… 너희들과 끝까지 배워… 고국으로 돌아가는 게… 꿈이었는데… 이제… 그게 허사가 되었구나 싶으니… (금세 울먹이며) 그게… 억울하고… 슬픈 게야… 으…

안드레아 방지거!

김안드레아는 터질 것 같은 울음을 어금니로 깨물며 방지거의 손등에 자기 이마를 댄다.

최방지거 좋은 친구들을… 두고… 우리가 어떻게… 이곳까지… 왔는데… 그 보람도 없이… 좌절하는 게… 난 그게 억울한 거야… 안드레아…

안드레아 아… 아니야 천주님께서 꼭 지켜주실 거야!

최도마 그럼, 천주님께서는 끝까지 방지거를 버리시지 않을 테니 두고 봐…

방지거가 남은 손을 내밀자 최도마가 그 손을 쥐어준다. 양손을 두 사람에 내맡긴 채 최방지거는 쓸쓸히 웃어 보인다.

최방지거 떠날 때도… 셋이었으니… 돌아갈 때도… 셋이라야 할 텐데… 나만 여기서 처지게 되다니… 결국 난 너희들한테… 지고만 셈이지? 아… 이대로 죽어서는… 안 되는데… 아… 살아야 하는데… 안드레아…

안드레아 말해봐…

최방지거 난… 좀 더 살고 싶다… 우리 셋이서… 해야 할 일이 태산 같은데… 도마… 내 말 들려?

최도마 그래 계속해.

최방지거 레폴레슈 신부님께서… 강의하시던 사복음서랑… 사도행전을 우리말로… 번역을 해서… 고국에 돌아갈 때 선물로 가지고 가자던… 우리들의 맹세… 그것도 못해보고… 이대로 주저앉아야 하다니… 난… 그게 슬픈 게야… (참아오던 울음을 터뜨리며) 천주님! 조금만 더… 저를… 조금만 더… 흑…

안드레아 방지거! 이러지 마…

최도마 용기를 내… 천주께서 부르실 시간은 아직 멀었어!

안드레아 방지거! 용기를 내!

최방지거 희망은 있어… 그때까지… 나 쉬고 싶어… 조용히… 그러니 찬송가 좀 불러주겠니?

최도마 찬송가를?

최방지거 응… 천주님 곁으로… 조용히, 조용히 가고 싶다.

안드레아 도마 부르자. 평소에 방지거가 즐겨 부르던 찬송가…

최방지거 불러줘… 졸음이 온다.

김안드레아와 최도마가 조용히 찬송가를 부르기 시작한다. 차츰 찬송이 고조되어 간다. 저만치서 리부아 신부님이 나오고 있다. 그들의 거동은 하나의 의식으로 변해간다. 다음 순간 김안드레아가 이미 운명한 최방지거를 발견한다.

안드레아 방지거! 방지거!

최도마   정신 차려! 방지거!

그러나 대답이 없다. 김안드레아가 침대에서 떠나 비틀거리더니 마룻바닥에 무릎을 꿇는다.

안드레아 천주님… 너무 하십니다! 너무 하십니다! 이렇게 빨리 방지거를 부르신 까닭이 뭡니까? 천주님!

최도마도 비통함을 금치 못하여 흐느낀다. 리부아 신부가 다가온다. 엄숙한 표정이 어찌 보면 노기를 느끼게까지 한다.

리부아   안드레아!

김안드레아가 엎드린 채 고개를 들지 못한다.

리부아   도마…

최도마가 눈물을 닦으며 일어선다.

리부아   천주님께 그런 불경스런 언사를 쓰는 게 아니다. 너무하시다 니? 천주님께서 최방지거를 부르신 것도 다 그럴만한 까닭이 있고 뜻이 있었기에 하시는 일을 너희들이 너무 하신다고 말해 야 옳겠느냐? 천주님 앞에서는 오직 순종만이 있을 뿐이라는 가르침을 잊었는가?

안드레아 허지만 방지거의 나이 열여덟입니다. 그 누구보다도 천주님을 공경하고 순종하기를 맹세하며 열심히 공부만 해온 젊음을 이렇게…

리부아 천주님의 뜻은 범속한 우리로서는 추측도 짐작도 할 수 없는 저 높은 곳에 계시다…

최도마 그렇지만…

리부아 그래도 변명을 하긴가!

리부아 신부의 추상같은 일갈에 장내가 물을 뿌린 듯 가라앉는다.

리부아 안드레아.

안드레아 예.

리부아 도마.

최도마 예, 신부님.

리부아 (다시 부드러운 어조로 돌아가) 욥기를 읽었지?

안드레아 예. 세 번은 읽었습니다.

리부아 그럼 욥이 천주님을 원망했다는 기록이 있더냐? 그토록 천주님한테 호되게 당한 욥이 왜 한마디 말도 못했는지 그 까닭을 알고 있는가? 도마… 대답해봐.

최도마 (베적거리다가) 천주님의 의로우심을 믿었기 때문입니다.

리부아 안드레아는?

안드레아 죄송합니다. 제가 경솔하였습니다. 용서하십시오. 신부님!

안드레아가 리부아 신부님 앞에 무릎을 꿇는다.

리부아 아까 너희들이 취한 행위는 신학도로서도 그리고 천주님의 아들로서도 있을 수 없는 죄목이니 당장에 조선 땅으로 되돌려 보내야 옳을 일이로되 너희들이 진정으로 뉘우친다면 주 예수

그리스도의 이름으로 용서하겠다. 천주님께서 최방지거를 아무런 뜻 없이 강제로 불러 들이셨다는 생각은 도리어 최방지거의 이름을 욕되게 하는 짓이다. 알겠는가?

안드레아 예. 명심하겠습니다.

리부아 그럼 모두들 천주님 앞에 기도합시다.

모두들 제자리에 무릎을 꿇는다. 김안드레아와 최도마가 리부아 신부 앞에 무릎을 꿇는다.

리부아 하느님 아버지 이역만리 낯선 땅에서 다정한 형제를 잃고 잠시 경망한 생각에 사로잡혔던 이 어린 학생을 용서하옵소서. 이들은 아직도 어리고 미숙하고 겁이 없습니다. 그러기에 이들은 주님의 높고 깊으신 말씀의 뜻을 깨닫기보다는 눈앞의 슬픔으로 넋을 빼앗기고 말았으니 이 어린 학생들의 죄를 어여삐 여기시고 사하소서. 이들의 슬픔이 슬픔으로 있게 하지 마시고 내일을 위한 힘으로 변하게 하소서. 오늘은 어린 이 두 학생이 어른이 되게 하소서.

제5장

호리즌트에 '1893년 8월'이라는 자막이 투영된다. 그 자막이 사라지자 '로름베이 도민고수도회'라는 자막과 함께 이국정서가 물씬 풍기는 수도원의 외관이 투영된다. 코러스장이 등장한다. 파도소리가 한가롭게 들려온다.

코러스장 이곳은 로름베이올시다. 마닐라에서 약 12km 떨어진 한적하고도 풍경이 아름다운 고장이죠. 김안드레아와 최도마는 지난 4월 마카오에서 재차 발생한 내란을 피하여 다시 마닐라로 옮겼습니다. 김안드레아도 이제는 소년티를 벗고 의젓한 청년으로 변모해가고 있습니다.

이때 안드레아가 책을 읽으며 나오고 있다. 거동이 훨씬 어른스럽고 중후해 보인다. 그는 이따금 시선을 허공으로 돌렸다가는 다시 책을 읽는 폼이 사색하는 신학도의 모습을 잘 나타낸다.

코러스장 나도 그동안 안드레아를 만나보지 못했습니다. 어디 한 번 애기 좀 나눠볼까요?

코러스장이 가까이 간다. 어깨너머로 그가 읽고 있는 책을 들여다본다.

코러스장 무슨 책을 읽고 계시오?

김안드레아가 조용히 돌아보고는 미소 짓는다.

안드레아 사도행전이오.

코러스장 사도행전? 그게 무슨 책이죠?

김안드레아가 허공을 쳐다본다.

안드레아 이 책은 모두 28장으로 되어 있지요. 그 전반부인 15장은 교회를 창건하신 베드로를 중심으로 쓴 책인데 여기에는 누가 자신이 바울로의 동반자로 등장한 점이 특색이죠. 그래서 사도행전을 누가복음의 후편이라고도 한답니다.

코러스장 재미있습니까?

안드레아 재미라기보다 이건 하나의 감동의 덩어리라고 봐야 옳겠지요.

코러스장 감동의 덩어리라…

안드레아 그렇죠. 세상을 살아가는데 있어서 성령의 도움 없이는 그 어떠한 일도 될 수 없다는 걸 이 책에서 배울 수가 있을 거요.

코러스장 성령?

안드레아 그래요. 성령의 충만이 있었을 때 만사는 이루어지는 거죠.

코러스장 그럼 그 성령의 충만은 어디에서 얻을 수가 있죠?

안드레아 기다림이죠.

코러스장 기다림?

안드레아 그래요. 오랜 시간을 굽히지 않고 끊기지 않고 좌절하지 않고 기다리며 기도하는 곳엔 반드시 성령의 충만이 있으리라는 신념을 가지게 되었죠. 내가 고국을 떠난 지 어언 햇수로는 4년째가 됩니다만…

코러스장 벌써 그렇게 되었나요? 정말 세월은 유수와도 같고 화살과도 같다더니 벌써 4년… 헛허…

이때 노수녀가 등장.

노수녀　안드레아! 안드레아!

김안드레아가 돌아온다. 그는 급히 뛰어간다.

안드레아　수녀님! 어떻게 여기까지…
노수녀　좋은 선물을 전하려고…
안드레아　선물이라뇨?
노수녀　알아맞혀 보아라… 흠.
안드레아　고국을 떠나온 지 4년 동안 오직 신학공부에만 세월을 보내느라 모든 잡념을 멀리하여 살아온 저에게는 선물을 보낼 사람도 없거니와 받고 싶은 기대조차도 잊은 지 오래입니다.
코러스장　(혼잣소리로) 그래도 아느냐? 세상엔 기적이라는 게 있거든… 흠…
노수녀　(마치 코러스장의 흉내라도 내듯) 세상엔 기적이라는 게 있거든.
안드레아　예?
노수녀　흠… 생각 안나니? 안드레아.

안드레아는 눈만 깜박거린다.

안드레아　모르겠습니다. 제가 알기에 기적이란 예수님의 부활뿐입니다. 수녀님.
노수녀　글쎄다… 흠…

노수녀가 안주머니에서 편지 한 통을 꺼내 내민다.

안드레아　뭡니까? 이게…

노수녀　편지다. 보면 모르겠니?

안드레아　편지?

노수녀　그렇지! 편지라니까… 어서 받기나 해.

안드레아　누가 저한테… 편지를…

노수녀　글쎄 읽어보면 알게 되잖니? 자.

　　안드레아는 만지기 거북한 물건을 집기라도 하듯 앞뒤를 본다. 다음
　　순간 김안드레아의 표정이 이루 말할 수 없을 정도로 굳어진다.

안드레아　이게 어떻게 된 일입니까? 예? (가슴이 벅차오르며) 고향에서…
　　아버님께서… 편지가 이렇게 바다 건너… 산을 넘어 1년 8개월
　　만에… 보세요. 여기 쓰인 날짜로 보면 오늘이 1893년 8월이니
　　꼭 1년 9개월 만에… 이럴 수가 있을까요?

노수녀　그러기에 내가 뭐라더냐? 기적이 있다니까.

코러스장　(잽싸게) 세상에 기적이라는 게 있거든!

안드레아　오… 오… 천주님… 감사합니다. 아버님! 어머님! 고맙습니다.

　　안드레아는 마치 신들린 사람처럼 편지봉투를 가슴에 안아보기도
　　하고 머리에 얹어보기도 하고 허공에 내던지기도 하며 춤추듯이 뛰
　　어다닌다. 마치 소년시절로 되돌아간 느낌이다.

노수녀　침착해라 안드레아…

안드레아　수녀님. 믿을 수가 없어요. 저는 아직도… 수녀님! 이 편지가
　　어떻게 여기까지 왔을까요?

노수녀　흥분은 금물이다. 차분한 마음으로 읽은 다음 사연은 나한테

　　　　　　　　　　　사막의 이슬

보고하도록 해라. 알겠지?

안드레아 예. 수녀님! 그렇게 하겠습니다.

노수녀가 퇴장하자 안드레아는 무대 왼편 앞쪽으로 나와 성호를 그은 다음 편지봉투를 뗀다. 그의 손은 떨린다. 그 모습을 코러스장이 미소 지으며 지켜본다. 무대는 어두워지고 편지를 읽는 안드레아의 모습만 스포트라이트 속에 잡힌다. 무대 한쪽에 편지를 쓰고 있는 김안드레아의 아버지 모습이 나타난다. 안드레아의 어머니가 광주리를 들고 등장한다. 광주리에서 콩다발을 꺼내어 까기 시작한다.

어머니 편지는 다 썼이유?

아버지 (대답이 없다)

어머니 그 편지가 우리 재복이한테 틀림없이 전해졌으면 좋겠는디 그렇게 될까요?

아버지 (여전히 편지만 쓰고 있다)

어머니 (한숨) 우리 재복이가 집을 떠난 지가… 엊그제 같은데… 헌디 그 편지는 며칠이나 걸리면 간대유?

아버지 누가 알아? 한 달 걸릴지 일 년이 걸릴지… 5년이 걸릴지…

어머니 워메… 그럼 왜 써유? 갈지 안 갈지도 모를 편지를…

아버지 천주님 뜻을 우리가 워찌 아는감?

아버지가 붓을 입에 물고 두루마리를 처음부터 훑어가며 읽는다. 어머니 약간 무안을 당했다는 느낌이다.

아버지 우리 재복이가 가 있는 곳이 중국 땅에서도 저 남쪽이라는 것만 모방 신부님이 말씀해 주셨으니께 알고 있을 뿐 내나 임자는 그곳이 어디가 붙은 지 알게 뭐여. 허지만 제 아무리 중국 땅이 멀고 넓고 끝도 갓도 없는 큰 땅덩어리라지만 우리 천주교의 교우가 살고 있는 곳이면 틀림없이 편지가 전해질 것이라는 모방 신부님 말씀만 믿고 있으니께 쓰는 거 아닌가 말이여.

어머니 (멍하니) 허지만 언제 닿을지도 모른다면 편지가 다 뭉기고 찢기어 양잿물에 녹아난 걸레조각 꼴이 되겠네유.

아버지 (편지를 말아가며) 우리 재복이란 놈… 많이 컸을 거구먼! 재복이가 공부 마치고 신부가 되어 돌아오게만 되면… 우리 집안이 천주쟁이라고 멸시받고 학대받아오던 그 원도 한도 씻을 듯이 가실기여. 안 그려?

어머니 그럼유! 천주교 집안이라고 쫓기고 시달리다 대대로 살던 솔뫼마을을 떠나 낯선 이곳 골배마을로 피해왔던 한도 다 갚게 되는 것이지유…

아버지 재복이가 그만큼 된 것도 따지고 보면 아부님이 어려서부터 천자문을 깨우쳐주셨으니께 말이지… 그 녀석은 꼭 신부가 되어서 돌아올 것이구먼…

어머니 꼭 올까유? 기도 드려야지.

두 사람은 자세를 고쳐 앉아 경건한 기도를 드린다. 어디선가 노랫소리가 은은히 들려온다. 모습이 사라지면서 코러스가 서서히 등장한다. 한 사람 두 사람 모여들자 노랫소리가 높아진다.

코러스 (노래)
어둠이 있는 곳에 찬란한 빛이 있고
비바람을 견디어야 꽃이 피는 법.
희생이 있으므로 생명이 있고 기다림이

있기에 그리움이 크다.

망향의 눈물이사 마르면 그만인데 짓밟힌

자국은 갈수록 굳어지니 할퀴고 고통받는

자의 마음을 아… 그 누가 알아주리오.

아…

코러스장 우리의 기도는 헛되지 말아야 한다.

코러스 1 조선에선 천주교에 대한 압박이 날이 갈수록 심해가고 있소!

코러스 2 순원왕후의 오라버니인 김유근이 물러가고 후계자인 이지연이 실권을 쥐게 되면서 천주교에 대한 박해가 심해졌다고 하오!

코러스 1 우리 교우의 원수!

코러스 3 한자리에 모인 교우 열네 사람이 몰살을 당했다오.

코러스장 우리의 기도는 헛되지 말아야 하오…

코러스 4 체포된 교우 수가 3백 명이 넘는다오!

코러스 5 참수당한 자 70명, 고문에 못이긴 자 60명, 병든 자, 옥사한 자, 병신이 된 자!

코러스장 우리의 기도는 헛되지 말아야 하오…

코러스 6 엠베르 주교께서 순교하셨다.

코러스 7 샤스땅 신부님도 순교하셨다.

코러스 8 정하상!

코러스 9 유진길!

코러스 1 그리고 김안드레아의 아버지 김재준도.

코러스 2 최도마의 아버지 최영환도.

일동 모두 순교하셨다. 순교하셨다!

코러스장 그래도 우리는 기도를 해야 한다. 끝이 없는 게 기도이다.

코러스장이 성호를 긋고 무릎을 꿇자 코러스가 한 사람 두 사람 무룹을 끓는다. 파이프 오르간이 연주한 장엄한 음악. 높은 하늘나라에서 흘러내리듯 퍼져나간다. 이윽고 모든 사람이 고개를 숙이고 있다.

사막의 이슬

제6장

호리존트에 1842년 2월 15일이라는 자막이 투영된다. 리부아 신부의 방이다. 고전적인 탁자며 몇 개의 의자가 품위 있는 분위기를 자아낸다. 탁자 위 꽃병에 꽃이 꽂혀있다. 세실 제독을 리부아 신부가 맞아들이고 있다.

리부아 어서 오십시오. 세실 제독 각하!

리부아 신부가 악수를 한다.

세실 뵙게 되어서 영광입니다.

리부아 중국 땅에서 같은 프랑스 사람을 만나게 되는 감회는 더 말할 것도 없거니와, 각하께서 머지않아 조선국엘 가신다니 저로서는 여러 가지 보람과 의미를 찾은 것 같습니다.

세실 별 말씀을… 저는 프랑스 군인으로서 국왕 루이필립 각하의 명을 받들어 대임을 수행할 뿐입니다.

리부아 세칭 아편전쟁으로 인하여 중국 땅은 더욱 어지러워만 가는데 대해서 각하께서는 어떻게 생각하십니까?

세실 (강경하게) 영국의 제국주의의 정책은 세인의 비판을 받고도 남죠. 그건 하나의 과대망상증에서 비롯되었다고 볼 수도 있으니까요.

리부아 과대망상증? 영국이 말입니까?

세실 그렇죠. 영국이 중국에다가 왜 아편을 집중적으로 투입시키려고 했는가라는 배후사정을 꿰뚫어봐야 합니다.

리부아 (흥미를 느끼며) 왜 그랬을까요?

세실 영국 사람들은 중국에는 무궁무진한 은, 다시 말해서 금은보화가 무진장 쌓여있다고 생각했거든요.

리부아 어떻게 그걸 알아냈을까요?

세실 바로 그 점이죠. 그런데 영국 사람은 엉뚱하게도 마르코폴로가 쓴 책을 통해서 실크로드를 통해서 모든 금은보화가 중국 땅에 몰려있다고 생각했어요. 그래서 그것을 싼 값으로 힘을 들이지 않고 긁어모을 방법을 생각 끝에 자기네의 식민지인 인도에서 무진장으로 생산되는 아편을 중국 사람에게 판매함으로써 중국의 은을 독식하겠다는 속셈이었죠.

리부아 그렇지만 원래 아편을 즐기는 중국 사람에게도 책임은 있잖을까요?

세실 물론이죠. 하지만 민족의 무지와 인습의 두꺼운 문이란 그리 쉽게 열리지도, 깨지지도 않거든요. 그것을 교묘하게 이용한 게 바로 영국의 제국주의 정책이지요. 그러니 우리 프랑스도 이대로 방관만 할 수 없다는 게 국왕폐하의 의중입니다.

리부아 (한숨을 내쉬며) 나는 종교가이니까 정치는 모르겠지만 적어도 우리 프랑스는 그런 식으로 남의 나라를 넘어다보거나, 그런 방법으로 국력을 확대시키지 말았으면 합니다. 그건 천주님의 뜻에 어긋난다고 봅니다.

세실 신부님께서는 왼쪽 뺨을 맞으면 바른쪽 뺨까지 내주자고 하실 테지요. 헛허…

리부아 경우에 따라서죠.

세실 그러나 현실이 어디 그렇습니까? 더구나 열강들이 다투어 자기 세력을 확장시키고 보다 많은 식민지를 확보하는데 혈안이 되고 있는 마당에서는… 이상과 현실! 그건 영원한 수평선일 겝니다. 헛허…

리부아   글쎄요. 저로서는 아무리 생각해도…

세실   물론 그러시겠죠. 그러기에 각자 자기가 맡고 있는 일에만 열
중하면 되는 거예요. 리부아 신부님은 종교에, 이 세실은 국방
에. 헛허…

리부아   지당하신 말씀이오. 헛허…

세실   그건 그렇고, 지난번에 부탁 말씀드린 건에 대해서는…

리부아   내 정신 좀 봐… 이제 나도 나이 앞에서는 어쩔 수 없나 봐요.
이렇게 깜박 잊는 버릇이 있어서. 헛허…

세실   적임자가 있습니까?

리부아   예 찾았습니다.

세실   그래요?

리부아가 서랍에서 신상카드 한 장을 꺼내어 보인다.

리부아   이게 인적사항이 기록된 신상카드인데… (세실에게 보이며) 이
름은 김안드레아, 본명은 김재복이었는데 마카오에 유학중에
대건이라고 개명을 했지요.

세실   (카드를 살피며) 1821년생이면…

리부아   올해 스물한 살이죠.

세실   프랑스 말은 잘 합니까?

리부아   우수합니다.

세실   (반가워서) 그래요?

리부아   라틴어, 영어도 탁월한 청년 신학도입니다. 그 점은 이 리부아
가 천주님의 이름으로 서약할 수 있습니다.

세실   그렇다면 나의 통역원으로서는 완전무결이지 뭡니까? 조선 사

람이 그렇게 외국어에 능통하다니…

리부아 그동안 우리가 교육시킨 보람이 있었나 봅니다. 각하! 한 번 만나 보시겠습니까? 간단한 테스트도 하실 겸…

세실 그렇게 할 수만 있다면야…

리부아 그럼 잠깐만…

리부아가 책상 위에 있는 작은 초인종을 들어 흔든다.

리부아 만나보시면 만족하실 겝니다. (젊은 수녀가 들어온다)

수녀 부르셨습니까?

리부아 김안드레아 좀 들어오라고 해요.

수녀 예.

수녀가 나간다.

세실 한시름 놨습니다. 조선말과 프랑스말을 터득할 줄 아는 통역원을 중국 땅에서 구한다는 게 어디 쉬운 일입니까? 모래밭에서 진주알 찾아내기지… 헛허…

리부아 각하의 덕이 큰 증거겠지요. 헛허…

이때 안드레아가 들어선다. 전보다는 훨씬 성숙한 모습이며 늠름하다.

안드레아 신부님… 부르셨습니까?

리부아 들어와.

리부아 신부와 세실이 서로 눈으로 얘기를 주고받는다. 세실은 안드레아의 수려한 모습이 첫눈에 흡족하다는 표정이다.

리부아 안드레아. 오늘 귀한 손님이 오셨다. 인사드려. 프랑스 해군 제
독이신 세실 각하이시다.

안드레아 세실 제독이라구요?

세실 (프랑스말로) 이렇게 만나게 되어 반갑기 한량없군요.

안드레아가 어리둥절해진다.

리부아 프랑스 사람이니 프랑스말로 인사를 해야지… 겁낼 것 없다.

안드레아 예… (자세를 고치며 프랑스말로) 처음 뵙겠습니다. 김안드레아라
고 합니다. 각하와 같은 고명하신 분을 여기서 만나게 되다니
저의 평생을 두고 못 잊을 순간이 될 것입니다.

두 사람은 악수를 한다. 그러나 세실은 그저 감탄의 시선을 안드레
아와 리부아에게 나누어 던질 뿐이다.

리부아 각하! 어떻습니까?

세실 (큰소리로) 좋소! 좋소! 더 물을 것도 없이 당신은 합격이오.

안드레아 합격이라뇨? 신부님 무슨 말씀이신지…

리부아 안드레아. 오늘부터 세실 제독의 통역원이 되어 조선으로 떠나
는 거다!

안드레아 그 그게 정말입니까?

세실 물론 해가 동쪽에서 뜨고 서쪽으로 지는 게 사실이라면… 헛
허…

안드레아 (어리둥절해서) 시, 신부님!

166   차범석 전집 7

세실   좋은 친구일세… 핫하…

세실이 덥석 안드레아를 안고 두어 번 춤을 추듯 돈다. 리부아 신부
도 웃는다.

제7장

'1842년 9월'이라는 자막. 이윽고 자막이 사라지고 허름한 편지를 쓰고 있는 김안드레아의 모습은 어딘지 초라해 보인다. 석양이 비켜간다. 그 잿빛 광선이 더욱 쓸쓸함을 더해준다. 코러스장이 등장.

코러스장 애당초에 마카오를 떠나 마닐라에 도착한 세실 제독은 여행에 필요한 준비를 하느라 약 2개월을 보냈었죠. 그러므로 군함 에리건호가 마닐라를 떠나 조선으로 향한 것은 그해 3월 10일이었습니다. 여러분! 이때의 김안드레아의 심정을 상상해 보십시오. 15살에 고향을 떠나온 소년이 이제 6년 만에 고향으로 돌아간다는 그 풍선처럼 부풀은 마음을 그 누가 일상적인 기쁨으로만 돌릴 수가 있겠습니까. 게다가 세실 제독의 통역관이라는 직함까지 달고 있으니 그것은 확실히 금의환향이라고 볼 수도 있었을 겁니다. 김안드레아는 몇 날을 두고 기쁨과 흥분으로 지냈죠. 그런데 뜻밖의 일이 터지고 만 것입니다.

안드레아가 꿩 깃털 펜을 내려놓고 써오던 편지를 훑어보고 읽기 시작한다.

안드레아 공경하는 리부아 신부님. 그런데 어느 날 세실 제독이 남경에 갔다가 양자강 어귀에 당도하자 갑작스럽게 조선으로 갈 것을 중지하겠다는 것입니다. 그 이유는 분명치 않으나 현재 사정으로는 조선으로서의 항해는 불가능하다니 어찌합니까? 그래서 세실 제독은 다시 마닐라로 향하였고 저는 지금 양자강 기슭에 있는 어떤 민간인 집에 두 달 동안 업혀 사는 신세가 되고 말았습니다. 함께 온 메스트로 신부님께서는 이제 남은 길은 상해에 계시는 주교님께 연락하여 도움을 받을 수밖에 없다고 하시며 그 소식 오기만을 막연히 기다리고 있습니다. 공경하는 리부아 신부님, 저의 고향으로 돌아갈 꿈은 이대로 산산조각이 나야만 하는 건지 망망하고 답답한 마음 가눌 길이 없습니다. 차라리 마카오에 그대로 머물러 있었던들 이런 고통은 당하지 않았으리라는 뉘우침이 새삼스럽습니다. 그러나 저는 천주님의 자비하신 보호가 꼭 있으리라 믿으며 메스트로 신부님 곁에서 신학 공부를 하며 기다리고 있습니다. 아… 하루속히 이 고역에서 벗어났으면 합니다. 천주님께서 꼭 지켜주시리라 믿습니다.

코러스장이 다가간다. 안드레아가 긴 한숨을 내뱉는다.

코러스장 안드레아… 힘을 내. 어차피 인생은 흐르는 물이라고 했는데… 어디론가 우리는 흘러가고 있는 거 아닐까?

안드레아 아무데나 갈 수는 없어… 목적이 있어야 해.

코러스장 뜻대로 안 될 때는 돌아서 가요.

안드레아 돌아서 가는 법?

코러스장 그렇지… 안드레아는 지금 이곳에서 곧바로 황해를 건너 조선 땅으로 가기를 원하고 있을 테지?

안드레아 물론이죠. 그게 가장 가까운 거리니까요. 평안도, 황해도, 경기도… 그 어디가 되었건 조선의 포구에 내릴 수 있다면야… 오죽이나…

코러스장 그렇지만 이런 방법도 있겠지?

안드레아 어떤 방법 말인가요?

사막의 이슬

코러스장 요동반도를 거쳐… 만주 땅을 지나 국경을 넘어 조선에 들어가는 길 말이지. 말하자면 수로가 아닌 육로!

안드레아 수로가 아닌 육로?

코러스장 그렇지. 시간은 더 걸릴지 모르지만 육로로 가는 편이 어느 면으로는 안전할 수도 있지 않을까?

안드레아 (혼잣소리로) 요동을 거쳐 만주 땅을 지나 국경을 넘는다고? 그렇다! 그 길은 풍랑을 만날 걱정은 없지! 산길이건 들길이건 두 다리로 걸어갈 수 있는 곳이라면 몇 날이 걸려도 상관없잖아? 모로 가나 세로 가나 조선 땅에만 가면 될 테니까! 안 그래? (환호성을 지르기라도 하듯) 오… 그렇다… 육로를 택해야지. 아… 그걸 왜 내가 몰랐을까? 오… 이 어리석은 인간아… 헛허…

안드레아가 자신의 머리를 툭툭 치며 뛰어간다. 코러스장이 그 광경을 미소 지으며 바라본다. 무대가 차츰 어두워지자 호리즌트에 눈보라가 흩날리며 삭풍이 불어간다. 그것은 처절하다 못해 비참하다. 얼굴도 알아볼 수 없을 정도로 털목도리와 방한모로 방비를 한 사람들이 눈보라 속을 가고 있다. 썰매엔 짐이 가득 실렸다. 코러스장이 무대 한구석에서 그 행진을 지켜보고 있다. 찢어질 듯 불어가는 바람소리가 깔린다.

코러스장 김안드레아가 요동반도에서부터 더듬어 가는 길은 문자 그대로 가시밭길이요, 자갈밭이었을 겝니다. 몽고를 시발점으로 봉천, 길림, 영고탑 그리고 훈춘을 거쳐 되도록 조선으로 입국하기 쉬운 곳을 찾아 나서기를 3년, 관헌들의 감시를 피하고 이민족들의 눈치를 살피며 풀밭에서 밤이슬을 맞고, 주막집의 골방에서 새우잠 자며 기도했으나 번번이 실패하기를 세 번. 중국

변문에서 우연히도 조선 사절단에 낀 김방지거라는 교우를 만나서야 김안드레아 일행은 새로운 결심을 하게 되었으니…

무대 한구석에 움막집이 보인다. 그 안에 김안드레아, 김방지거, 그리고 몇 사람의 교우가 이마를 맞대고 숙의를 하고 있다. 달빛은 교교하다. 모두가 침통한 표정이다.

김방지거 그러니 조선으로 입국하실 생각은 단념하셔야 합니다.

안드레아 압록강이 바로 눈앞에 보이는데 어떻게 단념할 수가 있단 말이오!

김방지거 서양인 선교자가 국경을 넘을 순 없다니까! 누가 봐도 모습이 다른데… 서양인 선교사의 초상화를 널리 민간에게 돌려 방을 붙여놓고 비슷한 사람을 봤을 때는 즉각 관에다 신고하라는 엄명이 내려 있는데 어떻게… 그러니 페레올 주교님께서는 저와 함께 다시 중국으로 돌아가는 수밖에 없습니다.

페레올 주교는 아까부터 눈을 지그시 감고 미동도 안 하고 있다. 부엉이가 운다. 모두들 페레올 주교의 입이 열리기를 기다린다.

김방지거 그동안 조선 국내에서 얼마나 많은 교우가 참수를 당했으며 특히 서양인 신부님께서 순교하셨는가를 몰라서 이러시오?

안드레아 엥베르 주교, 모방 신부, 샤스땅 신부께서 순교하셨다는 얘기는 진작 알고 있습니다.

김방지거 (화를 내며) 그걸 알면서도 페레올 주교님이 가셔야 한다고 우기는 이유는 뭐요?

안드레아 검문검색이 엄격한데 어떻게 들어간단 말이오? 죽음을 알고도 뛰어든다는 건 어리석은 짓이오! 얘기만 나누어도 제 목이 죄어 드는 심정인데 어떻게…

페레올 주교가 눈을 뜬다. 그리고 침착하게 입을 연다.

김방지거 김안드레아는 들어갈 수 있어요. 같은 조선 사람이니까 어떻게 해서라도 변장만 하면 안 될 건 없겠지요?

안드레아 예? 저 혼자서 말입니까?

김방지거 그렇소. 우리가 해야 할 일은 조선 국내에서 목마르게 기다리는 길 잃은 양들에게 주님의 복음을 전하는 일이 아니겠소?

안드레아 허지만 제가 어떻게 그와 같은 중책을 맡을 수가…

김방지거 무슨 소리요? 김안드레아는 이미 부제의 품을 받았으니 충분한 자격이 있어요! 두려워 마시오! 김부제 혼자만이라도 떠나시오! 어서 가서 기다리는 교우들에게 주님의 사랑과 은혜와 복음을 나누어 드리도록 하시오!

안드레아 주교님!

김방지거 그리고 페레올 주교님은 조선 국내의 정세변화를 보아 우리도 입 국할 수 있는 시기가 오면 즉각 연락하오. 그때까지 당분간 이 곳에 머물러 계시게 해요!

안드레아 (눈물을 글썽거리며) 아…

안드레아의 손목을 잡는다.

교우 1 그렇게 하시오!

교우 2 누군가가 먼저 가야 합니다!

교우 3 김안드레아 부제라도 가실 수만 있다면 가셔야 합니다!

그러나 김안드레아는 고개를 들지 못한 채 앉아있다. 저만치서 코러스장이 등장한다.

코러스장 두려워마오. 설령 그것이 실패로 돌아갈지라도 두려워 할 건 없소!

안드레아 (고개를 들며) 두려워서가 아닙니다.

코러스장 그럼…

안드레아 실패가 두려운 게 아니라 제가 9년 만에 고국 땅을 밟을 수 있다는 게 믿어지지 않습니다. 열다섯 살 때 고향을 떠나 지금까지 이국땅에서 공부를 해오면서 단 하루라도 고향을 잊은 날이라고는 없었습니다. 그런데 막상 고국 땅을 눈앞에 두고 보니 꿈만 같아서… (목이 메어오며) 꿈만 같아서… 윽…

코러스장 그 심정이사 누가 모르겠는가! 허나 지금은 그러한 감상에 젖어 있을 때가 아니오. 설령 실패와 공포가 기다리고 있을지라도 김부제는 용기와 신중성을 잃지 말아야 하오. 그리고 어둠에 쌓이고 길이 막혔을 때는 언제 어디서나 내괴신공*을 되풀이 하시오.

안드레아 네 명심하겠습니다.

코러스장 (교우1에게) 떠날 차비는 되어 있소?

교우 1 예. 말과 식량과 그리고 변장할 의복까지 모두 준비하였습니다.

김방지거 서울에 들어가거든 믿을 만한 교우들에게 알리고 페레올 주교님이 입국해도 되겠는가에 대해서 면밀하게 정보를 수집하여 연락 해주기 바라오.

안드레아 예. 하루라도 빨리 주교님을 영입할 수 있도록 힘쓰겠습니다.

김방지거 천주님께 기도드리겠소.

안드레아의 눈에 눈물이 반짝인다.

---

* '묵주기도'의 이전 말.

　　　　　　　　　　사막의 이슬

제8장

무대는 어둡다. 이윽고 호리존트가 밝아지면서 벌판이 투사되고 이어서 비바람이 휘몰아치더니 이내 파도가 넘실거린다. 그것은 김안드레아의 험난한 행로를 상징하는 풍경들이다.

코러스   (노래)
아… 아…
하늘과 땅이 나뉘어짐은
오직 그분의 뜻.
밤과 낮이 이어짐도
오직 그분의 뜻.
길 아닌 길을 가야하는
얼어붙은 북녘 땅에
햇살이 쏟아지는 날도
오직 그분의 뜻.

이윽고 호리존트에 투사되었던 화면이 사라지면서 김안드레아가 무대 우측에서 초조하게 서성거리며 누군가를 기다리는 눈치이다. 발걸음이 후들거린다. 그의 몰골은 초라하며 안색도 완연한 병색이다. 무대는 서울 돌우물에 있는 초가집. 배경은 밤하늘에 구름이 가득 낀 모양으로 변한다. 김안드레아가 촛불을 켜고 성호를 그은 다음 기도를 올린다. 기나긴 여로에서 얻은 육체적 피로에다가 커다란 고뇌에 빠진 듯한 번민의 빛도 엿보인다. 무대 한구석에 코러스장이 나타난다.

코러스장 1845년 1월 15일. 이날은 김안드레아가 9년 만에 고국을 찾는 날이었다. 김안드레아는 교우들이 미리 마련해둔 서울 돌우물에 있는 외딴집에 숨어 살고 있었다. 김안드레아에게 있어서는 분명한 금의환향이요. 모든 사람은 기쁨으로 맞아들여야 했건만 아직은 세상 눈을 속여 가며 은밀히 세상 물정을 탐지하야만 되었기에 김안드레아는 아직도 숨소리를 죽이며 교우들의 보고를 기다려야만 했다.

어둠 속에서 교우들이 조심스럽게 등장한다. 모두들 지친 표정이다. 김안드레아가 반긴다.

안드레아 어서들 오시오. 오늘은 기쁜 소식이라도 있습니까?

교우 1 아직도 포졸들의 감시는 엄합니다. 어젯밤에 교우 다섯 사람이 참수를 당했답니다.

안드레아 다섯 사람이나요?

교우 2 포도청에서는 김부제님을 위시하여 최도마, 김방지거 세 분이 몰래 마카오로 빠져나간 사실을 밝혀내고 다시 입국하는 대로 잡아들이라는 포고문을 전국으로 뿌렸다 합니다. 그러니 아직도 외출은 삼가하셔야겠습니다.

교우 3 그러나 포졸들 가운데는 붙잡혀온 교우들이 고통 받는 모습을 보기에 견디지 못해 탄식과 눈물을 흘리는 사람도 있다더군요.

교우 4 허지만 신부님들은 교우들을 위해 계시고 교우들 또한 신부님을 위해 목숨도 아끼시지 않으니 만큼 결코 절망만 할 게 아닌가 봅니다. 아직도 희망은 있다고 봅니다.

교우 1 신부님들 가운데는 교우들의 목숨을 살리기 위하여 자진해서 포졸들 앞에 나가 오랏줄에 묶여 가신 분도 계셨습니다.

이와 같은 대화가 진행되는 동안 김안드레아는 눈을 감고 신공을 올리듯 움직이지 않는다.

교우 1   정말 알다가도 모를 일이지… 천주교를 믿는다는 게 무슨 죄인 가 말입니다.

교우 2   (안드레아에게) 김부제님… 장차 우리는 어떻게 살아가야 옳겠 습니까?

교우 3   그건 우리들 교우의 책임이지 뭐겠소?

교우 4   책임이라뇨?

교우 3   그리스도는 당신의 제자였던 유다의 밀고로 포로들에게 묶이 어 갔지만, 이 땅에서는 신부님들이 교우들의 밀고에 의해서 포도청에 끌리어가는 판국이니 하는 말입니다… (자조적으로) 아무려면 자기를 인도해 주신 신부님을 관에게 팔아넘기다니… 이 나라 이 백성이 오늘 당장에 썩어 문드러져도 싸지… 싸! (하며 통분을 금치 못하여 방바닥을 내리친다. 그 서슬에 촛불이 한동 안 흔들린다. 모두들 수긍도 아니오, 반대도 아닌 어정쩡한 상태에서 쓰게 입맛을 다신다. 안드레아가 조용히 돌아앉는다)

안드레아   그렇게만 생각해서는 안 됩니다.

교우들이 의아한 표정으로 쳐다본다. 안드레아가 손에 들었던 묵주 를 어루만지듯 만진다.

안드레아   그리스도는 당신 아버지께 순종하시어 죽음의 길을 가셨고, 신 부님들은 주교님께 순종하시어 죽음의 길을 택하신 것 뿐입니다.

일동   예?

안드레아   여러 교우님들은 지금 세상을 한편에서만 보시고 하시는 말입니다. 물론 유다의 배반이 없었던들 그리스도께서 십자가에 못 박히실 리 없으셨을 게고 이 땅에서 교우들이 밀고를 아니했던 들 여러 신부님이 순교하지 않았으리라고는 생각해도 그러나 나는 그렇게 생각지 않아요.

교우 5　아니시라면?

안드레아　(의연하게) 순교하신 신부님들은 당신들이 죽은 다음에 어떠하 리라는 것을 익히 알고 계셨습니다. 그걸 알고 계셨기에 스스 로 포졸들의 오랏줄에 묶이었을 겝니다. 이 땅의 천주교인은 아직도 목자 없는 양들이라는 것과 이리들이 그 주님의 양떼를 짓밟으리라는 걸 예견하고 계셨기에 웃어른의 명령으로 죽음 의 길을 가셨음이 분명합니다.

교우 2　그럼 김부제님께서는 그게 잘된 짓이라고 생각하십니까?

안드레아　잘된 짓은 아니지요, 허지만 분명한 건 신부님들이 고된 형벌을 받으시면서도 하느님의 도우심으로 그걸 견디어냄으로써 하느 님을 저버리지 않았다는 사실입니다. (안드레아가 비로소 교인들 을 정시한다) 여러분. 내가 고국에 돌아온 건 내 자신이 곧 천주 교를 널리 퍼뜨리는데 앞장서려는데 목적이 있는 게 아닙니다. 아니 그렇게 된다면 나도 지난 1893년 9월 21일에 있었던 박해 를 면치 못할 거예요. 그러기에 내가 고국에 9년 만에 돌아와서 도 이 돌우물에 숨어 살고 있는 이유는 우리가 존경하는 페레올 주교님을 이 땅에 모실 수 있는가 없는가를 타진하기 위해서였 습니다. 이 김대건의 목숨이 아깝거나 죽기가 겁이 나서가 아 닙니다.

교우 1　그건 저희들도 잘 알고 있습니다.

안드레아　작년에 페레올 주교님을 모시고 몽고를 출발, 만주 변문까지 왔을 때 거기서 우리는 조선 교우를 만났어요. 그분 말씀이 천주교를 전교하기 위하여 입국하기에는 여러 가지 난관이 많다고 애기를 하자 주교님께서는 나더러 먼저 조선에 들어가 정세를 알아본 다음 당신의 입국을 주선하라 분부를 하셨습니다. 아… 생각하면 험난하고도 고된 길이었습니다. 낮에는 숲속에 숨어 있다가 밤이 되면 길을 가되 발자국 소리를 내지 않으려고 맨발로 걷던 일… 강을 건너고, 눈밭에 빠지고, 때로는 무서운 들짐승들의 위협까지 받아가면서 국경을 넘어 의주, 평양, 해주, 서울… 아… 지금 생각하면 꿈만 같습니다. 꿈, <u>흐흐흐</u>…

안드레아가 쓰게 웃음을 터뜨리자 모두들 의아한 표정이 된다.

교우 1 그럼 김부제님께서는 앞으로 어떻게 하시렵니까.

안드레아 (서슴지 않고) 떠나야죠.

교우 1 떠나다뇨?

안드레아 다시 상해로 가렵니다.

일동 (놀라움에서) 상해?

안드레아 가서 이웃 정세를 자세히 보고 드리고 다시 지시를 받아야겠습니다.

교우 2 여기서 상해가 몇 리인데 그 길을 어떻게 가신단 말씀입니까?

교우 4 더구나 건강도 안 좋으신데 그건 무모한 짓입니다. 가시더라도 건강을 되찾으신 후에…

안드레아 아니오. 나는 가야해요. 그동안 여러분들이 지어주신 여러 가지 약을 먹었더니 효험이 있는 것 같아요. 그러니 내 청을 들어주셔야겠습니다.

모두들 서로 얼굴만 바라본다.

안드레아　배를 한 척 마련해 주시오. 돈은 여기 있습니다.

안드레아가 전대에서 엽전꾸러미를 꺼낸다.

안드레아　그리고 함께 갈 뱃사공도 구해주시오. 가능하면 교우들이었으면 합니다. 우선 믿음이 있어야만 갈 수 있는 길이니까요. 들어주시겠죠?

그러나 모두들 묵묵부답이다. 멀리서 부엉이가 운다.

안드레아　(회상하듯) 조선에 들어와 그동안의 정세를 살펴보니 조정에서도 우리 천주교를 놓고 벽파와 시파로 갈라져 있어 서로 의견을 달리하고 있다고 들었소. 시파는 천주교를 인정하자 하고 벽파는 배척하자 하니 김대비께서는 시파이고 왕비께서는 벽파이니, 다른 대신들이며 양반들의 의견이 대립되어 있는 걸로 알고 있습니다.

교우 5　바로 보셨습니다. 왕후의 친정아버지인 조만영이 실권을 쥐고 있는데 우리 교우를 박해하고 신부님들도 모조리 잡아 가두라고 한 것도 바로 그 조만영 일당의 소행이라 하니 어느 날에 천주교가 뿌리를 내릴지 암담합니다.

안드레아　아니오. 그 때는 꼭 올 겝니다.

교우 5　올까요?

안드레아　오고말고요. 그 날이 오게 하기 위해서 우리는 더 많은 피를 흘려야 합니다. 지금 조정에서는 천주교인을 박해하고 있지만 그 가운데는 천주교에 귀의하고 싶어도 윗사람의 눈치를 보느라 뜻을 밝히지 못하는 대신도 있다 합니다. 그러니 우리는 서둘러 포교할 생각은 없어요. 먼 길도 돌아갈 줄 아는 지혜와 인내가 있어야 합니다. 그러니 아까 얘기한 대로 배 한 척과 동행할 교인을 모아 주시오.

교우 1   예.

안드레아   비록 내가 병중에 있을지라도 천주님께서는 우리의 앞길을 지켜봐 주시리라 확신합니다.

교우 2   그럼 언제쯤 떠나실 예정입니까?

안드레아   빠르면 빠를수록 좋겠습니다. 오늘이라도 배가 마련된다면…

교우 3   부제님, 그렇지만 자당님은 뵙고 가셔야지 이대로 가실 수야 없지 않겠어요?

그 순간 안드레아는 화석처럼 정지된다. 그리고는 지그시 눈을 감는다. 다시 부엉이가 운다.

교우 3   아드님을 보내놓고 9년 동안이나 목마르게 기다리신 자당께서는 지금쯤…

교우 4   부제님 그렇게 하시죠. 기별을 할까요?

교우 2   만나보셔요.

안드레아   (조용하나 결의에 찬 어조로) 안 됩니다.

일동   예?

안드레아   내가 조선에 온 건 부모형제를 만나기 위해서가 아니라는 걸 잘 알고들 있을 텐데… 나는 조선이 천주교를 받아들일 수 있는 조건을 갖추었는가 여부에 대한 정보를 수집해서 상해에 계신 페레올 대주교님의 영접방법을 찾아내기 위해서 온 사람이지 결코 가족을 만나러 온 게 아니요.

교우 1   허지만 가족들께서 이 사실을 아신다면 얼마나…

안드레아 이해해 주실 거예요. 부친께서는 내가 조선을 떠난 3년 후 신해년 박해 때 죽음을 당하셨고 어머니는 시골로 피신하고 계시다고 들었습니다.

교우 3 그럴수록 뵙고 가셔야지 않겠습니까?

안드레아 (엄하게) 그러다가 만약에 사실이 드러난다면 어떻게 되는지 아시겠어요? 내가 어머님을 뵙고 떠나간 후라도 그 사실이 드러나는 날에는 어머님은 아들 때문에 참혹한 죽음을 당하실텐데⋯ 안 됩니다. (안드레아의 눈에는 이슬이 맺힌다) 그렇게 할 순 없어요. 아버지가 그렇게 참사를 당하신 것도 따지고 보면 이 아들 때문인데⋯ 이제 다시 어머니마저⋯ 그럴 수 없어요! 못하오! 그렇게는 못하오!

김안드레아는 금세 터지려는 울음보를 야무지게 입술로 깨물어 막는다. 모두들 오열을 삼키며 고개를 떨어뜨린다.

안드레아 주여! 저에게 힘을 내리소서. 허물어지려는 마음에 힘을 주소서⋯ 주여!

제9장

코러스장 1845년 4월 30일, 김대건은 현석문, 이재용을 위시한 열한 명의
뱃사람을 거느리고 다시 상해를 향하여 닻을 올렸다. 그리하여
한 달 후인 1845년 6월 4일 황해를 건너 상해에 도착하였으니
그동안에 겪었던 고난의 기록은 이루 다 말할 수 없을 정도로
극에 달했었다. 김대건은 상해에 도착하는 길로 리부아 신부와
페레올 주교님께 보고서를 올렸다. 한 달 후인 1845년 8월 17일
페레올 주교는 다블뤼 신부를 대동하고 상해로 내려왔다.

무대가 밝아지며 화려하고도 장엄한 서품식장, 무대 중앙단상에 페
레올 주교가 자리하고 한 계단 낮은 곳에 안드레아가 자리하고 있다.
그 주변에 신부들과 코러스가 도열하고 있다. 무대 배경에는 '신부서
품식'이라는 자막이 투사되며 장엄한 미사곡이 연주된다.

코러스장 (노래)
오… 새로운 형제 안드레아여.
그대에게 주님이
은총을 내리셨네.
영광을 내리셨네.
그대의 얼굴에도 빛이 가득하였으니,
하나님의 나라를 세우기 위한
힘과 소망이려니,

코러스 1 오… 새로운 형제 안드레아여.
그대에게 주님이

은총을 내리셨네.

영광을 내리셨네.

보라 동방의 어둠이

밝아오는 이 새벽길에,

이 땅의 영광을 위한 일꾼 보내시니,

코러스 3 오… 새로운 형제 안드레아여.

그대에게 주님이

은총을 내리셨네.

영광을 내리셨네.

오! 하늘에도 영광.

땅에도 영광.

믿음이 하나 되기 위하여 몸 바친

일동 오… 우리들의 목자 안드레아.

그대에게 주님의 은총이 내리셨네.

영광을 내리셨네.

영광을 내리셨네. 아멘…

코러스장 안드레아 아니지, 오늘부터는 김대건 신부님이라고 불러야겠지. 헛허… 김 신부님 소감이 어떻소? 아까부터 그저 묵묵부답이니 뭐라 한마디 하시지요? 응?

안드레아 무슨 말이 필요하겠습니까?

코러스장 조선 사람으로서 맨 처음으로 신부 서품을 받았는데 왜 할 말이 없겠소? 기쁘잖소?

안드레아 기쁘오.

코러스장 자랑스럽잖소?

안드레아 자랑스럽소.

코러스장 그렇다면 뭐라고 한마디쯤은…

사막의 이슬

안드레아 슬퍼지는군요.

코러스장 슬퍼져요?

안드레아 외롭고… 쓸쓸하고… 허전하고…

코러스장 헛허… 꼭 어린 소년 같은 말투군 그래…

안드레아 그렇소. 나는 아직 어린애죠. 나이는 스물다섯 살이지만 나의 정신 연령은 충청도 두메산골 송산리에서 살다가 천주교인 박해를 피해서 경기도 골배마을로 옮겨간 시절 그대로입니다.

코러스장 무슨 말씀을… 새삼스럽게 시리…

안드레아 그곳에서 모방 신부님으로부터 영세받고 김안드레아라는 영세명을 받은 그 소년이 지금 여기 이렇게 그대로 서 있습니다. 나는 그때 모방 신부님께서 하신 강론 말씀이 지금도 이 귀에 쟁쟁합니다. (그는 한 걸음 앞으로 나오면서 양팔을 벌린다) 천주님의 영광 아래서는 모두가 하나요. 다 같은 아들딸입니다. 천주님이 우리 곁에 계시니 겁내지 맙시다. 우리는 천주님 품 안에 있으니 행복합니다. 천주님의 말씀을 거역하여 일시적인 현세의 향락에 취하느니 고통과 박해를 이겨나감으로써 영원한 주님의 나라에서 영생을 노래합시다. 할렐루야… 할렐루야…

그의 말끝이 울음이 섞여 흐려진다.

안드레아 그러나 어언 10년이 지났건만 아직도 우리 조선은 긴 잠에서 깨어나지 못하고 있으니 그저 안타까울 뿐입니다. 모방 신부님의 말씀대로 천주님 품안에서는 모두가 하나 될 수 있다는 진리를 귀담으려 하지 않는 우리 동포들 생각이 더 간절하기만 합니다. 깨어나지 못한 백성은 언제까지나 그렇게밖에 살 수 없다는 걸 왜 모르는지 답답합니다.

코러스장 그렇다고 그렇게 먼 산을 바라보고 장탄식만 한다고 되는 일은 아니잖소.

안드레아 그럼 나더러 어떻게 하란 말씀입니까?

코러스장 두드려야죠.

안드레아 두드려요?

코러스장 두드려야 열린다 했습니다. 세 번, 네 번, 열 번, 백 번!

안드레아의 눈에 빛이 감돈다.

안드레아 백 번, 천 번, 만 번!

코러스장 그렇죠. 아직도 조선의 문이 안 열렸으니 두드려야 해요. 더 세게 두드려 봐요! 주먹에서 피가 날 때까지 두드려 봐요! 반드시 문은 열릴 테니까.

안드레아 그렇다. 다시 조선으로 돌아가야 한다! 들어가서 닫힌 문이 열릴 때까지 두들겨야 하겠다. (코러스장에게) 내가 왜 그 생각을 안 했는지 모르겠소! 고맙습니다. 항상 내가 망설일 때나 어려울 때면 나한테 지혜와 힘을 주시니…

코러스장 별 말씀을 다 하시는군! 나는 언젠가도 얘기했듯이 이 연극의 해설자이자 인도자예요. 내가 끼어들지 않으면 연극이 진전이 안 되는 걸 어떻게 합니까! 나는 그저 내게 맡겨진 직분에 충실할 뿐입니다. 헛허…

안드레아 고맙소. 정말 고맙소!

코러스장 그럼 조선으로 다시 들어가시겠습니까?

안드레아 가야죠.

코러스장 잘 해보슈. 그리고 생각이 막힐 때면 언제든지 나를 불러요.

안드레아 고맙습니다.

암전

제10장

무대는 제8장과 같은 돌우물의 초가집. 안드레아가 이십여 명이나 되는 남녀 교우들을 모아놓고 강론을 하고 있다. 모두가 진지하고도 긴박한 분위기 속에 있다. 저만치 코러스장이 나타난다. 초겨울의 황혼녘이라 스산하다.

코러스장 안드레아가 페레올 주교와 다블뤼 신부님을 위시하여 열두 명의 뱃사람들과 함께 상해를 떠나 고국을 찾은 것은 1845년 8월 31일이었습니다. 그리하여 약 두 달 만인 10월 12일 황산나루터에 도착하였으나 아직도 주변은 뒤숭숭하여 서양인 신부가 자유롭게 나다닐 수 있는 형편이 아니었지요. 안드레아는 페레올 주교와 다블뤼 신부를 모시고 서울로 올라와 자리잡은 곳이 바로 지난날 잠시 은신했었던 돌우물이었습니다. 그날부터 매일같이 교우들에게 보례를 돌리랴 성체성사를 주랴, 성무일도를 보랴 매괴신공을 돌리랴 바쁜 나날을 보내야만 했습니다. 그러던 어느 날.

안드레아 여러분 그러나 저는 그동안 중국 땅이나 황해 바다 위에서 죽을 고비를 당하였을지라도 결코 절망을 하지 않았습니다. 그 어려운 지경에서도 천주께서는 저로 하여금 끝까지 형벌을 감수하도록 도와주시기를 기도하였습니다. (새삼 기도하듯 양팔을 벌리며) 기도합시다. 여러분.

교우들이 자세를 고쳐 앉는다.

사막의 이슬

안드레아   주여 우리를 불쌍히 여기소서.

일동   불쌍히 여기소서.

안드레아   오늘 미사는 끝났으니 모두들 돌아가 복음을 전하시오.

이와 함께 집안 조명은 차츰 어두워진다. 교인들은 저마다 퇴장한다. 김대건도 미사복을 벗는다. 그의 태도가 어느 때보다 밝고 활기가 있다. 안드레아는 자신도 모르게 콧노래를 흥얼거리며 성경을 펴든다. 이때 안쪽에서 교우가 나온다. 나이가 지긋한 중노인이다.

교우   신부님, 오늘따라 기분이 매우 좋아보입니다요… 훗흐.

안드레아   그래요? 흠…

교우   아까 강론하실 때도 그렇게 보이셨고 지금도… 무슨 좋은 소식이라도…

안드레아   (성경에서 눈을 떼고 허공을 잠시 쳐다본다. 눈이 촉촉이 젖어있다. 그러나 흐뭇한 표정이다)

교우   (궁금해서) 무슨 언짢으신 일이라도…

안드레아   (밝게) 꿈을 꾸었다오.

교우   꿈을?

안드레아   예… 황홀하다면 황홀하고… 황당하다면 황당하기 짝이 없는 꿈 말이요.

교우   신부님께서도 그런 꿈을 꾸십니까?

안드레아   나라고 꿈을 꾸지 말라는 법이 있습니까? 나도 사람인 걸요.

교우   그렇지만 우리를 인도하실 신부님이신데요?

안드레아   기쁠 때는 웃고, 슬플 때는 눈물짓고 괴로워하고 아픔도 아는 사람이지요. 헛허…

교우   그래 무슨 꿈을 꾸셨기에 그토록 아침부터 밝은 표정이십니까요? 말씀해주세요. 신부님!

안드레아가 무대 중앙으로 나온다. 이와 함께 무대가 환상적인 분위기로 바뀐다. 무대 안쪽부터 안개가 차츰 바닥에 깔리며 더욱 신비스러운 분위기로 변한다.

안드레아 (꿈꾸는 사람처럼) 그게 어디쯤이었을까? 어둠 같으면서도 어둡지 않고, 날이 밝아오는 새벽 같으면서도 한밤중 같은 그런 시간이었어요. 나는 먼 길을 걸어서 오느라 지쳐 있었지만 그렇다고 쓰러질 정도는 아니었소. 다만 심한 갈증에 입술이 나무껍질처럼 메말라 있었지요. 나는 어디 물이 없나 하고 두리번거렸지만 나무 한 그루 없는 허허벌판이었죠. 아니 나는 그게 사막이라고 직감을 했지요. 책에서만 읽었을 뿐 가본 적이라고는 없는 사막이었죠. 가도 가도 모래밭이 커다란 파도처럼 구비치는 벌판 위에 댕그라니 서 있는 나는 도시 방향을 알 수가 없었죠. 해가 있었던들 내 그림자를 보고서 위치라도 짐작할 수 있었겠지만…

교우 아… 꿈속에서까지 고난을 당하셨습니다요, 가엾은 우리 신부님…

안드레아 동서남북 어디를 보나 뽀얀 어둠과 그리고 모래밭! 나는 그만 자리에 주저 앉아버렸죠. 그리고 기도를 했지요. (안드레아가 땅바닥에 허물어지듯 무릎을 꿇고 성호를 긋는다) 주여! 이 몸을 인도하소서! 이 몸에게 힘을 내리소서! 이대로 주저앉을 수는 없습니다! 끝까지 가게 해 주소서! 이 몸을 저버리지 마옵소서! 주여!

이렇게 주기도문을 올리는 동안 무대 바닥에는 안개가 깔려 흡사 사막과 같다. 이때 어디선가 물방울 떨어지는 소리가 처음에는 들릴

사막의 이슬

락 말락 가느다랗고 느리게 들리더니 점점 그 소리는 뚜렷하게 그리고 빠른 속도로 들려온다. 엎드려 있던 안드레아가 고개를 든다. 정신이 번쩍 든 모양이다.

안드레아 무슨 소리지? 이게 어디서 들려오는 소리냐 말이다! 응? 어디서…

이때 땅속 깊숙한 곳에서 울려나오는 소리로 코러스장의 목소리가 메아리치며 들려온다.

코러스장 (소리만) 생명이다.

안드레아 생명의 소리?

코러스장 (소리) 죽지 않은 생명!

안드레아 아…

코러스장 (소리) 너는 살아야 한다! 너는 살아 갈 수 있다! 네 주위에 보이는 게 모래로만 보이겠지만 그게 아니다! 더 가까이 더 자세히 들여다봐라! 그 모래 속에도 생명은 있을 테니까!

안드레아 어디 말입니까? 어디쯤 말입니까? 이런 사막 어디에…

안드레아가 일어나 이곳저곳을 찾아 헤매인다. 다음 순간 그는 아주 작은 풀꽃을 발견한다. 피보다 붉은 앙증스런 풀꽃이다. 안드레아가 경이로운 눈으로 그 꽃을 조심스럽게 모래밭에서 캐내어 두 손으로 바쳐 든다.

안드레아 꽃이다! 이 사막에 꽃이 피다니… 어떻게… 이런 곳에… 꽃이 피어있다니!

저만치서 코러스장이 등장한다.

코러스장 생명은 어디서나 살아날 수 있지?

안드레아 물 한 방울 없는 사막에서 어떻게 꽃이 피어날 수 있습니까?

코러스장 물은 흐르지 않을지라도 그 어딘가에 이슬은 맺혀 있겠지?

안드레아 이슬이라뇨?

코러스장 이슬이 모여 물방울이 되어 땅속 밑을 흐르며 적셔 주는 게야!

안드레아 아…

코러스장 물방울은 눈에 보이지만 이슬은 안 보이는 차이 뿐이다. 그늘
에 가려져 있고, 숨어있어서 우리 눈에 안 띌 뿐이다.

안드레아가 새삼 감동되어 빨강 풀꽃을 들여다본다. 이 사이에 안개
는 걷히고 코러스장도 안 보인다. 교우만이 서 있다.

교우 정말 심상치 않은 꿈이군요?

안드레아 (처음처럼 밝은 표정으로 돌아가며) 나는 새벽 5시에 잠이 깬 후부
터 줄곧 그 꿈 생각을 했었지. 이를테면 해몽을 하느라 잠을 청
할 수가 없었지요!

교우 그래 어떻게 풀이를 하셨나요?

안드레아 (서슴지 않고) 길몽이죠!

교우 길몽?

안드레아 천주님께서 내게 용기를 잃지 말라는 계시라고 단정했지요. 얼
마 전 경원 지방에서 체포되어 요동 지방으로 압송되어간 매틀
로 신부와 최양업 교우를 하루 속히 구출해 내기 위해서도 혼신
의 힘을 기울여야 한다는 생각뿐이요!

교우 그분들은 지금 무사할지 모르겠군요.

안드레아 확실한 정보는 알 수 없으나 때마침 조기잡이를 위해 중국 어선이 황해 바다로 온다니까 그 편에 서신을 부탁할 작정이라오. 물론 조선 관헌의 해안 경비가 엄중하니 위험을 무릅쓰고 해야 합니다. 그러나 믿을 만한 사람만 찾아낸다면 어려울 것도 없을 겁니다.

교인 그렇게만 되어준다면…

안드레아 지금은 조기잡이 철이라 수많은 어부가 드나드는 시기입니다. 얼마 전에도 제가 연평도에 갔을 때 이미 부탁을 했습니다.

교인 (희망에 부풀며) 상해로 보낼 편지를 말이에요?

안드레아 예. 그 어부도 같은 교우였습니다.

교우 오… 그거야말로 천주님의 은총이지 뭐겠소?

안드레아 그러나 만약의 경우가 있기에 다른 어부에게도 간곡히 부탁하였습니다. 그러니 그 가운데 어느 것이고 편지가 상해로 전달되리라 믿습니다.

교인 신부님이 우리 곁에 계시다는 한 가지 사실만으로도 세상에 살아있다는 보람을 느낀다오.

안드레아 무슨 말씀을…

교우 다만 걱정이오. 지금 조선 조야의 정세가 우리 천주교인에 대해서는 극히 불리하다는 걸 생각하면 단 하루도 마음이 편할 날이 없군요.

그는 새삼 안드레아의 손을 잡고 흔든다.

교인 그건 그렇고. 언제고 고향에 한번 다녀오시지 그러세요?

안드레아 글쎄요…

교인 반가워하실 텐데요. 몇 해나 되지요? 어머님 곁을 떠나오신 지가…

안드레아 십년 째 되나 봅니다.

교인 십년? 결코 짧은 세월은 아니요.

안드레아 (회상에 잠기며) 아버님께서 돌아가신 후에 시골 두메산골에 더 깊숙이 은신하고 계시다는 풍문만 들었을 뿐입니다…

교인 기별을 보내서 만나 뵙도록 해야지요. 지난 번 입국했을 때도 어머님을 안 봤다고 들었는데.

안드레아 교우들의 입을 통해서 언제고 어머님 귀에 전해지리라 믿습니다만… 지금 저에게 있어서 시급한 일은 그게 아닙니다.

교인 예?

안드레아 하루 속히 상해와 연락이 닿아 매스크로 신부님과 최양업 교우를 구해내는 일이라 생각됩니다. 그래서 오늘 오후라도 다시 연평도 쪽으로 가볼까 합니다. 그곳에 가보아 적당한 사람이 없으면 백령도 쪽으로 가볼 작정입니다. 들리는 말로는 그 섬에 중국 어선이 많이 몰린다 하더군요.

교인 수고가 많으시오.

안드레아 당연한 의무이자 사명입니다. 여러 통을 부친다 해도 정확하게 전달된 편지는 몇 통 아닐 테니… 힘닿는 데까지 보내도록 해야죠. 그럼 난 잠깐 안에 들어가서 편지를 써야겠소. 가시는 길 조심하시오.

교인 예… 그럼…

조심스럽게 퇴장. 안드레아도 반대쪽으로 퇴장. 무대 좌편에 한 남정네가 노파를 인도하여 등장한다. 안드레아의 어머니 우루술라의 초라한 모습이다. 어느덧 석양이 비껴가는 시각이다. 낙엽이 진다.

사막의 이슬

남정네　저 집입니다요. 할머니…

어머니　예… 고마워유.

남정네　안드레아 신부님하고 어떻게 되시나요?

어머니　아니, 그 그냥…

남정네　그냥? 그냥이 뭐예요?

어머니　고, 고해성사 올릴 일이 있어서유… 바쁘신데 고마워유.

남정네　그럼 볼 일 보세요.

어머니　예, 조심하세요.

남정네가 퇴장하자 어머니가 경계하듯 천천히 다가간다. 문지방 앞
에 서서 들어갈까 말까 망설이다 겁을 먹은 목소리로 낮게 이름을
부른다.

어머니　재, 재복아… (사이) 재복아…

까마귀가 울고 간다.

어머니　(혼잣소리로) 이 에미를 못 알아볼끼여… 이 에미가 어떻게 늙었
는지… (약간 용기를 내어) 문 좀 열어주세유.

그러나 대답이 없다. 이때 무대 좌편에 포졸 갑, 을이 살기등등하여
등장한다. 포승에 묶인 한 어부를 앞세웠다. 어머니가 인기척에 놀
라 반대편 바위틈에 몸을 감춘다. 세 사람이 집 앞까지 접근한다.
포졸이 몇 마디 수군거린다. 어부의 포승을 풀어준다.

포졸 갑　시키는 대로 해.

어부 (망설인다)

포졸 을 어서 불러내라.

포졸 갑 네가 살고 싶으면 시키는 대로 해. 그렇잖으면 모두가 몰살당할 줄 알아야 한다. 자 어서…

포졸이 윽박지르자 어부가 문지방 가까이 가서 부른다.

어부 신부님… 문 좀 열어주세요.

포졸 갑, 을이 몸을 감춘 상태에서 재촉을 한다.

포졸 갑 더 크게 불러!

포졸 을 살고 싶냐 죽고 싶냐? (창을 들이댄다)

안에서 안드레아가 나온다.

안드레아 (의아스럽게) 뉘시요?

어부 저 올시다요.

안드레아 저라니요?

어부 예… 저… 연평도에서 온… 정바울올시다요.

안드레아 아… 정바울!

안드레아가 반색을 하며 문을 열어 준다.

안드레아 어쩐 일이요? 바울! 어떻게 여기까지… 요즈음은 경계가 심해서…

어부	예. 저, 저…
안드레아	바람이 찬데 어서 들어와요… 자, 어서요.
어부	저, 저… (그는 포졸들이 숨어 있는 쪽을 살핀다)
안드레아	누가 함께 있나요? 그럼 같이 들어오지 않구서…

안드레아가 밖으로 나오자 포졸 갑, 을이 덮친다.

포졸 갑	천주쟁이 꼼짝 마라!
안드레아	앗!
포졸 을	도망치면 용서 없다!

포승을 꺼내 묶으려 한다.

안드레아	무슨 짓들이오?
포졸 갑	그걸 나한테 물을 게 아니라 (어부를 눈으로 가리키며) 서로 아는 처진가?
안드레아	(말문이 막힌다)
포졸 을	연평에서 무슨 일로 만났는지 잘 알고 있겠지?

안드레아 바울을 본다. 시선이 따갑다.

어부	제가 아니어유! 제가 아니란 말이에유 신부님! 저를 믿어주세요. 정말이에유! 윽!

어부가 안드레아에게 접근하려 하자 막아선다.

포졸 갑　자세한 얘기는 관가에 가서 털어 놓는 게 어때? 응 그게 피차에 부담도 없을 게고…

포졸 을　이 오랏줄을 순순히 받을 텐가 아니면…

안드레아가 눈을 지그시 감는다.

어부　신부님! 죄송해유. 모든 일이 탄로가 났어유. 주신 편지도 지도도 모두가…

안드레아　뭣이?

안드레아가 눈을 부릅뜬다.

어부　이놈을 죽여 주세유! 제가 죽일 놈이에유! 나를 죽여줘요!

어부가 발버둥치며 통곡을 한다. 안드레아는 비로소 사태의 추이를 알았다는 듯 포졸을 본다.

안드레아　(조용히) 갑시다. 그러나 조용히 가게 해주시오. 오랏줄을 안 묶어도 순순히 따라갈 테니까요.

포졸 갑　튀려는 건 아니겠지?

안드레아　(쓰게 웃으며) 염려마시오. 천주교인은 결코 비겁한 처신은 안합니다. 자, 갑시다.

안드레아가 앞장을 선다. 포졸 갑, 을이 바울을 끌고 나가려는데 어머니가 앞을 막는다. 안드레아가 당황한다.

어머니   재복아!

안드레아   아니… 어, 어…

어머니   (필사적으로 그 입을 막으려고 부러 호들갑 떨며) 어렸을 때 보고
         처음인디 어쩌면 그렇게도 안 변했디야… 꼭 그대로 있구먼 그
         랴… 홋호… 저 눈하며 입모습하며… 어쩜 돌아가신 자네 아부
         지를 그렇곰 빼다 박았는가… 헛허.

포졸 갑   당신은 뭐요?

어머니   저 저요? 난 옛날 옛적 충청도 당진군 송산리에 이 재복이하고
         이웃에 살았었지유. 한 집안 간처럼 말이어유. 그렇지야? 재복아?

안드레아   (말없이 고개만 떨군다)

포졸 갑   같은 천주쟁이 아닌가?

어머니   천주쟁이유? 아이고 밭 갈고 논 갈고 하며 먹고 살기도 힘든
         세상에 언제 천주 믿을 시간이 있다요? (안드레아에게) 용인 골
         배마을로 이사간 뒤로 몇 차례 다녀가곤 우린 못 만났지야? 그
         래 엄니는 안녕하신가?

안드레아   (낮게) 예.

어머니   그려? 어디 계신가? 한번 만났으면 좋겠구먼 그랴! 이제 나도
         늙어가니께 자나 깨나 옛날 생각만 나고, 옛날 사람들 보고 싶
         기만 하고, 초로같은 인생을 이렇게 살다가 죽어야 하는가 싶으
         니께… (울먹이며) 산다는 것이 무엇인지 믿을 것이라고는… 이
         승에서는… 하나도 찾을 수 없으니… 난 어떻곰 살아야 한디
         야… 재복아… 흑…

         어머니가 안드레아의 품에 안기며 오열을 삼킨다. 안드레아는 눈을
         지그시 감은 채 돌처럼 서 있다.

어머니	재복이 엄니가 아시면 얼마나… 얼마나… 마음 아플까… 자식을 두고도… 자식이라 못 부르니… 가슴이 찢어질 일이지, 찢어질 일! 흑…
포졸 갑	저리 비켜.

포졸 갑이 어머니를 사정없이 떠밀친다. 어머니가 저만치 나가떨어진다.

안드레아	무슨 짓들이요?
포졸 갑	뭣이 어째?
안드레아	늙으신 어머니를… (어머니를 부축해 일으킨다)
포졸 을	(추궁하듯) 어머니라니?
안드레아	내게 있어서는 어머니 같은 분이지 뭐겠소? 어려서 나를 업어주기도 한… 다치신 데 없어요?
어머니	흑… 흑…
안드레아	어서 가보세요. 날이 어두워지기 전에… 눈이라도 쏟아질 것 같군요.
어머니	재복아…
안드레아	또 만날 날이 있을 거예요. 이승이 아니면 하늘나라에서라도… 영생하는 영광은 꼭 있을 거예요.
어머니	재복아!

안드레아가 포졸 갑, 을에게 호위받으며 퇴장한다. 눈발이 흩날린다. 어머니가 무릎을 꿇고 기도를 올린다.

어머니	주여… 주여! 미구에 천당에서, 영원하신 성부대전에서 서로 만

　　　　　사막의 이슬

나쁩게 하옵소서…

눈이 펑펑 쏟아진다. 언덕 위에서 안드레아가 내려다본다.

암전

제11장

무대는 포도청 국문소. 형틀 위에 앉혀있는 안드레아의 초췌한 모습. 주변에 관장을 위시하여 포교 형리들이 배석하고 있다.

코러스장 김안드레아가 체포되기 전 이미 그와 교섭이 있었던 선원 몇 사람이 포졸들에 의해 체포되었고 그들의 혹독한 형벌에 견디다 못해 사실을 실토하게 되었으니 중국 배에 보낼 편지며 서류는 모두 압수를 당했으니 안드레아는 구구한 변명이나 구실로 자신을 옹호하려는 생각은 추호도 없었습니다. 안드레아가 관가에서 어떻게 진술을 했는지 그리고 얼마나 당당하게 그 의사를 신념으로 천명하였는지 한번 보시겠습니다.

관장 그동안 생선을 사 소금에 절여서 여러 섬을 찾아다니며 팔았다고 했는데 그건 구실이었을 뿐 딴 데 목적이 있었겠지?

안드레아 그렇소.

관장 그 목적은?

안드레아 주교님의 편지와 내가 베르네 신부님, 매스트로 신부님, 그리고 리부아 신부님들께 보낸 편지와 그리고 중국에 있는 교우들에게 보낼 편지를 부탁하기 위해서였소!

관장 천주교가 이 나라에서 국왕의 명으로 금지되고 있다는 사실을 알면서도 굳이 왕명을 거역하면서까지 선교하려는 이유가 뭔가 말이다.

안드레아 천주교는 이 세상에서 가장 진실되고 또한 나를 영생의 나라로 인도해주는 종교임을 믿기 때문이요.

관장 우리나라에도 유교라는 종교가 있는데 지금이라도 네가 천주

사막의 이슬

교를 버리고 유교로 개종을 한다면 너는 살아날 수가 있는데 그렇게 해보겠는가?

안드레아 싫소.

관장 살고 싶지 않은가?

안드레아 나는 천주님의 가르침을 배반하면서까지 살고 싶지는 않소.

관장 천주님의 가르침이란 도대체 무엇인고?

안드레아 우리 공경하는 천주님은 천지와 인간을 창조하셨고 그분은 착한 사람을 사랑하시고 악한 사람을 벌하시니 누구나 그분을 공경해야 합니다.

관장 공경을 해도 너는 죽음을 면치 못할텐데도?

안드레아 죽음은 끝이 아니오. 우리 천주교인에게 있어서의 죽음은 영원한 행복의 나라로 가는 것을 뜻하니 그것은 오히려 감사할 일이오. 그러니 지금 관장께서는 나에게 이런 형벌을 주시거나 머지않아 나를 죽음으로 인도한다는 것은 나를 천주님 곁으로 보내주시는 일이니 나는 그저 마음속으로부터 감사할 뿐이오. 고맙소.

모두들 깔깔대고 웃는다.

안드레아 나는 이미 모든 준비를 마쳤으니 어서 내 목을 쳐주시오. 더 물어볼 일도 없겠지만 대답할 일은 더구나 없는 몸이오.

관장 너는 도대체 어느 나라 사람이냐? 중국 마카오에 가서 서학 공부를 했다던데 혹시 중국 사람이 아니냐?

안드레아 나는 조선 사람이오. 공부는 중국에 가서 했지만 이 몸에 흐르고 있는 피와 머리에 박힌 정신은 조선 사람이오.

관장 그렇다면 조선국을 다스리시는 국왕의 지시를 따라야 하고, 국왕이 정한 국법을 따르는 게 순리가 아니겠는가 말이다.

안드레아 나는 조선 사람이긴 하지만 임금님 위에 계신 어른이 바로 천주님이시니 그분의 말씀에 따르려는 것뿐입니다. 임금님의 명령이라고 모두가 다 옳다고 할 수는 없어요.

관장 (화를 내며) 이놈! 말이면 다 해도 되는 줄 아느냐? (흉내를 내며) 임금님의 명령이라고 모두가 다 옳다 할 수는 없다. (호통을 치며) 이놈!

안드레아 만백성의 머리 위에 앉아서 호통을 치거나 명령만 내리는 일을 능사로 삼는 임금이란 이미 그 자격이 없습니다!

관장 뭐? 자격?

안드레아 임금이란 모름지기 만백성의 존경과 흠모를 지니는 사람이라야 합니다. 그런데…

관장 그런데? 뭐냐?

안드레아 이 나라 임금은 백성들의 존경 대신 원한을, 흠모 대신 불만을 더 많이 지니고 있으니 그분의 말이 백성들에게 먹혀들어 가지도 않거니와 백성들은 아예 귀를 막고 들으려고도 안 하니 그게 무슨 임금입니까? 백성을 괴롭히는 사람이지…

관장 (부들부들 떨며) 저, 저 놈의 아, 아가리에서 한다는 소리가…

안드레아 자고로 임금은 천자, 즉 하늘의 아들이라 했습니다. 하늘은 애시당초 강요도 안 하거니와 인간으로부터 거두어가지도 않은 존재를 뜻함이요, 햇님이 세상을 밝혀줬다고 그 대가를 요구했거나 이 땅 위에 비를 내리게 하여 온갖 생명을 살찌게 한 대가를 강요한 적이라고는 없습니다. 모든 생명으로 하여금 제자리에 있게 하고, 그들로 하여금 제 몫을 찾게 하는 자유를 내리게 하는 분입니다.

관장 자유? 그게 무슨 소리냐? (주변 사람들에게) 너희들 가운데 그런

203   사막의 이슬

말을 들어본 적이 있느냐?

모두들 어정쩡한 표정으로 침묵을 지킨다. 어떤 자는 고개를 살래살래 젓는다.

안드레아 (더욱 여유를 되찾으며) 그렇소! 이 땅의 백성들은 지금까지 그 자유가 무엇인지 조차 모르고 살아왔소! 인간에게 있어서 생명하고도 바꿀 수 없는 자유의 참된 가치를 알았던들 이 땅의 백성들이 이렇게 짓눌리며 살지는 않았을 것이요! 모두가 그 자유의 참 뜻을 존중할 줄 모르는 무지에서 나온 탓이며…

관장 이놈이 무당 푸닥거리하는 게냐. 실성을 했느냐?! (엄하게) 이놈아! 너는 국법을 어긴 죄인이라는 걸 모르느냐?!

안드레아 그 국법이 누가 누구를 위해 만들어졌는지도 알고 있습니다.

관장 그렇다면 지킬 줄 알아야지!

안드레아 대장간에서 칼을 만들었을 때는 살코기를 베어내고 뼈를 토막내기 위해서이듯, 이 땅의 법은 백성을 억압하고 입을 막고 눈을 가리게 하기 위해 만들어졌소! 오직 지체 높으신 양반들만 편히 살고 즐기기 위해서이지 천한 백성들의 삶은 아예 안중에도 두지 않고 만들어진…

관장 (일격을 가하며) 이놈! 그 아가리를 찢어버릴 테다!

안드레아 차라리 한 칼 아래 죽여주시오!

관장 천주쟁이의 고집은 고래 힘줄보다도 더 질기다고 하더니만 (잠시 기색을 살피다가 회유하듯 부드럽게) 듣거라.

안드레아 (눈을 지그시 감는다)

관장 목숨을 지탱하고서야 자유도 있는 거 아니겠느냐?

안드레아 (반사적으로 눈을 크게 뜬다)

관장 네놈 말대로 자유를 누리는 것도 목숨이 붙어 있는 다음에 바라 볼 일이지 한번 죽어버리면 만사가 허사라는 걸 모르느냐?

안드레아 (다시 눈을 지그시 감는다)

관장 조정에서도 네가 국법을 어기면서 백성들에게 천주학을 퍼뜨 린 죄는 용서할 수 없지만, 네 재주와 인품은 아깝게 여기는 터이니라. 네가 네 잘못을 뉘우치기만 한다면 살아나갈 방법은 얼마든지 있다!

안드레아 방법?

관장 (바싹 몸을 빼며) 개종을 하거라.

안드레아 뭐라구요?

관장 네가 오늘부터라도 천주교를 버린다고만 한다면 지금까지의 모든 죄과를 없었던 것으로 돌리고…

코러스장 (어이가 없어지며) 핫하…

관장 어떠하냐? 지금까지 천주쟁이 가운데도 그런 예가 비일비재였 다. 그게 다 상감께서 베푸신 은총이요 성은이 아니겠느냐?

안드레아 (의연하게) 있을 수도 없고, 있어서도 안 되는 일이요!

관장 (화를 내며) 이놈! 하지만 너와 함께 투옥된 열 사람의 천주쟁이 가운데도 네 사람은 이미 개종을 했고 세 사람은 자신을 뉘우치 고 있다는데 너라고 못할 건 없잖은가 말이다.

안드레아 그 사람들은 그 길을 택했지만 나는 죽음이 곧 사는 길이라 믿 고 있으니 구태여 살아남기를 바라지 않아요. 그러니 어서 내 목을 베게 하시오! 베게 하오!

김안드레아의 날카로운 육성과 안광이 좌중을 잠시 억압하듯 쨍하니 울려 퍼지자 관장은 옆에 있는 관헌들과 뭐라 소곤거린다.

사막의 이슬

안드레아   나는 이미 내가 세상에서 누릴 수 있는 시간을 다 마친 셈이다.
         나는 천주를 위하여 죽으려는 거지 죄의 대가로 죽어가는 건
         아니오. (더 크게) 여러분! 내말을 똑똑히 들으시오. 영생을 원하
         거든 참된 인간으로서의 권리와 살아가는 자유를 원하는 사람
         은…

         이 말이 끝나기도 전에 형리가 다가와 그의 옷을 갈기갈기 찢어 제친
         다. 허연 살갗이 드러난다. 다른 형리가 무릎을 꿇게 하고 참수할
         채비를 한다. 관중들이 웅성거리기 시작한다. 그 가운데 안드레아의
         어머니도 보인다. 안드레아가 칼을 들고 다가서는 망나니들에게 미
         소를 던진다.

안드레아   수고하시오. 당신들이 힘 안들이고 목을 칠 수 있는 자세를 말
         하시오. 자 이렇게 하면 편하겠소?

         안드레아가 자세를 돌리고 목을 앞으로 쭉 뻗는다. 군중들 가운데
         흐느낌이 번진다. 망나니들이 안드레아를 가운데 두고 마치 먹이를
         본 솔개가 돌듯이 빙빙 돈다.

관장   (크게) 내리쳐라!

         소리와 함께 번개와 천둥이 친다. 암흑이다. 새로운 천지개벽 같기
         도 한 진통과 절규와 몸부림이 무대에 가득 찬다. 이윽고 안개 같기
         도 하고 서운瑞雲 같기도 한 군무가 무대를 덮기 시작한다. 하늘
         높은 곳에서 한줄기 빛이 내리 쏟아진다. 그리고 천상의 음악인양
         장엄한 합창곡이 울려 퍼지기 시작한다. 그 가운데 십자가가 하늘로

서서히 끌리어가듯 올라간다. 알몸의 안드레아인 것 같기도 하고 예수 같기도 하다. 그 십자가가 무대 천장에 닿을 무렵 무대 위의 모든 사람들이 경이와 외경과 감동의 눈빛으로 바라보다가 땅바닥에 엎드린다. 합창곡이 더욱 크고 넓게 퍼진다.

-막이 내린다.

사막의 이슬

청계마을의 우화 (5막)

• **등장인물**

　아버지(62)

　어머니(60)

　영국(37), 장남, 일정한 직업이 없음

　맏며느리(35)

　상국(24), 둘째, 종합병원 의사

　둘째며느리(32)

　정국(24), 막내, 농군

　장녀(39)・큰사위(42), 가전제품 대리점 운영

　순심(20), 막내딸

　유성댁(35), 이웃 아낙

　성식(12), 손자

　명식(18), 손자

　윤희(8), 손녀

　화장품 외판원(35)

　복덕방(30대)

• **때**

　1980년대 중반. 초가을부터 다음해 이른 봄까지

• **곳**

　충청도, 소읍에 있는 중농의 집

제1막

무대

오랜 풍상을 이겨낸 자국이 역력한 한옥. 몸체에 안방과 대청마루와 건넌방이 있고, 부엌에서 기역자로 꺾이어 별채가 있다. 몸체는 기와집이나 별채는 슬레이트로 이어져서 보기에도 조화를 잃은 모양이 어쩐지 기울어가는 듯한 가운을 나타내준다. 별채 옆에 해묵은 감나무가 주렁주렁 열매를 단 채 서 있다. 그 아래로 장독대가 있고 크고 작은 오지항아리들이 가을 햇볕 아래 윤기를 나타내고 있다. 때는 추석 명절을 앞둔 초가을 오후.

막이 오르면 까치가 운다.
어머니가 문짝 틀을 세워놓고 창호지를 바르고 있다. 마루 끝에 화장품 외판원이 마루에 펴 놓았던 물건을 다시 챙기고 있다. 연둣빛 제복에 모자까지 썼으나 펑퍼짐한 하체의 볼록한 젖가슴이 오히려 희극적이다. 장독대 옆에 새로 창호지를 바른 문틀이 두어 짝 세워져 햇볕을 반사하는 게 눈부시다.

외판원 한 개 들여놓으세요. 새로 나온 피부 영양크림이에요. 이건 순식물성으로 되어 있어요. 벨아미라고 요새 텔레비전 방송에 나오죠? 못 보셨어요?

어머니 (풀비에 풀을 묻혀 창살에 바르면서 관심도가 없다는 듯) 우리 같은 촌뜨기헌테… 영양 크리무는 무슨… 이제 가는 날만… 기다리는디유…

외판원 (웃음을 참으며) 에그… 누가 할머니더러 쓰시라는 건가? 예쁜 따님을 두고 하는 말이지? 홋호… (방 쪽을 기웃거리며) 어디 나갔나 보죠? 아까부터 안 보이는데…

어머니 풀비를 입에 물고 창호지를 펴서 문살 위에다 펼친다. 그러나 제대로 잘 안 펴진다. 외판원이 쪼르르 다가가서 일을 거든다.

외판원 가만히 계세요. 할머니… 백짓장도 맞들어야 가볍다고 했잖아요? 홋호…

외판원이 창호지 한쪽을 마주 잡아주며 두 사람은 창틀에다 맞춘다. 어머니는 풀비를 들고 위아래로 슬슬 풀칠을 한다. 그리고는 입에 물을 머금고는 훅훅 내뿜는다.

외판원 힘드신데 왜 할머니가 하세요? 젊은 애들한테 시키시잖구서…
어머니 젊은이가 어디 있데유? 시방 농촌에서 젊은이 찾아내기란 통일 벼 씨나락에서 아끼바레 찾기구먼! 흠…
외판원 홋호…… 할머닌 말씀도 재미나게 잘 하시네요. 홋호…
어머니 (다 바른 창틀을 장독대 쪽으로 옮겨 놓으며) 젊은 놈은…… 죄다… 대전이고… 서울이고 대처로 빠져 나가고… 늙은이들만 남아 빈 집 지키는 꼴이지… 에고 허리야!
외판원 (허리를 툭툭 친다) 그래도 할머니 댁에는 막내 아드님이 있으시잖아요?
어머니 우리 정국이? (금세 얼굴에 밝은 빛이 들며) 정국이사 말할 것 없어유. 제 형들하고는 다른기여! (새로 창틀을 세우고는 물을 입에 물었다가 푹 내뿜는데 물안개가 햇볕 아래서 곱게 퍼진다)
외판원 오면서 보니까 뭘 잔뜩 지고 비닐하우스로 들어가던데요.

어머니 우리 정국이는 요새… 그 뭣이냐… (두 손으로 동그라미를 그려 보이며) 이렇게 된 거 있잖여?

외판원 수박이요?

어머니 아니.

외판원 그럼 호박?

어머니 누가 호박을 모를까… 그… 서양 사람들이 좋아하는 거 있잖어… (고개를 갸웃거리며) 메, 메……

외판원 옳아! 메롱 말씀인가요?

어머니 그려! 그려! 메롱! 홋호…

외판원 홋호…

어머니 늙으면 이렇게 금방 깜빡하는 병 때문에 못 살겄구먼 그래! 홋호…

외판원 (눈이 휘둥그레지며) 메롱이요? 값나가는 과일이에요. 최고급이죠.

어머니 그렇다나봐…… 그래서 요새는 밤잠도 안 자면서 그 메롱 옆에서……

외판원 (탄복하며) 대단하군요, 아드님도…

어머니 (자랑하듯) 그것만 성공하면 저 저수지 아래 있던 7천평 되는 땅 다시 사들여서 크게 온실을 짓는다고 염불 외우는 거여! 홋호…

외판원 다시 사들이다뇨?

어머니 응? 음… 전엔 그게 우리 땅이었으니께 허는 말이지?

외판원 그럼 지금은 남의 땅이다 이거구면요? 누가 팔았나요?

어머니 (난처해지며) 응… 옛날에…… 우리 집안에… 그런 귀신 하나 있었던 개비여… 그저 있다 하면 팔아 잡수시는 귀신! 홋호… (화제를 돌리며) 허지만 우리 정국이는 성공하면 늙은 부모 편히 모시겠다면서… 고생하는 걸 보면 미안해.

외판원 효자 아들 두셨군요.

어머니 효자고 말고! 아들 삼형제 가운데서 기중 효자지유? 홋호… (하며

청계마을의 우화

다시 풀비에 풀을 묻혀 창틀에 철벅철벅 칠을 한다. 까치가 운다)

외판원 그런데 웬 도배를 하세요?

어머니 며칠 있으면 추석명절 아닌감. 서울이며 대전에서 손주 자식들도 내려올테니께 도배를 해줘야지… 글쎄 작년엔가 재작년엔가는 한 놈이 메주 냄새 땜세 못 견디겠다고 도망쳤지 뭐여. 훗호…

외판원 훗호… 요즘 젊은 애들이 보통 영악하고 능청맞고 계산속이라야죠. 훗호… (문득) 참… (다가서며) 그런데 지난번에 그 얘기는 운 좀 띄워보셨어요?

어머니 (일손을 놓고) 응? 그 이야기라니?

외판원 막내 따님 혼담!

어머니 오… 순심이요? (다시 일을 계속하며) 글쎄 죽어도 시집은 안 가겠다는데 워쩐대유.

외판원 그럼 "나 시집 보내주세요" 하고 자청할 처녀가 있을라구요. 다른 댁 같으면 이런 얘기 입 밖에도 안 내겠어요. 내가 이 장사를 하다보니까 집안 내력도 알고 가풍도 알게 되어 쌍방간에 저울눈이 반반할 것 같아서 건네는 혼담이지요. 막말로 중매 잘하면 술이 석 잔이요, 잘못하면 뺨이 세 대라고 했는데 왜…

어머니 (그 사이에 창호지를 다 바른 문틀을 양지 바른 쪽으로 가지고 가며) 우리 순심이는… 그게 아닌기여! 대학공부 못한 게 한이 되어 지금도 그 방송통신대학인가 뭔가를… (말끝을 채 맺지 않고 문틀을 내려놓는다)

이때 순심이가 들어온다. 청순하고 눈이 검실검실한 외모가 시원하고 석간수를 연상케 한다. 손에 종이백을 들었다.

순심 엄마!

어머니 벌써 오니?

순심 (외판원에게) 오셨어요?

외판원 어머니 혼자서 창호지 바르시느라고 끙끙대시는데 어딜 갔었수? 흠…

순심 엄마! 제가 한다고 했잖아요. 놔둬요. (마루 끝에다 종이 백을 놓는다)

어머니 다 됐다. 마지막 한 짝 남았으니께…

순심 제가 한다니깐? (억지로 풀비를 뺏는 듯 하며) 좀 쉬세요. 또 허리 아프시다고 하시지 말고…

어머니가 마루 끝으로 간다. 순심이가 남은 일을 한다. 외판원이 유심히 순심의 손놀림을 지켜본다. 어머니가 종이 백에서 물건을 꺼낸다. 개나리색 털실이다.

어머니 웬 털실이여?

순심 (일을 계속하며) 막내 오빠 조끼 뜨려고요. 빛깔 괜찮죠?

어머니 그래… 곱다. (두 손을 쓰다듬는다)

외판원 (감탄하며) 기특도 해라.

순심 앞으로 날이 차가워지면 들일 하느라 귀도 시리고 손도 시리고… 엄마, (돌아보며) 아예 스웨터로 할까? 두 온스만 더 사면 돼.

어머니 좋을대로 혀! 정국이는 네가 떠주는 거면 뭣이든 좋아라 할 테니께!

순심 음… 막내 오빠도 장가가면 새 올케한테 폭 빠질까? 큰 오빠나 둘째 오빠처럼…

어머니 (외판원을 의식하면서) 뭔 그런 씨도 안 먹히는 소리 하는겨? (눈을 흘긴다)

순심 (막무가내로) 남자란 줏대가 있어야죠. 큰 오빠랑 작은 오빠는 내가 알기에는 원래는 그런 사람이 아니었어요. 그런데 결혼하면서부터 사람이 영 달라졌지 뭐예요. (풀비를 놓고 문짝을 들고 감나무 아래에다 세우고 햇볕이 정면으로 반사되며 유난히 눈이 부시다. 까치가 운다) 그래서인지 저는요… 결혼이 꼭 필요한 것인지 아닌지 잘 모르겠더라구요. (하며 외판원을 본다) 아주머니 생각은 어떠세요?

외판원 그, 그거야 사람 나름이겠지. 사람 나름이겠지?

순심 우리 큰 오빠, 작은 오빠… 얼마나 야무지고 똑똑했다구요. 고등학교 때랑, 대학 다닐 때는 학생회 간부였고 운동선수였거든요. 그런데 결혼을 하더니만…

어머니 순심아. (눈을 흘긴다)

순심 (문득) 올케한테 문제가 있었다구요. 하지만 문제는 오빠의 주체성이 약했다는데 있다는 건 부인 못할 거예요.

외판원 주체성이라니?

순심 줏대가 없다 이거예요.

외판원 그럼 색시는 줏대 있는 신랑감을 구하겠구먼?

순심 아뇨! (세숫대야에다 물을 붓고 손을 씻는다)

외판원 아니면… 부잣집 아들?

순심 난 시집 안 가요. (수건에다 손을 닦으면서 어머니 곁으로 간다)

외판원 그럼 평생 혼자서 살려고?

순심 우리 엄마하고 살지요. 흠…… (어머니를 덥석 안으며) 엄마? 그렇지?

어머니 왜 이러는기여? (몸을 비튼다)

순심 (천진난만하게) 막내오빠 결혼하고 나면 나는 이 집에서 아버지, 어머니 모시고 살 거예요. 셋이서 오붓하고 조용하게… 그게 저에게 있어서의 유일한 꿈이에요. 흠… (하며 건넌방으로 들어간다)

외판원 (영문을 모르겠다는 듯) 세상에… 저 처녀 하는 소리 좀 들어보라지! (어머니에게) 할머니? 따님은 어디가 아파도 되게 아픈 모양이구려? (가방을 들며) 남의 집 아가씨들은 저 나이가 되면 남자 친구를 사귄다 선을 본다 야단들인데…

어머니 (쓰게 웃으며) 그러니 우리 순심이는 별난 데가 있다고 했잖여? 홋호…

외판원 웃을 말이 아니에요. 할머니! 그럼 일 보세요.

어머니 가시게?

외판원 오늘은 온종일 발바닥이 부르트게 싸다녔는데 버스 삯도 못 건지 겠어요.

어머니 재미보세유.

외판원이 퇴장한다. 어머니가 잠시 하늘을 쳐다본다. 까치가 울고 간다.

어머니 (혼잣소리로) 웬 까치는 아까부터…… 찾아올 사람도 없는데……

어머니가 풀 그릇이며 도배에 쓰던 기구를 챙긴다. 이때 아버지가 자전거를 끌고 들어온다. 60 고개를 넘었다지만 어깨가 딱 벌어지고 뼈대가 단단해 보이는 게 젊었을 때는 힘깨나 썼을 성 싶은 체구이다. 여름 점퍼에 낡은 중절모를 썼다.

어머니 지금 오세유?

아버지는 말없이 자전거를 세우고 세숫대야에 물을 붓고 손을 씻는다. 밖에서 불쾌한 일이라도 겪었던 사람의 표정이다. 어머니는 그러한 영감의 습벽에 익숙한지라 눈치만 살핀다. 아버지가 마루 끝에 걸터앉으며 담배를 피워 문다.

청계마을의 우화

어머니 농협에 가신 일은 어떻게…

아버지 빌어먹을! 돈이 없다는겨. 당분간 융자 일은 중단했으니 추석 지나서나 보자면서! 돈 갖다 쓰랄 때는 언제고 은행에 돈이 바닥 났다고 할 땐… 빌어먹을!

어머니 그럼 워쩐대유? 정국이는 그 융자가 나와야 새로 비닐하우스를 짓는다고… (걱정스럽게) 사정 얘기 좀 잘 해보시잖구서…

아버지 (쏘아대며) 아무리 사정해도 안 된다는디 나더러 어쩌란 말이여! (소리를 버럭 지르며) 안 배운 도둑질 해오란 말이여? 뭐여?

어머니 뭔 말씀을 그렇게 하신대유? 누가 도둑질 해오랬어유? 나는… 다만…

아버지 다만이고 지랄이고 난 그 자석들 낯짝 보기도 역겨운기여! 젊은 놈들이 담배나 뻐끔거리며 콧등만 쥐는 꼬라지하고는… 뭐 그러고도 걸핏하면 "농사는 천하지대본이라", "농협이 살아야 농민이 산다" 헹! (행길 쪽을 향하여) 젊은 놈들 말대로 웃기지들 말어!

어머니가 무슨 말을 하려는데 건넌방에서 순심이가 나온다. 평상복으로 갈아입었다.

순심 아버지. 서울 오빠들한테 얘기해보면 어때요?

아버지 차라리 날아가는 까마귀한테 동냥하는 게 낫겠다.

어머니 그래도 둘째는 병원에서 월급이라도 나올 게 있을 테니 사정 얘기하면…

아버지 (소리를 버럭 지르며) 내가 언제 자식 덕 본다고 했는감.

어머니 그게 덕 보자는 거예유? (사이) 아니면 큰애보고 힘써보라구 해유… 큰애는 은행이며 관청같은 데 발이 넓다던데…

순심 큰오빠는 못 믿어요.

어머니 네가 뭘 안다고 그러는겨? 오래비를 뭘로 보고…

순심 엄마는 그래도 장남 역성이시군요! 걸핏하면 내려와서 돈 내놔라 양식 가마니 내라 하는 주제에…

어머니 그 입 좀 가만두지 못하는겨? (엄하게) 그래도 오래비는 오래비여!

순심 그렇죠. 우리 집에서는 옛날부터 딸보다 아들 위주였으니까. 아버지도 어머니도 언제 큰오빠한테 딱 부러지게 말씀해보셨어요?

아버지 왜 나까지 끌어들여?

순심 제 얘기가 틀렸어요? 오빠가 없을 때는 금방 요절이라도 낼 듯이 역정내시다가도 오빠가 나타나면 그저 보물단지 모시듯이… (화를 내며) 지금까지 있었던 일 생각하면 제가 먼저 분통이 터진다니까?

아버지 이 자식이 정말…

어머니 순심아! 그게 뭔 귀신 씨나락 까먹는 소리여?

순심 엄니도 마찬가지셔! (창틀을 가리키며) 또 없는 돈에 도배는 왜 하셨어요? 도지사 행차래요? 흥!

어머니 그야 추석 명절이 다가오니께…

순심 (곧바로) 서울서 오빠네 식구들 올까봐서?

어머니 (지지 않겠다고) 그게 잘못인겨?

순심 틀려도 이만저만이 아니죠!

어머니 (화가 나서) 뭐가 틀려, 틀리긴?

순심 오빠네가 추석 명절이라고 언제 제대로 된 선물 한 번 사왔던가요? 아니 어쩌다가 내려오는 날에는 뭣이고 긁어갈 것 없나 하고 기웃거리거나 아니면…

아버지 듣기 싫어! 지금 불난 집에 부채질하는기여? 응?

순심 두고 보세요. 이번 추석 명절에 오빠네 식구들이 내려오는가 안 오는가.

          청계마을의 우화

순심이가 신을 끌고 좌편 뒤뜰로 휑하니 나가 버린다. 두 노인은 말문이 막힌 듯 잠시 말이 없다. 아버지가 한숨을 길게 몰아쉰다.

아버지 자식이 무엇인지… 원… (사이)

어머니 부모 마음 알게 되었을 때는 이미 세상에 없는 게 부모라더니…

아버지 부모만한 자식 없고… 형만한 아우 없다더니…

어머니 (조용히) 영감…

아버지 (담배연기만 내뿜는다)

어머니 영감하고 나는 (사이) 한날한시에 함께 죽어야 해유… 아셨어유?

아버지 (눈을 흘기며) 난데없이…

어머니 어느 쪽이고 혼자서 살아남는 날에는 고생바가지 할기여. 두고 봐유. 내 말이 틀림…

아버지 뭔 쉰소리 하는기여? 지금…

어머니 내가 먼저 죽는 날에는 누가 영감 돌봐줄까 걱정이고… 영감 먼저 죽는 날에는 허전혀서 못살 것 같고… (울먹이며) 영감! 그러니… 우리는 한날한시에… 손목잡고…

아버지 이 할망구가 무슨 귀신헌테 씌웠어? 평소엔 안하던 허튼소리 까놓게…

어머니 (슬퍼지며) 참말이에유! 제 마음은… 흑… 자식이고 뭐고… 흑… (흐느낀다)

아버지 (약간 누그러지며 달래듯) 오늘따라 왜 질질 짜고 이러는겨? 볼썽사납게시리?

어머니는 치맛자락으로 얼굴을 감싼다. 아버지는 멋쩍어진 듯 담배를 발바닥으로 부벼 끄고 자리에서 일어선다. 이때 밖에서 자동차 멎는 소리가 나고 정국이가 들어선다. 작업복에 새마을 모자를 썼다. 후릿

한 키에 초롱초롱한 눈매가 시원스럽다. 손에 선물상자며 과일바구니가 들렸다. 자동차 떠나가는 소리가 멀어진다.

아버지 정국아! (손에 들린 물건을 가리키며) 그게 뭐여?

정국 (담담하게) 형이 와요. 서울서…

어머니 어느 형 말이여?

이때 영국이가 들어선다. 말쑥하게 정장을 한 폼으로 봐서는 의젓해 보이는 신사다. 그러나 어딘지 경망스러워 보인다. 그렇다고 사악하거나 혐오감을 주는 타입은 아니다. 정국이가 손에 든 물건을 마루에다 내려놓는다.

아버지 워쩐 일이여. 네가…

영국 어쩐 일이긴요? 오고 싶어 왔죠? 헛허…… 큰 아들이 왔는데 안 반가우세요?

어머니 너 혼자 오는겨?

영국 우선 저만 먼저 내려왔어요.

어머니 그럼 아이들도 내려올기여?

영국 추석 명절 며칠 안 남았는데요… 아버지 그리고 엄니! 어서 마루로 올라가서 절 받으세요. 예?

아버지 절은 무슨…

영국 그래도 어디 그래요? 어서요.

어머니 영감! 어서 오르세유! 오랜만에 아들이 절 올리겠다는데…

영국 어머니도요.

어머니 나야… 무슨…

청계마을의 우화

아버지와 어머니는 흐뭇함을 못 감추며 마루로 올라가 좌정한다. 영국
이가 자세를 고쳐 선 다음 큰절을 넙죽 한다. 그 사이 정국은 어정쩡한
상태에서 감나무에 열린 감을 무료하게 쳐다본다. 까치가 울고 지나간다.

어머니 네가 이렇게 오려고 아침부터 까치가 울었던 개비여? 안 그렇소?
영감. 홋호…

아버지 창호지 새로 바르길 잘했구먼!

영국 그리고 보면 까치가 영물은 영물인가봐요? 핫하… (아버지와 어머
니는 과히 싫지 않은 표정이다. 정국이가 못마땅한 표정으로 돌아본다)

암전

제2막

무대

전막과 같음. 그날 초저녁.

뜰 한구석에 모깃불이 타오르고 있다. 지금 식사가 끝났는지 순심이가 부엌 앞 구정물통에 물을 버리고 부엌으로 들어간다. 어머니가 밥상이 놓였던 자리를 훔치고 있다. 안방에는 전등불이 훤하게 켜있다. 별채 툇마루에 정국이가 걸터앉아 서류를 검토하고 있다. 방 안에서 흘러나온 전등불이 뜰 한가운데까지 그림자를 드리우고 있다. 멀리서 소가 운다.

어머니 (마루를 훔치다 말고 팔뚝을 탁 친다) 올해는 초가을까지 모기가 극성이구먼그랴. (정국에게) 콩대 마른 것 좀 더 지펴라. 순심아! 순심아!

순심 (소리만) 예…

어머니 네 오빠가 사온 과일 좀 깎아라!

순심 (소리만) 지금 깎고 있어요.

정국이가 튕기던 전자계산기를 내려놓고 마른 콩대를 몇 가지 모깃불에다 올려놓는다. 연기가 더 피어오른다. 그는 제자리로 가서 다시 계산을 한다.

어머니 서울 애기들 내려오면 모기약 한 통 있어야 쓰겄다. 병원집 애기들은 유난히도 물것에 약하던디… 지금 아이들은 다른 것은 강하던디 살갖은 왜 그리 무른지 원…

순심이가 부엌에서 과일 접시를 들고 나온다.

순심　작은 오빠! 과일. (정국은 대꾸를 안 한다) 사과가 아주 탐스럽게 익어서 먹음직스러워요.

어머니　사과야 우리 청계마을 사과를 더 치지. 늦가을 종자라서 그렇지!

순심　방으로 들여갈까요?

어머니　글쎄⋯ 뭔 얘기를 저리도 오래 하는지⋯ (안방을 향하여) 과일 드세유? (사이) 방으로 가져가유?

이 말이 떨어지기도 전에 방안에서 아버지의 노기에 찬 고함소리가 쩌렁쩌렁 울려온다. 모두들 하던 일을 멈추고 감전된 사람처럼 행동을 멈춘다.

아버지　(소리만) 이놈! 그게 말이냐, 막걸리냐? 잉?

영국이가 뭐라고 변명하는 말소리가 낮게 흘러나온다. 순심이가 방문 가까이 가서 귀를 기울인다. 서류를 작성하던 정국이가 마음에 짚이는 게 있었는지 길게 한숨을 몰아쉬고는 하던 일을 계속 한다.

어머니　(겁먹은 소리로) 뭔 일이요?

순심이가 입에다 손가락을 갖다 대며 조용히 하라는 시늉을 한다.

아버지　(다시 큰소리로) 난 못혀! 그리는 못한단 말이여!

이와 함께 아버지가 방문을 홱 열고 나온다. 순심이가 잽싸게 저만치

222

피한다. 어머니는 어물쩍하며 눈치만 본다. 아버지가 마루 끝에 와서 선다. 그리고는 가래침을 탁 뱉는다. 영국이가 방안에서 나온다. 예상 밖으로 침착하게 도리어 유들유들해 보인다. 모두들 그에게 시선이 쏠린다.

영국   아버지. 끝까지 제 얘기를 들으시고 나서… 역정을 내시든지 하셔야죠. 저는 어디까지나…

아버지 시끄럽다! 들을 얘기가 따로 있지… 그따위 씨도 안 먹히는 얘기를 누가 들어 이놈아! (어머니에게) 나 물 좀!

어머니가 마루 끝에 있는 물주전자에서 물을 따라 준다. 물그릇을 든 손이 떨린다. 아버지가 단숨에 마신다.

영국   (침착하게) 아버지. 이건 감정으로 해결할 문제가 아니란 말씀이에요. 아까 그 얘긴 엄연한 현실이니까요.

아버지 현실? 고얀 놈 같으니! 네놈이 그따위 소리하려고 없는 돈에 읍내에서 여기까지 택시타고 온기여? 응?

영국   (여유 있는 어조로) 그거야 사태가 급하면야 택시 아니라 헬리콥터라도 못 타겠어요? 안 그렇습니까? 어머니!

아버지 미친 놈! (그는 불쑥 주저앉아 담배를 피워 문다. 영국이가 말을 하려하자 손짓으로 참으라고 말한다)

영국   아닌 말로 제가 언제 못할 말 했습니까? 저는 어디까지나……

아버지 말이면 다인 줄 아는기여? (다시 부아가 치밀어 말끝이 떨리며) 할 얘기와 해서는 안 될 얘기 분간도 못하는 주제에 무슨 네가…

어머니 영감! (영감이 무섭게 쏘아본다. 영국에게) 무슨 얘길 했길래 그런…

영국   (뜰로 내려서며) 저 잠깐 바람 좀 쐬고 오겠어요.

어머니 아범아!

영국 늦을지도 모르겠어요. (순심에게) 잠자리는 정국이 방에다 펴둬.

영국이가 신을 끌고 밖으로 나간다. 잠시 침묵이 흐른다. 정국이가 서류를 챙기고 방안으로 들어간다.

어머니 (눈치를 보며) 뭔 일이래유?

아버지 (담배연기만 내뿜는다. 담뱃불이 어둠 속에 석류알처럼 피어난다)

어머니 (조심스럽게) 또… 돈 얘기… 하던가유?

아버지 (마시다 둔 물을 마저 마신다)

어머니 지난봄에 가져간 7백만 원은 워떻게 되었대유? (사이) 친구하고 동업으로다가 무슨 회사 차린다는 얘기는… 잘 되어간대유?

아버지는 한숨과 함께 길게 담배연기를 내뿜는다.

어머니 (답답증을 참지 못해) 나도 속이나 알고 지냅시다! 영감! 예? 이날 이때까지 나하고 의논 한 번 해보신 적 있으세유? 이래 봐도 장씨 문중 귀신이 되려고 3남 2녀 낳아 키우고, 알량한 살림 꾸려나가 느라 40년을 견디어 나온 나예유! 그런 할멈헌테 속사정 좀 해주기로 어때서 그러신대유? 예?

별채에서 정국이가 나온다. 그도 아버지 입에서 떨어질 말을 기다리는지 마루 쪽으로 다가온다. 멀리서 개가 짖는다.

아버지 (불쑥) 청계마을이 물속에 잠긴디야.

어머니 예?

순심   물속에 잠기다뇨?

아버지 청계마을에 댐이 선디야! (화를 벌컥 내며) 댐도 몰라? 댐?

정국   그게 사실이에요?

아버지 그러니 이 집이랑 남은 전답을 하루라도 빨리 처분해서 서울로
      가자는기여! 그 미친놈 말이…

어머니 이게 뭔 자다가 봉창 두들기는 소린기여?

아버지 그 얘기 듣고도 눈이 안 뒤집힐 놈이 어디 있겠는가 말이여! 그놈
      이 환장을 했든지 아니면 무슨 헛것에 씌운 게 틀림없는기여!

어머니 정국아! 너는 알 테지? 댐이란 게 뭣이며 그게 서면 우리 마을이
      워찌 되는기여?

정국   (담담하게) 어떻게 되긴요… 물 속에 죄다 잠기고 말지요. 집이고
      밭이고 산이고……

어머니 저걸 워쩐디야?

아버지 그러니 우리 청계마을에 댐이 선다는 소문이 나기 전에 감쪽같이
      전답이며 집을 처분해야 한디야! 그 썩을 놈이… 정부에서 고시
      가격이 난 후에는 제값을 못 받게 될 테니 미리 서둘러야 하며
      그걸 절대 입 밖에 내서는 안 된다는기여. 그 미친놈 얘기로는
      말이여!

정국   그건 옳은 얘기일지 몰라요.

아버지 옳아? 그럼 네놈은 그걸 믿는다 이거여? 응?

정국   믿는다기보다도… (사이를 두고) 언젠가 저도 얼핏 들은 적이 있
      어서요.

어머니 그런 얘기가 있긴 있었어? 우리 청계마을에 댐이 선다고?

정국   예… 좀 오래된 일이지만 그 석유 파동이 일어났을 때였나 봐요.
      중학교 때 사회과 선생님이 에너지 절약을 하는 방법의 하나로
      전국적으로 수력발전소를 세워야 한다면서…

순심　그 얘긴 나도 들었어! 선생님이 수업시간에 그러셨어요. 화력발전보다는 수력발전이 우리나라 실정에 맞는다고…

어머니　그럼 역시 근거가 있는 기구면!

아버지　말도 안 되는 소리여! 우리 청계마을이 물속에 잠겨사 쓰겄어? 생각도 못할 일이지! (벌떡 일어난다) 저 기름진 땅, 정성으로 가꾼 솔밭, 대대로 선현이 묻힌 선산! 그것들이 죄다 물속에 잠기도록 바라보고만 있으란 말이여? 응? (광적으로) 안 돼! 절대로 못혀! 그렇게는 못혀!

어머니　영감!

정국　아버지! 고정하십시오. (아버지 팔을 붙든다)

아버지　누가 이 집을 판다고 했어? 누가 전답을 내놓겠다고 했어? 우리 집안이 7대째 뿌리내린 고향 땅을 누가 내놓는단 말이여! 정국아! 네 생각 좀 들어보자!

정국　저도 그렇게 생각합니다.

아버지　그런데 영국이 놈은 쥐도 새도 모르게 처분해야지 시기를 놓치는 날에는 공으로 빼앗긴다면서… 아… (현기증이 나는지 비틀거린다)

정국　아버지! (부축을 한다)

순심　엄마! 어서 방으로…

어머니　그래! 자리부터 펴라.

순심　예… (급히 안방으로 들어간다)

어머니　영감. 방으로 가 누우세유! 예?

정국　아버지! 그 얘기는 좀 더 확실한 걸 알아보고 나서 얘기하세요. 지금부터 너무 걱정하실 일은 아니라고 봐요.

아버지　(울먹이며) 조상의 체면을 생각해서라도 못할 짓이다. 조상을 뵐 낯이 있어야지!

정국　아버지! 큰형이 어디서 잘못 들었을 거예요. 이 고장이 지형으로 봐서는 댐을 건설하기에 적합할 거라는 얘기는 전에도 있었지만 확정된 것은 아니죠. 그러니 더 자세한 내용을 알아본 다음에…

어머니 (걱정스럽게) 어디 가서 알아볼 수 있는기여?

정국 그건 저한테 맡기시고… 어서 누우세요.

어머니 영감. 정국이가 알아보겠다잖유? 그러니 잊어버리시고 그만…

어머니가 아버지의 등을 밀듯 하며 천천히 안방 쪽으로 다가간다. 아버지는 끓어오르는 감정을 억제하려는 듯 낮게 중얼거린다.

아버지 내 눈에… 흙이 덮이기 전엔… 그렇게는… 절대로… 절대로… (하다 말고 홱 몸을 돌려 허공을 향하여 발악하듯 절규한다) 이놈들! 어림도 없다. 청계마을이 물에 잠기게 내가 가만 있을 것 같애? 어림 서푼어치도 없다. 이놈아!

어머니 영감! 글쎄 이러지 마세유! 병나시겠어유! (하며 급히 안방으로 들어간다)

순심이가 방에서 나온다. 이윽고 방안에서 아버지의 넋두리도 아니고 울음도 아닌 무거운 신음소리가 흘러나온다. 정국은 뜰 한가운데 서서 밤하늘을 쳐다보고 있다. 풀벌레 소리가 또렷해진다. 순심이가 감나무 아래로 간다.

순심 작은 오빠. (사이) 우리 집은…

정국 (불쑥 내뱉듯) 또 바람을 몰고 왔군!

순심 예?

정국 언제나 큰형이 내려오는 날은 우리 집안에 회오리바람이 불었거든! (이즈러진 미소를 내뱉으며) 한마디로 큰형은 "비를 몰고 오는 사나이"지! 옛날에 그런 영화 제목이 있었지.

순심 한마디로 주책바가지라구!

정국 그게 장영국이라는 인간상인걸! 때와 장소를 가리지 않고 자기 본위로 말하고 실천하는 저돌형 인간! 한다 하면 하고 마는 사고 방식. 그 일이 남에게 무슨 영향을 미친다는 건 아예 계산할 줄 모르거든! 알아줘야 혀! 흠…

순심 작은 오빠는 지금 칭찬이우 빈정거림이우?

정국 둘 다 아니다!

순심 그런데 왜 웃어유?

정국 순심아. 내 생각 같아서는 차라리 그렇게 되었으면 좋겠다 싶어 져!

순심 (의아해지며) 그렇게라뇨?

정국 큰형 말대로 이 집이며 농토며, 아니 우리 청계마을이 온통 물에 잠겨버렸으면 좋겠다.

순심 오빠도 돌았어? 그 누구처럼?

정국 깡그리 없어지고 남아나지 않아야 이상 더 바람도 안 일어날 테 니까! 아직도 우리 집안에 명색이 재산이 남아있기 때문에 형은 그걸 넘어다 보는 거야.

순심 그렇다고 물 속에 잠겨버리면 어떻게 해? 고향이 없어지는데……

정국 고향? 그게 무슨 가치가 있다던? 아니다. 차라리 없는 게 더 속편 할지도 모르지. (대문 쪽으로 간다)

순심 오빠!

정국 보다 순수하고, 보다 철저하고, 보다 절대적인 고향이 되기 위해 서는 형체가 없는 게 더 나을지도 몰라. 그래서 그 아름답고 순수 한 추억들을 가슴에 안고 싶다. 그때는 온갖 잡스러운 생각이며 추악한 욕망 따위는 없어질 테니까! 고향이란 마음의 고향일 때가 가치가 있다!

순심 그때는 마음의 고향이 아니라 슬프고 애절한 고향이 되고 말걸!

정국 사라져가는 것에 으레 따라다니는 게 슬픔이요 눈물인걸!

순심 (무슨 뜻인지 못 알아듣고) 예?

정국 (일부러 밝은 표정으로) 언젠가 책에서 이런 글을 읽었던 게 생각난다. (사이) 북극지방 가까운 어느 곳에 나후칸이라는 작은 마을이 있다더군.

순심 나후칸? 나후칸……

정국 베링해에 면한 마을인데 주로 에스키모족들이 산대. 그 마을은 공교롭게도 미국과 소련이 맞닿는, 이를테면 미소 양국이 냉전 상태로 몰고 가는 국경 아닌 국경이란다.

순심 언제 전쟁이 일어날지 모르는 38선 같군!

정국 그렇지. 그래서 양쪽에선 그 나후칸 마을 사람들을 다른 곳으로 강제 이주시킨 채 그 나후칸 마을을 폐허로 만들었다는 거야.

순심 그런 법이 어디 있담.

정국 그런데 그 나후칸 마을의 사람들은 해마다 날을 정해서 그 마을을 찾아 고향을 그리고 조상을 기리는 일로 낙을 삼으며 살아간다는 서글픈 이야기가 있다지 뭐냐.

순심 (눈물이 글썽해지며) 고향을 강제로 빼앗긴 사람들이 있긴 있군요.

정국 그러니 우리도 언젠가는 나후칸 마을 사람들처럼 될지도 몰라. 실제로 우리나라 여러 곳에 수몰지구가 생기고 있는 걸!

순심 그렇지만 그 고향을 잃는 슬픔보다 그 고향을 저만치 바라보고도 못 돌아가는 안타까움이 더 두려울 거예요.

정국 너 그런 얘기 못 들었어? 언젠가 단양에서 실제 있었던 일인데 말이다. 그 단양 사람들이 강제이주를 하게 되었을 때 정부에서 보상금을 받기로 되었는데 말이다. 어떤 토지 브로커가 무지몽매한 주민들을 감언이설로 속여 보상금을 몽땅 챙겨가지고 줄행랑 쳤단다. 그러니 그들은 고향도 잃고 새 집을 마련할 돈도 잃었으니 어디로 가겠어?

순심   어디로 갔죠?

정국   화전민이 되었다지 아마… 지금은 그런 세상이다.

순심   세상에… 그런 인간을 뭐라고 하죠? 고향을 잃은 사람의 슬픔을 담보로 재물을 탐내는 족속들 말이에요.

정국   글쎄다… 무서운 세상이다.

영국   (대문을 들어서며) 동굴 속의 박쥐!

정국이와 순심이가 섬찟해서 돌아본다.

영국   헛허… 그게 사람 사는 모양이지. 밝은 면 저편에는 어둠이 있고 웃는 사람이 있으면 우는 사람이 있고, 북극이 있으면 남극이 있고… 헛허…

두 사람은 말문이 막혀서 서 있을 뿐이다.

영국   오다가 다리목에서 친구를 만나 한 잔 했다. 오랜만에 만난 친구라 놔줘야지. 흠… 나만 마셔서 미안하다. (하며 마루 끝에 걸터앉는다)

정국이가 대답 대신 자기 방으로 들어가려 하자 영국이가 말을 건다.

영국   나하고 얘기 좀 하자! (그는 담배를 입에 물고 라이터를 켠다. 허공을 향하여 길게 담배연기를 내뿜는다. 벌레 소리가 비오듯 들린다)

영국 (밤하늘을 쳐다보며 너스레를 떨듯) 아… 별을 본 게 얼마만인지 모르겠다. 서울서는 별 보기조차 힘들거든! 언젠가 훈이란 놈이 난데없이 회사로 전화를 걸더니만 (소년 목소리를 흉내 내며) "아빠! 지금 둥근 달이 떴어! 보름달이야! 아빠 회사에서도 달 보여? 안 보이지? 아파트 옥상에서는 보여!" 이러지 않겠니? 헛허… (웃다 말고 자기를 바라보는 정국의 시선하고 마주치자 멋쩍어진 듯 배시시 웃는다)

정국 형! 할 얘기가 있다면서요.

영국 응? 음… 사실은 내가 지금…

정국 저도 할 얘기가 있으니까 먼저 제 얘기부터 들어주세요.

영국 (밝게) 그렇게 하자. 모처럼 만났으니 우리 허심탄회하게 얘기하자! 사실 사업에 바쁘다 보니까 동기간도 남남이 되어버리는 세상이지 뭐냐? 헛허… (순심에게) 순심아! 혹시 집에 술 없니? 맨숭맨숭하게 얘기만 할 수도 없잖아? 이럴 줄 알았으면 내가 들어올 때 술을 사올 걸 그랬지?

정국 어제 마시다 남은 소주 있지? 그거 가져와.

영국 그래 그거면 됐지. 안주는 신경 쓸 것 없어. 어서 가져와.

순심은 마지못해 부엌으로 들어간다. 영국이가 담배연기를 내뿜으려 정국을 바라본다. 어서 얘기하라는 눈치 같기도 하다.

정국 이런 얘기한다고 섭하게 받아들이진 말아요. 형! 이건 어디까지나 우리 집안을 위해서, 늙으신 부모를 위해…

영국 전제가 긴 얘기란 위험하다던데… 헛허… 계속해.

정국 (사이) 앞으로는… (조용히) 고향에 내려오지 마세요.

영국 뭐라고?

청계마을의 우화

정국   큰형이 내려왔다 하면 집안에 때아닌 돌풍이 불어오곤 했잖아요.

영국   (태연하려고 애쓰며) 그래서?

정국   그때마다 부모님 가슴에…

영국   (비아냥거리며) 못을 박은 불효자였다 이거냐? 그렇지? 응? 흠…

정국   진심에서 하는 말이에요. 형!

영국   내가 누구지? 나는 우리 집안 장손이다! 틀림없지?

정국   그러니까 장손 구실을 해야죠. 허지만 지금까지 해 나오신 일은…

영국   잘못한 일이라도 있니? 아닌 말로 사기횡령이었니, 협박강도질
이었니?

정국   (단호하게) 형 때문에 항상 집안에 먹구름이 낀 것 잊으셨어요?

영국   옳지! 나는 대학도 중도에 포기하고 고향에 내려와 흙에서 살고
있는데 너는 서울에서 사업한답시고 낭비 생활하는 게 뭐가 잘한
짓이냐 이거지?

정국   아시긴 아시는군요? 그동안 형이 축낸 재산 가졌으면 웬만한 공장
도 두어 동은 세웠을 거예요. 조상 대대로 물려온 솔밭, 대밭, 게
다가 저수지 아래 있는 7천여 평의 밭…

영국   (정색을 하며) 아버지 허락 받고 합법적으로 처분했는데 뭐가 잘
못이냐?

정국   가발업이다, 인형보세공장이다, 정당 창당이다 하면서 그때마다 늙
으신 부모 속 썩였던 기억이 남아있다면 이제부터는 안 해야죠. (분
노가 터지며) 그런데 왜 또 아버지한테 그런 얘기를 꺼내가지고서…

영국   (유들유들하게) 우리 집안을 일으키는 방법을 말씀드렸다. 왜?

정국   집안을 일으켜요?

영국   나는 우리 집안 장손이다. 장손으로서의 책임과 의무를 이행하기
위해서는 그 길밖에 없다는 나름대로의 판단과 정세 파악을 한
결과 말씀드린 거다. 그것도 잘못이란 말이냐?

정국 형님은 그 판단이 정당하다고 여기실지 모르지만 다른 사람의 생각은 다르다는 것도 아셔야죠! 지금 우리 마을이 이렇게 퇴폐한 원인도 생각하셔야죠.

이때 순심이가 부엌에서 쟁반에 안주 접시와 술주전자와 술잔을 받쳐 들고 나오다가 참견을 한다.

순심 큰오빠는 자기 생각만 하시니까 그렇죠. (하며 마루에다 쟁반을 내려놓는다)

영국 내 생각만 한 적 없다. 나는 말이다. (술잔을 들자 정국이가 막걸리 주전자를 들고 술을 따른다)

영국 아버지께서는 내 참뜻을 이해하려 들지 않고 역정부터 내시니 이거 환장할 일 아니니? 그래서 밖에 나가 한 잔 하고 왔다. 자, 정국이 너도 마셔! (하며 술잔을 든다)

순심 누구나 고향을 빼앗길 수 없다는 건 당연한 심정이죠.

영국 누가 빼앗는다고 했니? 나는 그 정보를 잽싸게 알려드린 것 뿐이다! 만약에 댐 공사가 확정되고 정부고시가 발표되는 날에는 그야말로 똥값 밖에 못 받게 될 테니 서둘러 선수를 치는 게 유리하다고 말씀드렸다! 그게 잘못이냐?

정국 수몰지구가 된다는 확실한 근거가 있다면야 그렇게도 생각할 수 있지만 아직 정확한 근거가 있는 건 아니잖아요.

영국 근거가 정확해졌을 때는 이미 늦은 거야! 이 바보야! 왜 이래? 그 방면에는 내가 너보다 더 잘 안다고 자부할 수 있어. 정국아! (낮은 어조로) 이건 믿을 만한 소식통을 통해서 얻어낸 정보다! 그러니 사전에 손을 써야 한다 이거야! 알겠니? 매사에는 찬스라는 게 있거든! 부동산 투기가 어떻게 이루어졌는지 아니? 어디에다 땅을 사면 그게 강냉이 튀기듯이 불어날 거라는 정보를 미리 흘려주는 사람과 선이 닿았을 때 성사가 되는 법이다. 흣흐…

정국 예?

순심 그게 무슨 뜻이에유? 정보를 흘려주는 사람이 누군데유?

영국 너희들은 아직도 내 말을 못 믿겠다는 눈치 같은데… 가만! (그는 윗저고리 안주머니에서 봉투를 꺼낸 다음 그 안에서 청사진을 꺼내 펴보인다)

정국 그게 뭡니까?

영국 읽어봐!

정국 (들여다보며 읽는다) 제3차 국토건설 5개년 계획안? 아니 이건…

영국 내가 말했잖아. 믿을 만한 정보라고! 내가 마음대로 만들어낸 게 아니라는 걸 이제 알았지? 응?

순심 오빠! 그럼 이건…

영국 강 의원과 그렇고 그런 부동산업자를 통해서 내게 들어온 사전 정보의 전모다! 이래도 못 믿겠니? 아니 이래도 내가 허공에다 그물을 치고 고기 잡으려는 것 아니냐구?

정국이와 순심이가 서로 시선을 마주친다. 그 말의 신빙성 여부가 아직도 반신반의하는 표정이다.

순심 오빠? 그 정보는 누구한테서 얻어냈나요?

영국 이 쑥맥아! 그런 얘기까지 내가 낱낱이 보고해야 하겠니? 헛허… 다만 (다시 어조를 낮추며) 강석진 국회의원을 따라다니는 사람한테서 들었다구. 강 의원이 국회 건설분과위 소속이라는 걸 모르니?

정국 그건 저도 신문에서 읽었죠. 우리 선거구 출신인 강 의원이 건설분과위원회에 선출되었다는…

영국 (신바람이 나서) 너는 아는군! 그러니 내가 왜 근거 없는 낭설을 떠벌리고 다니겠니? 막말로 나는 앉으나 서나 우리 장 씨 가문 걱정이다! 장손이란 게 그 걱정 말고 또 뭐가 있겠니? 안 그래? 그런데 (다시 어조를 높이며) 아버지께서는 내 이 심정을 몰라주시니 나는 슬픈 거야! 원통하다 이거야! 그야 지금까지 내게도 실수도 있고 실패도 있었지. 지고 이기는 건 병가상사 아니냐! 그러나 이 마음을 몰라주시니 난 원통하다 이거야! (하며 봉투를 챙긴다)

정국 아… 우리는 저마다 자기 일만을 걱정하려 들지 남의 마음을 이해하려 들지 않거든요!

영국 너도 그렇게 생각하니 역시 너는 내 마음을 알아주는군.

정국 그러나 그 벽이 허물어질 때까지는 좀 더 기다려야 할 거예요.

영국 그러기에 나는 추석 명절 전에 내려와서 아버지께 일단 의논드리려고 했는데… 정말 미치겠다! 정국아! 나 좀 도와줘야겠다. 세상은 시대 조류에 따라가야지 거슬러 올라갈 수는 없다. 그게 인생이지 뭐겠니?

정국과 순심이 묵묵히 앉아 있다.

영국 추석 명절 땐 가족회의를 열어서라도 이 문제를 마무리지어야겠다. 그러니 정국아! 너도 내 계획에 적극적으로 나서줘야겠다! 이 문제만 해결된다면 너의 꿈을 실현시킬 자금쯤은 내가 책임질 테니까! 알았지? 자 마시자! 헛허…

멀리서 개가 짖어댄다.

암전

제3막

무대

무대

전막과 같음. 전막부터 약 일주일 후 추석 전날 황혼녘.
대청마루에서 맏며느리, 둘째며느리가 송편을 빚고 있다. 안방 쪽에서
여자들의 웃음소리가 흘러나온다. 유성댁이 부엌 앞에다 솥을 걸어놓
고 장작불을 지피고 있다. 불길이 시원찮아 연기가 마루까지 번진다.
유성댁은 불을 살리느라고 엎드려 훅훅 입김을 불어넣는다. 집안에
명절 분위기가 가득 찼다.

둘째며느리 유성댁. (사이) 유성댁! 안 들려요?

유성댁 (연기를 들이마셨는지 콜록거린다) 야? 불렀어유?

둘째며느리 (손으로 연기를 날리며) 불 좀 잘 봐요. 매워서 못 견디겠어요.

유성댁 (눈물을 닦으며) 장작이 안 말라서 그런개비유! 콜록… 콜록…… 어
　　　이구 매워서 사람 살것남! 후유!

맏며느리 그럼 석유라도 끼얹어봐요! 아이구 매워서… 원…

유성댁 석유가 어디 있는지 알아야지유!

안방에서 다시 까르르 웃음소리가 터져 나온다. 서너 사람의 여자들
목소리다.

맏며느리 (안방 쪽을 흘겨보며) 흥! 이 집안에서는 며느리를 무슨 종인 줄
　　　아는가봐! 흥!

둘째며느리 누가 아니래요? 형님! (안방 쪽을 경계하며) 이럴 줄 알고 나는
　　　이번 추석에는 수안보 온천이든지 가서 가족끼리 조용히 보내자

고 단단히 약속을 했는데 글쎄 난데없이 막내 삼촌이 장거리 전화로 이번 추석에는 무슨 일이 있어도 꼭 내려와야 한다고 두 번 세 번 다짐 전화를 하니 안 내려올 수 있어요?

맏며느리 동서! 말도 말아. 나는 여학교 때 동창생이 설악산에 콘도까지 잡아놓고 공짜로 먹여주고 재워줄테니 부부동반으로 오라는 걸 마다하고 내려왔지 뭐야! 그런데 들이닥치기가 바쁘게 일만 시키니 원… 정말 속상해 죽겠어! 흥!

안방에서 다시 웃음소리가 터져 나온다. 두 며느리는 부아가 목까지 치밀어 올라 입이 부어 오른다.

둘째며느리 딸자식은 뜨뜻한 아랫목에 술항아리처럼 묻어두면서 며느리한테만 일을 시키다니… 이건 무슨 조화람!

맏며느리 그러니 우리나라에서는 아직도 민주주의가 자리잡기는 어렵다 이거야!

안방에서 어머니가 나온다. 두 며느리가 부러 일손을 바쁘게 놀린다.

어머니 유성댁! 불길은 일어났어? 송편을 앉혀야지?

유성댁 야… 이제 겨우… 아이구 눈물 콧물을 어찌나 흘렀는지… (하며 코를 팽 푼다)

어머니 그럼 고사리하고 취나물 좀 삶아내고… 그리고 깨소금 좀 볶아줘!

유성댁 염려마세요! 제가 알아서 할테니께유! (하며 부엌으로 퇴장)

어머니 큰일 칠 때마다 유성댁이 거들어주니 얼마나 고마운지.

이때 방에서 맏딸과 순심이가 나온다. 순심은 손에 뜨개질감을 들었다. 개나리빛 털실이다. 맏딸은 살이 디룩디룩 졌다. 시누이들과 시선이 마주치자 부러 호들갑을 떤다.

맏딸 어쩐디야? 서울 사모님들만 일을 부려먹어서… 홋호…

맏며느리 별 말씀을… 큰 고모는 푹 쉬세요.

맏딸 그러다가 누구헌티 눈총 맞을라고? 홋호… 눈치밥 먹기 싫으니께 나도 빚어볼까?

하며 옷소매를 걷어올리면서 끼어든다. 어머니와 맏딸이 끼어들어 송편을 빚는다. 순심은 마루 끝에 앉아 뜨개질을 한다.

맏며느리 (걱정해주는 척) 그래 장사는 잘 되죠?

맏딸 장사요? 흥! 말이 전기제품 대리점이지 이건 진열장 지키기라구. 불경기 불경기 해도 올해 같은 불경기는 머리에 털난 후 처음이라고들 고개를 살래살래 한다우!

둘째며느리 그래요? 듣기엔 대전 지방은 경기가 활발하다던데…

맏딸 웬만한 사람들은 서울 아니면 부산에 가서 막거래를 하지 대전 바닥에서는 물건을 사려고 들지 않는다니깐!

어머니 그럼 어쩐다냐?

순심 산 입에 거미줄 칠까? 형부가 알아서 하시겠지 뭐!

맏딸 말도 말아라. 네 형부 느림보는 동네에서 이름났단다. 이래도 흥 저래도 흥. 밥이 끓는지 죽이 끓는지도 모르고 허구헌날 장기 아니면 바둑 두기에 정신이 팔려가지고…

둘째며느리 하긴 요즘 같이 스트레스 받는 사회에서는 그게 정신위생상 좋을지도 모르죠.

순심 　의사 선생님 사모님이시라 하시는 말씀이 그럴듯 하시다! 홋호⋯

일동 　홋호⋯

맏딸 　아까도 버스에 오르자마자 코를 골기 시작하더니 도착할 때까지 자는 거 있지? 그러고도 지금 또 한숨 자겠다고 정국이 방으로 들어갔으니⋯ (일동 웃는다) 푹푹 썩는 이내 심정 (며느리들에게) 서울 사모님들께선 모르실 거야! 흠⋯

맏며느리 　말도 마세요! 형님네 동생은 어떻고요? 허구헌날 열두 시 땡 치기 전에 들어오는 적이 없어요. 손이 바쁘면 입도 바쁘다던데 우리 집 그 양반은 맨날 총맞은 노루처럼 뜀박질이니 원.

어머니 　(언짢다는 듯) 그럴수록 안에서 정신을 차려야지! 남자한테만 기댄다고 살림이 되는 줄 아는기여?

맏며느리 　그것도 정도 문제지요. 어떤 때는 저더러 돈 빌릴 데 없냐고 들볶을 때는 미치겠더라구요.

어머니 　네 아버지한테서 가져간 돈은 어쩌구?

맏며느리 　사업에 썼지 집안에서 쓴 돈이라고는 없어요.

맏딸 　그리고 보면 (둘째며느리에게) 의사 사모님이 최고인가봐!

둘째며느리 　모르시는 말씀! 개업을 해야 의사지 월급쟁이 의사는 별로라구요. (어머니에게 응석을 부리듯) 어머님! 내년 봄에라도 병원 하나 차려주시라고 아버님께 말씀 좀 해주세요. 정말이지 월급 가지고는 아이들 교육비도 어렵겠어요.

맏딸 　세상에! 종합병원 의사 선생이 우는 소리 하니 우리 서민은 대성통곡해야만 되겠구먼!

둘째며느리 　게다가 항상 비상인걸? 오늘도 집에서 나오려는데 급한 환자가 있다고 해서 저만 먼저 명식이 데리고 내려왔지 뭐예요!

맏딸 　그게 호강이지! 아⋯ 우리도 공무원 생활 그래도 계속했으면 좋았을 텐데 공연히⋯ 장사 시작했다가 퇴직금 날리게 되었으니,

　청계마을의 우화

엄니 워쩐대유!

어머니 그러니 뭐랬어! 쥐꼬리 아니라 참새 눈물일지라도 월급쟁이가 편하다고 했잖아.

전화벨이 울린다.

어머니 (순심에게) 전화 받아라.

순심 예. (순심이가 마루 한구석에 있는 전화를 끌어당기며 수화기를 든다) 여보세요… 여보세요… 아… 작은 오빠세요? 예… 저예요… 예… 언니? 예, 여기 있어요… 예… 잠깐만요.

둘째며느리 또 무슨 일 났나? (손을 털고 일어나서 수화기를 든다) 당신이우? 음… 예? 그럼 어떻게 해요? 예? 몰라요! 나 혼자 있으려면 내려올 필요도 없지요…

어머니 못 내려온다고?

둘째며느리 갑자기 일이 생겨서…

어머니 (명령조로) 내려와야 혀! 아버지께서 꼭 내려오란다고 혀! (이때 밖에서 아버지가 들어온다)

둘째며느리 아버지께서 무슨 일이 있어도 내려와야… 예? 글쎄 그건 다른 사람에게…

순심 아버지 오셨어요?

아버지 전화를 바꿔!

둘째며느리 (급하게) 여보! 아버님 전화 받아 봐요. (아버지가 수화기를 받아 든다. 모두들 약간 긴장된 표정이다)

아버지 나다… 응… 일은 일이고 오늘 밤 늦더라도 꼭 내려와! 너희들이 모두 모인 자리에서 할 이야기가 있는기여! 그려! (단호하게) 애비 시키는 대로 혀! 웬 말이 많아? (결정적으로) 그렇게 알고 기다린

240   차범석 전집 7

다. 끊어.

아버지가 수화기를 놓는다. 모두들 경직된 표정이다.

어머니 (눈치를 보며) 일이 바쁘면 그냥…

아버지 (날카롭게 쏘아보며) 지금 세상에 바쁘지 않은 사람 있남?

둘째며느리 그렇지만…

아버지 바쁘다는 것 핑계인기여!

어머니 예?

아버지 정성만 있으면 안 되는 일 없다! 1년에 한 번 있는 추석 명절에
온 식구가 모이자는 건 음식 차려 먹자는 게 아니란 말이여! 서로
흐려진 정성과 정성을 합하자는데 뜻이 있는거여!

맏딸 상국이 한 사람 안 온다고 별일 있겠어요? 내년 추석엔…

아버지 내년? 내년 추석에 우리가 다시 모여질 것 같어? 이 집에서 이렇
게 온 식구가 모여 앉아 송편 빚고 얘기하고 성묘하게 된다구
누가 장담하겠는가 말이다.

맏며느리 (웃으며) 아버님! 염려마세요! 내년 추석에는요, 아이들도 모두 데
리고 오겠어요! 형님! 그렇지요?

맏딸 그럼요! 한 사람도 빠짐없이…

아버지 내일을 점칠 수 있다니 다행이구먼! (쓰게 웃으며) 너희들에게는
장래가 있으니 얼마나 좋으냐? 허지만 나는 생각이 다른기여! 내
가 오늘 숨 끊어질지 모레 끊어질지 누가 알아?

어머니 예?

아버지 (무슨 공상이라도 하듯) 내일은 아침 일찍 차례 지내고… 성묘 갔다
와서… 우리 윷놀이판 벌이자… 어떠냐, 순심아?

순심 예… 조, 좋아요.

아버지   헛허… 나이 먹으면 어린이가 된다더니… 나도 그런 기분이 드
　　　　는구먼. 헛허…

이때 밖에서 성식, 명식, 윤희가 뛰어 들어온다. 모두가 활발하다.

성식   아… 배고파! (빈대떡을 쭉 찢어 입에 넣는다)

명식   엄마! 콜라 없어?

맏며느리   애들아! 할아버지한테 인사도 안 드리고… 성식이 네가 그러니
　　　　동생들도 본따는 거 아니냐? (눈을 흘긴다. 아이들이 일제히 고개를
　　　　꾸벅 한다)

아이들   안녕하세요? (아버지는 기분이 좋은 듯 손자들을 차례로 쳐다본다)

아버지   그런데 네가 누구지? (성식의 어깨를 두들긴다)

어머니   큰 손자 아니우? 영감 장손! 홋호…

아버지   오… 성식이? 헛허… 이렇게 키가 크니 알아볼 수가 있어야지.

맏며느리   웅변대회에서 우등상 타왔어요. 흠…

아버지   그래? 제 아빌 닮았구나. 입담 좋기가 헛허……

둘째며느리   우리 명식이는 이번에 전 학년에서 5등 했다나봐요! 장하죠?

아버지   장하구 말구! 내년이면 중학생이냐? (하며 명식이 머리를 쓰다듬는다)

명식   예… 중학교 들어가면 선물 사주세요.

아버지   오냐 사주지! (윤희에게) 그럼 너는?

윤희   윤희예요.

아버지   윤희? 뉘 딸인기여?

어머니   대전 외손녀 아니우?

맏딸   아버진 친 손자만 생각하지 외손녀는 기억도 못하신다!

아버지   오… 그래! 언젠가 내 바지에다가 오줌을 쌌었지 아마… 헛허…

일동   홋호…

아버지 그래… 이 할애비는 도모지 누가 누군지 분간을 못하겠어! 이제 늙었단 증거겠지? 헛허…

명식 할아버지! 저는 장차 의사가 되어서 할아버지 편히 모실 거예요.

성식 내가 장손이니까 내가 모셔야 하는 거야. 바보야! 그렇지, 엄마!

맏며느리 물론이지.

윤희 그럼 나는 뭘 하면 되지? 오빠?

성식 시집가면 되지!

일동 헛허…

아버지 그려, 그려! 헛허… 너희들 덕택에 오랜만에 웃을 수 있어서 좋다! 헛허…

어머니 다 모이면 다섯이우. 손자 손녀가…

맏딸 내년에는 다 모이게 될 거예요. (아이들에게) 조금만 더 놀다가 와. 곧 저녁상 차릴 테니! 응?

윤희 오빠! 나가 놀자! (셋이서 나간다)

맏며느리 너무 멀리 가지 마!

아버지 (한숨 짓고 혼잣소리처럼) 그때까지 살아남을까? 허지만 오래 살면 또 뭘혀? 아…

아버지가 잠시 감나무를 쳐다보더니 뒤뜰로 돌아간다. 모두들 아버지의 거동이 의아스럽게만 여겨진다. 그러나 어머니와 순심은 그 뜻을 알기라도 하듯 을씨년스럽다.

맏딸 아버지께서 퍽 쓸쓸하신가봐. 엄마, 무슨 일 있었어요?

어머니 무슨 일은…

맏딸 아까 서울 상국이한테 전화하실 때도 그렇고… 지금 말씀도 어쩐지…

둘째며느리 나이가 드시면 울적해지시기도 하지만요. 명절 같은 때는 즐거움 대신 어떤 소외감 같은 걸 느끼게 되는 것도 노년기의 심리적 현상이라더군요.

맏며느리 의사 선생 사모님이시라 역시 다르시구면? 우리 같은 무식장이는 뭘 알아야지… 홋호…

둘째며느리 농담 아니에요, 형님! 저희 친정에도 당숙이 한 분 계신데요. 자식들이 저마다 잘해드리는데도 사사건건 꼬투리만 잡으시고 짜증을 내시곤 하시더래요. 그래서…

어머니 (정색을 하며) 그래서?

둘째며느리 예?

어머니 그래 너희들이 아버지한테 잘해주는데도 사사건건 꼬투리만 잡는다 이거여?

맏며느리 동서 얘기는 그런 뜻이 아니라요… 저…

어머니 듣기 싫어! (손에 들었던 반죽을 내던지며 일어선다)

맏며느리 에그머니!

어머니 너희들은 몰라! 아무것도 모르는 주제에 입만 까져가지고서 한다는 소리는… 너희들은 몰라! 아무도 몰라!

어머니가 안방으로 급히 들어간다. 모두들 닭 쫓던 개처럼 멍하니 쳐다본다. 그러나 순심은 묵묵히 뜨개질만 하고 있다.

맏딸 순심아! (넌지시) 무슨 일 있었니?

순심 없었던 것도 아니죠!

맏며느리 작은 고모! 얘기 좀 해줘요. 이건 마치 우리한테 무슨 잘못이라도 있는 듯이…

순심 (힐끗 쳐다보며) 오늘 밤에는 알게 될 거예요.

둘째며느리 오늘 밤? (사이) 그래서 아마 밤늦더라도 내려오라고 그러셨나요?

순심 아버지께서 무슨 얘기가 있으실 거예요.

맏며느리 고모! 그렇게 빙빙 돌려서 얘기하지만 말고 좀… 시원스럽게 얘기해 봐요!

순심 시원스럽게 얘기해야 할 사람은 따로 있는 걸요.

하며 뜨개질감을 들고 건넌방으로 들어간다. 모두들 어안이 벙벙해진다. 이때 별채에서 큰사위가 나온다. 늘어지게 자고 났는지 머리가 헝클어지고 와이셔츠 자락이 바지 위로 흘러나왔다. 붉은 노을빛이 뜰 안에 가득 차자 감이 더 붉어보인다.

큰사위 아… 잘 잤다! 날씨 한 번 좋구먼! 저녁놀이 유난히도 붉은 게 내일 추석 명절은 쾌청이겠는걸!

맏딸 이제 일기예보까지 허시우? 흠……

그러나 누구 한 사람 대꾸를 안 하고 송편만 빚고 있다. 큰사위가 마루 가까이 다가온다.

큰사위 마실 것 없어? 여보?

맏딸 부엌에 가면 시원한 물 있잖어?

큰사위 센스 하나 없기는 꼭…

맏딸 (노려보며) 꼭 뭐 같아요?

큰사위 봄날 동물원의 하마 같다! 어쩔티여?

맏딸 그런 당신은 꼭 호박꽃에 앉은 꽁지 잘린 잠자리 같고?

큰사위 친정에 왔다고 남편 알기를 무슨 뜽간의 막대기로 알기여?

맏딸 사위는 처갓집 기둥만 봐도 부처님 보듯 큰절한다는 말도 못 들었수?

큰사위 이거 말이 안 통하는군! 처제 어디 갔어? (크게) 처제! 처제!

맏며느리 아저씨! 소리 좀 지르지 말아요! 지금 머리가 띵하고 욱신거리는 게 꼭 몽둥이로 얻어맞은 것 같아요!

큰사위 그럴 때는 우황청심환이 잘 들어요.

둘째며느리 아스피린 한 알이면 족해요.

큰사위 흠… 양의사 사모님이시라고 양약을 내세우시는군? 헛허…

둘째며느리 비꼬지 마세요! 전 지금 스트레스 받았으니까요.

큰사위 어쩌다가 이 집 며느리들은 한결같이 스트레스만 받았을고? 그것도 전염성인감? 힛히…

맏딸 정말 이렇게 신소리만 하고 있을 거예요?

큰사위 상대가 있으면 술이라도 하겠는데 이건…

맏며느리 성식 아빠 곧 돌아올 거예요. 조금만 기다려 보세요.

이때 정국이가 밖에서 들어온다. 손에는 대추와 밤을 담은 광주리를 들었다.

정국 어머니, 차례상에 올린 햇밤하고 햇대추 따왔어유. (얘기하다 말고) 어머님 어디 가셨나요?

맏딸 응? 응… 안방에 뭐 계신가봐!

정국 그럼 이건 누님이… (하며 광주리를 내민다)

큰사위 처남! 나하고 (술잔 꺾는 시능을 하며) 어때?

정국 잠깐만요. 돈사에 짚단 좀 깔아주고 올게요. 새끼 낳을 날이 멀지 않았어요. (하며 급히 나간다)

큰사위 (어이가 없어지며) 이게 뭐야? 오랜만에 처가라고 찾아왔는데도 씨

암탉은커녕 말상대 해주는 사람 하나 없으니 원! (담배를 피워 문다. 이때 부엌에서 유성댁이 산 닭을 들고 나온다)

유성댁 누가 이 닭 모가지를 좀 비틀어줘야겠는디유?

맏딸 닭 목 비틀 사람이 여기 누가 있어요?

유성댁 그럼 워쩐대유? 닭 삶아서 차례상에 올려사 쓸텐디… 정국이 총각 워디 갔대유? 아까 소리가 나던디…

맏딸 여보! 당신이 좀 해줘요.

큰사위 뭘?

유성댁 이거요! (하며 닭을 내민다)

큰사위 나더러 닭을 잡아달라고?

유성댁 그 대신 닭똥집 안주로 한잔 허세유! 기름소금에 찍어먹으면 별미지유! 힛히…

큰사위 어머머! 이 아주머니 혹시 닭 잡아먹고 오리발 내밀 사람 아닌가?

유성댁 이왕이면 다홍치마라고 오리발 대신 삐딱구두 내밀지유? 이렇게 헷헤… (하며 하이힐 신고 걸어가는 시늉을 한다)

큰사위 헛허… 그래 웃으며 살자! 웃는데 밑천 드남! 핫하…

마루에 앉아 있는 세 사람도 까르르 웃는다. 저녁 어둠이 깔렸다. 어느덧 노을이 가시고 무대에 어둠이 깔렸다.

암전

청계마을의 우화

제4막

무대

전막과 같음. 전막부터 약 세 시간 후 밤.

대청마루에 온 가족이 식탁에 둘러 앉아 있다. 서울서 내려온 상국이도
보인다. 아이들은 방안에서 따로 상을 받고 있는지 이따금 웃음소리가
들려온다. 그러나 즐거움보다 딱딱한 분위기가 감돈다. 모두가 지켜보
는 가운데 아버지가 술잔을 천천히 기울이고 있다.

큰사위 (탄성을 올리며) 역시 우리 빈장어른은 풍류를 아시는 어른이셔.
헛허… (시를 읊듯) "신로 불심로… 몸은 늙어도 마음은 안 늙었노
라!" 이거제? 헛허…

일동 (까르르 웃는다)

아버지 그렇지. 마음은 예나 지금이나 젊지! 자… 자네 한잔 받게. (잔을
내민다)

큰사위 아이고! 처남들도 있는디 저부터 주시니… 헷헤… (잔을 받는다.
술을 따른다)

맏딸 아버지! 너무 권하지 마세요. 대전서도 연일 술이에요. (상국에게)
중독 아닌가 몰라.

상국 연일 마시는 건 안 좋죠!

큰사위 이 사람은 걸핏하면 알코올 중독자라지만 요즘 세상에 술 마시는
낙도 없이 워떻게 살아유? 안 그래유? 장모님!

어머니 자네 심정 알만도 혀! 많이 들어!

큰사위 그것 봐! 장모님도 내 편이셔! 헛허… (모두들 웃음을 터뜨리나 영국
은 시무룩한 표정이다)

아버지　모두들 들어! 내일이 추석 명절이긴 하지만 생각이 있어서 너희
　　　　들을 모이라고 했고 그래서 음식도 장만했으니께…

상국　　난 아버지께서 전화에다 대고 명령조로 말씀하시기에 겁부터 나
　　　　서 어찌나 불안한지…… 가슴이 두근거리고 골머리가 쑤시고…

둘째며느리　여보, 아스피린 드셨어요?

상국　　그럴 시간이 어디 있어?

큰사위　그럴 땐 우황청심환… 잘 들어 처남!

　　　　말이 끝나기도 전에 맏딸이 그의 넓적다리를 쿡 찌른다.

큰사위　아야! (분위기가 약간 흐트러진다)

상국　　아버지! 제가 한 잔 올리겠어요. (둘째며느리에게) 여보! 그 술병!

둘째며느리　예… 여기! (하며 상 밑에서 양주병을 꺼내 건넨다)

어머니　웬 술이여?

상국　　외국에서 온 친구가… 진짜 불란서 꼬냑이라는 술인데요… (술을
　　　　따라 올린다)

큰사위　꼬냑? 그 이름 하나 고약헌디.

아버지　네 덕분에 불란서 술도 마시게 되니? 좋다! 기분! (마신다. 그러나
　　　　맏딸, 영국 내외는 언짢은 표정이다)

큰사위　위때요? 술맛?

아버지　모르겠어! 자네가 마셔봐!

큰사위　예, 그럼… 한 잔만! (잔을 받는다)

상국　　이 술은 원래가 한 잔만 입가심으로 마시는 술이라서… (조금 따
　　　　른다)

큰사위　에게 고작해서 이거여?

상국　　마셔봐요, 매형. 국산 술 비할 데가 아니니까!

큰사위	양보다 질이다 이건가? (단숨에 마신다. 가슴이 뜨거운지 숨을 몰아쉰다) 후유! 작은 고추가 맵다더니 바로 이걸 두고 하는 말이군! 헛허…

모두들 웃는다.

영국	(참을 수 없다는 듯) 아버님! (눈치를 살피면서) 하실 말씀이 있으시다고 하셔 놓구서…
아버지	응?
상국	그렇죠! 아까 전화로도 그렇게 말씀하셨어요! 그래서 저도 부랴부랴 내려왔죠! 아버지 무슨 일이에요?

안방 미닫이를 열고 윤희가 나온다.

윤희	오빠가 잡채 더 달래요!
맏딸	조용히 해!
어머니	옛다! 이거 가지고 가! (잡채 접시를 내주자 윤희가 받아든다)
윤희	고맙습니다!
아버지	무엇이든 없으면 더 달라고 혀!
윤희	예! (좋아라 하며 안방으로 들어간다. 좌중이 다시 무거워진다)
상국	아버지, 얘기 계속하시죠.
아버지	(한숨) 모두들 바쁠 줄 알면서도 너희들보고 꼭 내려와야겠다고 정국이를 시켜서 재촉하고 다짐한 것은 다름 아니고…
큰사위	장인어른, 한잔 더 드시고서. (꼬냑 병을 든다)
맏딸	이인 술만 보면 그냥… (술병을 나꾸어 챈다)
큰사위	아니…

어머니 자네나 더 혀!

맏딸 안 돼요! 글쎄 평상시에는 쥐새끼처럼 찍소리 없다가도 술 냄새
만 맡았다 하면 그냥… 헤벌레 해가지고서…

큰사위 이것 봐! 그래도 나 같은 남편 만난 걸 다행으로 여기라구! 못난
남편 만나면 자기 마누라한테 장사 밑천 대기 위해 곗돈 끌어대
라고 조르는가 하면 급전 구해오라고 들볶는다지만 나는 그런
치사스런 짓은 안 한다 이거야!

맏며느리 (시큰둥해지며) 그게 왜 잘못인가요?

큰사위 예?

맏며느리 보아하니 나보고 들으라는 말인가 본데 남편 하는 일에 아내도
거들어야죠! 그럼 남편이 벌어다 준 월급 넙죽넙죽 두꺼비 다리
삼키듯 받아만 먹고 살아야 해요? 시대가 변했다구요! 여자도 뭔
가 해야죠! 뛸 수 있으면 뛰고…

상국 (둘째며느리에게) 지금 얘기 잘 새겨들어! 월급 적게 가져온다고
투정만 말고! 헛허…

둘째며느리 아니 지금 누굴 창피주려고 이러세요? (맏며느리에게) 형님! 못
난 동서 타일러주시는 건 다른 자리에서나 하시죠! 창피하게.

맏며느리 내가 언제 창피를 줬다고 이렇게 얼굴빛이 푸르락거리며 그러는
거야?

둘째며느리 제가 언제.

어머니 (성을 내며) 조용히들 못해? 이게 어디서 배운 짓들인기여?

좌중이 물을 끼얹듯 조용해진다. 반대로 안방에서 아이들 웃음소리가
마치 어른들 세계를 비웃기라도 하듯 높았다가 사라진다.

아버지 나도 이제 살만큼 살았고 또…

큰사위	앞으로 20년은 더 사셔야죠!
아버지	그게 마음대로 되는가! (사이) 그래서 의논할 일도 있고 해서… 말하자면 이건 가족회의라고 해도 좋을기여!
상국	가족회의요? 아버지! 정말 민주적인 말씀이신데요! 헛허…
영국	상국아! 끝까지 들어! (하며 아버지를 본다. 모두들 시선이 아버지한 테 쏠린다. 궁금증이 가속된다)
아버지	(무겁게) 차제에… (사이) 이 집하고 임야 좀 남은 거 처분할까 혀!

일동 각각 다른 반응을 나타낸다. 영국은 안도의 빛을, 상국은 어리둥 절해 하고 정국은 놀라움을, 그리고 사위는 무슨 영문인지 미처 못 알아듣겠다는 얼굴이다.

큰사위	처분이라니… 파시겠다는 뜻입니까?
어머니	영감. 진정으로 하시는 말씀이세유?
아버지	그럼 술 몇 잔에 허튼소리 했을까? 헛허…
영국	잘 생각하셨습니다. 진작 그렇게 용단을 내리셨어야 옳았어요.
정국	형님! (안면근육에 경련을 일으킨다)
영국	(여유 있게) 재산이란 굴려야 눈덩이처럼 불어나는 법이거든!
맏며느리	그럼요!
맏딸	처분하셔서 어떻게 하시려고요? 아버지!
큰사위	골고루 나눠주시면 좋지요?
맏딸	여보! (꼬집는다)
정국	(심호흡을 하고 나서 되도록 침착하려고 애쓰며) 아버지. 그 이유가 뭡니까? 알고 싶습니다.

모두들 뜻하지 않은 침입자라도 만난 듯 일제히 정국에게 시선이 쏠린

다. 아버지는 눈을 지그시 감고만 있다.

정국　(침착하게) 재산을 처분하시겠다는 이유가 있으실 게 아닙니까?
　　　(사이) 설마 (조심스럽게) 그 일 때문은 아니겠죠?

상국　그 일이라니? 정국아, 무슨… 뜻이냐?

정국　(아버지에게) 댐 때문에 그러신 건 아니죠?

일동　댐?

좌중이 술렁인다. 영국이가 당황의 빛을 보인다.

맏딸　댐이라니? 정국아! 무슨 얘기냐?

상국　너는 뭔가 알고 있는 눈치 같은데…

정국　우리 마을에 댐이 건설된다나 봐요.

상국　정말?

정국　물론 확실한 근거는 없지만 그렇게 되면 수몰지구가 된다는 거죠.

상국　근거가 없다면야 구태여…

영국　(단정적으로 자신 있게) 근거는 있어!

일동　예?

영국　아직 정부 측 공시가 안 되었을 뿐이지 기정사실이다.

맏딸　네가 어떻게 그걸…

영국　그 점에 대해서는 내게 자료가 있다. 말이 나왔으니까 하는 얘기
　　　지만 (조심스럽게) 이 일급비밀을 아버지께 알려드린 사람이 바로
　　　(자신의 가슴을 탁 치며) 나였으니까!

모두들 아버지의 표정을 살핀다. 아버지는 여전히 눈을 감고 있다.

　　　　　　　　　　　청계마을의 우화

상국 말하자면… 수몰지구가 되기 전에… 다시 말해서 고시가격이 나오기 전에… 재산을 처분한다 이 말씀인가요?

영국 바로 그 점이다. 매사에 기회라는 게 있으니까 말이다. 물론 거기에 따르는 여러 가지 애로사항도 없는 건 아니지! 그러나 언제까지나 사사로운 감상주의에 얽매여서는 안 된다 이거야. 현실은 항상 냉혹하거든!

순심 오빠! 저는 그렇게 생각 안 해요. (모두들 순심에게 시선이 집중된다) 현실이 냉혹하니까 고향을 팔아야 한다는 생각엔 반대해요.

영국 말조심해! 고향을 팔다니…

정국 그렇지 뭡니까? 고향이 뭔데요? 우리 선산이 있고, 농토가 있는 우리들이 태어난 집이 있고, 이웃이 있고, 슬픈 얘기, 즐거운 얘기가 살아있는 게 고향 아닙니까? 그런 고향을 팔아넘기자는 형은…

순심 오빠! 그건 안 돼요! 싫어요.

영국 네까짓 게 뭘 안다고 그러니? 뒤꼭지 피도 안 마른 게…

어머니 (참다 못하여) 그만들 혀! 늙은 부모 앞에서 무슨 짓들인기여! 응? (울음이 복받치려는 걸 간신히 깨물어 삼킨다)

아버지 내 얘기 들어봐. (사이) 나도 여러 날을 두고 생각했다! 고향을 등지고는 살아갈 수 없다는 측에서도, 그리고 그럴 수밖에 없다는 측에서도… 그러나 아까 영국이 말대로 현실은 워쩔 수 없는 기여! 해방 직후 조상으로부터 물려받은 농토를 지가증권 받고 팔았을 때도 나는 그런 생각을 했었다. 그러나 나는 그 잃었던 땅이며 임야를 다시 사들이기 위해서 농사 짓고 가축 키우며 살아왔는기여! 본시 조상이 남겨준 재산이 있어서 청계마을에서는 부자 말 듣고 살았지만 사실은 너희들 5남매 키우고 교육시키고, 그리고 (영국을 보며) 네 뒷일 대느라고 쓸 만한 것은 죄다 날렸어! 그건 너도 알지?

영국　면목 없습니다. 앞으로는 제가 꼭…

아버지　그러나 내가 죽기 전에 남아있는 것들 다 없어지느니보다는 차라리 처분하는 게 좋겠다 싶어 작심한 일이니 섭섭하더라도 그렇게 알고… 원매자가 있는지 알아봐.

영국　예. 제 주위에 부동산하는 친구들이 있으니까 내일이라도 곧 연락을 취하겠습니다. (모든 사람에게 극비라도 털어놓듯) 그 대신 절대 비밀이다.

맏딸　왜요?

큰사위　그 사실이 알려지는 날엔 땅값이 똥값으로 폭락하거든! 그러니 정부 공지가 나기 전에 쥐도 새도 모르게 처분하자 이거 아니여? (영국을 보며) 그렇지? 큰 처남!

영국　물론이지!

맏딸　그렇지만 세상에 비밀이 워디 있어? 언젠가도 댐 세운다고 해서 집 팔고 논 팔고 혀서 대처로 나간 사람들이 쪽박만 찼다던디.

영국　이건 틀림없는 정보다!

큰사위　"믿을 만한 소식통이다" 이거군! 헛허.

영국　그래! 믿어봐!

상국　그 대신 조건부입니다. 형!

영국　조건부?

상국　제 소원도 들어주어야죠.

어머니　소원?

상국　진작부터 병원 개업을 해야겠다고 계획을 세웠으니까요. 아버지 이번 기회에 한번 밀어주세요. 도심지가 어렵다면 성남이나 광명 같은 위성도시라도 좋아요. 예? 아버진 지금까지 형한테만 자금을 대줬지요. 저한테는 뭘 해주신 게 없으셨잖아요!

맏며느리　의과대학 학비가 얼마나 들었는지 모르세요?

영국　남의 손에 들린 떡은 커보이는 법이지! 그러나 염려마라! 이번 기회에 병원 하나 못 차리겠니?

맏딸　아버지! 저두요.

아버지　너는 뭐냐?

맏딸　서울로 옮겨야지 대전 바닥에서는 본전 까먹기예요.

큰사위　서울만 가면 다인가? 장사란 운이 따라야지!

맏딸　돈이 안 따르는 운 봤어? 봤어? 이이는 뭘 알지도 모르고 옆에서… (잠자코 있으라고 쥐어박는다)

맏며느리　고모! 염려말아요. 일만 잘 되면 저라도 동생한테 졸라대서 남대문시장에다 가게 하나 마련해드리라고 할 테니까요!

맏딸　부탁해요. 앞으로 아이들 교육을 위해서도 서울로 가야지 시골바닥에 있다가는… 백날 가봐야…

큰사위　그래서 말은 제주로 보내고 사람은 서울로 보낸다고 했던개비여! 헛허……

아버지　(서서히 좌중을 돌아보다가) 정국아! 네 생각 좀 들어보자. 아까부터 한마디도 안 하는디… 응?

정국　저는 형님들이나 누님 의견엔… (사이) 반댑니다!

좌중이 긴장을 한다.

영국　그 이유가 뭐지? 이유가 있을 게 아니야?

정국　있지요. (사이) 두 가지 이유에서예요. 그 하나는 이 고장에 댐이 건설된다는 정보의 확실성 여부의 확인이고… 또…

영국　다른 하나는?

정국　조상 대대로 물려받은 재산을 그런 식으로 흥정할 수는 없다고 봐요.

상국 흥정이라니?

영국 말조심해!

정국 결론적으로 말해서 형들이나 누나는 저마다 돈이 필요하니까 재
산을 처분하자는 것 아닙니까?

맏딸 그럼 돈 필요치 않은 사람 있으면 나와보라고 혀! 당장에!

둘째며느리 세상 물정을 몰라도 한참 모르셔요. 삼촌은… 지금 세상은요,
무엇보다도…

아버지 (겉으로는 조용한 듯 하나 격정을 간신히 억제하며) 그래, 너희들 얘
기가 고작해서 그것뿐인기여? 잉?

영국 (허점을 찔린 듯) 예?

상국 아버지 하시는 일에 전적으로 찬동하겠다 이거죠! 허허허…

맏딸 (응석부리며 콧소리로) 아버지, 이번 기회가 마지막이라고 생각하겠
어요. 아들만 덕 보게 하지 마시고 딸의 처지도 좀 생각해주셔야
죠. 정말이라구요.

맏며느리 고모. 언제 아들만 덕 보았다고 그러세요? 우린 지금까지 부모
덕 본 거라고는 없다고요.

둘째며느리 반드시 그렇지만은 않죠.

맏며느리 (눈알을 굴리며) 그렇지만도 않다니? 동서, 무슨 증거로 그따위 소
리를 해?

둘째며느리 (불쾌하게) 그따위라니? 아니, 배웠다는 분이 그런 천박한 말
을 함부로 해도 되는 거예요? 예? (일어선다)

상국 (붙들며) 무슨 짓이야! 앉아요! (하며 치맛자락을 잡아당긴다)

둘째며느리 놔요! (하며 치마폭을 홱 나꾸어채는 순간 좍 찢어진다. 그 순간
좌중의 분위기가 급속도로 경직된다)

어머니 이게 무슨 짓들이여? 잉?

둘째며느리 아무리 손위 동서이기로… 이런 수모를 참고만 있을 수 없다

구요! 지금까지 저도 할 만큼 했고 참을 만큼 참았어요.

맏며느리 그래서? 이상 더 참을 수 없다 이건가? 흥! 이제야말로 본성을 드러내는구먼.

둘째며느리 본성을 드러내요?

맏며느리 의사 선생 사모님입네 하고 파리 한 마리 못 죽일 듯 굴더니만 알고 보니까… 이건…

둘째며느리 누가 할 소린데? 종갓집 며느리랍시고 제 몫 챙기기에만 눈독 올렸던 일은 어떡하구?

영국 (화를 내며) 제수씨, 말조심해요! 우리가 언제 제 몫 챙겼단 말이오?

상국 (이죽거리듯) 형님, 그걸 꼭 말로 해야만 아시겠어요? 천하가 다 알고 있는 기정사실 아닙니까? 어머니, 그렇죠?

영국 (분노를 터뜨리며) 말조심해, 임마…

상국 뭐요? (눈을 부릅뜬다) 임마? 그게 내게 하는 말이요? 예?

큰사위 (술을 마시며) 왜들 이러는기여? 이 좋은 날, 이 좋은 음식을 앞에 놓고서…

다음 순간, 아버지가 술상을 뒤엎으며 자리에서 벌떡 일어난다. 음식 접시가 마룻바닥에 뒹군다. 모두들 아연해지며 순간적으로 돌처럼 그 자리에 굳어버린다. 아버지의 얼굴에 심한 경련이 일어나고 손이 부들부들 떨린다.

어머니 영감, 이게… (순심에게) 걸레… 어서…

순심이가 재빨리 엎질러진 음식을 치운다. 큰사위는 초연하다기보다는 이 집 사람들과는 무관하다는 듯 술잔을 기울인다. 난처해진 두 며느리가 각각 안방과 건넌방으로 피해가듯 숨어버린다.

아버지　(떨리는 목소리로) 네 것들은… 고작 자기 일만 걱정하기여? 집…
저 산천… 전답이 물속에… 가라앉는데도.

아버지는 아까부터 눈을 감고 있다가 대문 쪽으로 나간다. 어머니도
불안한 표정으로 뒤를 따른다.

어머니　어디 가세요? 이 밤중에…

아버지　바깥 바람 좀 쐬고 와야겠구먼… 아…

어머니　저도 가면 안 되겠어유?

큰사위　좋지요. 두 분이서 나란히 손목 잡고 데이트하시면 옆에서 보기
에도 좋고… 또…

맏딸　주책이야! 주책! 당신은 잠자코 있어요! (귀엣말로) 우린 굿이나
보고 떡이나 먹어요! (하며 허벅지를 쿡쿡 찌른다. 그 사이에 아버지
어머니는 밖으로 나간다)

영국　(기정사실처럼) 어떻든 남은 일은 하루 빨리 원매자를 구하는 일이
다! 소문이 난 다음에는 돈이 아무리 흔했기로 그런 곳에 투자할
등신은 없다 이거야! 내 말은… (상국에게) 담배 있니?

상국　(담배를 건네며) 동감이에요. 소문나기 전에 해치워야죠.

영국　정국아! 농사일에는 네가 더 눈이 밝겠지만 이 방면에는 내가 전
문가다! 그러니 이 일은 내게 맡겨라. 응? 결코 해롭게는 처리
안 할 테니. 그리고 네가 하려는 멜론 재배는 계속해봐! 일만 되
면 대규모 비닐하우스를 다른 장소에다 세우도록 해. 내가 밀테
니까!

아버지　7대째 살아온… 고향이 깡그리 없어진다는데도… (울음이 복받치
며) 이 천하에 못생긴 것들! 으익! (동물처럼 울부짖으며 맨발로 뜰
아래 내려선다. 분위기가 숙연해진다. 어머니는 복받치는 울음을 깨물

며 아버지 신을 들고 뜰로 내려선다)

어머니 (조용히) 영감… 참아유… 참는 길밖에 없어유… 자식이란… 품 안에 있을 때가 자식이지… 제 길로 자라 기집 만나… 임자 만나면… 이미 자식이 아닌 거예유… 그걸 몰라서 그러세유? 영감 신이나 신으세유! 어서유!

어머니의 부드러우면서도 떨리는 목소리에 아버지의 격정이 다소 누그러진 듯 신을 신는다. 그러고는 감나무 아래로 가서 감이 주렁주렁 열린 가지를 쳐다본다. 벌레 소리가 비오듯 들려온다.

아버지 임자… 이 감나무가 몇 해나 됐는지 아는가? 햇수로 꼭 쉰다섯 해가 되는기여… 그러나 해마다 때가 되면 감꽃이 피고 감이 열리고… 그것을 따먹으려고 자식들이 올망졸망 엉키던 애비 앞에서… 하는 수작이… 윽… 윽… (그는 감나무 밑둥지를 쓰러뜨리려고나 하듯 두 손으로 마구 밀어붙인다. 가지에 열린 감이 이리저리 흔들린다. 정국이가 조용히 다가온다)

정국 (담담하게) 아버지. 들어가 쉬세요. 약주도 과하신 것 같은데… 예?

어머니 영감, 그렇게 하세유. 다 잊어버리는 일 뿐이에유. 황천길 가면서 가지고 갈 것도 아니고… 다 두고 빈손으로 갈텐디 뭐가 미련인 것이유… 두 눈 감아버리면 모든 게 그만 아닌감유… 예?

영국 모르는 소리 말라구. 내로라하는 재벌 기업들이 은행융자 따내서 부동산 투기한 사례가 옛날 금광쟁이가 팔도강산을 헤치고 다니듯이 그렇게 이루어지는 줄 알아? 그게 다 줄이 있다구. 줄!

상국 줄이라뇨?

영국 (의기양양해서) 그 계통의 정보하면 이 장영국의 손바닥 안에 있다는데 왜 그렇게 의심을 하지? 아니, 막말로 아버님께서도 이미 마음을 굳히셨다는데 왜들 그래? (위협적으로) 모두가 우리를 위한 길 아니냐? (둘째며느리에게) 제수씨, 안 그래요? (맏딸에게) 대전팀 의견은 어때?

맏딸 우린 그저 서울로 올라가게만 해준다면야 더 바랄 거라곤 없어! 에그, 이제 시골 살림 지긋지긋혀! 몸서리쳐져!

영국 (정국에게) 그럼 너하고 순심이만 아직도 반대군.

정국 한사코 반대는 안하겠습니다마는… 그러나 알아볼 때까지는 철저히 알아볼테니 그때까지 보류해 주세요.

정국은 다른 사람의 반응을 살피려 하지도 않고 뜰로 내려와 밖으로 나간다. 모두들 저마다의 생각에 잠긴다. 순심이가 일어서 건넌방으로 들어간다.

맏딸 저녁 식사 올릴까요?

큰사위 아직 술이 멀었는데 무슨 밥입니까? 이제부터 결판지게 마십시다, 처남!

영국 오늘은 실컷 마셔요! 내년 추석을 이 집에서 보내게 된다는 보장도 없으니까! 헛허… 우린 그런 뜻으로 건배부터 하자! 자 앞에 잔을 들고서…

맏며느리 우리도요?

영국 물론이지! (모두들 술잔을 든다) 우리 장 씨 문중의 번영과…

상국 사라져가는 청계마을을 위하여…

일동 건배! (저마다 잔을 비운다)

명식 (방문 사이로 눈을 비비며) 엄마! 오줌 마려워! 화장실 어디야?

암전

제5막

무대

전막과 같음. 전막부터 약 5개월 후. 설을 지낸 며칠 후. 화창한 날이
다. 감나무의 잎은 다 지고 연꼬리만 걸려 바람에 나부긴다. 까치밥으
로 남겨둔 감이 몇 알 까맣게 찌들은 채 바람에 흔들린다. 어머니와
유성댁이 평상에다 메주를 썬 다음 내다 가지런히 말리고 있다. 메
주를 썼던 지푸라기가 여기저기 널려 있다. 낮닭이 홰를 친다. 햇볕은
따스하니 아직도 바람은 쌀쌀하다.

유성댁 (메주를 썬으며) 올해 메주는 노랗게 잘 떴구먼유?

어머니 (메주 물기를 닦아내며) 올해는 메주도 못 쑤려나 했더니만 천도가
　　　　무심찮았는지… (쓰게 웃는다) 허긴 이 메주가 마지막 메주가 될
　　　　지 누가 아능감!

유성댁 (킬킬대고 웃는다) 마지막 메주라뇨?

어머니 뭐가 우순기여? 벙어리 뭣 본 사람이라더니… 내 참…

유성댁 할머니는 요즘 와선 맨날 마지막 타령만 하시니까 그렇지유. 올
　　　　해가 마지막이다, 올해가 마지막이다 하시다가… 그러기에 고르
　　　　랑 팔십이라는 말도 있긴 있지유! 홋흐…

어머니 (말꼬리를 물고) 해를 넘기고 설까지 보냈구먼! 헛허… 그러니 얼
　　　　마나 다행이냔 말이여! 에그 작년 가을 같아서는 금세 집이 팔려
　　　　서 금방 어디로 떠나갈 줄만 알았는데 말이여… 선영께서 돌봐
　　　　주신기여! 좀 더 이 집에서 살다가 떠나라고. 홋흐…

유성댁 시절이란 감사스럽지유. (하늘을 쳐다보며) 설을 지내니 금세 햇
　　　　볕이 달라지니 말이에유? 인자 봄이유! 봄! (놀리듯) 이게 마지막

봄이라고 왜 안 하세유? 훗흐…

어머니 망할 것! 어서 나가봐! 비닐하우스에 일손 도와야 한다며?

유성댁 예… 정국 학생이 서울 다녀오시면서 멜롱을 따자고 하시대유.

어머니 그려? 지금 몇 신가? 정국이가 내려올 때도 되었는데…

유성댁 왜 서울을 그리 자주 가신대요? 지난 섣달그믐께도 올라가시더니… 올 들어서 두 번씩이나…

어머니 그 글쎄… (다시 메주를 이리저리 제끼며 노래하듯) 인자… 이 집에서 메주 띄워… 자식들 나눠주는 것도… 이번이…

유성댁 (잽싸게 받아서 노래하듯) 마지막일세! 훗흐…

어머니 (웃다 말고) 예부터 간장은 삼월 삼짇날 담그는 게 기중 좋다고 일러왔지만 요새 젊은 것들은 메주 쒀서 장 담그는 풍속도 모르니… 이러다간 머지않아 이 땅에서 장독대도 없어질거구먼!

유성댁 할머니 눈에는 뭣이고 자꾸 없어지기만 하니 워쩐대유? 훗흐… 그럼 다녀올게유. (하며 밖으로 나간다)

어머니는 혼자 남게 되자 문득 쓸쓸해진다. 멀리서 낮닭이 청승맞게 홰를 친다. 안방에서 아버지가 나온다. 손에 묶은 서류며 쓰다 둔 것들을 한아름 들었다. 이전보다 수척해 보이는 게 병색이 완연하다.

어머니 바람이 아직 차가운데… 약은 잡수셨어요?

아버지 (마루 끝에서 감나무를 쳐다보며) 저 연꼬리는 아직도 있는겨? 걷어치우지 않구서…

어머니 지난 설 때 손자 놈들이 띄우다가… 에그… 그런 걱정까지 하실 건 또 뭐유? 그런데 그게 뭣들이래유?

아버지 집을 비우게 될 테니 한 가지씩 정리를 해야지. 유성댁더러 뒤뜰에 가서 태워버리라고 혀! 해묵은 서류들이니께. 그리고 저 연.

어머니 (어이없다는 듯 픽 웃으며) 감나무에 새순 날 때까지 기다리시게유?

아버지 뭐라구?

어머니 그보다 더 한 것도 다 버리고 떠나갈 판국에 감나무가 무슨 소용이래유?

아버지 (신경질을 내며) 내일 죽는 한이 있더라도 오늘 할 일은 해야는기여! 내일 죽는다고 두 손 놓고 아무렇게나 살란 말이여? 나는 그리는 못혀! 나는 할 일 다 하고 죽을기여! (하며 주머니에서 담배를 꺼내어 문다) 성냥 어디 있는겨?

어머니 (가까이 가며) 담배도 해롭다잖아유? 상국이 애기 못 들으셨어유? 그러다가 해수병이라도 들면…

아버지 (신경질적으로) 사사건건 하는 일에 참견할기여? 응?

어머니 그게 왜 참견이우? 영감 오래오래 사시라는 정성이지유.

아버지 (혼잣소리처럼 불쑥) 이상한 일이제… 음…

어머니 예? 뭐가유?

아버지 꿈.

어머니 (피식 웃으며) 난데없이 무슨 꿈이래유? 호호… 하기사 이제 새 봄이 왔으니께 몸이 나른해지면 꿈도 꾸게 되겠지유.

아버지 잠깐 눈을 붙였는데 그동안에 꿈을 꾼기여. (허공을 쳐다본다. 멀리서 소가 운다) 이삿짐을 짐차에 싣고는 대문을 나서려는데 어쩐지 이 안방을 한 번 더 돌아보고 싶어지더구먼.

어머니 (차츰 흥미를 느끼며) 꿈에서유?

아버지 삼형제가 대문 밖에서 기다리겠으니 잠깐 들어갔다 오라기에 나는 이 세상에서 두 번 다시는 못 볼 집이다 싶어서 텅 빈 방 안으로 들어갔지 뭐겠어.

어머니 그래서유?

아버지 이사 나간 집이란 정말 허허벌판 같더구먼! 놓이며 문갑이 있던 자리가 무슨 도장이라도 찍은 듯이 허옇게 드러나 보인데다가 다락문이 반쯤 열린 사이로 찬바람이 쌩하고 불어오는 게 그렇게 쓸쓸할 수가 없지 뭐여. 기왕에 비우고 가는 집일지라도 다락문은 제대로 달아두자 싶어서 문을 닫았는데 문짝이 꼼짝도 않지 뭐여.

어머니 문턱에 뭐가 걸린 거 아니구유?

아버지 아니라니께! 나는 기를 쓰고 문짝을 잡아당기다가 안 되겠다 싶어 다락 안으로 들어가서 문을 잡아당겼지. 그랬더니…

어머니 워케 되었어유?

아버지 문이 찰칵 닫힌기여!

어머니 예?

아버지 그래 이번에는 밖으로 나오려고 문을 열었더니 글쎄 이번에는 안 열리는기여! 제아무리 용을 써도 문짝은 끄떡도 안 하는기여!

어머니 참 이상도 하구먼유!

아버지 밖에서는 아이들이 짐차 떠나간다면서 어서 나오라는데 글쎄 다락문이 안 열리는기여! 그런데 밖에서부터 흙탕물이 차오르며 다락 속까지 스며드는기여!

어머니 저런! 워쩐디야!

아버지 나는 다락문을 붙들고 사람 살리라고 고래고래 소리를 지르고 있는데 물이 삽시간에 가슴까지 차오르는기여! 그대로 있다가는 영락없이 물속에 빠져 죽을 것만 같아서 나는 "아버님! 나 좀 살려줘유!" 하고, 목이 터져라 불러댔더니만 글쎄 천장에서 햇볕이 쏟아지면서 줄사다리가 내려오지 않았어?

어머니 사다리를? 누가유?

아버지 몰라! 누군지 얼굴은 안 보이고 사다리만 대롱대롱 걸려있기에 나는 지옥에서 보살 만났다 싶어 그 줄사다리에 매달리다가 그만

꿈이 깼지 뭐겠어! 홋흐. (멋쩍게 웃는다)

어머니 참말로 예사 꿈이 아니구먼유. (고개를 갸웃거리며) 허지만 영감 목숨을 건졌으니께 흉몽은 아니지유!

아버지 인제 해몽까지 하는감? 홋흐…

어머니 에그… 영감이 집 일로 너무 성을 가시게 생각하신 게 성몽한 거지유! 언제고 이 집이 물에 잠길 거라고 걱정을 하시니까.

아버지 빌어먹을! 그렇게 솟아날 구멍이라도 생겼으면 오죽 좋겠어?

어머니 (한숨) 그렇지만 그게 어디 우리 마음대로 되는감유? 이미 깨진 그릇이나 다름없는디…

아버지 그런데 정국이는 아직 기별 없는겨?

어머니 아뇨. 오게 되면 어련히 전화 걸려구요.

아버지 (초조하게) 가타부타 결판이 나야 할 텐데… 이건 마치 사형수가 처형 날 기다리는 격이니 원… 아… 이렇게 앉은 채로 고향을 빼앗겨야 헌담?

어머니 우리 정국이 못할 일이지 농사지으랴 서울 오르내리면서…

아버지 아무튼 결판이 나야 팔든 사든 할 텐데…

밖에서 순심이가 들어온다. 산뜻한 봄 스웨터에 스커트를 받쳐 입었다. 처녀다운 청순함이 한결 돋보인다.

어머니 이제 오냐?

아버지 엄마! 서울서 전화 안 왔어?

어머니 아니.

순심 작은 올케더러 통신대학 납부금 고지서 좀 얻어다 보내라고 부탁했는데… 대답은 쉽게 하면서… 안 보내오니 원…

어머니 일이 바쁘다 보면 깜빡할 수도 있지.

아버지 순심아! 네가 전화 좀 걸어봐.

순심 누구한테요?

아버지 정국이 들렀는가도 알아보고… 집에서 기다리는 사람 심정도 알아줘야지. 이건…

어머니 일이 잘 되면 어련히 알아서…

아버지 잘 되면? 뭐가 잘 된 거지?

어머니 정국이가 알아보려고 한다면서요. 이 고장에 댐이 정말 서게 되는지 어쩐지를…

아버지 그래 댐이 서는 게 잘 되는 거야? 안 서는 게 잘 되는 일이냐구?

어머니 낸들 알아요? 나야 이날 이때까지 영감 시중만 들다가… 호호백발이 되었는데.

아버지 듣기 싫어! 이제 와선 내 탓으로 돌려대기여? (아버지가 뒤뜰로 나간다. 순심이 킬킬거린다)

순심 아버지하고 엄마는 꼭 닭싸움질 하는 것 같다니까! 홋호…

어머니 망할 것! 어서 점심이나 차려라.

순심 예…

순심이가 건넌방으로 들어간다. 이때 화장품 외판원이 들어온다. 역시 제복 차림에 상품을 담은 백을 어깨에 메고 있다.

외판원 안녕하세요? 홋호…

어머니 어서 와요.

외판원 에그… 메주 많이 띄우셨네. 파시려고요? (하며 만져본다)

어머니 우리도 쓰고 아들네 딸네 고루 나누어주자면 이것도 모자라요.

외판원 이런 고마우신 어머님 밑에서 살림하면 얼마나 편할까!

어머니 자식들이 그걸 고마워할 줄 아는 세상이 되었으면 좋겠구먼! 홋

267   청계마을의 우화

호…

외판원 (따라 웃다 말고) 색시 있어요?

어머니 (미처 못 알아듣고) 응?

외판원 막내 따님 말씀이에요.

어머니 응… 아니 왜… 그 애는 화장품 살 줄 몰라.

외판원 실은 좋은 신랑감 있는데… (다가앉으며) 할머니, 올해는 막내사
위 보셔야지요. 예?

어머니 그게 워디 쉬운 일인감! 그런 일 아니고도… 지금 우리 집안은
살얼음 밟는 꼴인데.

외판원 딸자식 가진 부모에게 그 이상 큰 일이 어디 있다구요? 자 이것부
터 좀 보시고 나서… (품속에서 사진을 한 장 꺼내며 건넨다. 어머니
가 받아본다)

외판원 어때요? 잘났죠? 흠… 서른 살에 막내아들이라 시집살이 안 하구
막바로 분가나간대요.

어머니 훤하게 생겼구먼!

외판원 리비아에서 4년간 돈 벌어가지고 돌아온 신랑인데 서울 목동에
25평짜리 아파트에 전기냉장고, 테레비…

어머니 (사진을 돌려주며) 우리 순심이 마음은 작년이나 올해나 매한가지
여! 제 아버지 닮아서 한 번 마음먹으면 지렛대를 갖다 대도…
끄떡 안 하는 성미인걸! 흠…

외판원 혼담자리 정말 놓치기 아까워요. 저쪽에서는 맞선이라도 봤으면
좋겠다고 덤비는데 어떻게 하죠?

어머니 맞선을?

외판원 내가 이쪽 사정 얘기 죄다 했더니 저쪽에서는 금방이라도 예식을
올리자면서… 나는 늘 얘기지만 이쪽저쪽 형편이 반반하게 맞았
을 때 혼담도 꺼내지 털어놓고 집 거간 놓는 복덕방은 아니라니

까요. 이건…

이때 건넌방에서 순심이가 나온다. 경직된 표정으로,

어머니　글쎄 나는 몰라유… 지금은 뭣이든 저희들 일은 저희들이 알아서 결정짓는 세상이라서… 늙은이 껍데기는 저리 가래요.

외판원　그래도 혼담은 그게 아니지요. 부모 허락 없이 어떻게… 그런 싸가지 없는 것들은… (말을 하다가 무심코 순심과 시선이 마주친다) 어머나! 듣고 있었구먼! 홋호…

순심　(차갑게) 그래서요?

외판원　예? 음… 저…

순심　싸가지 없는 나한테 무슨 볼일이라도 있으신가요?

외판원　그, 그게 아니라…… 저……

순심　말이야 바른 말이지 어느 쪽이 싸가지가 없는지 한 번 따져봐야 겠군요!

외판원　뭐, 뭣이?

어머니　순심아!

순심　화장품 장수면 물건이나 팔 일이지 이집 저집 기웃거리면서 얘기 나 옮겨 다니는 사람, 딱 질색이에요!

외판원　어머머! 이게 무슨 날벼락 같은… 내가 언제 이 집 저 집 기웃거렸 으며, 남의 집 얘기 옮겨 다녔다고 그래? 내가 언제…

순심　아니면 어떻게 저쪽에서 나를 알고 혼담이 오고 갔죠?

외판원　그 그거야 내가 가운데 들어서…

순심　(단호하게) 나가주세요!

외판원　아니…

어머니　순심아!

순심　난 결혼 안 한다고 했잖아요! 설령 하게 된다고 해도 내가 사귄 사람이라야지 아주머니 같이 중간에서 다리 놓는 건 싫어요! 질색이라구요!

어머니　순심아! 그러는 게 아니여!

순심　(무섭게 노려보며) 어서 돌아가 주세요! (하며 부엌으로 휑 들어간다)

외판원은 벼락 맞은 사람처럼 한동안 멍하니 서 있더니 파르르 성깔을 낸다.

외판원　내가 화장품 외판원이나 하고 다니니까 무지렁이 인간으로 보이는가 본데 나도 이래 뵈도 남편 있고, 자식 있고, 시댁에는… 법관도 있다구! 왜 이래?

어머니　진정해유! 아직 철이 덜 들어서.

외판원　남의 친절을 몰라봐도 분수가 있지! 이래 뵈도 나는 남의 행복을 날라다주는 사람이란 말이야! 왜 이래! 흥!

순심　(고개를 내밀며) 그러실 테죠. 무보수로 남의 행복을 팔고 다니는 축복받은 사람이겠죠! (다시 들어간다)

외판원　(어이가 없어지며) 옳지! 중매비 안 내고 시집가겠다는 그 심보 알 만도 하구먼! 흥! 세상에 어느 년이 무보수로 이 짓 하고 다닌담? 헹! (하며 나가버린다)

어머니　(골치를 짚으며) 세상에! 성깔 하나 무섭긴 칼날이구먼!

이때 아버지와 정국이가 들어온다. 정국은 양복 차림에 손에 서류봉투가 들렸다. 깔끔하게 정장을 하고 나니 몰라보게 신선한 인상이다. 그는 약간 흥분하고 있다.

어머니　이제 오는기여?

정국　예…

어머니　간 일은 잘 됐고?

정국　지금 아버지께 말씀드리는 참이에요.

순심이가 나온다. 모두들 마루에 걸터앉는다. 순심은 서 있다.

아버지　그래서? 어떻게 된기여? 만났어?

정국　그래서… (순심에게) 나 물 한 그릇.

순심　예… (급히 부엌으로 간다)

아버지　농지과에선 뭐라고 혀?

정국　국회건설분과에 들러왔다고 하니까.

순심이가 물대접을 가지고 온다. 정국이가 그걸 꿀꺽꿀꺽 마신다. 긴
장된 분위기다. 모두들 정국의 거동을 지켜보고 있다.

정국　아… 시원하다! 물맛이 좋기는 청계마을을 따를 물이 없는 거예
요. 엄니! 헛허…

어머니　물맛 좋으면 뭘혀? 나무관세음보살인걸!

아버지　그래서? 아까 얘기나 계속혀! 갈증나게 하지 말고.

정국　그래 건설부 담당지구원을 만나서 사정 얘기를 했더니…

아버지　했더니?

정국　(세 사람을 번갈아 보며 또박또박) 사실무근이래요!

아버지　뭐, 뭐라고?

어머니　정말?

순심　(기뻐서) 오빠?

　　　　　　　　　　　　　　　청계마을의 우화

정국 (서류를 꺼내보이며) 지난 1971년 안동댐을 착공해서 1976년에 완
공했고 1975년에 대청댐을 착공해서 5년 만에 완공했고… 그리
고 지난 78년에 충주댐을 착공해서 머지않아 준공된다는 실적을
얘기하면서… (서류를 펴 보이며) 우리 청계마을에 댐을 건설할 구
체적인 안은 없다고 딱 잘라 말하잖겠어요?

아버지 이게 워찌된 판국이여? 그런 사실이 없다면…

정국 허튼소리를 퍼뜨렸는지 그 자를 대라면서 오히려 저한테 다그치
는데 땀 뺐어요! 적어도 그런 큰 공사를 하려면 사전계획도 계획
이지만 그 지방 주민들의 집단이주 문제며, 토지 보상문제 등 재정확
보가 선행되어야 할 실정인데 어떻게 그런 계획도 없이 댐 공사
를 시작하겠는가 하면서 화를 내던데요? 헛허…

아버지 (신음하듯) 음… 그러면 그렇지!

정국 그 중에서도 보상문제가 아주 어렵다면서 (다시 서류를 펴 보이며)
그 종류에도 지가보상, 실농보상, 영업비 보상 등 행정상 처리만
해도 몇 년이 걸리는 실정인데 어떻게 쉽사리 댐 공사를 착수할
수 있을 것 같으냐면서…

순심 그런데 큰오빠 어디서 그런 정보를 입수했을까요?

어머니 그러게 말이다.

아버지 (담배를 꺼내며) 알 만도 하지!

정국 뻔한 일이래. 서울 근교에는 그런 구석만 노리는 부동산업자가
수백 명이며 그들의 사건이 비일비재하면서 오히려 우리보고 정
신 바짝 차리라고… 그리고 형이 입수했다는 그 서류는 10여 년
전에 파기된 헌 문서일 거라구…

아버지 (입 안의 소리로) 미친놈.

정국 서울뿐만 아니라 지방 곳곳에서 그런 식으로 값을 올리고 주민들
을 속이는 브로커들이 흔하다나 봐요. 우리는 시골에 들어앉아

있어서 바깥 사정을 모르고 있었던 거예요!

아버지 (단호하게) 죽일놈!

어머니 예?

아버지 그래 네 형 만났어? 형 사무실에 들러본 거여?

정국 사무실이요? 흣흐…

순심 오빠 왜 웃어?

정국 그것도 사무실이라면 사무실일까?

순심 무슨 뜻이에요?

정국 알고 보니까 어떤 다방에다 자리를 정하고 다방 전화로 여기 저기 연락하면서 사장 행세를 해왔더라구요! 자동차도 월세 내고 타고 다니고… 헛허…

어머니 그럼 그 자동차가 네 형 자동차가 아닌기여?

정국 틀림없는 자가용은 자가용이죠! 명의만 아닌. 헛허…

어머니 세상에!

정국 이번에 서울에 오르내리면서 많은 걸 배웠구면요.

아버지 나도 이 몇 달 동안 많은 생각하고 많은 걸 배웠지.

순심 사람들이 그렇게밖엔 살 수 없나? 그리고 큰오빠도……

정국 형 말대로 현실은 냉혹하다는 걸 실감했다! 남의 고향을 빼앗아 물속에 잠겨버리려는 음모까지 꾸미는 세상이니 이 이상 냉혹한 일이 어디 있겠니? 순심아. 하마터면 북극의 나후칸 마을이 될 뻔 했구나! 헛허…

아버지 고향을 빼앗아간다고? 어림도 없다. 고향은 영원히 고향인 거여. 뺏을 수도, 빼앗길 수도 없는 거여. 백 년 천 년 아니 천만 년을 두고도 그렇게는 못혀!

어머니 (허망하게) 고향이 물속에 잠기는 게 아니라 인심이 땅 속으로 내려앉는기여!

청계마을의 우화

정국 그래요! 사람의 본시 마음이 사라진 거예요! 그러나 이제부터는 걱정 없어요. 우리 청계마을은 변함없을 테니까요!

이때 밖에서 자동차 클랙슨 소리와 차 멎는 소리.

어머니 누가 왔나 봐.

순심 (울타리 너머로 내다본다) 큰오빠예요. 손님을 데리고 내려요.

정국 손님을… (급히 울타리 너머로 바라본다)

아버지 이놈을 그냥…

어머니 영감. 제발 아무 말씀 마셔요. 할 애긴 손님 돌아간 다음에 조용히…

이때 영국의 호탕한 웃음소리와 함께 복덕방(젊은 사람)이 들어온다.

영국 정국아! 나 왔다. 헛허…

모두들 어색한 분위기다.

영국 아버님! 제가 지어 보낸 약은 다 드셨습니까? 효험이 있으세요?

어머니 그럼. 하루 두 번씩 꼬박…

영국 다른 약도 친구가 하는 약국에다 부탁해놨어요. (복덕방과 시선이 마주치자) 참… 아버지! 서울서 함께 내려온 부동산업 하는 정 사장이신데요.

정 사장이 엉거주춤한 상태에서 절을 하자 아버지는 노골적으로 외면을 한다. 영국이가 난감해진다.

영국	저 선산 뒤 송림하고 이 집터를 현장답사하겠다고 해서 제가…
아버지	현장답사해서 어떻게 하겠다는겨?
영국	어, 어떻게라뇨? 그건 저…
아버지	(단호하게) 팔 수 없으니 돌아가라구 해!
복덕방	안 팔아요? (영국에게) 도대체 어떻게 된 거요, 장 사장? 이런 법이 어디 있는가 말이에요?
영국	아, 아니… 그게 아니라… 아버지?
아버지	(더욱 강조하며) 팔 생각도 없고 팔어넘길 땅도 없다. 다른 데나 가보라고 혀! 에헴! 이봐, 내 두루마기.

어머니가 방에서 두루마기를 내와서 입힌다. 아버지가 뒤뜰로 돌아간다.

어머니	영감 어디 가세유?
아버지	선영께 보고드려야 할 거 아니어? 정국이가 서울 다녀왔다고… 그리고 청계마을이 옛 모습 그대로 남게 되었으니 걱정하실 거 없다고… 음…
순심	아버지! 저도 갈래요.

순심이가 아버지 뒤를 따른다. 복덕방 정 사장이 무안을 당한 분함을 못 이긴 채 밖으로 휭 나간다.

영국	정 사장! 정 사장! (그 뒤를 따르려다 말고 정국을 돌아본다)
정국	형님! 나 어제 서울 올라갔다가 모든 걸 알아보고 왔어요.
영국	모든 것?
정국	형님은 그동안 속아왔어요.
영국	뭐라고?

　　　　　　　　　　　　청계마을의 우화

정국 　강 의원 비서실에서 나왔다는 이 지적도며 계획서… (풀어내서
　　　 펴 보인다)

영국 　아니 네가 어떻게 그걸…

정국 　형님이 알고 있는 사실이라면 나도 알아낼 수 있죠. 이게 다 철지
　　　 난 휴지였어요. 흠… (하며 서류를 천천히 찢는다. 자동차가 떠나가는
　　　 소리. 영국이가 비틀거린다)

영국 　그, 그럴 리가… 그럴 리가…

정국 　형! 그동안 형이 꾸어오던 백일몽에서 깨어나세요. 아버지도 다
　　　 알고 계시니 함께 선영 앞에 가서 빌어요. 예?

영국 　(담에 기대며) 그, 그럴 수가…

전화벨이 울린다. 어머니가 수화기를 든다.

어머니 　응… 서울이여? 성식 아범? 그래 여기 와 있다. 응? 바꾸라고? 가만…
　　　　 (영국에게) 성식 에미한테서야. 급한 일이라구 바꿔달래… 어서 받
　　　　 어봐. (영국은 넋 나간 사람처럼 미동도 안 한다) 왜 그러는기여! 응?

영국은 한 발 두 발 아버지가 퇴장한 쪽으로 걸음을 옮긴다. 전화통에
서 신경질적인 여자 목소리가 앙칼지게 퍼진다.

어머니 　(전화에다 대고) 성식 아범 곧 서울로 올라갈 게야. 만나서 자초지
　　　　 종 얘기 듣고 나서 전화해. 응… 그래… 그리고 올 메주는 세 덩이면
　　　　 되겠지? 잘 떴다. 막장도 뽑아서 쌈장에다 써… 뭐니 뭐니 해도
　　　　 살림에는 장맛이 기중 중한기여! 알겠어? 오냐.

-서서히 막 내린다

안네 프랑크의 장미 (9장)

- **등장인물**

  야마모토 후미에(山本文江, 45세), 박길상의 딸

  야마모토 분따(山本文太, 43세), 박길상의 아들. 사진기자

  박길상(朴吉相, 31세), 야마모토 후미에의 아버지(과거)

  야마모토 사치코(山本幸子, 28세), 박길상의 아내. 일본여성(과거)

  후미에(7세), 야마모토 후미에의 어린 시절

  분따(5세), 야마모토 분따의 어린 시절

  야마모토 마리(山本麻里, 18세), 야마모토 후미에의 딸

  최용남(崔勇南, 26~70세), 징용노무자. 경상도 출신

  안흥수(安興洙, 27세), 징용노무자. 전라도 출신

  가네코 료키치(金子良吉, 32세), 강행복의 젊은 시절. 창씨개명함

  강행복(姜幸福, 70세), 가네코 료키치의 노후. 오양건설 회장

  윤씨(57세), 강행복의 부인

  강정일(48세), 강행복의 아들. 사장

  강남규(20세), 강정일의 아들. 대학생

  오 비서(27세), 강행복의 비서

  손님 청년(24세), 일본사람

  기타 노무자 및 부녀자 다수

- **때**

  1944년부터 1980년대까지

- **곳**

  마쓰시로 松代(日本 長野縣) 공사장. 서울. 동경

제1장

강행복의 집 응접실. 가재도구며 장식은 값진 것들로 배치되어 있지만 어딘지 모르게 경박해 보인다. 신흥 부르주아지들의 얄팍한 체취를 느끼게 하는 꾸밈새다. 정면에 정원을 내다볼 수 있는 유리창과 테라스로 통하는 문이 있다. 오른쪽에 출입문이 있을 뿐 남은 여백은 장식용 책장과 값나갈 듯한 서화가 적당히 걸려 있다.

육중한 책상이며 응접대, 그리고 방안 여기저기엔 큼직한 리본이 달린 축하 화분과 꽃바구니가 놓여 있어 이 집안에 경사가 있었음을 한눈으로 볼 수가 있다. 리본에는 '축祝 고희古稀'라는 글씨가 유난히 눈에 띄게 씌어 있다.

초저녁. 방안은 어둠의 장막이 드리우고 있으나 석양이 비껴가는 정원의 화사한 광선이 역광으로 반사되어 오히려 방안을 을씨년스러운 분위기로 느끼게 한다.

응접용 소파에 야마모토 후미에가 단정히 무릎을 모아 앉아 있다. 일본여성 특유의 자세이다. 차분한 연다갈색의 투피스를 입었다. 나이보다는 겉늙어 보이는 인상이나 실내 광선이 어두워서 그 용모는 분명하지가 않다. 그녀는 새삼 방안을 천천히 휘둘러본다. 무엇인가 탐색하려는 눈빛 같기도 하다.

대문 밖에 자동차가 멎는 소리에 이어 사람들의 작별 인사하는 소리가 떠들썩하다. 이윽고 주고받는 소리가 복도를 통하여 가까워진다.

강행복 (소리) 손님?

오 비서 (소리) 예. 지금 응접실에 와 계십니다.

윤씨 (소리) 옷을 갈아입으셔야죠.

강행복 (소리) 괜찮아. 우선 손님을 만나야지.

후미에가 반사적으로 자리에서 일어서 자세를 바로 세운다. 이윽고 출입문이 열리며 강행복, 윤 씨 그리고 오 비서가 들어선다. 오 비서가 날렵하게 벽에 있는 전등 스위치를 누른다. 방안의 화사한 분위기가 한결 돋보인다. 강행복 내외는 한복 차림의 성장이다. 상대가 여성이라는 사실에 약간 당혹감을 느낀 듯 강행복과 윤 씨가 서로 시선을 마주친다. 강행복은 어깨가 넓고 피부에 탄력이 있어 50대 후반 같다. 오 비서가 명함을 건네자 강행복은 마지못해 슬쩍 훑어보며 다가간다.

강행복 일본서 오셨다고요?
후미에 (조심스럽게) 처음 뵙겠습니다. 저…… 야마모토…… 후미에라고 합니다. (허리를 45도로 공손히 굽힌다. 일본여성 특유의 몸짓이다)
강행복 (약간 허점을 찔린 듯) 예…… 나 강행복이오. 앉으시지요. 자……

후미에가 다시 공손히 허리를 굽힌 다음 소파에 앉는다. 강행복과 윤 씨의 표정이 미묘하게 교차된다.

강행복 마실 거라도 내와요!
윤씨 그렇게 하죠. (후미에에게) 무슨 차로 하시겠어요?
후미에 예…… 아무거나……
강행복 여보 한국 녹차를 내와요. 일본사람들은 커피보다는 녹차를 더 좋아하니까. 그렇죠?
후미에 (고개를 숙이며 미소를 지을 뿐이다. 윤 씨가 잠시 후미에의 표정을 살피더니 아직도 미심쩍은 듯 다시 한 번 뒤돌아보고는 나간다)
오 비서 회장님. 다른 분부 말씀 없으시면 저도 이만……

강행복 응, 수고했어 오 비서. 축하연에 참석하신 분들에게 인사장 보내
는 거 잊지 말도록.

오 비서 예. 사장님께서 이미 인사장 문안 검토까지 마치시고 인쇄소로
넘기도록 분부가 있었습니다.

강행복 멀리 지방에서 축전을 보내 주신 분도 빠뜨리지 않도록…… 사
람이란 아무리 작은 은혜일지라도 보답하는 마음을 잊어서는 안
돼! 알겠나?

오 비서 알겠습니다, 회장님.

강행복 그리고 아까 보니까 축하용 화분과 화환이 대문 밖 행길까지 방
치되어 있던데…… 어떻게 하기로 했나?

오 비서 회사의 각 사무실에다 나누어 배치키로 하고……

강행복 그건 안 돼. 그렇게 해서 화초를 제대로 살리는 사람 못 봤으니까.

오 비서 예?

강행복 말려 죽이느니 꽃가게에다 헐값으로라도 팔면 돈 생기고 화초도
살고 일거양득 아닌가. 총무부장한테 그렇게 지시해.

오 비서 알겠습니다, 회장님.

강행복 그리고 강 사장더러 내게 전화 걸라고 전하게.

오 비서 예. 알겠습니다 회장님. 그럼 이만.

오 비서가 군대식으로 35도 경례를 한 다음 나간다. 강행복이 어정쩡
한 분위기를 깨뜨리기라도 하려는 듯 일부로 너털웃음을 터뜨린다.

강행복 핫하…… 미안합니다. 손님을 앉혀 놓고 내 얘기만 늘어놔서
…… 헛허…… (하며 담배 세트에서 담배를 집는다)

후미에 (눈치를 살피며) 졸지에 이렇게 찾아온 저의 무례함을 용서하십시오.

강행복 천만에요! 오늘따라 친구들이 내 고희를 축하하는 오찬회를 베풀

어 준다기에 갔다가…… (담뱃불을 붙이고) 난 한사코 고사했지만 모두들 그럴 수가 있느냐고 막무가내로 밀어붙이니 원…… 대세에는 어쩔 수가 없더군요. 헛허……

후미에 말씀 들었습니다. 호텔에서 조간신문을 읽고서…… 어젯밤에도 경제계 인사 3백여 명이 고희 축하연을 베풀어 대성황이었다고.

강행복 (탄복한 표정으로 새삼 후미에를 바라본다)

후미에 강행복 회장님은 성함 그대로 행복을 타고나신 분이신가 봐요……

강행복 그런데…… 일본사람이라면서 어떻게 한국말을 그렇게…… 게다가 신문까지 읽으신다니……

후미에 차차 아시게 될 거예요. 실은 저……

때마침 윤 씨가 차 쟁반을 들고 들어선다. 겉으로는 무표정해 보이나 그녀의 안경 너머로 번득이는 눈초리는 자못 탐색적이다.

윤씨 (담담하게) 드십시오, 한국 차랍니다.

후미에 감사합니다. (앉은 채 공손히 고개를 숙인다. 세 사람 사이에 무거운 침묵만 깔린다. 강행복은 일부러 그 어색한 분위기를 깨기라도 하듯 윤씨에게 말을 건다)

강행복 무슨 할 얘기라도…… 아니면……

윤씨 예? 아니에요. (윤 씨는 머뭇거리다가 출입문 쪽으로 가다말고 돌아보며) 참, 오늘 저녁은 청담동 아이들하고 함께……

강행복 알고 있어요! 들어가 봐요.

윤 씨가 후미에에게 형식적으로 일별을 던지고는 나간다. 강행복이 차를 한 모금 마시고 난 다음 안경을 쓰고 명함을 다시 들여다본다.

안네 프랑크의 장미

강행복 마쓰시로 松代라…… 마쓰시로가 어디죠?

후미에 일본 중부지방의 나가노껭에 있는 분지 안의 아주 작은 마을이에요.

강행복 그래…… (냉담하게) 나를 찾아온 용건은? (하며 명함을 소탁자 위에 놓는다)

후미에 예…… 저……

강행복 말씀하세요. (사이) 다시 찻잔을 들어 마신다. (사이)

후미에 도움을 청하고 싶습니다.

강행복 도움? 내게 말이오?

후미에 두 가지 도움을 청하려고 왔어요.

강행복 (안경을 벗으며) 말씀하세요.

후미에 실은…… 이번에 이런 일을 꾸미느라고…… (하며 핸드백에서 4·6 배판 크기의 타블로이드 책자를 꺼내어 내민다)

강행복 봐도 됩니까?

후미에 물론이죠.

강행복 (책자를 들고 표지를 읽는다) 마쓰시로 보존회? (책갈피를 서너 장 넘긴다. 별로 흥미가 없는 표정이다)

후미에 강 회장님께서 혹시 아시고 계실지 모르지만…… 얼마 전에 마쓰시로에 남아 있는 지하 땅굴을 영구보존하기 위해 현지에서 민간인들끼리의 한 모임을 가졌습니다.

강행복 (다시 책 겉장을 보며 읽는다) 마쓰시로 대본영 옛터를 기억하자……

후미에 (차분하게) 태평양전쟁이 막바지에 이르렀던 1941년 봄. 일본 정부는 마쓰시로 지하에다 대규모의 굴을 팠었죠. 그 굴 속에다 대본영, 방송국, 주요 정부기관, 그리고 일본천황과 황후 어소御所를 비롯한 일본의 중추적 시설을 설치하려는 방대한 계획을 극비밀리에 추진해 왔다는 사실을 알고 계시죠?

강행복 (고개를 갸웃거리며) 글쎄요…… 나로서는 기억이…… 잘……

후미에 (차츰 열이 오르며) 처음 공사가 시작된 게 1941년 11월 11일 오전 11시였으니까 어언 40년 전 일입니다.

강행복 (남의 일이라도 되는 듯) 40년이라…… 그렇게 오래 전인가요?

후미에 하긴 그 공사는 그곳 주민들도 잘 모를 만큼 극비리에 진행했기 때문에 전쟁이 끝날 때까지는 전혀 알려지지 않았습니다.

강행복 (새 담배 개비를 물며) 그런데 어떻게 해서 알려졌죠? (그는 허공으로 담배연기를 내뿜으며 별로 흥미가 없다는 듯 외면을 한다)

후미에 (정색을 지으면서) 1945년 10월 26일자 〈시나노 매일신문〉이 기사로 폭로했어요. (책장을 펴고 읽는다) "수수께끼가 풀린 마쓰시로 땅굴. 대본영과 각 행정부처 등을 지하에 이전 계획, 1백여 가구에 퇴거 명령, 총공사비 6천만 엔!……" (읽다 말고 강행복의 표정을 눈여겨본다. 그러나 강행복은 별로 흥미가 없다는 듯 소파 등받이에 몸을 눕힌 듯 앉는다. 그리고는 담배연기를 길게 내뿜는다. 후미에가 허점을 찔린 듯 그를 쳐다본다)

강행복 (눈을 감은 채 담담하게) 야마모토 상…… 그 얘기를 왜 나한테 하는 거죠?

후미에 예?

강행복 나와 그 마쓰시로 땅굴하고 무슨 상관이 있는가 말입니다. (말투는 부드럽게 들리나 어딘지 냉담하다)

후미에 강 회장님.

강행복 (빙그레 웃으며) 지금 무슨 착각을 하고 계신 모양인데요 후미에 상은…… (일부러 과장해서) 나는 지금 마치 토끼 용궁에 가 있는 느낌입니다. 전혀 감도 안 잡히는 얘기예요 이건…… 헛허……

후미에 강 회장님은 그때 마쓰시로에 안 계셨던가요?

강행복 (눈을 크게 떠 보이며) 천만에!

후미에	예?
강행복	(담담하나 단정적으로) 그런 사실 없어요!
후미에	그, 그럴 리가……
강행복	(자리에서 일어나며) 나는 마쓰시로가 어디에 붙었는지, 그 땅굴이 어떻게 생겼는지 전혀 아는 바 없습니다.
후미에	예?
강행복	왜냐하면 나는 마쓰시로라는 곳에 간 적이라곤 없거든요.
후미에	그렇지만 강 회장님께서는 1941년에 강제징용을 당하여 일본으로 끌려갔다는……
강행복	(일어나서 창 쪽으로 가며) 강제징용? 천만에!
후미에	그럼……
강행복	나는 자진해서 일본으로 돈벌이하러 갔었죠. 중학교 선배 한 분이 알선을 해주어서. 노무라 건설이라는 토건회사에서 일한 적은 있어요.
후미에	(새로운 사실에 흥미를 느끼며) 그때 어디에 계셨죠?
강행복	(스스럼없이) 가와사키! 동경에서 약 두 시간쯤 걸리는 거리였을 걸요 아마……
후미에	그럴 리가 없어요. 강 회장님은……
강행복	(후미에를 돌아보며 냉소적으로) 그건 바로 내가 하고 싶은 말인데요. 나는 가와사키 조선소에서 일했어요. 마쓰시로가 아닌 (힘주어 강조하며) 가, 와, 사, 키의 노무라 건설회사!
후미에	(약간 당혹해지며) 그, 그렇지만 제가 알기로는……
강행복	(비아냥거리는 말투로) 야마모토 상은 지금 뭔가 크게 착각을 하고 계시는 모양인데…… (오금을 박듯) 사람을 잘못 찾아오셨어! 헛 허……
후미에	저…… 그럼 한 가지만 더…… 혹시…… (용기를 내서) 박길상

씨라는 분 모르세요?

강행복 박길상? 글쎄요…… 그게 누구죠?

후미에 저의 아버님이셔요.

강행복 (약간 놀라움을 느끼며) 댁의 성함이 야마모토 후미에라면서 어떻게……?

후미에 저희 어머님의 성을 따랐으니까요. (부끄러움을 감추듯) 나는 조선 사람인 아버지 성을 물려받지 못했어요.

강행복 (크게 고개를 끄덕이며) 아…… 혼혈…… 무슨 사정이었는지 짐작이 갑니다.

후미에 부끄러운 일이지만 혼혈아로 태어나서 40년이란 세월을 한 곳에 발붙이지 못한 채 떠밀려 오며 살아 나온 격이죠!

강행복 짐작이 갑니다. 재일 한국인 동포들이 겪은 참담한 얘기는 나도 알고 있지요.

후미에 조선사람의 핏줄을 이어받았다는 이유만으로 당할 수밖에 없었던 그 수모와 상처가 크고 깊을수록 나는 억새풀처럼 버텨 왔어요. 이렇게 한국을 찾아온 것도 사실은 아버지가 어떻게 돌아가셨는가에 대한 진상을 규명하려는 일념에서이지 결코 다른 저의는 없습니다. 강 회장님! 그러니 제발 귀찮다 하지 마시고 저를 도와주세요.

강행복 나는 후미에 상을 도와드릴 자격이 없는 사람이라는 걸 아까 분명히 말했을 텐데요. (냉담하게) 나는 마쓰시로에 관해서는 아는 바 없어요! (강행복이 인터폰을 누른다) 나야…… 목욕물 좀 받아 놓으라 해. (후미에가 원망스럽게 강행복의 옆 얼굴을 쳐다본다)

강행복 멀리서 일부러 찾아오셨는데 아무런 도움이 못 되어 미안하게 되었소. (하며 일어선다)

후미에 그럼 한 가지만 더…… 확인을 하고 싶습니다.

강행복 (돌아보며) 또 뭐가 남아 있나요?

후미에 (천천히) 강 회장님 성함이 가네코 료키치 金子良吉가 맞죠?

강행복 가네코 료키치? (도리질하며) 아닌데요! 나는 강행복이요. 진주 강씨에다……

후미에 (안타깝게) 태평양전쟁 당시의 성함은 가네코였잖아요? 그때 조선사람들의 대부분이 강제로 창씨개명을 했다고 들었어요.

강행복 물론 나도 창씨는 했었죠!

후미에 가네코 상이 맞죠?

강행복 천만에! 나는 우에무라였소!

후미에 (입 안에서) 우에무라? (따지듯) 그럼 가네코 씨가 아니란 말씀이세요?

강행복 (밝게 웃으며) 그러기에 뭔가 착각이었을 거라고 몇 차례 말했잖소? 헛허…… 나는 당신이 찾는 가네코 료키치가 아닌 우에무라 사다오였고 지금은 강행복이에요! (약간 불쾌한 어조로 오금을 박듯) 오양건설주식회사 회장 강행복, 아시겠요! (다시 부드럽게) 이만하면 직성이 풀렸습니까?

후미에 (혼잣소리처럼) 그럴 리가 없어요.

강행복 (노골적으로 불쾌감을 나타내며) 그럴 리가 없다? 그게 무슨 뜻이죠?

후미에 제가 그동안 추적한 바에 의할 것 같으면…… (작은 수첩을 핸드백 속에서 급히 꺼낸다) 바쁘실 줄 알지만 끝까지 들어 주세요! (수첩을 들여다보며) 저희 아버지의 본명은 박길상. 22세 때 일본으로 건너간 후 직업을 전전하다가 30세에 노무자로 징집당하여 나가노껭 마쓰시로의 지하굴 작업현장에서 강제노동을 해왔음. 1945년 8월 15일 일본이 패망한 다음날 저녁때부터 행방불명이 되었음. (고개를 들고) 그것도 함께 작업해 오던 27명이 한꺼번에 어디로인지 연행되고 말았어요.

강행복 난 모르는 일이오!

후미에 아버지를 포함한 27명은 일본 천황과 황후의 피신처 건축 공사장에서 일해 왔었대요. 지하 5백 미터에다 굴을 팠다지만 현장을 직접 본 사람은 없다는군요. 그러나 흡사 난공불락의 요새처럼 견고하게 축조되었을 거라는 소문뿐이에요. 왜냐면 지금도 그 현장만은 아무도 볼 수가 없게끔 굳게 잠겨 있어 접근이 금지되어 있으니까요. 지금 그 지상건물은 기상청 지진관측소로 사용되고 있으니까 아무도 지하에는 들어갈 수가 없어요.

강행복 도대체 그 일과 나와 무슨 상관이 있단 말입니까? 설마 내가 후미에 상의 아버지를 유괴살해 한 범인이라는 뜻은 아닐 테죠?

후미에 강 회장님께서는 적어도 그 27명이 그날 이후 어디로 갔는가에 관한……

강행복 증거라도 쥐고 있다는 뜻이오?

후미에 증거가 아니면 하나의 추측이라도……

강행복 추측? 헛허…… 이것 봐요. 우리 한국 속담에 "설마가 사람 잡는다"는 말이 있는데…… (화를 버럭 내며) 당신이 바로 그런 사람이오! (따지듯) 내가 1945년 8월 15일 오후 잠적해 버린 그 27명의 노무자의 행방에 대해서 실마리를 쥐고 있다는 추측은 도대체 누가 한 거요? 언제 어디서 누가 그런 망발을 하던가 말이오? (윽박지르며) 대체 그놈이 누구요?

후미에 (침착하게) 저희 어머니한테서 들었어요.

강행복 뭐, 뭐라고?

후미에 가네코 료키치라는 분을 찾게 되면 알 수 있을 텐데. 그 사람은 전쟁이 끝나자 한국으로 돌아가 버렸으니 어디서 찾을 수가 있겠느냐고 밤낮으로 눈물로 지새우시다가 (감정을 억제하며) 제가 열일곱 살 때 세상을 뜨셨어요.

강행복 안됐군!

안네 프랑크의 장미

후미에 어머니께서 마지막 숨을 거두시는 그 순간까지 가네코 상을 찾으면 알 수 있을 거라고 유언하셨어요. (문득) 강 회장님 고향이 어디신가요?

강행복 (약간 허점을 찔린 듯) 고, 고향?

후미에 (수첩을 다시 보며) 혹시…… 충청도…… 영동군……

강행복 (단정적으로) 천만에! 난 황해도 연백이오! 내 주민등록증 보여드릴까?

후미에 (다시 허물어지듯) 충청도가 아니라면……

강행복 (경직된 표정으로) 후미에 상! 나를 이상 더 괴롭히지 마시오! 난 지금 피곤해요. 고희까지 살아남은 근력은 자부하지만 늙었다는 사실은 부인 못해요. 게다가 이렇게 신경을 곤두세우게 하는 질문만 받게 되면 철인이 아닌 이상 나도 열을 받게 되니까 이만 돌아가 주시오! 나도 좀 쉬어야겠어!

후미에 (꺼질 듯이) 죄송합니다. 결코 번거롭게 해드릴 생각에서가 아니라…… 다만 저와 동생 분따가 20년을 두고 아버지의 행적을 찾아 나섰고, 그리고 지난 5년 동안 이 (타블로이드를 가리키며) 마쓰시로 땅굴 보전운동에 참가해 온 와중에 내 가슴 속에서 타오르는 불길을 억제할 수가 없었기 때문입니다.

강행복 불길이란 게 복수심이란 뜻이오?

후미에 처음에는 그런 생각을 품었던 것도 사실입니다. 그러나 지금은 다릅니다. (강행복을 정시하며) 강 회장님, (또박또박) 저는 밝혀야 할 일은 밝히겠다는 생각뿐입니다! 역사란 사실 그대로 밝혀야 한다는 생각뿐입니다!

강행복 밝혀요? 무엇을? (손이 부르르 떨리며) 보아하니 아까부터 나를 무슨 죄인 취급하는 말투 같은데…… (흥분을 이기지 못하며) 도대체 내게서 무얼 캐내겠다는 거야? 이 강행복에게서 무얼 밝혀내겠다는 수작인가 말이야! (이때 윤 씨가 들어온다. 손에 욕실용 가운이 들려 있다. 남편의 흥분된 언행이 몹시 마음에 걸리는 모양이다)

윤씨   왜 이러세요? (후미에에게) 무슨 일인지는 모르겠지만 이 어른은 혈압이 안 좋은 편이에요. 그런데 이토록 역정을 내게 한 당신은 뭐요? 나도 알고나 지냅시다!

강행복   임자가 참견할 일이 아니라니까! (의자로 돌아온다)

윤씨   근자에 영감 언행이 지금처럼 격한 적은 본 적이 없어요! 더구나 오늘같이 좋은 날에…… (후미에에게) 고희 축하는 못할망정 이런 법이 어디 있단 말이우? 당신네 일본사람들은 예의범절도 모르오?

후미에   죄송합니다. 그러나 저는 분명히 말해서 일본사람이 아닌 한국사람입니다.

윤씨   뭐라구요? (강행복을 돌아보며) 영감……

강행복   (신경질적으로) 임자가 참견할 일이 아니라니까! 어서 들어가요!

후미에   정말 뭐라고 사과의 말씀을 드려야 할지 모르겠어요. 용서하세요. (하며 허리를 굽힌다. 강행복 내외는 말문이 막힌다) 오늘은 이만 물러가겠습니다. 그러나 언제고 다시 찾아뵐 날이 있을 겝니다.

강행복   뭐, 뭐라고? (다시 화를 내며) 협박인가?

후미에   (침착하게) 저의 아버지 박길상 씨와 그리고 마쓰시로 땅굴에서 피땀을 흘리다가 숨진 7천 명의 조선사람들의 넋을 달래기 위해서 말입니다. 이 지구상에서 무고하게 죽어간 모든 선량한 인간들이라면 설사 흑인이건, 백인이건, 아랍인이건, 유대인이건 가리지 않겠어요. 자유를 갈망하다 죽어간 사람들을 위해서라면 누구도 가리지 않을 거예요. 그 가엾은 영혼들을 위해 해야 할 일이 남아 있으니까요. 그럼 오늘은…… (후미에가 깍듯이 절을 하고 나간다. 그동안 강행복과 윤 씨는 각기 다른 상념에서 멍하니 허공을 쳐다보고만 있다. 벽시계가 둔탁하게 6시를 알린다)

                                       안네 프랑크의 장미

제2장

아직 어둠 속인 무대에 점보 비행기 떠나가는 소리가 여운을 남긴다.
무대 한 귀퉁이가 밝아지며 야마모토 후미에가 작은 여행 가방을 들고
등장한다. 거리의 소음이 한동안 높았다가 차츰 멀어진다. 저만치 벤
치가 하나 덩그렇게 놓여 있다. 후미에가 벤치로 가서 앉는다. 피로가
한꺼번에 엄습해 온다. 그녀는 핸드백 속에서 담배와 라이터를 꺼내서
불을 붙인다. 마치 오랜 작업시간에서 풀려 나온 근로자가 한 대의
담배에서 휴식을 얻고 싶어 하는 그런 모습이다. 그녀는 두어 모금
담배연기를 내뱉는다. 관객을 향해 말문을 연다.

후미에 아마 여러분께서는 나라는 인물의 정체에 관해서 짐작이 가셨을
거예요. (약간은 자조적으로) 한국인 아버지와 일본인 어머니 사이
에 태어난 반쪽발이라는 사실. 그러나 현재 하는 일이 뭐냐고 묻
고 싶겠지요? 정치가냐구요? 아니에요. 인권운동가? 천만에요.
(가볍게) 자영업이에요. 자영업이 뭐냐구요? 글쎄…… 굳이 설명
하자면 자유 영업이라고나 할까요? (쓰게 웃는다) 일본 동경 변두
리인 미타카라는 곳에서 작은 스낵을 경영하고 있어요.

허공으로 담배연기를 날려 보낸다. 이와 동시에 무대 한구석에 작은
스낵의 내부가 보이기 시작한다. 서너 평가량 되는 공간엔 거칠게 대
패질한 나무판자 탁자 몇 개와 의자들. 낮은 카운터를 경계로 홀과
주방이 구분된다. 천장이 낮은데다가 벽에 걸린 두 점의 소품 그림이
암갈색으로 그려져 있어서 더욱 음산해 보인다. '방랑 放浪'이라는 작
은 간판이 걸려 있다. 출입문에는 작은 방울이 달려 있어 문이 열릴

때마다 방울 소리가 난다. 손바닥 크기의 나무 간판이 인상적이다. 벽 중앙에 조그마한 구형 시계가 앙증맞게 걸려 있다. 시계 바늘이 멎었다. 한마디로 장사가 제대로 될 것 같지도 않은 그런 음산한 스낵이다.

후미에 말이 스낵이지 그저 심심풀이로 하고 있어요. 마음이 내키지 않으면 문을 닫아 버리고는 훌쩍 여행을 떠나기도 해요. 저 시계처럼 가다 말다 하지요. (쓰게 웃는다) 제가 가게를 비우는 동안은 곧잘 마리가 거들기도 해요. 올해 열여덟 살 난 딸이에요.

이때 가슴까지 덮은 에이프런 차림의 마리가 주방에 들어와 가스레인지에다 커피포트를 올려놓고 커피를 끓이기 시작한다. 그러나 그 솜씨는 어딘지 서툰데다가 마지못해 일을 하는 사람 같다. 구석진 테이블에 도수 높은 안경을 쓴 한 청년이 샌드위치를 먹으며 성인 만화책을 읽는다. 한 손에는 커피잔을 들고 있다. 혼자서 킬킬거린다. 라디오에서는 은은하게 일본노래가 흘러나온다. 〈요코하마 블루라이트〉다. 스낵의 분위기는 얼핏 보기에는 평화스럽고 아늑한 것 같지만 땅 속같이 답답한 느낌이 든다.

후미에 마리는 지난봄에 고등학교를 마치고 지금은 야간 부기학원에 다니고 있어요. 뭐건 한 가지 기술이 있어야만 동경 바닥에선 살아남는다는 생각에서일 거예요. 사실이 그래요. 특히 우리 같은 반쪽발이의 경우는 말이에요. (담배를 피운다) 나에겐 이상한 버릇이 있어요. 어쩌다가 마쓰시로에 관한 정보를 듣게 되면 무작정 그곳을 찾아가는 거예요. 바람 같기도 하고 낙엽 같기도 한 그런 모습으로 말이에요. 그래서 나는 그동안 남쪽은 규슈에서 북쪽은 홋카이도에 이르기까지 아버지에 얽힌 소식이라면 안 가본 곳이 없답니다. 한마디로 역마살이 끼었다고나 할까요? 흠…… (담배 연기를 내뿜고) 그런데 하나뿐인 핏줄인 마리는 그런 에미가 못마 땅한 거예요. 대놓고 얘기는 안 하지만 난 이미 눈치로 알고 있어 요. (청년이 문득 벽시계를 본다. 시력이 안 좋아서인지 고개를 쭉 빼며 본다)

청년　(마리에게) 지금 몇 시쯤 되었니, 마리?

마리　(손목시계를 보며) 열 시 조금 지났어요.

청년　내 정신 좀 봐. 만화에 정신이 팔리다 그만…… (일어나면서) 계산!

마리　(에이프런에 손을 닦으면서 홀로 나온다) 음…… 7백80엔. (진바지가 꼭 붙어서 풍만한 체격이 금방 터질 것만 같다)

청년　(주머니에서 동전 지갑을 꺼낸 다음 잔돈까지 챙겨서 마리 손바닥에 올 려 놓는다) 7백80엔, 됐지?

마리　고마워요. (돈을 받아 돌아서서 금고에다 넣는다. 다음 순간 청년의 손이 마리의 풍만한 엉덩이를 문지른다)

마리　(눈을 흘기며) 이 손 못 놔?

청년　영화 구경 갈까? 오늘 밤 어때?

마리　극장 안에서 내 몸을 더듬지 않는다는 약속이라면……

청년　약속하지? 몇 시쯤?

마리　아무때나……

청년　그럼 심야 프로? 보지. 부기학원 맞은편에 있는 시네마 V에서.

마리　좋을 대로!

청년　그럼 10시 정각! 약속 지켜? (하면서 마리의 엉덩이를 찰싹 때리고는 문을 열고 뛰어나간다. 문의 방울이 요란스럽게 울린다. 마리는 무감각 한 듯 빈 그릇을 챙긴다. 콧노래를 흥얼거린다. 이때 후미에가 문을 열 고 들어선다. 도어의 방울이 또 울린다)

마리　(습관적으로) 어서 오세요. (그릇을 카운터 너머로 내려놓고 후미에를

돌아본다. 별로 반기는 기색도 없이) 언제 왔어? 엄마. (주방으로 들어
와서 빈 그릇을 설거지통에다 담근다)

후미에 별일 없었지? (후미에는 중앙에 가까운 탁자 쪽에 앉는다. 담배를 꺼내
어 불을 붙인다. 이 사이에 마리는 커피잔에다 커피를 따라 쟁반에 받쳐
들고는 사잇문(카운터 위 아래로 제칠 수 있다)을 열고 홀 쪽으로 나와
탁자에다 놓는다. 그리고는 마주앉아서 신문을 펴든다. 어머니의 존재
에 대해서는 무관심하다는 표정이다. 후미에가 커피를 마신다)

후미에 분따 삼촌한테서는 연락 없었니?

마리 (신문을 펴든 채) 아뇨.

후미에 공항에서 전화 걸었더니 아무도 안 받더구나.

마리 (남의 얘기라도 하듯) 만나셨수? (사이) 그 가네코인가 하는 사람
……

후미에 (말없이 커피를 한 모금 마신다)

마리 못 만났어요? 아니면 문전박대? (비로소 신문에서 눈을 뗀다)

후미에 (비위에 거슬린 듯) 너는 에미가 서울까지 가서 문전박대 당해야만
직성이 풀리겠니?

마리 당하기 싫은 건 엄마 마음이죠. 그 편에서야 뭐가 반가워서……

후미에 (단정적으로) 만났다.

마리 정말? (비로소 관심을 모은다)

후미에 (담배연기를 길게 내뱉는다. 짧은 여정 속에서 일어났던 일들을 되새기
는 표정 같다)

마리 뭐래요? 알아보던가요? (사이) 할아버지 성함을 댔으면 뭐라고 한
마디 있었을 텐데…… 응?

후미에 (이지러진 웃음을 띠며) 사람을 잘못 찾아왔다더라. 흥!

마리 가네코 료키치가 아니래요?

후미에 우에무라 사다오래. 본명은 강행복이고.

마리   그럼 할아버지하고 함께 마쓰시로에서 일했다는 그 사람이 아니었군요?

후미에 (커피를 다시 한 모금 마신다)

마리   엄마 기억에는?

후미에 (긴 한숨) 40년 전 모습을 쉽게 기억할 수 있을까…… 아…… 그때 난 겨우 일곱 살이었어. 분따 외삼촌은 다섯 살이었고……

마리   (허무해지며) 없는 돈에 여비까지 써가면서…… 결국은 허탕이람? (하며 자리에서 일어난다)

후미에 허탕은 아니다!

마리   그럼? (항의하듯 되돌아본다)

후미에 (혼잣소리처럼) 기어코 밝혀내고야 말걸!

마리   뭘 말이에요? 당사자가 아니라면 그만이지 그 이상 무얼 또 밝히고 자시고가 있어요? 엄마는 하는 짓마다 참 한심스럽다구요! 흥!

후미에 (노골적으로 분노를 터뜨리며) 그 냉소적인 말투 좀 그만둘 수 없니? 너는 에미의 마음을 몰라. 누가 뭐래도 난 포기 못한다! 죽을 때까지 이 사실은 분명히 밝혀내고 말 거야! 두고 봐! (남은 커피를 후루룩 다 마셔 버린다)

마리   (유들유들하게) 그러세요? (냅킨 종이를 접기 시작한다) 그래서 어떻게 하시겠다는거유? 아닌 말로 가네코 료키치를 찾아내면 할아버지가 살아 돌아오시기라도 하나요?

후미에 (소리를 버럭 지르며 탁자를 내리친다) 그만두지 못하겠니? (접은 냅킨이 나비처럼 바닥에 흩날린다)

마리   (막무가내로) 저한테 화풀이하신다고 되는 일도 아니잖아! (하며 흩어진 냅킨을 줍기 시작한다)

후미에 (크게) 마리!

마리   엄마, 그 환상에서 깨어날 수 없수?

후미에   환상?

마리   아니면 지금도 엄마의 몸에는 한국 사람의 핏줄이 흐르고 있다는 자존심!

후미에   너…… 그런 식으로 언제까지나 에미를 비꼬기냐?

마리   도대체 그 핏줄이란 게 뭐예요? 어째서 우리들은 걸핏하면 그 핏줄을 내세우면서 아웅다웅해야만 되는 거죠?

후미에   그럼 너는 네 몸에 한국 사람의 피가 흐르고 있다는 데 대해서 아무렇지도 않단 말이니?

마리   한때는 제법 심각했죠. 엄마가 내 나이 때 느꼈듯이 절박했다구요! 하지만 지금은 아니에요.

후미에   아니라면?

마리   (자조적으로) 엄마는 반쪽발이…… 나는 4분의 1 쪽발이…… 그리고 장차 내가 낳은 자식은 8분의 1 쪽발이…… 흥! 그런 식으로 세월이 흐르다 보면 저절로 소멸되어 갈 텐데 뭐가 걱정이세요? (여전히 냅킨을 접는다)

후미에   너는 지금 에미를 우롱하는 게냐? 내가 언제 따지자고 했니?

마리   그럼 뭐예요?

후미에   (단호하게) 진실이 무엇인가를 알고 싶은 거야!

마리   진실?

후미에   네 할아버지가 어떻게 돌아가셨으며, 7천 명의 생명이 어떻게 짓밟혀 왔는가를 확인하기 위해서다! 무참히도 짓밟히고 죽음을 당한 수많은 영혼을 위로하기 위해서다. 그게 잘못이니?

마리   흥! 이젠 분따 외삼촌하고 말투까지 꼭 닮아 가는군! 누가 남매간이 아니라고 할까 봐서?

후미에   뭐라구?

마리   (냅킨을 접는 손짓이 전보다 거칠어지며) 태평양전쟁 때 혹사당했던 조선 노무자의 명단, 그 희생자들의 수와 매장 허가증, 전쟁 후 귀국한 노무자들의 행방과 그들에게 지불된 보상금액! (엄마를 정시하며) 이런 조사하고 진상을 밝히겠다는 그 목적이 뭐예요? 엄마 그것이 밝혀지게 되면 조선사람이 일본사람으로 둔갑하고 일본사회에서 반쪽발이나 4분지 1 쪽발이의 생활이 보장된다는 약속이라도 받았어요?

후미에   (어이가 없어지며) 마리? 너는 지금……

마리   한마디로 잠꼬대라구요. 엄마나 외삼촌이 하고자 하는 일은 환상일 뿐이에요. 40년이 지난 지금에 와서 그런 것들을…… 무슨 재주로 찾아내죠? 아니 설사 찾아냈다고 합시다. 엄마 이 스낵의 전셋값이라도 나온대요? 제가 일본 아이들하고 마음대로 교제하고 결혼해도 괜찮아요? (버럭 소리를 지르며) 그게 아니잖아요? 누가 눈썹 하나 까딱하는가 말이에요? 마쓰시로에 살고 있는 주민들 자신도 그런 사실은 영원히 어둠 속에 묻혀 버려야 한다고 반발하고 나서는 마당에 엄마가 무슨 재주로, 분따 외삼촌이 무슨 실력으로 그 엄청난 일을 해내겠다는 거예요? 계란으로 바위를 치는 격이지!

후미에   (분노에 떨며) 마리! 그, 그만두지 못하겠니?

마리   (지지 않고) 조센징이면 어떻고 간코쿠징이면 어때요? 내가 잘 살수만 있으면 그만이지! 조상 족보 찾는다고 무덤에 꽃이 피지는 않아요! 절대로 꽃은 안 핀다니까요! 엄마 자신도 당했고 나도 당했는데 그걸 왜 몰라요? (발악하듯) 엄마! 왜 그래? 왜 그렇게 꽉 막혔냐고? 응? (후미에가 마리의 뺨을 후려친다. 마리가 화석처럼 그 자리에 굳어 버린다)

후미에   (간신히 격정을 억누르며) 그래도 나는 할 거야. 묻혀 버린 진실은 캐낼 거야. 그러니 내 앞에선 아무 소리 말아! 에미 하는 짓에 대해선 간섭 말란 말이야!

마리 (헝클어진 머리를 추슬러 올리며 반항적으로) 피장파장이죠. 엄마도 저한테 간섭 마세요.

후미에 무슨 뜻이지?

마리 왜놈들을 사귀건, 양키하고 놀아나건 참견 말아요. 엄마와 나는 한 지붕 밑에 살고 있는 동거인일 뿐이에요! (하며 주방으로 들어간다. 후미에는 두 다리가 후들거리는지 가까스로 의자에 앉는다. 이때 분따가 문을 열고 들어선다. 방울소리가 유난히도 크게 울린다. 분따의 흥분된 감정 때문이다. 안경 너머로 날카로운 눈매가 의지적이다. 어깨에는 카메라와 백이 걸려 있다)

분따 마침 계셨군요, 누나!

후미에 어서 와. 분따!

마리 (시큰둥해서) 전우끼리 만나서 좋으시겠수.

분따 (돌아보며) 마리도 집에 있었구나!

후미에 그 일은 어떻게 되었지?

분따 그렇지 않아도 서울 호텔로 국제전화를 걸었더니 아침 첫 비행기로 떠났다고 하더군요.

후미에 그것보다 요코하마에 살고 있다는 최용남 영감님은 찾았어?

분따 찾았어요. 보세요, 이 사진. (하며 금방 뽑아온 사진 몇 장을 꺼내 보인다. 그것을 받아본 후미에는 어려운 수수께끼라도 대하듯 이리저리 고개를 갸웃거린다) 누나, 그 노인은 어렴풋이나마 마쓰시로 시절의 일을 기억하고 있던데요.

후미에 우리 아버지와 어머니도 기억한데?

분따 내가 잡지사 기자라니까 처음에는 인터뷰에 응하지 않겠다더니 몇 마디 얘기가 오가다가 박길상 씨를 아느냐니까 금세 표정이 달라지는 거 있지? 헛허……

　　　　　안네 프랑크의 장미

후미에 그럼 우리 아버지를 기억하고 있단 말이지?

분따 물론! 그런데⋯⋯

후미에 건강은? (사진에서 얼굴을 뗐다 가까이 댔다 하며) 이렇게 주름살이 잡히고 이가 빠지고⋯⋯ 세상에⋯⋯

분따 이 백발 좀 보세요, 한마디로 요괴인간 같더라구요.

후미에 가족은?

분따 마누라는 가출, 아들은 행방불명. 딸이 일주일에 한 번씩 들여다 보고 가는⋯⋯ (마리가 잽싸게 끼어든다)

마리 효녀 시라기쿠*가 아니어서 안 되었죠? 흠⋯⋯

분따 비웃지 마!

마리 인도주의 설교는 질색이에요.

분따 인도주의가 아니라 이건 인간 기본권이다!

마리 그래서 조총련이다, 사회당이다 쫓아다녔수? 삼촌! 그 사람들이 잘될 거라고 했다면서요?

후미에 (격해서) 마리! 너는 지금⋯⋯

마리 내 생각을 솔직하게 말한 것뿐이에요. 애국심이다 민족정기다 남 북통일이다, 그런 거북이 껍질 같은 얘기는 흥미권 밖이니까요!

분따 마리! 함부로 주둥아리 놀리지 마!

마리 물론이죠. 나는 그런 얘기에는 관심 없다니까요. 나는 부기학원 나오면 어느 직장에서 나를 써줄 것인가가 더 중해요. 그리고 아 르바이트 자리라도 쉽게 알선해 줄지도. 그렇지만 내가 사귀고 있는 다케시 군의 부모가 나보고 조센징이라고 퇴짜를 놓는 날 나와 다케시는 둘이서 도망치자고 맹세를 했어요! 홋호⋯⋯ 지 금 나에겐 그런 문제가 더 심각하다 이거죠 엄마! 나 잠깐 신주꾸

---

* 白菊: 구마모토 아소지방에 전해져 내려오는 효녀. 세이난 전쟁으로 행방불명이 된 아 버지를 찾아 나섬.

까지 나갔다 올게요. (금고를 열고 지폐를 몇 장 집는다)

후미에 마리! 무슨 짓이냐?

마리 내가 장사한 건 내 몫이에요. 정당한 노동의 대가! 내 말 틀려요? 홋호…… (앞치마를 벗어 던지고 핸드백을 낚아채듯 하며 나간다. 명 랑하게) 다녀오겠습니다! (출입문의 방울소리가 요란스럽게 울린다. 후미에와 분따는 마리의 방자한 언행에 질린 듯 한동안 말이 없다. 분따 가 담배를 꺼내 입에 문다. 후미에도 담배를 물고 불을 붙인다)

후미에 아까 얘기 계속하자. 최 노인 생활은 어때?

분따 말이 아니에요. 다다미 넉 장 반 크기 방에서 그저 먹는 둥 굶는 둥이죠. 게다가 해수병에 당뇨까지 겹쳐 10년이나 누워 있다니 …… (분따가 가방에서 소형 녹음기를 꺼낸다)

후미에 그게 뭐니?

분따 최 노인의 생생한 증언을 들어 보세요.

후미에 (긴장하며) 다행이다! 그분이 아직도 살아계시다니…… 나도 그 할아버지 모습은 어렴풋이나마 기억한다.

분따 (스위치를 누르며) 들어 봐요? (상태가 좋지 않은 증언이 흘러나오며)

암전

제3장

녹음기에서 약간의 잡음이 흘러나오면서 무대 한구석에 최용남이 거처하고 있는 음산한 방이 어둠 속에 나타난다. 항구에서 들려 오는 뱃고동 소리가 한가롭다. 불면 날아갈 것 같은 일본식 목조건물의 좁은 방. 런닝셔츠 바람의 최용남이 요 위에 앉은 채로 쿨룩쿨룩 기침을 하다가 멈추고 간신히 숨을 몰아쉰다. 병색이 완연하다. 석양이 구멍난 창호지 위에 붉은 빛을 던지며 더욱 처량한 분위기를 자아낸다.

최용남 내사 마…… 늙고…… 병든 몸인 기라…… 생각은 있지만도…… 눈에 안개가 자욱한…… 첩첩산중인 기라…… 쿨룩쿨룩…… (회상하며) 마쓰시로라카는…… 쬐맨한 마을은…… 사면이 온통 산이었제…… 왼쪽에 마이즈루 산 舞鶴山…… 오른쪽에 미나카미 산 水山…… 그리고…… 그 사이에 조산 象山이 있었제…… '조'라 카는 건 코끼리라 카는 일본말인 기라…… 그라이 우리가 땅굴을 판 게…… 바로…… 그 조산 밑이었제…… 아…… 그 굴속에서…… 고생한 일 생각하문…… 치가 떨린다, 치가…… 그 산 꼭대기엔 신사가 있고 숲이 울창하니까네…… 한낮에도 사람 발길이 끊기고…… 그리고 우리 조선사람들이 모여 살았던…… 한바飯場가 기요노 淸野라카는 마을로 가는…… 벌판에 있었는 기라…… 한바가 몇 채나 되는지…… 잘은 모르겠지만도 아마…… 2백 동은 되었을 끼라…… 거기에서…… 마…… 6천 명인지 7천 명인지는 모르지만도…… 좌우지간에 함지박에서 감자 씻듯 우글우글 살았제. 그리고…… 그 박길상 씨 가족 …… 아마 딸 하나에 아들 하나…… 그래 네 식구 살았제…… 잉…… 그래 당신이 그 박길상의 아들이란 말이가? 잉…… 40년 전 일이……
아…… (운다. 멀리 항구에 정박중인 기선의 목쉰 뱃고동 소리가 길게
꼬리를 돌고 지나간다)

분따가 수건을 꺼내 얼굴을 가린다.

제4장

기요노 清野 구에 있는 한바 飯場. 급조한 판잣집이 즐비하게 들어선 살풍경한 풍경. 그 가운데 박길상의 집안 내부가 드러나 보인다. 바로 한길 쪽으로 난 여닫이 현관문을 열고 들어서면 좁은 토방이 있고 툇마루에 이어져서 다다미 넉 장 반 넓이의 방과 부엌이 이어진 10평 안팎의 좁은 집이다. 문 밖에 따로 공동변소가 있다. 초저녁이지만 산 그림자 탓으로 이미 어둠이 짙다. 막이 오르면 현관 앞 토방에 어린 시절의 후미에와 분다가 어깨를 맞대고 이야기책을 읽고 있다. 초라한 옷차림은 흡사 거지 같다. 방안에서는 10촉짜리 전등 아래서 박길상, 최용남, 안흥수가 술판을 벌이고 있다. 냄비가 올려진 풍로를 둘러앉았다. 길상의 아내 사치코 幸子가 냄비에 끓는 국물 맛을 본다. 몸뻬 차림이다. 술이 거나한 박길상은 묵묵히 담배만 피우고 있다. 박길상의 머리에 붕대가 감겨 있어 핏자국이 번져 있다. 어딘지 고집스럽다. 최용남이 차그릇을 술잔 삼아 막걸리를 꿀꺽꿀꺽 마시고 있다. 안흥수는 엎드려서 풍로 바람구멍에다 대고 입김을 훅훅 불어넣고 있다. 매캐한 연기가 피어오르자 기침을 한다. 최용남이 잔을 비운 다음 박길상에게 내민다. 그리고는 옆에 놓인 됫병을 든다.

최용남 형님이요, 한 잔 드시이소! 마, 이럴 때는 술 취해 갖고 폭 자는 기라요!

사치코 (일을 계속하면서) 너무 권하지 마세요. 상처엔 술이 해로워요. (국물을 밥공기에다 낱낱이 덜어서 세 사람 앞에 놓으며 불평도 참견도 아닌 듯 중얼거린다) 박길상은 눈을 지그시 감고 생각에 잠겨 있다)

사치코 당신이 상관할 일도 아닌데 왜 나서는가 말이에요. 당신은 그 욱

하는 성깔 좀 고치셔야지…… 관계없는 일에 끼어들어 가지고
매를 맞을 건 또 뭐람! 우린 참는 길밖에 없다구요! 죽는 날까지
……

최용남 형수씨! 그게 아닌 기라요. 그 날강도 같은 놈들이 그 조선 가시
나를 내놓으라고 칼을 휘두르며……

사치코 글쎄 자기네들 돈 내고 마음에 든 여자를 품겠다는데 왜 참견이
냐구요. (남편에게) 당신도 마음에 혹시…… (박길상이 무섭게 노려
본다. 사치코가 씨익 웃으며 일어난다)

안흥수 그런 것이 아니고…… 내 말 좀 들어 보십쇼. 그 조선서 왔다는
각씬지 가시네인지가 손님을 받고 있는디 글쎄, 왜놈들이 쳐들어
가서 지집보고 나오라고 하더라니 어느 등신 용청뱅이* 아니고서
야 호락호락 내놓것소? 안 그러요? 이치가……

사치코 (부엌 쪽에서 그릇을 씻으며) 글쎄 밥이 끓건 죽이 끓건 상관말아야
했다구요. 이 한바에서 그 요시다한테 당해낼 놈 없다구요. 들리
는 말로는 자기 고향에서도 무슨 야쿠사구미에서 악명이 높은
위인이라는 데 무슨 재주로 당신이……

최용남 행님은 그 조선사람이 매를 맞고 와서 하두나 억울하게 호소하니
까네 그 요시다한테 따지러 간 기라요.

사치코 글쎄 무슨 힘을 믿고 갔는가 말이에요. 조선 노무자가 일본사람
들에게 당해낼 재주가 있어요? 이 마쓰시로 공사관에선 어림도
없다는 걸 몰라서 그러세요? 그저 이럴 때는 참는 길밖에 없어요.

최용남 아…… 형수씨 말도 옳은 기라. 그라이 우리 같은 놈은 술이나
퍼마시고 곯아떨어져서 세상만사 다 잊이뿌리느기라…… 이레
억울하게 살 바엔…… 안 그렇나? 안가야? 헛허……

---

*'문둥이'의 방언.

안네 프랑크의 장미

안흥수 뭣이? 안가? "성님!" 해도 양이 안 차는 판국에 안가라고? 이 자석 아. 이래뵈도 이 안흥수는 말이여……

최용남 (대뜸 받아넘기며) 3대독자 외아들에 고조부가 향교 무신 직원 자리를 지낸 전라도 양반이다카는 얘기가 또 하고 싶제? 잉? 헛허……

안흥수 (싫지 않은 듯) 맞다. 그 자석 알기는 아는구먼? 헛허…… 그러니 참새가 죽어도 짹한다는 말 못 들었냐! 이 최가야.

최용남 에고, 입은 옆으로 째져서 말은 절로 하는구마! 그라모 그 족보 내보이고 징용에서 빼내지 우째 이 고생이고?

안흥수 그걸 말이라고 하고 있냐? 내가 빠지면 우리 마을 사람 전체 생사가 달렸다고 면장이란 군계장이 나와서 사정사정 하는디 워찌 빠지것냐 이거여?

최용남 흥수야! 그라모 네가 징용 나온 게 말하자면 마을을 위해서였다 이 말이가?

안흥수 아니라고 할 수도 없제!

최용남 뭐라고?

안흥수 보통핵교 겨우 나온 주제에 돈벌이를 할 수가 있어야제. 하루 살기가 막막하더구먼? 그러니 (젓가락으로 장단을 치며 노랫가락조로) 살자니 고생이요…… 죽자니 청춘이라…… 함평천지 젊은 놈이…… (아니리 조로) 시상에 사람으로 태어나 한 번 죽지 두 번 죽나 싶어진께 무서울 것 없더라구! 그날 밤 나는 친구들하고 술항아리 끼고 앉아 밤새 퍼마시고는 주재소에 쳐들어갔지 뭐여!

최용남 순사들하고 한판 붙을라고?

안흥수 아니제! 기왕에 버린 몸 생색이라도 내사 쓰것다고 갔었지 뭣것어! (경례를 붙이고 부동자세를 취하며 군대식으로) 야스다 고오슈! 야스다가 내 창씨개명이엇제잉? (다시 군대식으로) "나라를 위하고 국민을 위하여 징용에 나가기로 결심했습니다!" 이랬더니 순사들이 내 손목을 쥐고 흔들면서 얼마나 고마워라 하는지…… 헛허……

최용남 고마워라 했다코?

안흥수 상부에서 군면으로 인원 할당이 나왔는데 저마다 기피만 하는 판국에 내가 도장을 찍음으로써 가까스로 책임완수가 되었다 이거제! 헛허……

최용남 아이고 머리에 털 나고는 처음으로 선한 일 한번 했구마! 헛허 ……

안흥수 그날 밤 면사무소 뒤에 있는 봉춘관이라는 객주집에 쳐들어갔제! 지서 주임이 한 상 걸게 차려 내라고 명령이 떨어지기가 바쁘게 교자상이 나오는디…… 변학도 생일 잔칫상이 그랬을까! 쇠고기, 돼지고기, 닭고기, 생선회, 전부침 (침을 꼴깍 삼키며) 아이고 지금 생각만 해도 입 안에서 군침이 도는디…… (금세 맥이 풀리며) 어느 시상에 고향에 돌아가 그 음식맛 다시 맛볼 수 있다냐! 안 그러냐? 용남아!

최용남 (시큰둥해지며) 살아서는 못 갈 기다…… 고향이 있으면 무신 소용이며, 부모형제 살았으면 무신 힘이 되는가 말이제! 너캉 나캉 죽지 못해 사는 하루살이 목숨 아이가? (박길상에게 목메인 소리로) 길상이 형님이요! 우째 이 백성은 이래 복도 없지예? 잉? 몬 묵고 몬 배운 죄밖에 없는 이 백성에게 무신 잘못이 있다고 이래 밟히고 찢기고 할퀴고 당해야만 합니꺼! 예? 길상이 형은 그래도 중학교 공부했으니까네 알 테지예? 예? 말 좀 해보시이소?

안흥수 (코끝이 저려오는지 코를 팽 풀며) 조선놈으로 태어난 게 잘못이었제! 모두가 조상 잘못 만난 탓이란 말이다! 차라리 쥐약 묵고 죽는 거여! 씨펄? 꽉 꼬꾸라 뒈져야 했단 말이여!

　　　　　　　　　　안네 프랑크의 장미

박길상 죽기가 살기보다 더 어려운 줄 알아야 해. (길게 한숨을 몰아쉬고 나서) 버틸 때까지 버티고 보는 거야! 그러는 동안에 혹시 좋은 세상을 만나게 될지 아니?

안흥수 고향에 돌아갈 날이 올 테지요 잉?

최용남 치이라! 이 마쓰시로에 끌려온 지도 벌써 일년째다. 귀가 있어도 몬 듣고, 눈이 있어도 몬 보고 다리가 있어도 갈 수도 없고…… 산송장이라예! 요즘에는 고향에서 편지도 안 오니 정말 환장하겠십니다! (길상에게) 자…… 잔 받으시이소! (최용남이 잔을 건네자 길상이 말없이 잔을 받는다. 최용남이 됫병을 들어 따른다. 그러나 이미 바닥이 났다)

최용남 벌써 다 묵었나? (빈 병을 흔든다)

안흥수 혼자서 잘도 퍼마시더라니…… 오사할 것! 벌써 두 되를 홀짝 해부렀어?

박길상 (사치코에게) 여보! (사이. 더 크게) 사치코! (사치코가 돌아본다. 박길상이 병을 쳐들어 보이며 아첨하듯 절을 꾸벅한다)

사치코 이제 그만하세요.

박길상 한 되 더 받아와.

사치코 벌써 서 되째인데……

박길상 (조용하나 어딘지 위협적으로) 가져오라면 가져와. 왜놈들에게 매 맞고도 참아야만 하는 심정 몰라서 그래? 빨랑!

사치코 (체념을 한 듯 술병을 받아들고 토방을 향해) 후미에! (그러나 후미에와 분따는 책에 정신이 팔려 못 알아듣는다) (가까이 오며) 후미에! 심부름 좀 다녀오겠니? (목청을 돋우어) 후미에!

후미에 (엄마를 쳐다보며) 응?

사치코 (술병을 내밀며) 한 번만 더 다녀와야겠다.

후미에 또야? 외상값 안 갚으면 술 안 팔겠대.

박길상 월급날 다 갚아 준다고 해!

사치코 다녀와.

최용남 우리 후미짱 착하제 헛허……

후미에 (분따에게) 분따! 같이 가자!

분따 응! (하며 책을 겨드랑이에 끼고 일어난다. 두 아이가 현관문을 여닫고 뛰어나간다. 길상이 담배를 신문지 조각에다 말기 시작한다)

안흥수 (박길상에게) 참 길상이 형님은 어떻게 생각하시오?

박길상 (침을 바르며) 무슨 얘기?

안흥수 가네코 감독 말입니다.

최용남 현장감독 가네코 료키치 말이가?

안흥수 그 사람은 도대체 어느 편인지 나는 당최 짐작이 안 간다 이겁니다.

최용남 어느 편이라니?

안흥수 조선사람이면 우리 노무자 편에 서야 할 텐디 그게 아니니께 하는 소리지 내 말은……

최용남 그 사람 일본놈 다 되었는기라.

박길상 그럴 수밖에 없겠지.

최용남 예?

박길상 (담뱃불을 붙이고 나서) 오사카에서 상업학교 나와서 니시마쓰구미 西松組에 취직을 해 월급도 제대로 받는 정식사원이니 징용당해서 끌려온 우리하고는 천양지판이지!

안흥수 그걸 누가 모르남? 내가 말하고 싶은 건 그 사람의 정신상태를 이해할 수 없단 말입니다. 아까 그 일만 해도 그렇지 뭡니까? 형님이 왜놈들한테 몰매를 맞았는데도 도리어 형님보고만 나무라는 그 마음보가 나는 괘씸하다 이거지라우!

박길상 아…… 그럴 수밖에 없을 테지. 그 사람은 니시마쓰구미에서 파견된 사원으로 조선사람 노무자를 현장에서 감독하는 게 직분이니까.

최용남 그렇지만 위안소에서 내 돈 내고 기집 품에 안고 자는 사람보고 다짜고짜로 나오라고 땡깡 놓는 그 왜놈들이 잘한 짓이란 말인 기요?

안흥수 위안소 갈보들도 그럽디다! 먼저 와서 차례를 기다리는 조선사람을 떠밀고 새치기한 놈이 잘못이라고 말이여!

최용남 (벌컥 화를 내며) 쪽발이 새끼들은 모두 쥑이는 기라!

사치코 제 앞에서는 그런 말투 삼가세요! (그 말에 세 사람은 허점을 찔린 듯 침묵을 지킨다. 사치코는 냄비에서 끓고 있는 두부찌개를 그릇에 옮겨 나누면서 태연하게 말을 계속한다) 이 판국에 일본사람 조선사람 갈라서서 싸워 어떻게 하겠다는 거죠? 우리의 적은 미국이란 말이에요. 어제도 애국반상회에서 얘기가 나왔지만 미국이 본격적으로 본토공습을 시작할 거래요. 그렇게 되면 미군이 일본사람 조선사람 가려 가면서 폭탄을 던지겠어요? 죽기는 매일반인 걸요.

박길상 (나무라듯) 사치코! 당신이 뭘 안다고……

사치코 (되도록 이성을 안 잃으려고 애쓰며) 따지고 보면 한 배를 타고 있는 거예요. 미군이 소이탄을 던져 일본 본토를 불바다로 만들게 되면 일본이고 조선이고 없다구요. (비로소 정색을 하며) 그렇다고 해서 제가 일본 편을 들 생각은 없어요.

안흥수 조선사람한테 시집 왔으면 당연하제…… 헛허……

사치코 그렇다고 조선사람을 싸고돌 생각도 없고요!

최용남 그라모 형수씨는 이도저도 아니면 뭔기요?

사치코 (당당하게) 나는 나죠!

최용남
안흥수 (동시에) 예?

사치코 일본여자가 조선남자와 결혼했다는 사실뿐이에요. 나는 그 이유

하나만으로 친정에서 쫓겨났어요. (남편을 가리키며) 이이는 장인 장모 얼굴 한 번 본 적도 없구요…… (쓰게 웃는다) 그렇다고 친정 식구를 원망하지 않아요. 다만 내가 택한 길을 내가 가는 것뿐이라는 생각이죠. 일본을 위해서도 조선을 위해서도 아니에요. 나는 우리네 식구만을 위할 뿐이에요. 그런데 나는 마쓰시로에서 일하는 조선사람들을 볼 때 이상한 생각이 들 때가 있어요.

최용남 무신 얘깁니꺼?

사치코 저마다 강제로 끌려왔다지만 실상은 자원해서 나온 사람들도 적지 않다고 들었어요.

박길상 그건 사실이야. 나 역시 경찰이 귀찮게 뒤를 밟고 다니기에 노무자 모집에 끼어들었거든! 내가 알기에 흥수나 용남이처럼 반강제로 끌려온 사람도 있지만, 먹고 살기 힘들다고 돈벌이 좋다는 일본으로 자원해서 나온 노무자도 적지 않지. 특히 북해도 탄광이며 북규슈나 오사카 등 공장지대에는 수두룩하게 많지!

최용남 그렇지만도 차별을 당하고 있는 건 사실 아닌 기요?

사치코 사실 여부가 문제가 아니에요

안흥수 그럼 뭣이 문제란 말이오?

사치코 지금 살아가는 일이죠. 이 가을을 어떻게 넘기며, 머지않아 닥쳐올 겨울을 어떻게 살아갈 것인지가 문제지요. 보세요, 이 알량한 살림! 이게 사람 사는 꼴인가요? 그런 판국에 일본사람이 어떻고 조선사람이 어떻고 따져 봤자예요! 우리 후미에나 분따가 얼어 죽지 않고 배부르게 먹는 일이 걱정이에요! (사치코가 자리에서 일어나 부엌으로 간다. 숙연해진 분위기가 무겁게 가라앉는다. 옆집에서 아리랑을 흥얼대는 소리가 을씨년스럽게 들려온다. 최용남이 신경질적으로 판자벽을 두들긴다)

최용남 조용히 좀 하란 말이여! 이 판국에 노래 부르게 되었냐! 잉? (이때

안네 프랑크의 장미

후미에가 술병과 과자봉지를 들고 급히 등장한다)

안흥수 넘어질라! 조심혀!

후미에 엄마! 술! (강정을 꺼내 보이며) 엄마도 먹어!

박길상 그게 뭐냐?

후미에 아저씨가 사줬다. 오코시(강정)야!

사치코 아저씨라니? (후미에가 뒤를 돌아본다. 이때 가네코 료키치가 등장한다. 단꼬 바지에 국민복 윗도리를 입었다. 머리엔 전투모를 비스듬히 썼다. 어깨가 떡 벌어진 탓인지 모자가 오히려 작아 보여 희화적이다. 그의 등에는 분따가 업혀 잠들었다. 최용남과 안흥수가 당황한 빛을 감추지 못하면서 서로 시선을 마주친다. 박길상도 뜻밖의 손님에 약간 당혹감을 느낀다)

사치코 어머나! 우리 분따를…… 일루 내려놓으세요, 가네코 상!

가네코 그 녀석 보기와는 달리 무게가 나가는데…… 헛허…… (사치코가 분따를 안아 방에다 눕힌다. 박길상이 겸연쩍게 외면을 한다)

사치코 올라오세요. 누추한 곳이지만……

가네코 아닙니다. 나…… (길상을 보며) 잠깐 나 좀 보자구! (하며 밖으로 불러낸다)

최용남 (안흥수에게) 우리도 이만 가세! 잉?

최용남과 안흥수는 눈치를 보면서 일어나 어둠 속으로 퇴장한다. 가네코가 한길로 나오자 박길상이 따라 나온다. 어느새 달이 떴다. 가네코가 담뱃갑을 꺼내서 한 개비를 문 다음 박길상에게 내민다. 풀벌레우는 소리가 또렷하게 들려온다. 침묵이 흐른다. 박길상이 한 개비를 뽑는다. 가네코가 잽싸게 성냥불을 그어 붙이고는 박길상에게 넘긴다. 박길상은 반사적으로 고개를 꾸벅 하며 성냥불을 받아 불을 붙인다. 멀리서 술에 취한 노동자의 노랫소리가 간헐적으로 들린다.

가네코 (건성으로) 담배는 역시 배급 담배가 제 맛이지? 흠……

땔감 더미 위에 걸터앉는다. 풀벌레소리가 더욱 요란하다. 야간작업 장에서의 기계 돌아가는 소리가 아스라이 들려온다. 두 사람은 서로 누가 먼저 말문을 열 것인가를 염탐하는 눈치다. 다음 순간 두 사람이 우연히도 동시에 말문을 연다.

가네코 실은 말이야……

박길상 (동시에) 가네코 감독님! (두 사람은 멋쩍게 히죽거린다)

박길상 말씀하시죠.

가네코 음…… (그는 자리에서 일어나더니 대뜸 박길상의 손을 덥석 쥔다) 미안해!

박길상 무, 무슨…… (어리둥절하다)

가네코 아까 자네와 요시다가 붙었을 때 내가 모른 척한 일…… 내심 괘씸하게 여겼을 테지? 다 안다고! 그러나 나도 계산이 있고 생각한 바가 있어서 한 짓이니 오해 말라고……

박길상 (담담하나 추궁하듯) 무슨 뜻입니까?

가네코 같은 조선사람으로서 낸들 왜 생각이 없겠나? 하지만 보다 큰 고기를 낚기 위해서는 본의 아니게 작은 미끼를 던져 주는 법이지. 그게 처세술이라는 거야. 안 그래? 헛허……

박길상 (어리둥절해서) 보다 큰 고기…… 무슨 뜻이죠? 감독님!

가네코 (얼버무리며) 그건 그렇고…… (단도직입적으로) 용건부터 말하겠는데…… (대뜸) 돈 벌고 싶지 않아?

박길상 예?

가네코 (땔감 더미에서 일어나며) 자네 지금 일당…… 얼마 받고 있지?

박길상 (내뱉듯) 왜요?

　　　　　　　　　　　　안네 프랑크의 장미

가네코 3원 70전이던가.

박길상 3원 90전이오. 지난 달부터 20전 올려 주더군요.

가네코 (박길상을 돌아보며) 좋은 일자리가 있는데 해보겠어?

박길상 예?

가네코 일당 6원 주겠다는데……

박길상 6원? (믿어지지 않는다는 표정이다)

가네코 여기 와 있는 조선노무자가 받는 임금은 최하가 1원 50전에서부터 다섯 등급으로 분류되는데 일당 6원이면 최상급이라고 볼 수 있지.

박길상 무슨 공사입니까?

가네코 그건 차차 얘기하기로 하고…… 문제는 이 공사장에 투입되는 인력은 아무나 할 수 있는 일이 아니라는 사실을 명심하게! 말하자면 선택된 사람만이 하도록 되어 있어! 물론 학력도 중학교 수업 이상이라는 조건도 있지만…… 무엇보담도 성품이 과묵하고 책임감이 강한 사람이라는 점에다 기준을 두고 있거든! 그래서……

박길상 (약간 이죽거리며) 제가 그 축에 끼어들 수 있다는 뜻인가요? 흠…… 핫하……

가네코 농담이 아닐세. 그리고 작업실적에 따라 상여금도 지급된다는 조건이거든!

박길상 (눈빛에 긴장감이 돌며) 상여금이라고요?

가네코 해볼 만하잖아? 무엇보다도 가족을 위해서…… 응?

방안에서 사치코가 얇다란 이불 속에 두 아이를 재워 놓고 속옷을 꿰매다가 말고 바깥 일이 마음에 걸리는지 문틈으로 내다본다.

가네코 어딜 가나 사람은 이게 있어야지? (하며 손가락으로 동그라미를 지어 보인다) 수염이 대자라도 먹어야 양반이라는 속담 알고 있겠지? (염탐하듯) 물론 자네는 오래 전부터 (힘을 주어) 다른 방면에 관심을 두고 일본 각지를 전전해 왔다는 경력도 감안해서의 얘기지만 말이야! 헛허……

박길상 지금 누굴 위협하는 거요? 공갈하는 거요? 내가 과거에 무슨 짓을 했건 무슨 상관인가 말입니다!

가네코 오…… 흥분할 일이 아니라구!…… 나는 다만 박길상이라는 젊은이를 이렇게 썩히기가 아깝다는 생각뿐이지! (강조하며) 다시 말하자면 같은 조선사람으로서의 유대감이라고나 할까?

박길상 유대감?

가네코 (빙그레 웃으며) 항간에서는 내가 일본사람측에 끼어들어서 처세를 잘하는 양 험담하는 사람도 있는 모양인데…… 그게 아니야! 나는 어디까지나 현실론자니까! 박길상 자네가 이상론자라고 한다면 말이야! 핫하…… (그 웃음소리가 예상외로 크게 밤공기를 뒤흔든다. 사치코가 자리에서 일어나 현관문 사이로 두 사람의 거동을 지켜본다)

가네코 세상을 살아가려면 누구나 시류를 탈 수밖에 없지 않을까? 노동의 대가란 후할수록 좋다는 것쯤은 삼척동자도 잘 알고 있지. 어때?

박길상 무슨 작업이죠?

가네코 (천천히) 대본영 지하굴착공사!

박길상 지금 하고 있는 공사와는 다른가요?

가네코 이건 비밀이지만 (어조를 낮추어) 육군성 건축과에 소속한 이토 세쓰소 伊藤鐵造 소좌의 건축종합설계가 최종적으로 결정되었는데, 얼마 전에 내각총리대신 겸 육군대신인 도조 히데키 東條英機 대장의 결재를 받았대! 노로시야마 산속에다가는 (더욱 신중하게) 대본영을, 그리고 가이진 산에다가는 황족용 호를 각각 팔 계획이라네!

박길상 황족이라고요?

가네코 천황 폐하와 황후 폐하가 거처할 피난처라고 생각하면 돼! 그러니만큼 집역요원들도 엄선을 해야 한다는 원칙 아래 지금 물색 중이라구!

박길상의 얼굴에 동요의 눈빛이 역력하자 가네코가 박길상을 설득시킨다. 그동안 무대 한쪽에서 굴착작업을 하는 노무자들의 마임이 일사불란하게 진행된다. 그것은 인간이라기보다 비인간화의 기계 같은 움직임이다.

제5장

야마모토 후미에가 무대 한구석에 등장한다. 그녀는 객석을 향해 말을 건다. 이 설명을 이해시키기 위해 적당한 도표며 약도가 무대 후면에 투영되도록 한다.

후미에 1944년 7월 13일. 사이판도가 미군의 손아귀에 들어가자 도조 내각은 총사직하게 되고 육군대신에는 스기야마 杉山 대장이 취임을 했습니다. 스기야마 대장은 머지않아 미군이 본격적으로 일본 본토공습에 나오리라는 데 대한 대책을 강구 끝에 동부군 사령관 후지에 게이스케 대장에게 즉각 마쓰시로 대본영 공사에 착수토록 명령을 내렸습니다. 공식적 공사명칭은 '마쓰시로 창고 공사'로 지칭할 뿐, 육군성 고급 간부들까지도 황실의 피난처 건설 문제는 입 밖에 내지 않은 채 독자적으로 진행되었습니다. 1944년 10월 4일 육군대신으로부터 명령이 내려오자 조선에서 강제동원된 노무자 7천 명과 국내 각지에서 차출된 노무 보국회 회원, 그리고 그 지역 경방단 警防団 등 수천 명이 동원되어 창고 공사부터 시작되었습니다. 장비는 착암기 3백 대, 컴프레서 20대가 고작이었으니 니시마쓰구미 西松組가 사용했던 지원 노무자와 국민징용령에 의해 강제징용된 조선인 노무자들의 힘에 의지할 수밖에 없었어요! 그러나 제가 훗날 우리 어머니한테서 들었던 슬픈 사연은 그날 가네코 료키치가 다녀간 다음이었다고 합니다.

무대가 밝아지면 박길상의 집. 네 식구가 쓸쓸한 식탁을 둘러앉아 식사를 하고 있다. 사치코는 이따금 박길상의 눈치만 살핀다. 무거운 침

안네 프랑크의 장미

묵이 흐른다. 그러나 철없는 아이들은 게걸스럽게 밥을 먹는다. 박길
상이 밥그릇을 내려놓고 차를 마신다.

사치코 더 드시지 않고서……

박길상 애들에게나 먹여! (이 말이 떨어지기가 무섭게 아버지의 밥그릇을 내
려다보던 후미에와 분따가 다투어 밥그릇에서 밥덩이를 입에 퍼넣는다)

사치코 (넌지시) 가네코 상 애기…… 생각해 보셨어요? (박길상은 신문지
를 찢어서 담배를 말기 시작한다. 사치코가 건성으로 젓가락질을 한다.
눈치를 보며) 그 일을…… 맡는 게 여러 가지로……

박길상 (날카롭게 쏘아보며) 설마 찬성한다는 뜻은 아닐 테지?

사치코 반대할 이유도 없잖아요? (무짠지를 아삭아삭 소리내어 베어 먹는
얼굴엔 반항적인 눈빛이 여실하다)

박길상 (말고 있던 담배를 방바닥에 놓고) 반대할 이유가 없다고?

사치코 (밥그릇에 차를 부으며) 일당 6원이면 어디예요? 일을 못 나가는
날이 닷새라 치고도 5원 곱하기 25일…… 5 곱하기 6은 30……
2 곱하기 6은 12…… 한 달 월급이 1백50원인데 그 돈이면……
(하며 물을 마시려는 순간 박길상의 손이 사납게 물그릇을 낚아챈다.
그 순간 더운 찻물이 사치코의 뺨이며 손등에 튀긴다)

사치코 앗! 뜨거! (반사적으로 손등을 만지며) 미쳤수? 이게 무슨 짓이에요?

박길상 나더러 한 달에 150원 받고 몸을 팔란 말이야? 위안소의 갈보처
럼?

사치코 이이가…… 정말……

후미에 (울상이 되며) 엄마 왜 그래? 아빠! 싸우지 마! 응?

분따 아빠! 무서워! (박길상이 금방 터질 것 같은 울화통을 가까스로 억누르
느라 어금니를 깨문다)

사치코 그 잘난 자존심! 자존심이 우리 배를 채워 주나요?

316   차범석 전집 7

박길상 그렇다! 나는 자존심을 팔면서까지 살 수는 없다!

사치코 (비아냥거리며) 그러실 테지요. 조선사람이 일본사람하고 근본적으로 다른 점이 바로 그 자존심이겠죠! 흥! 그래요. 나는 일본사람이니까 자존심 따위는 모른다구요? 무지렁이에다 철면피에다 파렴치한 년이겠죠! (발악하듯) 위안소에서 밤마다 속살을 드러내고 뭇 사내들과 몸을 비벼 대는 위안부들하고 다를 바가 없는 년이니까요! 나는……

박길상 (흥분을 못 감추며) 그만! 그만! (상을 뒤엎는다)

후미에 아빠! 왜 그래? 응?

분따 엄마! 무서워! (하며 손등의 밥티를 핥는다)

사치코 (드디어 울음보를 터뜨리며) 나는 이 아이들을 굶주리게 할 수 없어서 그래요! 이 가엾은 아이들의 주린 배를 채우기 위해서라면 자존심도 저버릴 여자란 말이에요! 그게 왜 잘못인가 말이에요! 도둑질하자는 것도 아니고, 속임수를 쓰자는 것도 아닌데 왜…… 당신은…… 당신은…… 흑…… (방바닥에 엎드려 드디어 목을 놓아 통곡을 한다. 후미에와 분따가 엄마의 등에 얼굴을 파묻고 운다. 난처해진 박길상이 후미에와 분따를 안아 일으킨다. 되도록 아이들의 감정을 자극시키지 않으려고 애를 쓰는 눈치 같다)

박길상 후미에…… 아빠 말 잘 들어…… 지금 아빠와 엄마는 매우 중요한 얘기를 하고 있단다.

후미에 거짓말! 싸웠잖아!

박길상 그게 아니라니까. 너희들도 장차 어른이 되면 알게 될 게다. 그러니 후미에! 아빠하고 엄마가 얘기 좀 하게 밖에 나가 있어 주겠니?

분따 엄말 때릴려고?

박길상 아니다! (부드럽게) 약속하마! 잠시만 나가서 놀다 오너라. 응? (후미에와 분따가 서로 시선을 마주치더니 자리에서 일어난다. 박길상은 말다 둔 담배에 불을 붙인다. 남매가 밖으로 나가는 동안 사치코는 여전히 엎드린 자세로 있다. 그러나 울음은 멎었는지 조용하다. 박길상이 조심스럽게 아내의 등에다 손을 얹는다. 매미가 운다) 미안해. 여보. 내가 잘못했어. (사치코가 몸을 일으키며 돌아앉는다. 그리고는 헝클어진 머리를 대충 추슬러 올린다) 여보! (망설이다가 용기를 내어 말을 건다) 이건 결코 변명도 구걸도 아니오! 다만 내가 그동안 인생의 뒤안길에서 숨어 다녔고, 때로는 사회주의 운동단체에 드나들면서 나름대로의 삶을 이어 나왔다는 사실······ 당신도 인정해 주지? 그동안의 나의 인생관의 한 단면이 지금 나타나고 있을 뿐이야. 알겠어? (사치코는 방바닥에 흐트러진 그릇을 챙기고 있다. 그러나 남편의 얘기에 관심이 안 가는 건 아닌 성싶다) 일본이 조선을 침략했고 수많은 조선사람을 짓밟았던 원한을 새삼 들추자는 생각은 추호도 없어! 생각하면 한 치 눈앞이 안 보이는 암흑 속에서 허우적거리면서 살아 나온 일이 후회스러울 때가 없었던 것도 아니오. 허지만······

사치코 우린 지금 돈이 필요해요. 사상운동도 좋고 지하운동도 좋지만 우리 네 식구는 먹고 살아야 해요. 아이들이 학교에서 마음 놓고 공부할 수 있도록 해줘야 해요!

박길상 물론이지!

사치코 (항의하듯) 그렇다면 가네코 상의 권유를 뿌리칠 이유란 없잖아요?

박길상 여보! 내 얘기 잘 들어! 나는 그 공사장이 목숨을 걸 만큼 위험한 장소일지라도 내 편에서 써달라고 부탁하겠소.

사치코 그런데 왜······

박길상 그 공사는 일본의 천황과 황후의 피난처로 쓸 방공호란 말이오!

사치코 방공호?

박길상 1억 국민들 보고는 최후의 한 사람까지 미군과 싸우라고 하면서 자기들만 땅속 5백 미터 깊숙한 곳에 숨어서 살아남겠다는 심보가 미운 거요! 국민은 다 죽어도 좋고 천황만 살아남겠다니 그게 될 말이오?

사치코 (약간 동요의 눈빛이 보인다)

박길상 조선사람으로서 천황을 위한 방공호를 파야 해? 난 못하겠어, 절대로 못해! 나는 이틀 동안 꼬박 밤도 설쳤고 작업장에서도 멍하니 넋 나간 사람처럼…… (기어드는 소리이나 처절하게) 여보! 내 심정을 이해해 줘요! 응?

사치코 (담담하게) 알겠어요. 당신 마음……

박길상 여보!

사치코 그런데 문제가 남아 있어요.

박길상 문제라니?

사치코 나는 조선사람이 아니란 말이에요. 나는 야마모토 사치코예요. 당신의 아내이면서도 나는 당신 집안 호적에 입적된 것도 아니잖아요?

박길상 사치코! 그럼 당신은……

사치코 물론 당신의 아내죠. (과거를 회상하듯 쓸쓸하게) 친정에서는 조센징에게 몸을 망친 년이라고 추방은 당했을지언정 나는 당신 곁에서 한시도 떠난 적이 없었잖아요. 다카마쓰, 히메지, 고베, 오사카…… 떠돌이 신세로 숨어 다니면서 말이에요. 그렇다고 한 번도 후회한 적이라곤 없었어요.

박길상 사치코! (그는 사치코의 허리를 얼싸안으며 뜨거운 키스를 퍼붓는다. 사치코도 한 덩어리가 된다. 그러나 잠시 후 사치코가 고개를 든다)

사치코 그러나 후미에와 분따가 걱정이에요. 내년이면 분따도 소학교에 들어가게 돼요. 두 아이를 학교에 보내려면 돈이 필요하단 말이에요. (차츰 열이 오르며) 우린 돈이 필요하단 말이에요! 자존심도 좋고 사상운동도 좋아요! 그러나 그건 과거일 뿐이에요! 지금은 사정이 달라요!

박길상 사치코! 그럼 날더러……

사치코 (간절하게) 가네코 상의 말에 따르세요. 그건 부정도 굴욕도 파렴치한 짓도 아니잖아요! 조선사람 일본사람을 갈라놓고 생각할 일이 아니잖아요! 먹고 살아야 해요! 우리 자식들을 굶주리게 할 수 없잖아요!

박길상 그만! 그만! (자리에서 벌떡 일어선다)

사치코 여보! 부탁이에요!

박길상 우리 넷이서 죽는 길밖에 없다!

사치코 싫어요!

박길상 그 길밖에 없어!

사치코 없는 게 아니라 당신이 택하지 않은 것뿐이에요! 여보! 내가 살아남은 다음에 조국도 있고 민족도 있는 법이에요! 죽고 나서는 아무 것도 없어요! 여보 제발 제 말대로…… (울음이 터지며) 후미에와 분따에게만은 사람답게 살아가는 법을 가르쳐 주고 싶어요. 여보! 자식들에게 이상 더 가난을 물려줄 순 없어요! 가네코 상의 말대로 따르세요! 예? 두 눈 딱 감고 결심하세요. 자살자가 절벽에서 뛰어내리는 심정이라면 못할 게 없다고 들었어요. 여보! (이 말이 끝나기도 전에 박길상은 방바닥을 주먹으로 치며 통곡을 한다)

박길상 진작…… 죽었어야 할…… 진작 없어졌어야 했을…… 이 버러지만도 못한…… 목숨들! 윽……

사치코 (그의 등에 뺨을 묻으며) 우리는 고생했지만…… 우리 아이들을 위해서는…… 살아남아야죠. 학교에서 후미에가 놀림을 받는 것도 따지고 보면…… 가난 때문이죠. 돈만 있으면…… 어디에 내놔도…… 공주 같고 태자 같은 우리 자식들이에요! 여보! 그러니 제발……

박길상이 서서히 사치코를 돌아본다. 눈물로 얼룩진 얼굴과 얼굴이
한동안 말을 잊는다. 이때 무대 위에서 후미에의 비명소리와 함께 동
네 아이들이 놀려대는 소리가 들려온다.

아이들　(소리) 야! 조센징! 똥강아지? 핫하……
후미에　(소리) 엄마! 사람 살려!
아이들　(소리) 튀끼 새끼? 조센징 새끼! 핫하……
사치코　후미에 소리예요?
박길상　응?

후미에게 울부짖으며 뛰어온다. 등에 책보자기를 메고 있다.

후미에　엄마! 엄마!

박길상이 벌떡 일어나 밖으로 뛰어나가자 사치코도 허겁지겁 나간다.
집 앞에서 후미에가 울고 있다.

박길상　후미짱! 왜 그래? 응?
후미에　흑…… 흑……
사치코　누가 또 놀려대던? 그렇지?
후미에　흑…… 흑……
박길상　뉘집 새끼냐? 응? 말해. 내가 그냥 둘 줄 알고? 응? 어서.
사치코　여보! 관둬요! 후미에! 어서 들어가자. 손 씻고 옷 갈아입어야지
　　　　　…… 응?

후미에 (얼굴을 번쩍 쳐들고 사치코를 노려본다. 저주의 눈빛이 역력하다) 싫어! 싫단 말이야!

사치코 후미짱?

후미에 엄마가 싫단 말이야!

박길상 무슨 소리야?

후미에 (박길상을 노려보며) 아빠도 싫어! 다 싫어! 싫단 말이야! (하며 집 뒤안길로 뛰어나간다)

사치코 후미에! 어디 가니? 후미짱! (하며 뒤를 쫓는다)

혼자 남은 박길상의 표정이 금세 경직된다. 그것은 분노라기보다는 차라리 눈에 보이지 않는 어떤 대상에 대한 복수의 감정이다. 그는 현관문을 거칠게 걷어찬다. 멀리서 다이너마이트 폭발하는 소리가 길게 여운을 남긴다.

암전

제6장

무대는 어둡다. 무대 한구석에 야마모토 분따 山本文太가 등장한다. 어깨에는 여전히 카메라를 걸쳤고 한 손에는 가방을 들었다. 잠시 생각에 잠기다 말고 객석을 향하여 말문을 연다. 그의 언행은 차분한 것 같으면서도 어딘지 다혈질적인 흔적을 지녔다. 이따금 흘러내리는 안경을 추슬러 올리는 버릇이 있다.

분따　죄송합니다. 정식인사를 못 드렸군요. 제 이름은 야마모토 분따, 당년 마흔 살. 직업은 주간지 「진상 眞相」의 기자올시다. 말하자면 삼류 주간지의 사진기자를 겸하고 있지요. (냉소적으로) 전문대학 사진과를 나온 덕으로 가까스로 이 직장을 구했죠. 예? 한국말을 어떻게 배웠냐구요? 우리 남매는 조선인 학교에서 교육을 받았죠. 어머니 혼자서 고생하시니 학비가 덜 드는 조선인 학교를 택했죠. 제가 한국계라는 이유만으로 번번이 직장에서 거절을 당했던 쓰라린 내력을 감안한다면 지금의 내 직업은 감지덕지죠. 그런데 누나가 아버지의 행적을 추적하는 일에 대해서 저는 처음에는 무관심했습니다. 그러나 차츰 흥미를 느끼기 시작했죠. 그렇다고 결코 제가 한국계이니까 피해자 측에서 가해자를 응징해야겠다는 그런 보복심리는 아니죠. 인종·종교·빈부·직종을 초월해서 오직 짓밟힌 자의 억울함과 빼앗긴 자유에의 갈구를 충족시켜 준다는 관점에서죠. 그런 점에서는 남아프리카의 인종분규도 나치스의 유대인 학살도 그리고 일본제국주의의 한국침략도 모두가 같은 맥락에서 이루어진 20세기 인류 역사의 치부라고 믿었기 때문이죠. 그건 그렇고 제가 요코하마에서 찾아낸 최용남 옹은 단 한 사람의 소중한 증인임에 틀림없습니다. 앞으로 일본이나 한국 어느 하늘 아래 또 다른 생존자가 나타날지도 모르지만, 나는 최용남 옹으로부터 들었던 생생한 사실을 이제부터 보여드릴까 합니다.

이와 함께 분따는 퇴장하고 무대에 강렬한 섬광이 번쩍이더니 이윽고 군중들의 비명, 사이렌 소리, 질주하는 차량의 굉음들이 요란하게 이어지더니 마침내 일본 천황의 항복선언 방송이 들려오면서 무대가 차츰 밝아 온다. 무대 위에는 노무자들과 그 가족들이 삼삼오오 짝을 지어 수군거리고 있다. 최용남, 안흥수도 끼어 있다. 호외를 읽는 사람, 망연히 허공을 쳐다보는 사람, 땅바닥에 낙서를 하는 사람…… 부녀자들은 한구석에서 쑥덕공론을 하고 있는 게 불안과 공포에 찬 군상들임에 틀림없다.

남자 A 그럼 우린 언제 고향에 돌아가게 된대유?

남자 B 고향에 돌아가는 게 문제가 아니다.

남자 A 뭔 소리래유?

남자 B (주변을 돌아보며) 며칠 전부터 본부에서는 서류를 태우고 장비를 이동시키고 하는데 무슨 꿍꿍이속이 있을 거라는 거다?

남자 C 그라모 우리도 다른 곳으로 이송시킨다 그 말이가?

남자 B 누가 아나? 허지만 일을 이 지경으로 엄청나게 저질러 놓고 그대로 물러설 성싶은가 이 말이지. 내 말은……

안흥수 속 모르면 말을 말드라고! (호외를 쳐들며) 호외도 못 봤는감! 천황이 항복방송을 했으면 끝장난 거제 일은 뭔 말라 비틀어진 일! 안 그런가? (일부에서 호응하는 소리)

남자 B 그럼 우리는 고향에 못 가게 된다 이건가?

남자 D 내가 아냐, 네가 아냐, 뒷집 큰애기가 아냐? 길고 짧은 것은 대봐야 안다고, 우리는 기다려 볼 일이여 헷헤……

남자 E 아까도 가네코 상이 본부에서 무슨 회의가 있다면서 급히 자전거를 몰고 가던데…… 그 양반이 오면 무슨 판국인지 알게 되겠지. 인제 전쟁이 끝난 건 확실하니까 언제고 고향에 가기는 갈 게 아닌가? (여기저기서 맞장구치는 소리가 번져 간다. 이때 수염이 덥수룩하게 자란 최용남이 약간 상기된 표정으로 소리를 버럭 지른다. 모두 놀란다)

최용남 이 똥물에 튀길 자석들아! 너희들은 그저 집에만 가면 그만이가? 잉? 그 꼬라지하고서 빈털터리로 고향에 가문 누가 반겨 준다카더냐? 잉? 손에 쥔 게 있어야제! 쇠푼이나 쥐고 가야 자석이고 부모고 간에 반길 게 아이가? 동냥치를 누가 돌아본다 카더나?

안흥수 그럼 자네는 여기 남는다 이거여? 지긋지긋하지도 않은가? (여기저기서 "옳소" 하는 소리가 들린다)

최용남 돌아가게 되드라도 보상을 받아야 하는 기라?

부녀자 A 보상이 뭐다요?

남자 C 보상이 보상이지! 모르면 가만히 자빠져나 있제 뭘 참견이여! 참견이!

부녀자 A 모르니께 묻는디 그것도 흉이당가? 아이고 시엄씨가 죽은께 처마 밑 제비새끼가 좋알댄다더니 정말……

남자 C 뭐여? 이놈의 여편네가…… 너 지금 뭐라고 했어? 내가 제비새끼냐? 이놈의 늙은 호박같이 생긴 여편네가 뉘 앞에서 주둥아리를……

부녀자 A 뭣이 어쩌 늙은 호박! 아이구 그런 당신은 꼭 털 빠진 염소구먼? (두 사람이 서로 삿대질을 하며 엉켜 들자 최용남이 일갈을 던진다)

최용남 와 이 지랄이고! 이 판국에 제비새끼고 염소새끼고 따질 때인가

말이다! 잉? (좌중이 까르르 웃다 말고 최용남의 기세에 눌려 입을 다
문다)

최용남 전쟁이 끝났으니까네 우리를 고향으로 보내줘야 칸다는 건 저놈
들의 의무인 기라! 우리를 억지로 끌고왔으니까네 조선 땅으로
돌려보내 주는 일은 당연한 기라! 물론 일본 땅에 그대로 눌러붙
어서 살겠다는 사람이사 그대로 남아 있겠지만도……

부녀자 A 아이고 시엄마야! 그만큼 당했으면 되었지 뭐가 이쁘다고 눌러
있겠나? 생각만 해도 치가 떨리고 사지가 움츠려드는데…… 이
제 마 고향에 가면 그래도 부모형제도 있고 친구도 있고 허니까
네…… 나는 죽어도 고향에서 죽을 기라!

남자 E 팔자 좋네요. 나처럼 외도토리는 기다려 주는 사람이 없으니 여
기서 한밑천 잡은 다음에 갈 것이구먼!

최용남 가고 안 가고는 각자 마음에 달려 있는기라! 허지만도 나자빠질
지도 모르니까네 우리가 한 마음으로 뭉쳐야제, 안 그렇나? (모두
들 호응을 한다) 그라이 고생한 만큼 보상을 타내자 이 말인 기라
내 말은! (여기저기서 손뼉을 치며 호응을 한다. 이때 가네코가 자전거
를 타고 등장한다. 모두들 말없는 가운데 그의 거동을 주목한다. 분위기
가 살벌해질 정도로 가라앉는다. 매미가 울어댄다. 가네코는 그걸 의식
하면서도 일부 태연한 척 꾸민다. 자전거를 세운 다음 허리에 찬 수건으
로 목이며 이마의 땀을 닦는다. 매미 소리가 더 기승을 부린다)

가네코 왜들 나와 있지? 오늘은 작업을 쉰다고 했을 텐데…… (대꾸가
없다. 자기 주머니를 더듬는다. 최용남이가 담뱃갑을 불쑥 내민다)

최용남 좋지 않습니다만도……

가네코 얻어먹는 주제에 보리밥 쌀밥 가리겠나? 헛허…… (성냥불을 켜서
붙인다)

안흥수 가네코 상! 뭔 희소식이라도 있던가요?

326   차범석 전집 7

가네코 희소식이라면 희소식이고……

최용남 (말꼬리를 되받아서) 아니라면 아니다 이건가요?

가네코 (길게 담배연기를 내뿜고 나서) 매사가 쉽지만은 않구먼!

최용남 (다소 위협조로) 물론 보상금은 나오는 거죠?

가네코 무, 물론이지. 허지만 더 급한 건 수송선이야.

남자 A 수송선이라니…… 배 말인가요?

가네코 여러분들을 고국으로 보내려면 니이가타 항이 가장 가까운데 지금 니이가타에는 대형 수송선은 약에 쓸려 해도 없다는구먼!

최용남 그럼 우째됩니꺼?

가네코 큰 배를 타려면 요코하마나 시모노세키까지 나가는 길밖에 없는데 이곳 마쓰시로에서 요코하마까지 철도수송이 또 문제라는 거야! 각 지역마다 철도망이 마비된 데다가 거리가 멀어서……

여자 A (울상이 되며) 그럼 우린 이대로 발 묶인 귀신이 되란 말씀이세요?

가네코 (변명하듯) 지금 동경에 있는 본사하고 전화연락을 하고 있으니 조금만 더 사태를 관망하자는 거지.

최용남 그럼 보상금도 함께 지급한다는 조건입니꺼?

가네코 무, 물론이지…… 그건 내가 중간에 서서 강력히 주장했어요. 나는 그동안 여러 근로자와 회사 사이에 끼여 업무를 수행하다 보니 때로는 오해도 받았고 때로는 누명도 썼지요. 나더러 니시마쓰구미의 앞잡이라는 둥 일본헌병의 개라는 둥…… (멋쩍게) …… 헛허……

최용남 전혀 아니라고 말할 수 없지예!

가네코 뭐라고?

최용남 당신은 일본에서 상업학교를 나와 일본 토건업계에서도 유수한 니시마쓰구미의 사원으로 취직할 수 있었기에 일본사람 부럽지 않게 대우도 받았지 않았는기요?

가네코 그, 그거야 회사 규정에 의한 일이지⋯⋯

최용남 지난 유월 달에 여름철 상여금으로 2백 원 받았었다죠? 틀림없죠? (여기저기서 2백 원이라는 말에 동요하는 파문이 퍼진다)

가네코 (화를 내며) 자네가 뭔데 그런 일까지 밝히려고 그래? 무슨 권리로?

최용남 권리는 없지만도 관심은 있습니다. (유들유들하게) 안 그런기요?

가네코 관심?

최용남 가네코 상은 국적이 어디여? (사이) 조선이죠? 아니 일본사람들의 말을 빌리자면 한또징 半島人이 틀림없죠?

가네코 그래서?

최용남 우리들은 모두가 같은 조선사람인 기라. (강조하며) 그런데 우째서 가네코 상에게는 여름 상여금이 2백 원씩이나 지급되면서 우리들에게는 동전 한 푼 없었는가 이 말입니데! 예? 그 차이가 뭡니까? (비아냥 거리듯) 가네코 료키치 상! 니시마쓰구미의 사원이라는 이유 때문인가요? 아니면 우리 조선노무자들을 지도한다는 미명 아래 매수하고 그래서 왜놈들의 비위를 맞추는 데 공이 컸던 대가인가 말입니데!

가네코 말조심해! 나를 어떻게 보고⋯⋯

최용남 전쟁은 끝났어! 일본은 망했다는 걸 모른기요? 잉? (단호하게) 전쟁은 끝났단 말이다. 이 친구야!

가네코 아니, 이, 이 자식이⋯⋯ 갑자기⋯⋯

최용남 우리는 자유해방이라 말이다! 너 같은 인종은 단칼에 목이 달아나야 할 텐데 그렇게 안 되는 게 원통할 뿐이다! 흑⋯⋯ (제 분에 못 이겨 주먹으로 가슴을 쥐어박으며 통곡한다. 여기저기서 낮게 흐느끼는 여인들의 울음소리가 한동안 무겁게 출렁인다)

가네코 (가까스로 감정을 삭이며) 뭐라 할 말이 없습니다. 이루 다 말할 수 없는 안타까움에 나도 요즘은 밤잠을 설치고 있소. 참말이오.

그렇다고 내가 변명을 하려는 건 결코 아니오. 이렇게 사죄하겠습니다. 여러분! (그는 땅바닥에 무릎을 꿇고는 넙죽 절을 한다. 모두들 말문이 막힌다. 멀리서 바람소리가 몰려온다)

안흥수 이제 와서 잘잘못을 가린다고 미꾸라지가 잉어로 변하겠어? 지금 우리가 해야 할 일은 하루 속히 고국으로 돌아가는 일이란 말이여!

가네코 그 점은 내게 맡겨요. (여기저기서 웅성거리는 소리가 난다) 금명간 상부의 결제가 나기로 되어 있어. 지금 계획으로는 제1진으로 출발할 명단까지 작성해 놨으니까.

안흥수 그것이 참말이요?

가네코 수송선 편이 여의치가 못해 한꺼번에는 안 되고 몇 차례로 나뉘어 출발하게 되었고, 제1진으로는 고향이 충청·전라 그리고 경상도 등 남쪽 출신인 1천9백 명을 한 조로 짰으며, 그 인솔자로 나 가네코 료키치가 내정이 되었으니까. (여기저기서 희비가 엇갈린 반응이 일어난다)

남자 C 가네코 상이 고향까지 데려다 준다 이겁니까?

가네코 일단 부산까지 가서 그곳에서 각각 해산하게 됩니다. 그리고 나는 되돌아와서 제2진을 인솔하기로 되어 있죠.

남자 1 그게 참말인기요? 잉?

가네코 그러니 나를 믿어 주시오. (제법 웅변조로) 나는 지금까지 일본사람 밑에서 충성을 다해 왔던 그 불명예를 씻어내기 위해서라도 마지막 봉사를 다하겠으니 믿어 주시오. (좌중에 일제히 환호성이 터져 나온다. 지금까지 가네코를 색안경으로 보아 왔던 사람들까지도 금세 화해의 분위기로 돌아선다. 이때 군중 속에서 사치코가 앞으로 나온다)

사치코 한 가지 물어볼 말씀이 있는데…… (모두들 그녀를 돌아본다. 전보

다 수척해진 모습이 한층 초라하다)

가네코 말씀하시죠.

사치코 제 남편은 어떻게 되는 겁니까?

가네코 어떻게라니?

사치코 전쟁이 끝난 지 일주일이 지났는데도 아직 안 돌아오고 있어요. 어찌 된 일입니까?

가네코 그, 그건 내 관할권이 아니라서 뭐라고……

사치코 그렇지만 가네코 상의 권유로 작업장을 옮겼잖아요?

가네코 나는 상부의 지시에 따랐을 뿐 작업 진행사항하고는 전혀 관계 없어요.

사치코 그렇지만 어디에 있는지는 알고 있을 게 아니오? (애걸하며) 말씀 해 주세요! 그이는 지금 어디에 있나요?

가네코 (매정스럽게) 모른다고 했잖아요.

사치코 당신이 모르면 누가 안단 말입니까?

가네코 당신 남편에게 조산 지하의 굴착장으로 작업장을 옮기라고 권유 한 건 나였죠. 그러나 내가 그곳 현장감독이 아닌 이상 어떻게 소재를 알 수가 있단 말이오? 나는 상부지시에 의해서 작업인원 정원대로 동원하는 데만 관여했을 뿐 그 밖의 일에 관해서 아는 바 없습니다. 알 수도 없어요! (사치코가 가네코의 멱살을 휘어잡고 흔든다)

사치코 그런 법이 어디 있어? 네놈이 내 남편을 꼬셔 냈잖아?

가네코 이 손 놔요! 못 놓겠어?

사치코 내 남편을 찾아내란 말이다!

가네코 작업장에 직접 가서 물어 보면 알 거 아니야!

사치코 작업장 관리사무소도 갱도 출입구도 문이 잠겨 있는데 누구한테 물어 보란 말이냐? (제정신을 잃은 사람처럼 흥분을 하자 몇 사람이

뜯어말린다)

최용남 아주무이요, 진정하시이소! 이래 흥분하시면 안 됩니더!

사치코 그이가 없으면…… 나의 두 자식은…… 어떻게 살아갑니까? 흑
……

최용남 조금만 더 기다려 봅시다. 먼 곳에 간 것도 아닐 게고……

안흥수 지난 16일 날 노무자 27명이 트럭에 실려 가는 걸 본 사람이 있다
니께…… 설마 죽기야 했겠소?

사치코 그런데 왜 소식이 없죠?

최용남 조금만 기다려 봅시다. 그때 가서도 안 돌아오면 우리들이 직접
수색작업에 나섭시더! 여러분! 안 그렇습니까?

일동 예! 좋습니다!

사치코는 흘러내리는 눈물을 주체 못한 채 물러선다. 최용남이 다시
가네코에게 다가간다.

최용남 그런데 보상금은 언제 지급되는지 알 수 없습니꺼?

가네코 (머뭇거리다가) 그, 그건 출발 전에는 지급되겠죠. 원래는 우편으
로 각기 고향에다 송금하는 게 원칙이지만…… 세상이 이렇게
되었으니…… 아무튼 그 방법과 시기에 대해서는 회사 상부에서
연구 중인 걸로 알고 있소!

최용남 한 사람 앞에 얼마나 된다 카든가예!

가네코 글쎄요…… 정확한 건 모르겠지만…… 1인당 최소한 1백 원은
될 것 같은데요.

남자 C 고작해서 1백 원?

가네코 그렇지만 회사측으로서는 거금이죠. 1백 원이라고 해도 1천 명이
면 10만 원이니까요. (얼버무리며) 그러나 나만 월급 45원에 4백프

로의 상여금과 임시수당 받았다는 점으로는 미안한 생각도 들지요. 그래서 저는 앞에서도 얘기한 것처럼 속죄의 뜻으로 여러분을 대신해서 분골쇄신 봉사할 작정이오! 저를 믿어 주세요! 부탁입니다! (모두들 심각하면서도 어딘지 어정쩡한 느낌이다. 사치코가 허물어지듯 주저앉는다)

암전

제7장

무대 한 구석에 야마모토 후미에가 등장한다. 전보다는 밝은 표정이다.

후미에 그로부터 어언 40년! 아…… 멀고도 고된 여로였죠. 그동안 우리 어머니가 어떻게 고생했으며 어떻게 한 맺힌 일생을 마감했는가는 얘기하고 싶지 않군요. 눈에 보이지 않는 편견, 눈에 보이는 차별, 그리고 남편으로부터의 버림받음, (쓰게 웃으며) 운명이라도 좋고 숙명이라도 좋아요. 다만 제 아버지가 그런 식으로 사라진 원인은 꼭 캐내고야 말겠다는 충동이 나를 잠시도 가만히 있지 못하게 했어요. 그런데 분따가 최용남과의 면담에서 새로운 사실을 밝혀낸 게 더욱 충격적이었어요. (이와 동시에 야마모토 후미에가 경영하는 스낵 '방랑'의 내부가 밝아진다. 분따가 담배에 불을 붙인다. 후미에가 손에 들고 있던 커피잔을 쨍 하고 소리 내며 탁자 위에 놓는다)

후미에 그, 그게 사실이니?

분따 응.

후미에 가네코 료키치가 그 돈을 횡령했단 말이지?

분따 최용남 옹의 얘기로는 부산에 가면 나누어 주기로 약속한 급료를 챙겨서 삼십육계를 놨다는 거죠. 그 사실을 뒤늦게야 고향으로 간 친구의 편지를 통해 알게 되었다는 거예요.

후미에 그럴 수가…… 그 돈이 어떤 돈인데…… 그렇지만 그 자가 범인이라는 증거는?

분따 내가 수집한 정보로 봐서는 가네코 료키치가 그 진범임에 틀림없어요.

안네 프랑크의 장미

후미에　그렇지만 가네코 료키치와 지금 서울에 살아 있는 강행복이 동일 인물이라는 증거가 없잖아?

분따　틀림없다구요, 누나……

후미에　본인이 부인하는 걸 어떻게 하지? 창씨명은 우에무라, 본적은 황해도 연백이라고 우겨대던데……

분따　물적 증거가 있거든요.

후미에　물적 증거?

분따　(주머니에서 수첩을 꺼내며 그 사이에서 한 장의 사진을 꺼낸다) 이것 좀 보세요.

후미에　(반신반의로 사진을 받아 본다) 웬 사진이니?

분따　최 노인이 가지고 있던 사진을 제가 복사한 거예요. 오래된 사진이라 흐리긴 하지만 (손가락으로 가리키며) 이 사람이 최용남 옹…… 이 사람이 안홍수 씨예요. 작년에 고향인 전라도 진도에서 죽었다나 봐요…… 그리고 이 사람…… 전투모에 국민복 차림의 사나이!

후미에　가네코 료키치란 말이지?

분따　예. 지금의 강행복!

후미에　(유심히 들여다보며) 흐려서 잘 모르겠어. 게다가 이렇게 삐쩍 말라 보이니……

분따　그야 40년 전 젊었을 때의 모습이 지금 그대로 남아 있을 리야 없죠. 게다가 지금은 건설회사 회장님이라는 높은 자리에 앉고 보면 배도 나오고 살도 찌고…… 훗흐……

후미에　글쎄다…… 어찌 보면 닮은 것도 같지만……

분따　(단정적으로) 문제는 가네코 료키치와 강행복이 동일인이라는 증거 확인만 남았어요.

후미에　(사진을 내려놓으며) 어떻게 그걸 확인하지?

분따   누나! 내가 직접 가겠어!

후미에   어딜?

분따   강행복의 본적지 조회하면 알 수 있을 것 같아요.

후미에   아니라고 잡아떼는 걸 어떻게……

분따   누나! 서울로 갑시다!

후미에   서울?

분따   지난번에는 누나가 여자이기 때문에 얕잡아 보았을지도 모르죠.
           그리고 또 한 가지 밝혀내야 할 일이 있거든요.

후미에   뭔데?

분따   이건 일방적인 추측이지만…… 강행복 씨의 본적이 충청도 영동
           이 아닌…… 다른 곳일 수도 있다는 가능성!

후미에   본적을?

분따   예! 호적을 바꾸었을 가능성도 생각할 수 있으니까요.

후미에   (혼잣소리로) 호적을 바꾼다?

분따   이건 어디까지나 저의 가설이지만…… 원적인 황해도 연백인 사
           람이 종전 후 이남에 눌러앉으면서 가호적을 만들 수 있다는 점.

후미에   가능할까? 가호적이라는 게.

분따   알아봤더니 그런 일이 비일비재했다는 거예요. 특히 6·25 동란
           을 전후해서 사회적 혼란과 화재로 인해 호적 서류가 유실된 고
           장에서는 새로 호적을 정리하는 과정에서 가호적 기재는 흔히
           있었다는군요.

후미에   (자기 나름대로의 상념에 잠기며) 그렇다면 강행복이라는 현재 이름
           도 그 가호적 만들 때 지어낸 가능성도 생각할 수 있겠구나!

분따   물론이죠. 다시 말해서 현재 오양건설 회장인 강행복은 가네코
           료키치가 아닌 또 다른 인물로 변장을 했다 이거죠.

후미에   변장을 해?

분따 자신의 과거를 영원한 어둠 속에 다 파묻어 버리기 위해선 무슨 짓이라도 할 수 있다고 봐요! 경우에 따라서는 성형수술로 얼굴 전체를 전혀 다른 모습으로 만든다는 얘기도 어느 영화에서 본 적이 있어요! 누나! 호랑이를 잡으려면 호랑이 굴로 쳐들어갈 수 밖에 없어요! 서울로 갑시다.

후미에 분따!

분따 억울하게 끌려갔다가 억울하게 죽어간 사람들을 위해서 모든 반도덕적 행위를 백일하에 밝혀야 해요!

후미에 (문득) 그 돈이 얼마나 된다고 했지?

분따 기록에 의할 것 같으면 종전 직후 일본건설공업회라는 단체에서 일본정부를 상대로 청구한 금액이 약 4천6백만 엔이라고 화선노무대책위원회활동기록 華鮮勞務對策委員會活動記錄에 밝혀 있어요.

후미에 화선노무대책이라니?

분따 전쟁 중 강제연행된 중국인과 조선인 노무자들을 위한 대책위원회를 말하는 거라더군요. 그러니까 그 사람들을 귀국시킬 때까지 소요된 식비, 교통비 그리고 매 1인당 지불되었을 수당 등 총비용을 말하는 거죠.

후미에 그게 4천6백만 엔이었다 이거니?

분따 그렇죠. 그 당시 가네코 료키치가 제1차로 부산까지 인솔한 노무자 수가 약 천 명은 되었을 거라고 최용남 옹은 말하셨어요.

후미에 한 사람당 얼마나 지급했을까?

분따 최소한 10엔이라고 치고도 천 명이면 1만 엔이죠! 그런데 당시의 화폐가치는 지금의 화폐로 치자면 약 2만 1천 90배라고 『아사히 신문』에서 보도했어요.

후미에 2만 1천 90배?

분따 이건 조총련에서 밝힌 바 있는 「조선인 강제연행 진상조사」 기록에서 인용한 기사예요. 그렇다면 그 당시의 1만 엔을 지금 화폐로 치자면…… 가만 계세요. (잽싸게 소형 계산기를 꺼내 펀치를 하며) 1만엔…… 곱하기 2만 1천 90배면…… (펀치를 하다 말고 눈을 크게 굴리며) 2억 1천 9백만 엔!

후미에 2억?

분따 그러나 실지로는 그 이상의 액수이었지 결코 그 아래는 아닐 거라고 최용남 옹이 말하더군요.

후미에 그걸 가네코 료키치가 혼자서……

분따 동포들에게 나뉘어졌어야 했을 그 피와 눈물과 땀의 대가를 독식했는데 그대로 둘 수 있어요? (분노에 몸을 떨며) 나는 그 이야기를 들었을 때 분노 이상의 복수심마저 느꼈어요. 우리 아버지처럼 영원한 어둠 속으로 파묻혀 버린 사람의 원한은 무엇으로 보상을 받을 것인가 생각하니 증오심만 짙어 갔어요. 우리 아버지가 가엾다기 보다는 차라리…… (목이 메인다)

후미에 (눈물이 글썽해지며) 원수의 나라로 짐짝처럼 끌려가서 강제 노동으로 혹사당하다가 죽어간 그 사람들의 혼백은 지금도 마쓰시로 지하굴 어딘가에 서성거리고 있을 거야. 온갖 고통과 차별과 멸시 속에서 인간의 마지막 권리인 자유마저 빼앗긴 그분들의 영혼을 위해서 우리는 무슨 일인가 해야 해!

분따 누나! 그러니 서울로 갑시다! 가서 가네코 료키치를, 아니 오양건설 강행복 회장을 만나 사실여부를 밝히는 길밖에 없어요. 그리고 마쓰시로에다 7천 명의 억울한 죽음을 위로하기 위하여 '안네 프랑크의 장미' 동산을 조성하는 일에 협조하라고 요구합시다!

후미에 네 말이 맞아! 우리가 지난 5년 동안 마쓰시로의 진상을 밝히기 위하여 캠페인을 벌여온 목적에는 털끝만큼의 사심도 없다는 걸

안네 프랑크의 장미

알려줘야지!

분따 갑시다! 가서 밝힐 일은 밝혀야 해요! (후미에와 분따의 눈에 이슬이 맺힌다. 이때 마리가 밖에서 돌아온다. 적개심 같은 경직된 감정이 얼굴에 떠오른다)

마리 안네 프랑크의 장미를 심어요? 흥!

후미에 마리!

마리 마음대로 하세요! 그 대신 나는 나대로 갈 테니까요! (하며 한구석에 있는 여행용 백을 꺼내 먼지를 턴다)

분따 마리! 너는 지금……

마리 도대체가 엄마랑 삼촌의 마음을 이해할 수가 없어요! 그게 무슨 의미가 있으며 우리의 행복과 무슨 관계가 있다는 거죠?

후미에 있지 않고! 그건……

마리 조국애? 민족애? 인간애? 웃기지 마세요. 그게 우리를 배부르게 해준대요? 그렇게 되면 일본에서 살고 있는 2세, 3세의 반쪽발이들의 사회적 지위가 올라간대요?

분따 마리! 그건 너의 독단이야!

마리 독단이면 어때요? 저는 우선 저 자신이 행복해지고 싶을 뿐이예요. 좋은 남자친구와 만나서 자유롭게 데이트하고 사랑을 얘기하고 그리고 결혼도 하고 싶단 말이에요! 그런데 엄마는 그런 나의 문제는 제쳐놓고 40년 전의 귀신들을 위해 장미동산을 만들겠다니? 그야말로 돈 키호테 같은 망상이라구요!

후미에 마리! 그 입 좀 닥치지 못하겠니? 에미의 뜻을 그렇게도 몰라 주다니……

마리 알 필요도 없고 관심조차도 없어요. 마쓰시로 토굴 앞에다가 '안네 프랑크의 장미'를 7천 그루 심는다? 그게 우리들의 행복과 무슨……

후미에 그만! 그만!

마리 싫어요! (백에다 옷가지며 화장품을 쑤셔 넣으며) 나는 싫어요! 안네 프랑크의 장미고……, 베르사유의 장미고……, 퀸 엘리자베스고 …… (후미에의 손이 세차게 마리의 뺨을 후려친다. 마리가 감전된 사람처럼 제자리에 굳어 버린다)

후미에 말이면 다 하는 줄 아니? 그래, 에미의 머리는 굳어 버렸다! 너희들 젊은 세대들의 말대로라면 콘크리트 벽이지! 그러나 나만을 내세우고 개인의 행복에만 안주하려는 너희들보다는 더 깊게 생각해 왔다고 자부한다!

마리 (조소하듯) 그래요. 죽은 자에게 장미꽃을 심어 주겠다는 엄마는 천사라구요! 엄마 장례식 때는 천당에서 뭇 천사들이 저마다 안네 프랑크의 장미 송이를 들고 나와 환영해 줄 거예요. 그리고 나 같은 인간은 지옥의 불길 속에 내던져질 테죠! 흥! 잘들 해보세요. 오늘부터 저는 저의 길을 갈 거예요! (이죽거리듯) 삼촌도 잘해 보세요.

분따 마리! 그러는 게 아니다! 엄마와 내가 오래 전부터 해온 일은……

마리 말씀 안 하셔도 안다구요. 할아버지의 넋을 위하고 할아버지 세대에 희생된 조센징의 억울한 혼백을 달래기 위해서라는 것쯤 다 알고 있다구요! (다시 반항적으로 변하며) 그럼 나는 뭐냐구요? 나를 위해서 해준 게 뭐냐구요? 엄마가 조선사람하고 결혼했기 때문에 받아야 했던 그 업보를 저한테 남겨 주고도 아무렇지 않다고 생각하세요?

후미에 내가 언제 아무렇지 않다고 했니? 나는……

마리 좋아요. 저도 이제 열여덟이에요. 엄마가 아버지를 만난 것도 열여덟이었다죠? 외조부님 외조모님이 조센징은 사위로 삼을 수 없다는 데도 엄마는 한사코 조센징 품으로 뛰어들었잖아요.

안네 프랑크의 장미

후미에 마리! 너는 이 에미를……

마리 경멸하자는 건 아니에요. 엄마가 당해야만 했던 그 아픈 상처를 나까지 물려받을 수 없다는 것뿐이죠!

후미에 그래 어떻게 하겠다는 거니?

마리 오늘부터 제 길을 가겠다고 했잖아요. (백의 지퍼를 잠근다) 엄마가 부모 곁을 떠나서 혼자 살아왔듯이 저도 그렇게 할 거예요. 얘기는 그것뿐이에요. 안녕히 계세요. (마리가 핸드백과 코트를 들고 밖으로 나간다. 후미에가 현기증을 느낀 듯 휘청거리자 분따가 재빨리 부축한다)

분따 조심하세요, 누나!

후미에 (헛소리처럼) 마리! 마리! 그러는 게 아니다…… 나는……

분따 내버려둬요. 지금 젊은애들은 그렇게 자기 길을 가게 해야 되요. 시대가 변했다구요. 우리가 자라나던 시대는 지났어요. 누나!

후미에 (허공을 향하며) 여보! 어떻게 하면 좋지요? 마리가 저렇게 내 곁을 떠나가겠다는데…… (꺼질 듯) 나는 어떻게 하죠? 예? 말씀해 주세요 흑……

암전

제8장

강행복의 집 응접실. 정원의 나무들이 단풍 들어 한결 스산한 느낌을 풍긴다. 그러나 화창한 아침나절이다. 윤 씨와 아들 강정일과 손자 남규가 들어선다. 이 씨가 손에 들고 있던 약그릇을 티테이블에 내려놓고 창가로 간다. 남규는 참신한 대학생 차림이다.

정일　좀 어떠세요?

윤씨　지금 막 잠이 드셨다.

정일　진단결과가 나왔어요?

윤씨　아직 정확한 얘기는 말할 단계가 못 되지만 일종의 신경쇠약 증세라는구나.

남규　(밝게) 웃긴다! 할아버지가 신경쇠약이라니…… 헛허……

윤씨　그렇게 진지도 잘 드시고 골프며 등산이며 운동도 즐기시던 양반이 정말 알다가도 모를 일이다.

남규　할머니, 하긴 현대인은요…… 그 정도의 차이가 있을 뿐 누구나 신경성질환 환자라는 말도 있거든요! 헛허……

윤씨　그렇지만 네 할아버지는 얼마나 깐깐하고 단단하고……

남규　그 점은 저도 공감이에요.

정일　일종의 과로증세이실 거예요. 어머니, 너무 염려 마세요.

남규　(정일에게) 아버지! 일종의 노인병 아닐까요?

정일　노인병?

남규　노년기가 되면 어느 날 갑자기 고독감, 허무감, 무력감 등이 한꺼번에 엄습해 온다잖아요?

윤씨　그렇지만 네 할아버지께서는 그럴 만한 근거가 없어. 당신이 이

끌어 오신 사업도 번창해서 아들에게, 그리고 가정은 가정대로 이렇게 나무랄 것 없을 정도로 편안하고 뜻대로 다 이루어졌는데 무슨 고독이며 허무가 있어? 70 평생을 그저 사업만 하셨고 누구 한 사람 원한을 살 만한 일이라곤 없었는데…… 굳이 유감이 있었다면 태평양전쟁 때 일본에서 고생하시다가 해방 후 구사일생으로 살아 나오신 일 말고는 없었어! (손수건으로 눈물을 닦아 낸다)

남규 (일부러 밝은 표정으로) 할아버진 강제징용이셨나요?

윤씨 잘은 모르겠지만 중학교 선배 따라 일본으로 돈벌이 갔었다는 얘기뿐 그 이외는 난 몰라.

남규 그럼 할아버지가 어떤 분인지도 모르고 결혼하셨어요? 헛허…… 너무했다.

정일 그 당시는 다 그런 식이었어, 임마!

윤씨 네 할아버지는 일본에서 무슨 일을 하셨는지에 대해서는 좀체로 말씀이 없으셨어.

남규 왜요?

윤씨 왜는 왜…… 생각만 해도 지긋지긋하셨겠지. 나도 그때 이북에서 홀어머님 따라 38선을 넘어왔지만 갈 곳이 없어서 그 대전 어딘가에 있는 전재민 수용소에 들어갔지 뭐냐…… 그때 내 나이가 열다섯인가 여섯인가…… 아이구 기억도 흐리다.

남규 그래 할아버지하고 만나신 게 그 전재민 수용소였나요?

윤씨 응…… 그곳에서 무슨 사무를 맡아 보셨는데 우리 모녀에게 그렇게 친절하게 대해 주시더라.

남규 아…… 그게 인연이 되어 결혼으로 골인 슛! 헛허……

윤씨 아니다. 몇 해 후 6·25 때 피난길에서 또 만나게 되었다. 그때 어머니가 장질부사로 돌아가시게 되자 결국…… 네 할아버지에게 의지하게 되고……

남규	말하자면 외로운 사람끼리의 결혼?
윤씨	(다시 눈시울이 뜨거워지며) 고생 많이 했지. 지금이야 강 회장님 하면 재물복 타고난 줄로 알겠지만 그게 아니었어. 네 할아버지 는……
정일	그러기에 오늘의 오양건설이라는 탑이 업계에서도 우뚝 서 있는 게 아닙니까, 어머나 헛허……
윤씨	(한숨을 몰아 쉬며) 누가 아니래…… 나야 무식하니까 사업에 대해서는 모르지만 지난 40년 동안 네 아버지께서 겪으신 그 고생 을 낱낱이 적어 보면야 만리장성보다 못할 리 없지. (이때 전화벨 이 울린다. 남규가 전화 있는 데로 가서 수화기를 든다)
남규	여보세요…… 그렇습니다만…… 예? 할아버지께서는 지금…… 예? 일본서 오셨다구요?
정일	무슨 전화니?
남규	잠깐만요…… (한 손으로 송화구를 가린 채) 동경서 온 사람인데 할아버지를 꼭 만나고 싶다는데요.
윤씨	동경? (사이) 혹시 여자 목소리 아냐?
남규	말투가 약간 이상한 게 일본여자 같기도 한데요.
윤씨	(혼잣소리처럼) 그 여자야!
정일	어머니 아시는 분이세요?
윤써	두어 달 전에 다녀간 적이 있다.
남규	(가볍게) 그럼 오라고 할까요?
윤씨	(완강히) 안 돼! 오면 안 된다고 해.
남규	왜 안 된다고 그러세요? 뭐가 겁나요?
윤씨	할아버지께서는 그 여자가 다녀간 후부터 병이 나신 거야!
정일	예?
남규	그럼 거절할까요?

안네 프랑크의 장미

정일	아니다. 나 좀 바꿔 줘.
남규	네.
윤씨	아범아! 안 돼! 오면 안 된다고 그래! (정일은 남규가 건네주는 수화기를 받는다)
정일	여보세요 전화 바꿨는데요…… 무슨 용건이시죠? (사이) 아닙니다. 나는 아들입니다. 예? 예…… 강정일이라고 해요 예. 예? 아버님께서는 지금 건강이 좋지 않아서 손님을 만나실 수가…… 예? (약간 불쾌해서) 이것 보세요! 왜 피합니까? 피하긴…… 예? (사이) 예…… 좋아요. 나라도 괜찮으시다면 만납시다. 예…… 그렇게 하세요. (하며 전화를 끊는다)
윤씨	일로 오겠대? 오지 말라니까 왜……
정일	못 만날 것 없죠. 잠깐이면 된다는데…… 뒤 구린 일이 있는 것도 아닌데 군이 거절하는 것도 이상하잖아요?
윤씨	나는 그 여자의 첫인상이 께름칙해서 하는 말이다. 그리고 곰곰이 생각해 보니까 그 여자가 다녀간 다음 아버지께서 때때로 심한 잠꼬대를 하시잖겠니?
남규	원 할머니도! 누군 잠꼬대 안 하나요? 헛허……
윤씨	그렇지만 네 할아버지께선 전에는 그런 일이라곤 없으셨어. 잠자리에 드시기 전에 코냑을 한 잔 드시면 금세 잠이 드시곤 했지. 그것도 새벽 다섯 시까지 한 번도 깨시지 않고 말이다.
남규	그런데 요즘은 불면증이시다 이거죠?
윤씨	그리고 밤마다 악몽을 꾸시는지 끙끙 앓는 소리에 내가 못 견딜 지경이다. 그렇다고 내가 딴방 거처를 할 수도 없고……
남규	역시 우리 할머니는 열녀효부의 샘플이시죠 헛허……
윤씨	망할 녀석.

세 사람이 웃는다. 이때 방문이 열리며 강행복이 들어선다. 파자마 위에 실내 가운을 걸쳤으나 병색이 완연하다. 유난히도 눈이 푹 꺼졌다. 그는 스틱을 짚으며 천천히 걸어온다.

윤씨　왜 내려오셨어요? 아직도 다리가 휘청거린다면서……

정일　괜찮으세요?

남규　(응석부리듯) 제가 보기엔 과로 증세죠.

강행복은 대답 대신 창 너머로 단풍 든 정원수를 물끄러미 바라다 본다.

강행복　아…… 벌써…… 단풍이…… (하며 돌아선다)

남규　앉으세요. (하며 소파로 인도한다)

행복　정원사한테 모과나무에 짚옷을 입혀 주라고 해요.

윤씨　영감 몸 걱정이나 하세요. 그까짓 모과나무가 대수예요?

행복　무슨 소릴! 저 모과나무는 벌써 햇수로도 20년이나 가꾸어온…… 우리 집 재산목록 가운데 하나라구……

윤씨　에그…… 사람 있고 재산목록도 있지. 지금 영감이 그런……

강행복　(눈을 부릅뜨며) 무슨 참견! 뭘 안다구……

윤씨　그래요. 난 일자무식 까막눈이니까요!

정일　어머니! (가볍게 말린다)

윤씨　당신 건강에 대해서는 얼마나 마음을 태우고 있는지 알려고도 않고 그저……

남규　그게 할아버지 기질이시라는 걸 여태 모르셨어요? 헛허……

강행복　여자란 이래서 탈이라니까. 밖으로 나타나는 것만 알지 감추어진 부분은 알려고도 않고 알지도 못하고…… 쯧쯧……

윤씨　(반 농담조로) 그래서 영감은 그렇게 숨기고 사는 것도 많으시구랴?

강행복 (노골적인 적의를 나타내며) 숨기고 살아? 내가 무얼 숨기고 살아 살긴! 내가 언제…… (발작을 일으킨 듯 스틱을 휘두르며 대들자 정일 이가 말린다. 윤 씨는 겁에 질려 피한다. 남규가 윤 씨를 감싼다. 순식간에 분위기가 경직된다)

정일 아버지! 고정하세요! 왜 이러시는 거예요? 예?

강행복 숨기고 살다니 내가 무얼……

정일 무심코 하신 말을 가지고서…… 어머니께서는 걱정이 되셔서……

강행복 누가 걱정을 해달랬어? 내 일 내가 알아서 할 거다!

정일 아버지께서 온종일 방안에만 계시니까 답답해서 그러신 게지 별다른 뜻이 있어 하신 말씀은 아니시잖아요. 어머니 그렇죠? (하며 한 눈을 찔끔 감아 보인다)

윤씨 (눈물을 닦아 내며) 야속하고…… 팍팍하고…… 쌀쌀맞기는…… 꼭…… 윽……

남규 (일부러 밝게) 할머니, 이럴 때는요, 여행이나 하세요. 할아버지와 동부인해서 어디 온천 아니면……

윤씨 (화를 내며) 팔자 늘어진 소리 작작해!

남규 분위기를 바꾸어 보시라구요! 제주도나 설악산 같은 대자연 속에서 시간을 보내시면 자질구레한 일들 다 잊게 되실 거예요! 제가 보기엔 할아버지도 할머니도 두 분 다 같은 (강조하며) 신경성 환자가 틀림 없다구요. 헛히……

강행복 이 녀석이……

윤씨 (동시에) 신경성?

정일 (잽싸게) 남규 말에도 일리가 있는 것 같군요.

남규 일리가 아니라 (과장하며) 진리라구요! 헛허……

정일 아버님, 설악산 콘도에서 며칠 요양하시는 게 어떨까요?

강행복 (냉담하게) 생각 없다!

남규 신경질환에는 일종의 잠재적인 원인이라는 게 있게 마련이거든요.

강행복 뭐, 잠재적?

남규 할아버지께서는 70 평생을 건강하게 살아 나오셨으니까 건강에 자신이 있다고 장담하실 테지만 반드시 그렇지만도 않지요.

강행복 이 자식이 오늘따라…… 할애비를 앞에 놓고서……

남규 무의식의 세계라는 게 있죠. (강의하듯) 심리학자학설을 빌리자 면요…… 인간은 의식, 반의식 그리고 무의식의 세 가지 의식세계에서 살고 있지요. 그런데 그 무의식의 대표적인 게 하나의 잠재적으로서, 사람이 꾸는 꿈이 바로 그……

강행복 무슨 잠꼬대 같은 소리냐?

남규 그래요, 바로 그 잠꼬대예요! 할아버지도 요즘 갑자기 잠꼬대가 심해지셨다면서요? (윤 씨에게) 증인이 계시죠?

강행복 누가 그 따위 소리 했어?

윤씨 제가 그랬어요. 왜 그것도 잘못했수?

강행복 임자가 뭘 안다고.

윤씨 무식하긴 피차일반이에요.

강행복 뭣이 어째? (다시 대들려고 한다)

남규 할아버지! 여행을 떠나시라니깐요! 혼탁한 인간세계에서 벗어나세요. (과장하며) 도시탈출! 인간탈출! 헛허…… 사람 만나는 것도 해롭고 얘기하는 것도 건강에 좋지 않대요. (이때 오 비서가 방문을 열고 들어온다)

정일 무슨 일인가?

오 비서 손님이 오셨는데요.

정일 손님? 나한테?

오 비서 회장님을 찾으시더니 사장님이라도……

남규 아까 전화 건 그 여자 아니에요?

안네 프랑크의 장미

강행복 여자 손님?

정일 일본서 온 야마모토 후미에······

강행복 (금세 안면에 경련을 일으키며) 야, 야마모토?

윤씨 (냉담하게) 언젠가 왔던 그 여자? (하며 강행복의 눈치를 살핀다)

강행복 오라고 했어?

정일 잠깐이면 된다기에······

윤씨 내가 뭐라든? 만날 필요가 없다고 했잖아······

강행복도 심하게 떨리는 몸을 스틱에 지탱시키며 방바닥을 내려다보고만 있다.

정일 아버지! 2층 침실에 올라가 계세요. 제가 대신 만나 보겠어요.

강행복 그럴 필요 없다!

정일 예?

강행복 (가까스로 숨을 몰아쉬고 나서 태연하게 오 비서에게) 들어오라고 해.

윤씨 영감!

정일 직접 만나시겠어요?

강행복 (입 안의 소리로) 못 만날 것도 없지.

윤씨 안 돼요! 만나고 나서 또 밤중에······

강행복 (오 비서에게) 들어오라고 해!

오 비서 예······ 회장님! (급히 나간다)

정일 아버님! 정말 괜찮으시겠어요? 뭘 하는 여자인데요?

남규 (장난기 섞인 호기심으로) 혹시 과거에 할아버지하고······ 훗흐······

정일 (눈을 흘기며) 남규야!

남규 할아버지라고 해서 그런 로맨스가 없으란 법 없죠!

강행복 (창가로 가까이 가며) 너희들은 안방에 가 있거라.

정일   (무슨 뜻인지 몰라) 예?

강행복   나 혼자서 만날 테니 자리를 비켜 줘.

모두들 의아한 시선을 마주친다.

강행복   (온전한 것 같지만 위협조로) 내 말 안 들려? (하며 세 사람을 노려본다. 세 사람은 서로 눈짓을 하며 나간다. 이때 오 비서가 후미에와 분따를 데리고 들어선다. 두 사람은 각기 작은 가방을 들었다. 먼저 와 있는 식구들을 보자 후미에가 약간 당황한다. 창가에 있는 강행복을 미처 발견 못한 모양이다)

정일   ……기다리고 있었습니다.

후미에   (직감적으로 정일에게) 아까 전화를 걸었던…… 야마모토 후미에라고 합니다.

정일   예. 강정일이요.

후미에   (분따를 가리키며) 제 동생이에요.

분따   야마모토 분따라고 합니다. (허리를 굽히려 하자 강정일이가 손을 내밀며 악수를 한다)

정일   먼길 오시느라고 수고가 많습니다.

강행복   인사가 끝났으면 일루 앉으시지.

비로소 강행복의 모습을 발견하자 야마모토 후미에와 분따가 허점을 찔린 듯 동요의 눈빛을 보인다. 윤 씨, 정일 그리고 남규가 조용히 밖으로 나간다. 오 비서가 마지막으로 문을 닫고 나간다. 강행복이 돌아서서 두 사람을 바라본다. 손님을 맞는다기보다는 탐색하려는 듯한 눈초리다.

강행복   (후미에에게) 또 만나게 되었군. (분따에게) 현재 하는 일이 뭐죠?

분따　처음 뵙겠습니다. 나…… (하며 명함을 내민다. 강행복이 마지못해 명함을 집는다)

강행복　주간지「진상」…… 사진기자? (명함을 손가락 사이로 쥐면서) 그래 용건은? 건강이 좋지 않아서…… 사람을 만날 계제가 못 되지만 …… 멀리 외국에서 찾아오신 손님이라서……

강행복의 시선은 시종 경계하는 눈빛이다. 두 사람이 강행복과 마주앉는다. 긴 침묵이 흐른다. 까치가 창 밖에서 울더니 푸드득 날아가는 소리가 방안의 정적을 깨뜨린다.

후미에　지난번에 졸지에 찾아와서 기분을 언짢게 해드린 점…… 정식으로 사과드립니다. (하며 다시 일어나 허리를 굽힌다. 강행복이 담뱃갑에서 담배를 꺼내려다 말고 분따에게 담배 케이스를 권한다)

강행복　태우시지…… 난 의사가 담배는 해롭다고 해서……

분따　사양하겠습니다. 용서하십시오. (앉은 채로 고개를 숙인다)

강행복　용건이 뭐죠?

후미에　(잠깐 망설이다가 분따에게) 말씀드려.

분따　(그는 가방 안에서 사진을 꺼내서 티테이블 위에 놓는다. 강행복이 무심코 내려다본다. 그리고는 분따를 다시 바라본다)

강행복　웬 사진을…… (하며 사진을 다시 집어 들여다본다)

분따　(공손한 것 같으면서도 직업기질이 배인 어조로) 혹시 그 사진에 대해서 기억나신 게 없으신지요? 좀 오래된 사진이긴 합니다만 그 사진 아래 '소화 20년 2월 11일'이라고 썼더군요…… 소화 20년이면 서기로는 1945년이 되는 셈인데…… 제가 편의상 세 사람 얼굴에다 동그라미표를 쳤는데…… (강행복의 얼굴은 돌처럼 굳어 있다)

후미에　왼편이 안홍수 씨…… 바른쪽이 최용남…… 그리고 가운데 전투모를 쓰신 분이 가네코 료키치…… (그의 얼굴을 들여다보며) 기억나세요?

강행복은 말없이 사진을 내려놓는다. 그리고는 담배를 한 개비 집어 입에 문다. 분따가 재빨리 가스라이터를 집어 불을 켜댄다. 파란 불길이 솟는다. 담뱃불을 붙이는 강행복의 손이 떨리는 게 역력히 보인다.

분따   강 회장님의 일제시대 때 창씨명이 가네코 료키치가 아닌…… 우에무라 사다오이셨다구요?

강행복   (거의 무감각한 어조로) 그렇소.

분따   그리고 안흥수 씨는 이미 세상을 뜨셨지만 최용남 옹은 아직도 생존해 계십니다.

강행복   (자기도 모르게 불쑥) 살아 있어? 어디……

분따   요코하마의 사쿠라이초오 역 앞에서 불고기집을 하고 있지요. 물론 본인은 해수병에다 당뇨병이 겹쳐 거동이 어려운 만큼 친척집에 얹혀 살고 있죠. (자세를 고쳐 앉으며 당당하게) 나는 그 할아버지한테서 마쓰시로 대본영 지하공사에 관해서 여러 가지 사실을 밝혀낼 수가 있었습니다.

강행복   (담담하게) 그래서?

분따   예?

강행복   그래 나더러 사실을 자백하라고 으름장을 놓기 위해 또 찾아 왔단 말이지?

후미에   (엉겁결에) 가네코 상!

강행복   뭐라고?

후미에   (되도록 감정을 억제하며) 이 사진의 가네코 료키치 씨가 여기 계신 강 회장님하고 동일인물이라면 얼마나 반가운 일이겠어요.

분따 그 아저씨는 우리 집에 오실 때면 오코시 과자도 한 봉지 사주고 나를 업어 주기도 했었죠.

강행복 (눈을 감은 채 담배연기만 내뿜는다)

후미에 강 회장님은 당시의 이름이 가네코가 아니라 우에무라라고 하셨지요? 그런데 알고 보니 강 회장님은 몇 개의 이름을 가지셨다는 사실도 알아낼 수가 있었어요.

강행복 (눈을 뜬다)

후미에 (분따에게) 그 카피 보여드려. (분따가 가방에서 몇 장의 서류를 꺼낸다. 강행복의 얼굴에 동요의 눈빛이 번진다)

분따 (침착하고 냉철하게) 제가 니시마쓰구미 본사에 가서 그 당시 마쓰시로 공사장에 투입된 노무자 명단을 카피했습니다. 처음엔 완강히 거절을 했지만 저의 끈질긴 설득 끝에 찾아냈죠. (학술 보고서를 읽듯이) 그 당시 마쓰시로 공사판에는 일본의 유수한 건설회사인 가시마구미 鹿島組, 니시마쓰구미가 청부를 맡았으며, 공사 초기에는 한바 수가 247동이던 것이 종전 당시에는 304동으로 불어났다는 사실도 재확인되었습니다. 물론 마쓰시로 대본영 공사에 관한 자료는 대부분 종전 다음날 육군성으로부터 소각시키라는 명령이 내려지자 많은 자료가 소각된 것도 사실입니다. 그러나 몇 가지 중요한 자료가 남아 있었죠. 「나가노 현사 縣史」 '근대자료 편 제4권'과 정부기관인 운수통신성으로부터 청부 맡았던 철도건설흥업 소유의 서류 그리고 동부군관구 경리부의 나가노 지구 시설대가 1945년 8월 31일 작성한 서류가 이미 공개된 바 있습니다.

강행복 지금 나한테 무슨 강의를 하겠다는 건가? 뭔가?

분따 (빙그레 웃으며) 아니죠. 강 회장님의 기억을 되살리기 위해서죠! 그럼 마쓰시로 공사장 얘기는 그 정도로 하고 강 회장님 신상에 관한 일부터 (다른 서류를 내밀며) 창씨명 가네코 료키치의 조선이름은 박건우이며, 본적은 충청북도 단양군 ○○면으로 되어 있더군요. 틀림없습니까? (하며 강행복의 표정을 살핀다. 그는 담담할 뿐이다) 그리고 그 당시 니시마쓰구미에서 지급받은 월급액이 45원이구요.

강행복 나는 가네코가 아니라고 했잖아. 그리고 본적지도 황해도 연백군 ○○면이라는 걸 분명히 말했을 텐데…… (하며 후미에를 본다)

분따 그렇지만 그건 가호적상의 기록이겠죠.

강행복 (동요의 눈빛을 보이며) 가호적?

후미에 우린 어제 강 회장님의 본적지에 들러서 그걸 확인했습니다.

강행복 뭐, 뭐라구?

후미에 6·25 직후 가호적을 만들어 혼인신고를 하셨더군요. 사모님의 고향인 황해도 연백군을 본적지로 정하고…… 마치 이북에서 월남한 실향민인 양 서류를 꾸몄죠! (순간 강행복이 자리에서 일어나서 있다. 분따는 계속 추궁하듯 손에 든 메모를 읽어 가듯 내뱉는다)

분따 다시 말해서 현재의 오양건설회장 강행복 씨의 (따지듯) 본명은 박, 건, 우. 창씨명은 가네코 료키치. 우에무라 사다오는 멋대로 지어낸 가공의 이름이죠!

후미에 (오금을 박듯) 본적지는 충청북도 단양군인데 귀국 후 일절 고향엔 나타난 적이 없으므로 이미 30년 전에 호적등본에는 사망자로 기록되어 있더군요. 보세요. (하며 호적등본을 내민다) 그곳 마을 사람들의 증언에서도 편모슬하에서 고생하다가 일본으로 건너간 뒤 해방 후는 연락이 두절되었고 편모도 얼마 안 있어 사망했다고…… 그러니까 강행복 씨…… 아니지, 박건우 씨라는 사람은 이 세상에서 사라진 지가 오래된 셈이죠. 그 대신 가네코 료키치라는 일본이름을 가졌던 사람은 지금도 건재하고 있다는 얘기죠 강 회장님? 이상입니다!

분따 　강 회장님! 사실과 틀림없습니까?

무거운 침묵이 흐른다. 강행복이 서서히 몸을 돌려 두 사람을 내려다본다. 그는 다시 소파에 앉는다.

강행복 　(냉정하려고 애쓰며) 그래, 요구조건은?

분따 　요구조건이라뇨?

강행복 　(이지러진 미소를 지으며) 뻔한 얘기지. 과거에 여러 번 당하기도 했고…… 내가 알고 있는 기업가 가운데도 그런 예가 비일비재하다는 게 현실이니까! 그건 그렇고 (정색을 지으며) 얼마면 되지?

후미에 　(어이가 없어진다) 아니…… 지, 지금…… 우리를……

분따 　우리가 공갈 협박하러 왔단 말이오?

강행복 　아니면 위로차 왔단 말인가? 헛허……

분따 　(부들부들 떨며) 이런 파렴치한……

강행복 　나의 추악한 과거를 들추어냄으로써 이 사회에서 강행복을 매장시키자는 속셈! 나도 알고 있어요. 그러나 나는 굳이 그걸 거절하겠다는 건 아니니까! 나도 때로는 현실에 타협할 줄 알고 또 양보할 줄도 안다구! 그러니 거두절미하고 흥정을 해요!

후미에 　흥정! 흥정!

강행복 　서로가 좋은 게 좋은 거 아니겠소? 이 강행복 지금까지 사업을 한답시고 벌어들인 재산도 엄청나지만 날려 버린 돈도 적지 않아! 사업이란 다 그런 거지! 그러니 이번 일은 내가 사업에 실패한 셈 치고 결손처분하는 심정으로 내겠소! 얼마면 되겠소? 요구조건을 말해 봐요. (소리를 낮추며) 우리끼리만 알고 있는 것으로 해요.

후미에 어떠한 요구조건도 들어 주시겠다 이거죠?

강행복 물론이지! 얼마요?

후미에 강 회장님! 돈이 아니에요.

강행복 그럼?

후미에 우리 아버지의 최후를 알고 싶어요.

분따 1945년 8월 16일 오후 4시 40분 트럭에 실려 간 곳이 어디였죠?

강행복 (완강히 도리질하며) 그건 나도 몰라!

후미에 당신은 조선사람으로서는 유일하게 니시마쓰구미의 정식사원이
자 현장감독이었고 신망을 얻었잖아요?

분따 그리고 우리 아버지에게 끈질기게 그곳 작업장으로 취업하기를
권유했다는 사실을 부인 못하시죠?

강행복 그건 사실이오! 하지만 그날 27명이 트럭에 실려서 어디로 갔는
지……

분따 모른단 말이죠?

강행복 몰라! 정말 모르는 일이야. 나는 몰라! 그건 천지신명에 맹세해서
라도…… 다만 한 가지…… (눈치를 살핀다)

분따 뭐예요?

후미에 말씀해 주세요.

강행복 중대본부에서 얼핏 들은 얘기로는…… 기요노 구에서 약 30리
떨어진 곳에 굴을 팠을 때 나온 자갈과 흙을 버린 곳이 있었는데
……

후미에 (분따에게) 분따! 그 세이스이지 淸水寺의 주지 스님 말씀하고 같지?

강행복 주지 스님이라고?

후미에 어둠이 깔리기 시작한 무렵이었데요. 그날따라 수십 대의 토사반
출 트럭이 열을 지어 가다가 그곳에 멈추더니 연거푸 자갈을 버
렸다는 거예요. 그러니 삽시간에 높은 동산이 생기는 걸 먼발치

안네 프랑크의 장미

로 봤지만 그곳에 무얼 묻었는지는 알 수 없었다고 했어요!

강행복이 비틀거리며 소파에서 일어난다.

강행복 (양심의 가책에 떨며) 나도…… 들었다. 중대본부에서 나온 친구가 하룻밤 사이에 동산이 생겨서 풍경이 좋아졌다는 얘기를 들었지만…… 그 이상은…… 정말 몰라! 믿어 주게! 내가 같은 동포를 어떻게 그런 지경으로 몰아넣을 수가 있겠는가 말이야! 나도 양심이 있는 놈일세…… 나는……

분따 (냉정하게) 그럼 왜 부산까지 노무자를 인솔한 다음 그 길로 행방을 감추었죠? 원래 계획은 강 회장이 제2진, 제3진도 인솔하기로 되어 있었다면서요?

강행복 그건 사실이야. 그 당시 조선사람 노무자 가운데 일본말을 잘할 수 있었고 또…… 회사측으로부터 신망도 있었기에……

후미에 그런데 왜 한 번만으로 그만두셨어요? 직무유기죄가 두려웠나요?

강행복 무, 물론 그것도 이유의 하나였지만……

분따 다른 이유가 있었습니까?

강행복 피, 피곤했었지! 나가노에서 니이가타까지 트럭 타고 나와서 그곳에서 다시 배를 타고 부산까지 오는데…… 열흘인가 열사흘 동안 배에 시달리고 나니까 체력도 딸리고 그 이상 도저히…… 그리고……

분따 그리고 뭡니까?

강행복 모처럼 고국 땅을 밟고 나니까 두 번 다시는 그 지옥 같은 고장으로 되돌아갈 생각이 안 났거든! 상상 좀 해보게나! 그건 체험해 보지 못한 사람은 상상도 못할 일이지! 나는 피곤했어. 기진맥진한 상태였다구!

후미에 그럼 맨 먼저 고향으로 가야 옳았을 텐데요. 그토록 그립던 고향
으로 돌아가지 않고 어디 가셨었죠?

강행복 서울로 갔지! 자유와 해방 된 조국 땅에서 일을 하려면 서울
로 가야겠다 싶어서……

분따 (비아냥거리듯) 몽매간에 그리던 고향 땅인 충청도보다는 서울이
더 좋다 이건가요?

강행복 (약간 당혹감을 느끼며) 그, 그거야…… 그때는 그럴 수밖에 없었
지! 그 당시의 나의 심정으로는 고향은 언제라도 갈 수 있는 곳이
니 우선 서울 가서 자리를 잡은 뒤 성공한 다음에 고향을 찾아도
늦지 않겠다 싶어서.

분따 사업을 하려면 자금이 필요했을 텐데요.

강행복 물론이지. 돈이야 좀 있었지.

분따 얼마였죠?

강행복 (화를 내며) 그, 그것까지 알아야 해? 자네가 수사관이야? 뭐야?

후미에 부산에 가면 나누어 주기로 되어 있던 노무자들의 수당은 제대로
나누어 줬었나요?

강행복 (당황하며) 물론이지!

후미에 그걸 못 받았다는 사람이 있던데요.

강행복 뭐라고? 누가 그, 그 따위……

후미에 (사진을 가리키며) 안흥수 씨예요!

강행복 안흥수?

분따 그렇소. 세월이 지난 후 요코하마에 있는 최용남 씨와 편지 왕래
가 있었는데 자기들의 인솔자인 가네코란 놈이 돈을 주지 않고
밤 봇짐을 쌌다면서……

강행복이 주저앉는다.

분따 (추궁하듯) 강행복 회장님! 아니지! 가네코 료키치 상! 이제 와서 자신의 행적을 감춰본 댔자……

강행복 (이성을 잃고) 나가! 나가란 말이야!

분따 사실을 시인하십니까? 아니면……

강행복 (성난 맹수처럼) 꺼져! 꺼져! 너희들이 뭔데 이제 와서……?

분따 경찰을 부르시겠어요?

이때 남규가 들어온다. 강행복은 그를 보지 못한 채 마구 떠든다.

강행복 네놈들이 아무리 공갈협박을 친다 해도 이 강행복이 쌓아 올린 성벽은 끄덕도 없다! 없어!

후미에 공갈협박이 아니에요! 진상을 확인하기 위해 왔을 뿐이에요!

강행복 진상? 없어! 그런 건 없다!

분따 이 사진, 이 등본, 이 서류가 증거인 데도요?

강행복 닥쳐! 네놈들은 빨갱이지? 그렇지? 그놈들 사주로 나를 협박하려 고…… 이런 걸. (하며 그 사진과 서류를 마구 찢어 허공에 흰 꽃잎처럼 흩날린다)

남규 할아버지! 왜 이러세요? (하며 말린다)

후미에 우리를 빨갱이로 몰아 대실 거예요?

강행복 경찰에…… 전화! 이놈들을 고발해! 어서!

분따 그렇게 찢어 버린다고 증거가 없어지지는 않아요. 여기 복사된 게 남아 있으니까요. 보세요. (하며 가방에서 다른 서류봉투를 쳐든 다. 그 순간 강행복이 그 봉투를 빼앗으려고 덤비자 분따가 잽싸게 몸을 피한다. 그 순간 강행복이 발을 헛딛고 바닥에 넘어진다)

남규 할아버지! 할아버지! 정신차리세요!

후미에와 분따가 불길한 예감이 들자 시선을 마주친다. 남규가 강행복을 일으키려 하나 몸무게를 이기지 못해 끙끙 대자 분따가 재빨리 거들어 둘이서 강행복을 장의자에 눕힌다. 정일, 오 비서가 급히 등장한다.

정일 아버님!

남규 할아버지 정신 차리세요!

강행복의 손이 약간 움직인다.

정일 오 비서! 신 박사한테 전화! 빨리!

오 비서 예! (오 비서가 전화 있는 쪽으로 가서 급히 다이얼을 돌린다. 이때 윤 씨가 들어온다)

윤씨 영감! (강행복을 흔들어 깨우려 한다)

정일 그대로 누워 계시게 해요. 병원에서 응급차가 올 때까지. (오 비서가 밖으로 나간다)

남규 할아버지! 저를 알아보시겠어요? (강 회장이 뭐라고 응답을 한다. 윤 씨가 저만치 서 있는 후미에와 분따를 보자 악에 받친 듯 덤빈다)

윤씨 나가! 나가!

분따 왜 이러십니까?

윤씨 네것들이…… 뭐길래…… 이렇게…… 사람을 못 살게……? 네가 뭐야!

남규 (윤 씨를 말리며) 할머니! 이러시지 마세요! 이분들은 손님이란 말이에요!

윤씨 손님? 그래 쪽발이 때문에 우리가 이런 변을 당해야겠니? 응?

후미에 (냉정하려고 애쓰며) 저희들은 한국 사람입니다.

윤씨 뭣이?

후미에　저희 아버지가 한국 사람이면 저희들 몸에도 한국 사람의 피가 흐르고 있다는 건 부인 못하실 테죠.

정일　그런데…… 두 번씩이나 찾아온 이유는 뭡니까?

분따　우리 아버지를 찾기 위해서죠.

정일　아버지를 찾아요? 어디서 말이오?

분따　강행복 회장께서 아니지 가네코 료키치 상이 알고 계시더군요! (후미에에게) 갑시다. 우리가 이 이상 더 여기 머물러 있어야 할 이유는 없잖아요? 누나!

후미에　그래! 가자! (모든 사람에게) 여러 가지로 결례가 많았군요. 용서하십시오! 그럼…… (두 사람이 나간다. 모두들 한 대 얻어맞은 듯 망연히 서 있다. 강행복이 뭐라고 중얼댄다)

암전

제9장

무대는 어둠 속에 묻혀 있다. 후미에가 쓸쓸한 모습으로 걸어 나온다.

후미에 우리 남매가 그토록 애타게 찾아 나선 가네코 료키치의 정체가
밝혀지긴 했지만 아직도 이 가슴 속엔 앙금이 남아 있군요. (쓸쓸
하게 웃는다) 아…… 그동안 저와 분따가 찾아 헤매던 목적지는
하나의 신기루였는지도 모르죠. 강행복 회장 자신이 부분적으로
는 긍정을 했지만 그의 입을 통해 모든 것을 듣지 못한 채 미궁
속에 남아 있으니까요. (과거를 회상하듯) 귀환 노무자들에게 나뉘
어져야 했을 그 돈의 행방이며, 그동안 마쓰시로 공사장 안에서
일어났던 온갖 비극들이 영원히 이 지구상에서 사라지고 모든
사람들의 기억 속에 지워지게 되었으니 말이에요. 왜냐면 유일한
생존자인 최용남 옹이 세상을 뜨셨다는 소식을 들은 게 며칠 전
이에요. 밤새 잠자다가 아무 말 못하고 숨을 거두었다는군요. (굳
이 힘을 주어) 그렇지만 나에게는 아직도 해야 할 일이 남아 있어
요. 마쓰시로에서 희생된 사람들의 넋을 달래기 위하여 '안네 프
랑크의 장미' 동산을 조성하는 일이지요. 나치스에게 학살당한
한 유대인 소녀의 처참한 죽음에다 비유한 장미랍니다. 아름다운
노랑빛 꽃이에요. 나는 마쓰시로에서 희생당한 수백 명의 한국노
무자의 혼백을 달래는 길은 그것밖에 없다고 생각하고 있어요.
산 사람들은 그 처절했던 역사를 지워 버리려고 하고 있어요. 현
지 주민들 사이에서는 땅굴을 메워 버리자고 목청 돋구어 외치고
있어요. 과거 일본의 치부를 무엇 때문에 남겨 둬야 하겠는가라
는 발상이겠죠. 하지만 살아 남은 사람은 그렇게 주장할 힘이라

안네 프랑크의 장미

도 있겠지만, 죽은 자의 뜻은 그 누가 대변해 줄 수 있겠는가 말입니다. 그래서 나는 당분간 다시 가게 일을 보면서 그 대책을 세울 생각입니다.

이와 함께 무대에 스낵 '방랑'이 나타난다. 후미에가 스낵 '방랑'의 문을 열고 들어간다. 한구석에서 포옹을 하고 있던 마리와 안경잽이 청년이 황급히 떨어진다. 마리는 전보다는 더 화려하고 육감적인 옷치장을 하고 있다. 허둥대는 청년은 눈치를 보면서 마리에게 천연스럽게 말한다.

청년   마리, 그럼 다음 모이는 날은 사전에 엽서로 알려 주겠지?

마리   걱정 말아.

청년   그럼, 잘 있어. (후미에에게 건성으로) 안녕히 계세요!

청년 급히 밖으로 나간다. 후미에는 일부러 태연하게 앞치마를 두르고 주방으로 들어가 그릇을 씻는다. 마리는 라디오 볼륨을 올리고는 콤팩트를 꺼내 화장을 시작한다. 두 사람은 전혀 다른 세계로 단절된 느낌이다. 전화벨이 울린다. 마리가 전화를 받는다.

마리   예…… 스낵 '방랑'인데요. 아…… 삼촌? 응? 계세요 바꿔요? 알았어요. (후미에에게) 전화 받아 봐요. 분따 삼촌한테서야. (수화기를 놓고 다른 자리에 가서 화장을 계속한다. 후미에가 에이프런에다 젖은 손을 닦으며 나온다. 라디오의 볼륨을 죽인 다음 수화기를 든다)

후미에   나야. 응…… (긴장하며) 뭐라고? 언제? (사이) 그래 뭐라고 했니? 뭣 때문에 만나니? (사이) 뭐라고? 유언? 우리한테? (유언이라는 말에 마리가 고개를 들어 후미에 쪽을 돌아본다)

후미에   그럼 여기로 온다는 얘기야? (사이) 겁날 건 없지만…… 나는 그 이상의 모멸감은 생각하기조차 싫다는 것뿐이지…… 그건 그쪽 사정이고…… 그래…… 알았어. 응…… (후미에가 전화를 끊는다)

마리 (손톱을 손질하며) 누가 죽었대? 유언이라던데……

후미에 (담배를 빼어 문다)

마리 누가 죽었어요?

후미에 서울의 강 회장이 죽었는데 유언 속에 엄마한테 부탁 말을 남겼다잖니.

마리 엄마한테? 유산을 주겠대요?

후미에 미쳤니?

마리 누가 또 알아요? (남자 말투를 흉내 내며) "양심의 가책을 느낀 나머지 일금 일억 원을 야마모토 후미에 여사 앞으로 주겠노라"라고! 호호……

후미에 꿈 좀 깨라!

마리 아…… 1억 있으면 더 넓은 가게로 옮기고, 교외 단독주택으로 이사하고…… 자동차 한 대 사고…… 그런 멋지고 도량이 넓은 남자라도 나타났으면 좋겠다!

후미에 이 가게 처분할 거야.

마리 처분?

후미에 마쓰시로로 옮길까 한다.

마리 미쳤수? 그 산골에 가서 뭘 해서 먹고 살 거야? 대포집? 여관?

후미에 관광객 상대로 하는 토산품 가게라도 하면서 내 꿈을 키울 테다.

마리 꿈? 엄마의 꿈이 뭔데?

후미에 안네 프랑크의 장미 동산을 가꾸는 일!

마리 못 말려! 흥!

후미에 (담배연기를 내뿜으며) 그리고 그 지하굴을 구경 오는 관광객들에게 그곳에서 무슨 일이 일어났으며, 무엇이 남고 무엇이 사라졌

안네 프랑크의 장미

는가를 알려줄 거야! (꿈을 꾸듯 서서히 일어나며) 그러면 어떤 사람은 안네 프랑크의 장미를 사가겠다고 할 게고, 또 어떤 사람은 아예 묘목을 나누어 달라고 하겠지! 그렇게 되면 일본 여기저기에 그 장미는 퍼지고 그래서 그 장미에 얽힌 슬픈 사연은 입에서 입으로 전해지고 번지고……

마리 엄마야말로 꿈에서 깨어나세요! 흥! 누가 들으면 정신병자로 오인하겠수!

후미에 나는 믿는다. 꽃을 미워할 사람은 없어! 더구나 그 아름다운 장미를 뉘라서 싫어하겠니?

마리 (비아냥대며) 그래 인간이 꽃을 사랑할 줄 몰라서 날마다 범죄가 범죄를 낳고 지구상에서 전쟁과 빈곤이 끊이질 않나요? 장미부인님! 냉수 마시고 마음 돌리시와요!

후미에 나는 내가 하고 싶은 일을 할 뿐이다. 세상이 삭막한 사막으로 변하면 그 그늘에는 또 말없이 오아시스 물을 길어 나르는 사람과 온순한 낙타는 남을 테니까.

마리 엄마는 시를 쓰시는 편이 더 제격일 걸 그랬었나 봐? "장미를 키우기 위하여 오아시스의 물을 길으러 나온 여인의 팔세!" 아주! 훗흐.

이때 스낵 문을 열고 분따와 강정일과 남규가 들어선다. 정일은 작은 손가방을 들었다. 그의 앞가슴에 하얀 나비꼴 상장이 매달려 있다. 마리는 남규에게 관심을 가진 듯 슬그머니 접근을 한다.

분따 누나!

후미에 (겉으로만 천연스럽게) 어서 오세요.

정일 안녕하십니까?

후미에	오셨다는 말씀은…… (정색을 지으며) 무어라 애도의 말씀을 올려야 할지 모르겠습니다. (허리를 굽힌다)
정일	오히려 대할 면목이……
분따	강 회장께서 돌아가신 게 어쩐지 우리 때문이라는 자책감을…… 느꼈습니다.
정일	그렇게 말씀하시니 저로서는 몸 둘 바를 모르겠습니다. 도리어 죄책감은 저희들이 느낍니다.

남규와 마리는 금세 의사소통이 되었는지 킬킬댄다.

| 후미에 | 마리! 차 좀 내와야지? |
| 마리 | 예…… 지금 곧…… (남규에게) 맛있는 커피 곧 끓일게요. 커피 솜씨는 이 주변에서 정평이 나 있으니까. |

마리가 주방 쪽으로 가서 커피를 끓인다. 남규는 신기한 세계를 바라보듯 휘둘러본다. 정일이가 담배를 문다. 분따도 담배를 꺼낸다. 서로가 어색한 침묵 속에서 눈치만 본다.

후미에	무슨 하실 말씀이라도……?
정일	실은 (담배를 끄고) 전해 드릴 게 있어서…… (하며 손가방 속에서 하얀 봉투를 꺼내어 탁자 위에다 놓는다)
분따	뭐죠, 이게? (커피를 잔에 따르던 마리가 지켜본다)
정일	아버님의 뜻이자 분부이십니다. 받아 주십시오.
후미에	예? (하며 분따를 쳐다본다)
분따	누나? 강 회장께서 속죄의 뜻으로 촌지를……
후미에	촌지? (정일에게) 그게 무슨 뜻이죠?

안네 프랑크의 장미

정일 아버님께서는 돌아가시기 직전에 저와 어머니, 그리고 (남규를 가리키며) 제 자식놈을 모아 놓고 비로소 자신의 과거를 밝히셨어요. 녹음을 하도록 말씀하시면서…… 아버님께서는 당신네들이 알고 싶어 했던 일들이 모두 사실이라고…… 시인하셨어요.

후미에 그럼 그 노무자들에게 돌아가야 했던 수당도……

정일 예, 맞습니다. 아버지께서는 그 모든 부끄러운 짓들, 이를테면 일본사람 밑에서 앞잡이 노릇을 했고, 동포 노동자를 착취했고…… 심지어는 그들에게 갈 배당금을 횡령한 사실들 일체를 우리 앞에서 눈물로 참회하셨어요. (후미에와 분따가 어떤 충격과 감동으로 말문을 열지 못한다. 저만치 서 있던 남규가 끼어든다)

남규 우리 할아버지는 용감한 분이라고 생각해요. 나도 학교에서 친구들과 자주 그런 얘기했었지만, 우리 나라의 모든 현실 가운데서 가장 근원적인 잘못은 일제하의 모든 반윤리적 · 반사회적 · 반민족적인 고리를 과감하게 끊지 못했다는 점이었다구요. 일제 때나 지금이나 끊임없이 그 세력을 비호하고 염탐하는 사람들에 의해서 반역사적인 시대역행을 해왔다는 점이지요.

분따 그건 일본도 마찬가지였죠.

남규 그래도 일본은 최소한 전쟁범죄자에 대한 준엄한 심판이 있었죠. 하지만 우리나라는 그게 아니었죠. 구체적인 실례가 우리 할아버지 같은 분도 기업사회에서 존경받고 일반국민들 사이에서도……

정일 남규야? 그만해 둬! 네가 얘기 안 해도 다 알고 있어!

남규 아니죠. 지금은 모든 일을 말끔히 씻어 버려야 해요. 그렇다고 할아버지의 죄상을 폭로하거나 성토하자는 게 아니에요. 제가 얘기하고 싶은 건 우리가 언제까지나 가해자와 피해자라는 대립적 관계에 머물러서는 안 된다는 거죠.

이 사이에 마리가 각 사람 앞에 커피잔을 나누어 놓는다. 그러나 그녀의 시선은 남규에게 집중된다.

후미에 그건 나도 동감이에요. 나는 결코 피해자니까 우리에게 뭘 보상해 줘야 한다는 생각은 추호도 없었어요. 지금도 없구요. 다만 사실을 뭉개 버리려 하는 점에 대해선 발언을 하고 싶었어요!

분따 누나 말대로예요. 우리가 사생활을 희생하면서까지 이 마쓰시로라는 비극의 땅을 거론하는 건 두 번 다시는 그런 불행이 이 지구상에서 있어서는 안 되겠다는데 있지 어떤 보상을 바라는 마음은 아니었어요.

정일 알겠습니다. 그런 뜻을 돌아가신 아버님께서 구체적으로 표시하시겠다고 이걸…… (봉투를 조용히 밀어 대며) 받아 주십시오. 고인의 간절한 뜻입니다. 지난날 그 비극의 땅에서 숨진 동포들에 대한 최대한의 속죄이니 아무 말씀 마시고 받아 주십시오. 이렇게 부탁드립니다. (그는 자리에서 일어나 정중히 고개를 숙인다. 후미에와 분따가 어찌할 바를 모른다)

정일 아버님의 유언입니다. 자식된 도리로서 그 유언을 실행하려는 것뿐입니다.

남규 용서를 빈다고 생각지 마세요. 우리 할아버지의 용기가 그동안 우리 사이를 갈라놓은 온갖 장벽을 허물어 버린 기폭제라고 여겨 줬으면 합니다!

마리 어머! 정말 멋있다! 원더풀! 훗호 엄마! 받아요! 남의 호의를 무시하는 건 에티켓이 아니잖아요. (남규에게) 그렇죠?

남규 그렇죠! 그리고 적어도 앞으로의 역사란 그런 차원에서 대등하고 공존하고 그리고 상대를 이해하는 데서 출발해야 한다고 봅니다. 악순환의 반복이 아닌 솔직성의 회복이라야죠.

안네 프랑크의 장미

후미에 알겠어요. 그럼 받겠어요! (하며 봉투를 두 손으로 공손히 쳐들고 고개를 숙인다)

정일 감사합니다! 이제야말로 저는 자식된 도리를 다했나 봅니다! 헛허.

후미에 고맙습니다. 저는 이 돈으로 한 송이라도 더 많은 장미를 심어갈 거예요! (허공을 향하여 어떤 환상을 본 듯) 가네코 상! 아저씨! 고맙습니다! 마쓰시로에 안네 프랑크의 장미가 만발할 때마다 저는 아저씨를 생각할 거예요. 아…… 마리 저것 봐! 저기…… 저기……

이 말과 동시에 호리즌트 전면에 노란 안네 프랑크의 장미밭이 흐드러지게 피어오르며 어떤 환상적이고도 감미롭고, 신비스럽고도 유현한 분위기로 변해 간다.

—막

바람 분다, 문 열어라 (7장)

• **등장인물**

변상규(35세), 번역문학가

오숙영(32세), 그의 아내, 방송국 교양프로 MC

이용식(27세), 상규의 후배, 출판사 사원

강인애(23세), 용식의 애인

이 여사(52세), 숙영의 친정어머니

강대수(58세), 인애의 아버지

• **때**

현대(늦봄부터 여름까지)

• **곳**

변상규의 아파트, 서울역전 비치파라솔

무대

중상층 아파트(주방과 거실이 절충된 공간을 쓰되 필요에 따라 부분적
으로 변용할 수 있다). 세련되고 아기자기하게 꾸며진 인테리어가 이
집 주부인 오숙영의 교양을 그대로 잘 나타내 주고 있다. 다만 베란다
쪽 가까이 유행에서 뒤진 대형의 탁자가 놓여 있다. 탁자 위에는 원고
뭉치며 사전·전기스탠드 등 문필용구며 책이 약간 어지럽게 쌓여 있
어 전체 실내 분위기에 비하여 이질감을 풍긴다. 그곳은 변상규의 작
업장인 셈이다. 책상 옆 벽에 카렌다가 걸려 있고 날짜마다 ○×표가
쳐 있다. ○보다 ×가 더 많은 게 눈에 띈다. 그 맞은편에 응접세트가
놓여 있다. 벽시계 바늘이 7시를 약간 지난 시각을 가리키고 있다. 반
쯤 열린 유리문 너머로 멀리 시가지 불빛이 내려다보이는 것으로 보아
이 아파트가 고층임을 짐작할 수가 있다. 현관, 주방, 화장실, 내실로
의 통로가 적절하게 설정되어 있다.

제1장

막이 오르면 변상규가 스탠드 불 아래서 원고를 쓰고 있다. 이따금
사전을 펴보기도 하고 상념에 잠기기도 한다. 탁자 위의 작은 스탠드
조명만이 켜 있을 뿐 방안의 분위기는 어딘지 음침하다. 이윽고 현관
쪽에서 열쇠 딸그락거리는 소리에 이어 문 여닫는 소리가 들려 온다.
그러나 변상규는 원고 쓰기에 여념이 없다. 오숙영이 한손에는 핸드백
과 우편물을, 다른 한 손에는 슈퍼에서 물건을 잔뜩 사 담은 종이 백을
들었다. 나이에 비해서 앳되어 보인 세련된 모습이다. 벽시계를 힐끗
쳐다보며 조리대 옆에다 종이 백을 내려놓는다.

숙영　미안해요 10분 늦었죠? 아이 숨차!

상규는 여전히 원고 쓰기에 여념이 없다. 숙영이 주방 조리대에 물건을 내려놓고 편지 뭉치만 들고 나온다. 그녀의 언행은 극히 사무적이며 습관적이다.

숙영　전화 연락 없었어요? (소파에 앉으며 우편물을 차례로 들여다본다. 시청자로부터 온 편지인 듯 10여 통쯤 된다. 차례로 편지를 살피며) 없었어요?

상규가 장식장 위에 놓인 전화의 스위치를 누른다. 이윽고 녹음된 통화 내용이 재생된다. 그러나 상규는 무표정하게 원고만 쓴다. 숙영은 편지를 차례로 보며 녹음된 소리를 듣는다.

여자 목소리　오숙영 선생님, 내일 저녁 여성회관에서의 월례 모임 있는 거 기억하시죠? 꼭 참석해 주셔야 돼요. 김순희 박사와 정상미 박사님도 참석하시기로 되어 있구요. 제3세계 여성의 정치참여 문제에 관한 스피치도 있을 예정입니다. 꼭 나와 주세요. 감사합니다.

전화에서 삐삐 하더니 다른 소리가 이어진다.

남자 목소리　「신여성계」 편집부입니다. 원고는 다 되셨는지요? 내일 오후까지 마감이라는 거 잊지 마시도록…… 부탁드립니다. 그럼……

다시 삐삐 소리가 나고 다른 여자 목소리가 한 옥타브 높게 들려온다.

　바람 분다, 문 열어라

여자 목소리 숙영아! 이번 동창회는 삼청각에서라면서? 난 이번 유럽 여행에서 멋진 블라우스 사왔걸랑? 그거 입고 나갈 거야. 너 바쁘다는 핑계 대지 말고 꼭 나와야 한다. 참 어젯밤 TV 잘 봤다. 한마디로 너의 발언은 통쾌무쌍이더라. 훗호…… 남성들의 이기주의 정말 못 봐주겠어. 글쎄 아직도 개고기를 선호하다니 말이나 돼? 너처럼 강력 발언을 해줄 여성 오피니언 리더가 나와야지…… 안 되겠더라! 우리 오숙영 화이팅!

상규가 한 손으로 스위치를 끈다. 그리고는 다시 하던 일을 계속하다 숙영이 힐끗 돌아본다.

숙영 왜 _끄_세요?

상규 업무방해야.

숙영 권익침해예요.

상규 필요한 얘긴지 아닌지 분간도 못하는 여자구먼.

숙영 필요하니까 전화했는데 그게 나빠요?

상규 차라리 배춧값 내리기 캠페인이나 할 일이지 무슨 옷자랑은……

숙영 (식탁 쪽으로 가서 쇼핑 봉투에서 물건을 꺼내며) 당신은 왜 그렇게 통속적이우?

상규 당신이 너무 고상한 게지.

숙영 비아냥거리기예요?

상규 참을 인자 쓰고 있다구.

숙영 질투하지 말아요.

상규 사람 피곤하게 하지 말라구. 원고 쓰는데 생각이 막혀서 숨통 터지겠다구.

숙영 생각이 막히면 뚫릴 때까지 쉬구려! 밤낮 써봤자 고료도 제대로 못 받는 원고!

상규가 비로소 펜을 놓고 기지개를 켠다. 책상 위에 있던 담배를 입에 물고 라이터로 불을 붙인다. 숙영이 어이가 없다는 듯이 일어나 베란다 문을 더 활짝 연다.

숙영　담배 피우려거든 밖에서 피워요. 여긴 금연구역인 걸 몰라요?

상규가 장난스럽게 한쪽 눈을 찔끔 감으며 웃어 보인다. 숙영이 안방 쪽으로 퇴장한다.

상규　(안방 쪽을 향해) 낮에 장모님 다녀가셨어. 냉장고에다 뭘 넣어 뒀다고 하시던데⋯⋯

숙영　(소리) 안 열어 봤어요? (숙영이 평상복으로 갈아입고 나온다. 하와이풍의 헐렁한 민속의상이다)

숙영　뭔데요?

상규　글쎄⋯⋯

숙영　어머님이 뭘 가져오셨으면 그 자리에서 펴봐야지. 그런 법이 어디 있어요. 한 분 계신 장모님의 고마움도 모르세요? (하며 냉장고 쪽으로 가서 문을 열고 살핀다. 중형 양은 냄비를 꺼내 뚜껑을 열어 본다) 어머나! 우족탕이네. 잘됐다, 오늘 저녁은 식은 밥 있으니까 카레라이스로 할까 했는데⋯⋯ 흥! 잘난 사위 보신하라고 우족탕을 끓여 오셨군. (뚜껑을 닫으며) 우리 엄마 같은 장모도 없을 거야. 하긴 사위는⋯⋯

상규　(잽싸게) 개자식이니깐!

숙영　고마우신 장모님께 대한 말버릇이 고작 그거예요?

상규　우족탕 노린내는 질색이라구? 그럴 바엔 차라리 보신탕이나……

숙영　(정색을 하며) 또 보신탕 타령이에요?

상규　먹고 싶은 걸 어떻게 해! (군침을 삼킨다)

숙영　야만인!

상규　문명인도 별수 없다던데!

숙영　당신은 TV도 못 봤어요? 신문도 안 읽어요?

상규　그 브리지트 바르도라는 프랑스 여배우가 까부는 꼴?

숙영　개고기 먹는 나라와는 국교단절도 불사한다며 대통령 앞으로 진정서 보냈대요. 얼마나 당당해요!

상규　남이야 개고기를 먹건 말고기를 먹건 무슨 상관이람 흥! 달팽이, 원숭이, 심지어 개구리까지 잡아먹는 자기네 생각은 못하나? 거기에 비하면 개고기는……

숙영　(짜증스럽게) 개고기 얘기 좀 그만둘 수 없어요? 듣기만 해도 울렁증이 나요. (가슴을 누른다. 그녀는 조리대 쪽으로 가서 저녁 준비를 한다)

상규　그 여자 이제 코미디 배우가 되려나 봐. 제 앞도 못 가리는 주제에.

숙영　앞을 못 가리다뇨?

상규　그 여자 결혼 몇 번 한지나 알아?

숙영　난 주간지 가십 담당 기자 아니에요. 난 방송인이에요!

상규　알 필요도 없겠지. 그런 여자는 시간과 돈이 남아 돌아가니까 무엇이고 색다른 언행으로 남의 관심 끄는 일이 바로 생활의 전부일 테니까. 모두가 쇼라구! (담배연기를 허공으로 날린다)

숙영　사람은 저마다의 개성과 생활이 있게 마련이에요.

상규　결혼과 이혼을 식은 죽 먹듯 하는 주제에 인권이니 여권이니 떠벌리는 자체가 코미디지. 수신제가치국평천하도 모르냐?

숙영　나 들으라고 하는 얘기예요 뭐예요?

상규　어쭙잖은 우월감이 문제라고! 우리나라만 해도 그렇지. 방귀깨나 꿴다는 여성 지도자 치고 완전한 사람 없더라!

숙영 (정색으로 돌아보며) 무슨 뜻이에요?

상규 뜻은 무슨 뜻…… 일제시대부터 신여성입네 하고 큰소리치던 여성들 치고 조강지처 못 봤으니까! 시인, 화가, 음악가, 소설가, 심지어는 교육자까지도…… 이건 말짱 남의 남편 새치기하거나 부자 소실로 들어앉아 한다는 소리는 가정을 지킵시다. 여성의 권리를…… (다음 순간 사납게 노려보는 숙영이 바로 눈앞에 선다. 상규가 애교스럽게 힐쭉거린다)

숙영 (감정을 억제하며) 그래서요?

상규 일반적으로 그렇더라 이거지, 다른 뜻은 없어. 헷헤……

숙영 요컨대 여자가 밖으로 나다니는 게 싫다 이거죠?

상규 아니지. 그런 여자들 쓰잘데없는 우월감 좀 버리라는 거지. (하며 장식장에다 마시다 둔 소주병을 꺼낸다)

숙영 누가요? (갑자기 눈빛이 사나워진다)

상규 브리지트 바르도! (술을 한 모금 마신다) 그 들창코에다 침실에서 갓 나온 수세미 머리를 하면서 뭇 남성들에게 히프 까고 다니는 꼴에 뭐 보신탕 먹는 나라와 국교단절한다? 이거야말로 똥 묻은 개가 겨 묻은…… (숙영의 날카로운 시선을 의식하자 상규가 마시다 둔 소주잔을 비운다)

숙영 흥! 나 들으라는 애기겠지만……

상규 특정인을 두고 하는 말은 아니니 걱정 말아요. 보다 보편적이고 일반적인…… (하며 술을 따른다)

숙영 제발 신경 좀 안 건드릴 수 없어요? 나 오늘도 방송국에서 세 시간 생방송하고 왔어요. 그리고 돌아오는 길에 소비자 연합회에 들러 두 시간 회의하고 그리고 친구 애기 돌잔치에 얼굴 내밀고 ……

바람 분다, 문 열어라

상규 나하고 관계된 일이라곤 하나도 없군. (술을 마신다)

숙영 (표정이 경직되며) 비아냥거리는 거예요?

상규 자기 의사에 따라 자유분방하게 활동하는 당신이 부럽다는 뜻이 겠지! (자조적으로) 나야 진종일 죽치고 앉아서 번역한답시고 뭐 …… 한심하다 한심해! 안 그래? 여성 지도자 동지! 헛허……

숙영 그렇게 한 자락 깔고 얘기해야만 속 시원하겠어요?

상규 한 자락 깔다니?

숙영 좀 솔직합시다. (강조하듯) 변, 상, 규 씨!

상규 (맞대꾸하듯) 피장파장이죠. 오, 숙, 영 씨!

숙영 내가 집안일은 모르는 체하고 밖으로 나다니는 게 눈에 가시라는 뜻이겠지만 그게 누구 때문인지 몰라서 그러세요?

상규 (베란다로 간다) 무능한 남편 먹여 살리기 위해서겠지.

숙영 양심은 살아 있어서……

상규 양심이 아니라 염치겠지……

숙영 여보, 얘기는 바로 합시다.

상규 물론! 왜곡된 역사는 바로 잡아야지.

숙영 난데 없이 왜곡된 역사는 또 뭐예요?

상규 한두 가지가 아니지. 저마다 입은 뚫려서 제멋대로 지껄이는데 도시 앞뒤가 안 맞는 자기모순이 판을 치는 세상이지…… (안으로 들어오며) 언젠가 3·1절 특집판 신문을 읽다보니까 광고란에 일본의 굵직한 기업체의 기업광고로 도배질을 했더라구. 미쓰이, 미쓰비시, 마루베니, 노무라 증권……

숙영 원래 신문사란 광고수입으로 유지된다는데 그게 뭐가 나빠요?

상규 그 신문사가 평소에 소위 민족지라고 떠들어대지 않았던들 나쁠 건 없지! 하지만 "일본을 이기자" "왜색을 추방하자"라고 걸핏하 면 떠들어대던 그 지면에 그것도 하필이면 3·1절날 신문에다

일본의 기업 광고들을 내야만 되겠어? 아니 그게 염치 있는 민족
지냐구!

숙영 당신 소주 몇 잔 하더니 말투가 위험수위에 가까웠네요. 설마 옛
날 버릇이 되살아나는 징조는 아니죠?

상규 (술을 따르며) 울화통이 터질 지경이다 이거야. 나야 벌써부터 그
런 세상 꼴이 보기 싫어 아예 문을 닫고 살았지만⋯⋯

숙영 그래 당신은 현실이 보기 싫어 집안에 들어앉아 작품 번역한답시
고 안주하고 있지만 나는 뭐예요?

상규 방송인! 앵커우먼! 교양 프로 명 엠씨! 춧츠⋯⋯

숙영 그게 누구 때문인지 몰라서 그러세요? 지금까지 당신 취직자리
찾아 주려고 학교, 기업체, 언론사⋯⋯ 안 간 데가 없었죠. 그렇
지만 단 1년도 못 견디고 나온 당신이었잖아요. 내가 밖으로 나다
니고 싶어서 그런 줄 아세요? 결혼 생활 9년 동안 나는⋯⋯

상규 (벌떡 일어나서) 좋은 수가 있다! 여보, 서울시청 민원실에 전화
걸어요. 아니지, 시장실로 직접 걸어요!

숙영 난데없이 시장실엔 왜 전화를⋯⋯

상규 좋은 아이디어가 떠올랐다니까! 언젠가 새로 부임한 시장이 시민
들에게 당부하는 말씀이라고 기자회견 했을 때, 살기 좋은 서울
거듭 나는 서울을 위해서 시민들이 함께 뜻을 모아야 한다며, 시
행정에 보탬이 되는 참신한 아이디어라면 24시간 언제든지 제안
을 받아들이겠다고 했잖아! 하기사 지금까지 역대 시장 치고 그
렇게 말 안한 시장도 없었지! 게다가 그 목소리가 높은 시장 치고
쇠고랑 안 찬 사람도 없었으니까! 헛허⋯⋯

숙영 그래 무슨 대단한 아이디어가 있기에 이 시간에 시장실에다 전화
걸죠?

상규 표어!

바람 분다, 문 열어라

숙영 (잘못 알아듣고) 무슨 표요? 어머나! 볼쇼이 발레단 표 보내 달라고? 그래요! R석이 15만 원인데, A석, B석은 벌써 매진이래요. 저도 보고 싶었어요. 그걸 못 보면 평생 후회할 거라고…… 방송국 주변에서도 화젯거리예요. 역시 당신도 관심이…… (말하다 말고 뚫어지게 쳐다보는 상규의 시선에 압도당한다)

상규 (차갑게) 볼쇼이 발레단 표가 아니라 (또박또박) 표어, 어!

숙영 표어? 시에서 표어 공모한다는 얘기 못 들었는데…… 당신 무슨 착각하고 있는 거 아니에요?

상규 착각은 바로 당신이라고! 내 얘기는 좋은 표어가 있으니 시정 쇄신을 위해서 활용해 달라는 거요! 당신 말이면 시장도 거절 못 할걸? 공무원이 가장 두려운 존재가 매스컴이라니까.

숙영 난데없이 표어는 또……

상규 당신 혹시 시청 정문 바로 윗면 본 적 없소?

숙영 본 적은 있지만 별로 발견한 거라곤 없는데……

상규 당신 같은 여성하고도 (강조하며) 저명인사가 그걸 발견 못했으니 시행정이 제대로 되었을 리가 없지. (사이) 언제 적부터인가 그 자리에는 어김없이 표어가 붙어 있거든. "도시는 선이다. 선을 지키자" "올해는 한국방문의 해" 헛허……

숙영 본 기억이 나요.

상규 그러나 나는 그런 관념적이고 추상적인 표어가 아닌 보다 일상적이며 구체적인 표어가 생각났거던.

숙영 그게 뭐죠?

상규 (과장하며) "바람 분다 문 열어라!" 어때? 근사하잖아?

숙영 바람 분다 문 열어라?

상규 "불어오는 시대의 바람을 그 누군들 막으랴. 문을 열어 받아들여라" 이거지. (자학적으로) 요즘 세태가 말짱 그 지경이니 어떻게 하겠는가 이거지.

숙영 (감정을 억제하며 침착하게) 당신이야말로 할 얘기와 해서는 안 될 얘길 분간조차 못하는 분이에요! 바람이 불면 문을 닫아야지 왜 열어요, 열긴! 흥! (숙영은 다시 조리대 쪽으로 가서 식사 준비를 한다)

상규 표어가 마음에 안 들어? 시류에 순응하자는데도⋯⋯

숙영 우족탕 먹게 수저나 놔요.

상규 아내가 남편의 심정을 이해 못하니 누가 나를⋯⋯ 여성도 사회로 나가자는 시류에 순응하자는 게 잘못인가? (이때 전화벨이 울린다. 두 사람이 서로 미루며 모르는 척한다)

숙영 전화 소리 안 들려요? (상규가 마지못해 수화기를 든다)

상규 여보세요⋯⋯ 난데요⋯⋯ 누구? 용식이? 웬일이냐? 응⋯⋯ 그래? 오늘? 글쎄⋯⋯ 나야 상관없지만⋯⋯ 그래? 알았다. 끊어. (조리대에서 찬을 만들던 숙영이 깔깔대고 웃는다. 상규가 힐끗 돌아다본다)

숙영 무슨 전화가 그렇죠? (흉내 내며) 그래⋯⋯ 글쎄⋯⋯ 알았다⋯⋯ 끊어! 홋호⋯⋯ 이젠 전화도 컴퓨터식 어투를 따라야 하나요? 허긴 그것도 시류는 시류니까. 당신 말대로 문을 여는 증거겠죠. 홋호 ⋯⋯ (이 사이에 상규가 식탁 쪽으로 가서 수저며 식기를 놓는다)

숙영 (음식을 나르며) 누구한테서죠? 아까 전화⋯⋯

상규 후배.

숙영 대학 말인가요?

상규 응, 고향 고등학교 때부터 따르던 용식이라고⋯⋯

숙영 (조리대 쪽으로 가며) 무슨 일인데⋯⋯

상규 시골서 올라왔다면서 찾아오겠다는군.

숙영 (음식을 가지고 나오며) 지금 말인가요?

상규 길 건너 공중전화에서 전화했나 봐.

숙영   (짜증스럽게) 하필이면 식사 시간에…… 남의 집 방문에도 에티켓
       이라는 게 있다는 것도 모르나?

상규   어때? 안 먹었다면 함께 먹고 아니면 TV 보고 있으라지 뭐가 걱정
       이오? 흠……

숙영   당신이란 남자는 정말 이해하기 곤란해요.

상규   불가사의하다는 표현이 더 실감날 텐데…… 훗흐……

숙영   이쪽 사정도 얘기 못해요?

상규   사정은 무슨…… 우리한테 무슨 사정이 있어? 당신하고 나하고
       단 두 식구 살림, 아침은 빵조각에 커피, 점심은 라면, 저녁에 가서
       야 비로소 곡기 있는 밥 얻어먹는 내 신세인데.

숙영   그런 악처와 살고 있는 현장을 후배에게 보여주기 위해서 오랬어
       요?

상규   의논할 일이 있다는데 어떻게 해, 더구나 고향 후배에다가 집안
       끼리도 가까운 처지인데……

숙영   보나마나 노자 떨어졌으니 돈 꿔달라는 얌체겠지.

상규   (약간 비위가 상하며) 용식이는 그런 놈 아니야. 대학 다닐 때도
       제 목소리로 당당하게 외쳐댈 줄 아는……

숙영   (긴장하며) 운동권 학생이었군요?

상규   그게 뭐가 잘못인가?

숙영   (다가와서) 그럼 당신이 소속되었던 뭐드라…… 음, '민민민' 회원
       이었군요? 그렇죠? 민, 민, 민!

상규   (장난스럽게) 무슨 매미들의 합창인가. 민민민하게…… 용식이는
       '남남남' 소속이었어.

숙영   뭐죠? 남남남이라는 게……

상규   뭐긴…… 대학 시절에 그런 서클 한번 안 거쳤다면 틀림없이 고
       자가 아니면 마마보이 족이지?

숙영 뭐라구요?

상규 (과거를 회상하며) 우리가 처음 만난 것도 그 서클에서였잖아. 모닥불 피워 놓고 군사독재 물러가라고 밤새 목이 터지도록 외쳤던 일…… 아, 벌써 10년일세! 나는 지금도 그 시절이 좋았던 것 같아, 순수했고, 정열적이고, 재미있었으니까.

숙영 재미요? 그래 당신은 그 재미 때문에 얼마나 멍이 들었는지 잊었어요? (더 공격적으로) 우리 결혼 때도 그게 바로 걸림돌이었고, 당신 취직 때도 어딜 가나 꼬리표처럼 붙어 다니는 걸 떼어 버리려고 얼마나 애태웠는지 몰라서 그래요? 방배동 아버지께서 보증을 서고 내가 각서를 써가면서 다시는 그런 패거리들하고는……

상규 패거리라니?

숙영 패거리가 아니면 동지? 전우? 혈맹? 흥!

상규 그렇기 때문에 모든 일 내동댕이치고 혼자서 이렇게 홀가분하게 번역이나 하잖아.

숙영 그래 편안하세요? (비아냥거리며) 백팔번뇌 다 버리고 물같이 바람같이 구도승처럼 자처하는 당신!

상규 무능한 남편이라 유구무언이외다. 허지만 이 변상규, 아직도 깡다구는 있다구! 비록 남의 나라 글 번역이나 하고 잡문 따위나 쓰고 있지만 밸도 있고 오기도 있다구!

숙영 말씀 하나 잘하셨네요. 그러니까 지금이라도 취직을 하란 말이에요.

상규 취직? 흥!

숙영 당신의 의사 여하에 따라 길은 얼마든지 있다니까요! 방송가의 명 엠씨 오숙영의 이름 석 자가 뭐 한번 쓰다 버리는 크리넥스인 줄 아시겠지만, 나도 그동안 산도 넘고 물에 빠져 허우적거리기 수십 차례 끝에 쌓아 올린 이름이에요. 그러니 제가 보증한다면 당신의 일자리쯤은……

상규 (쏘아보며) 뭐? 일자리쯤?

숙영 국영기업체고, 은행이고, 건설회사고, 언론사고 당신이 좋다는 직장이면?

상규 나더러 (강조하며) 신 오적 밑에 들어가라고?

숙영 신 오적이라뇨?

상규 구한말 때 오적, 군사집권 때 오적, 그리고 이 시대에도 오적이 있다는 말 못 들었어? 방송은 귀 막고 하나?

숙영 말조심해요!

상규 그렇지, 옛날에 여자들이 시집가게 되면 친정어머니가 으레 그랬다더군. '귀머거리 3년에 벙어리 3년!' 훗흐…… 웃기지 말라구! 그런데 이젠 나보고도 벙어리가 되라? 여보, 나는 당신한테는 정말 미안해. 하지만 나는 현실하고는 타협할 수 없어. 모든 게 싫어. 보기도 듣기도 냄새 맡기도 심지어는 가기도 싫은 거야! 그래서 여기 있는 거야!

숙영 그럼 왜 결혼은 했어요?

상규 사랑만은 하고 싶었으니까! 그렇다고 요즘 여성들이 떠들 듯이 여자를 섹스의 대상물로 삼는 이유만으로 결혼한 건 아니지. (한숨) 외로움이 그렇게 시켰을지도 모르지.

숙영 갈수록 철학적이고 인생론적이어서 얼핏 듣기엔 그럴듯하지만 당신은 너무도 현실을 몰라요.

상규 그럴지도 모르지. 왜냐면 바깥세상엔 흥미가 없으니까. 아침 산책 때와 원고 전하는 날 이외는 거리에 나가기도 싫은걸!

숙영 그래요. 당신은 영원한 고독을 만끽하시구려. 그래서 우리는 평행선도 쌍곡선도 아닌 자기 선을 따라 각각 삽시다. (이때 현관 쪽에

서 초인종이 울린다. 두 사람은 반사적으로 시선을 마주친다. 그러나
먼저 일어나 나가려 하지 않는다. 다시 초인종이 전보다 세게 울린다.
숙영이 에이프런을 풀며 안방 쪽으로 급히 들어간다)

상규 여보! (이때 세 번째 초인종이 울리자 상규가 현관 쪽으로 간다. 소리만)
누구요?

용식 (소리만 거침없이 크게) 저 왔습니다. 용식입니다.

상규 (소리) 웬일이냐? 들어와. (하며 상규가 먼저 나온다. 이윽고 이용식이
따라 들어온다. 잠바 차림의 황소처럼 어깨가 떡 벌어지고 눈썹이 검은
게 상규와는 대조적이다. 한 손에 종이봉투가 달랑 들려 있다. 용식은
집안을 휘둘러보나 어딘지 몸에 배이지 않은 이질감을 느낀다. 그러나
그의 언행은 직선적이며 저돌적인 데도 불쾌감을 주지 않는다)

용식 형님, 알고 보니께 부르주아구먼! 부동산 했었소? 헛허……

상규 증권, 마권, 상품권 닥치는 대로 했다, 임마!

용식 형수씨는 어디 가셨는감요?

상규 (얼버무리며) 응, 지금 막 돌아와서…… 피곤하다고…… 샤, 샤워
실에서…… 앉아.

용식 (소파에 앉으며) 형수씨는 인자 여류명사가 다 되었습니다. 완전히
매스콤계를 휘어 잡으셨던디…… 헷헤…… 나는 형수씨가 맡고
있는 그 TV 프로…… 뭣이냐… 그……

상규 (차갑게) '아는 게 병이다!'

용식 예, 맞소. 그 '아는 게 병이다'를 기중 좋아하는디요. 헛허……
현실을 그렇게 날카롭게 콕콕 찔러 주니…… 친구들한테 저 사회
보는 오숙영이가 바로 우리 형수님이시다 하면 다들 두 눈이 접
시처럼 휘둥그레지면서 한다는 소리가 (크게) 앗다 되게 쎅시하
다잉? 저런 여자하고 한번 자봤으면 원도 한도 없겠네! 이러지요.
헛허…… 그 무지랭이들은 여자만 보면 그 생각부터 하니 원……

383 　　　　　　　　　　　　　　　　　　바람 분다, 문 열어라

헛허……

상규 (난처해지며) 그래…… 저녁은 먹었니? 안 먹었으면…… (마지 못해) 찬은 없지만……

용식 먹었어라우! 터미날 앞에서 충무할매 김밥이라는 간판이 보이기에 옛날 우리 할매 솜씨 생각이 폴썩 나서 들어가서 몇 개 집어 먹었더니만…… 이건 할매 맛도 아니고 하나씨 맛도 아니데요! 헛허…… (이때 숙영이 나온다. 아까와는 다른 화려한 홈드레스 차림에 상냥스런 미소까지 띤 게 전혀 딴사람 같다)

상규 여보, 아까 얘기한 후배…… 이용식 군!

숙영 어머나! 그러세요? 시골서 올라오시느라 피곤하셨겠어요? 저녁은 드셨다고 하셨죠? 그럼 차라도…… 커피? 아니면 유자차? 아니지 저녁시간에 커피는 건강에 안 좋지요. (주방으로 가며) 유자차로 하세요. 방송에 출연했던 어떤 분이 남해에서 가용으로 담근 거라면서 보내 왔지 뭐예요. 홋호…… 신토불이라고 하잖던가요? 홋흐… (숙영이 주방 쪽에서 수다를 떨자 용식은 벼락 맞은 사람처럼 입을 벌리고 앉아 있다. 상규가 담배를 피운다)

용식 형, (나지막이) 그동안 고생문이 훤하셨겠소 잉? 힛히……

상규 말도 말아라. 내 마음 나도 모른다. 그래 왜 왔어?

용식 예? 예…… 상의 좀 드릴 일이 있어서…… (종이 봉지를 탁자 위에 놓는다) 이거…… 부끄럽소만……

상규 맨손으로 오면 어때서…… (펴본다. 소주 두 병에 오징어와 땅콩이다. 표정이 밝아지며) 아니! 이건…… 헛허……

용식 형은 학생시절부터 이거 되게 좋아했지라우잉? 수중에 돈도 없었지만서도 우리 무산대중들에게는 이것이 제격이지라우!

상규 무슨 소리! 요즘은 오징어도 금맛이더라. (주방을 향해) 여보! 유자차 관두고 술잔 두 개만 줘요.

숙영   (주방에서 돌아보며) 술잔이라뇨?

상규   용식이가 소주에 오징어까지 사왔군 헛허…… (용식에게) 오랜만에 옛날 생각하면서 한잔 하자.

용식   좋지요. (하며 입으로 마개를 딴다. 숙영이가 술잔을 가져온다. 술잔이 세 개다)

상규   아니 당신도?

숙영   나 술 잘한다는 거 모르세요?

용식   (경악하며) 그러세요? 샴페인이나 칵테일만 하실 테죠.

숙영   소주도 해요. 집안에서는 안 하지만 포장마차도 가끔 들러요. 그런 자리에 나가야 세상 돌아가는 일도 알게 되니까, 흠…… 괜찮죠? 용식 학생!

상규   학생이 아니라 출판사에서 일하고 있는 사회인이라구. 장차는 소설을 쓰겠다는 꿈도 가지고……

숙영   소설을? 어머! 멋있다. 여보, 당신도 소설을 써요. 번역보다야 소설이 더 설득력이 있고 창의성도 있고……

용식   형도 학창시절에는 문학에 대한 꿈이 컸었지요. 이놈의 지랄같은 세상 잘못 만나 만만한 홍어 좆 꼴이 되었지만……

상규   말조심해.

숙영   지, 지금 뭐라고 그랬죠? 홍, 어, 뭐요?

용식   아니…… 저…… 우리 시골에서는 세상사가 뜻대로 안 됐을 때으레 그렇게 말하지요…… 헷헤…… 자…… 그럼 제가 올리지요. (용식이가 세 개의 잔에 술을 따른다. 세 사람은 잔을 쳐든다)

상규   오랜만에 너하고 대작을 하게 되어 반갑다!

용식   형수씨, 용서하시쇼잉!

숙영   무슨 말씀을…… 저도 남자들 세계에 끼게 되어서 반가워요. 그럼 건배! (세 사람이 잔을 기울인다. 용식이가 오징어를 찢는다. 그 사

이에 상규와 숙영은 용식의 태도를 염탐하는 기색이다)

상규 (넌지시) 나한테 의논할 일이 있다고?

용식 예…… 저…… (머리를 긁는다)

상규 무슨 일인데……

용식 이건…… 형도 형이지만…… 실은 형수씨께서 더 적극적으로
　　　도와주셔야 쓰겠구만요.

숙영 돈 얘긴가요?

용식 아니지라우!

상규 그럼……

용식 (술잔을 권하며) 꼭 들어 주셔야겠구먼요.

상규 (숙영과 시선을 마주치며) 무슨 일인데 그렇게 전제조건이 길지?
　　　아무래도 수상하다 헛허……

용식 (불쑥) 사람 하나 살려 주십쇼!

숙영 사람 하나?

상규 용식아, 무슨 일 있었니? 혹시 옛날 학창시절의 그 사건에 관련된
　　　전과라도 터졌어?

용식 제가 아니라요. 저……

상규 너 아니라면 나?

용식 여자 친구지요. 장차 결혼하기로 약속이 된……

숙영 약혼자예요?

용식 예. 그런데 색시 아부지가 우리 결혼을 정면으로 반대하니까 그만
　　　집을 뛰쳐나왔나 봐요.

숙영 가출을 했다고요?

용식 말하자면 그런 셈이죠. 죽으나 사나 서울에서…… 아니 내 곁에
　　　서 살겠다고……

숙영 그런 이유 하나만으로 처녀가 무단가출한다는 건 바람직하지 못

한 일 아닐까?

용식 이유는 단순히 그것만이 아니지요.

상규 또 있어?

용식 예…… 부끄러운 일이지만…… 그 아부지가 실부가 아니라 계부인데……

숙영 그게 왜 부끄러워요?

용식 그, 그게 저…… 딸한테 치근덕거린다나 봐요. 말하자면 요즘 유행어로 그 성희롱이라고 해야 할지…… 저……

숙영 (벌컥 화를 내며) 언어도단이에요. (하며 탁자를 쾅 치자 술잔이 넘어지며 술이 튕긴다) 지금이 어떤 세상인데 아버지가 딸한테……

용식 실부가 아니라 계부예요.

숙영 (차츰 연설조로 변하며) 계부고 안부고 그건 절대 용납될 수 없어요! 더구나 우리 여성의 처지로서는 오래 전부터 그와 같은 가부장 제도 아래서 남성의 일방적인 횡포나 부도덕 행위를 규탄해 왔고 문민 시대에서는 그런 남성 위주의 사회제도를 정치적·사법적·윤리적 차원에서 일대 개혁을 해야 한다고……

상규 여보 여기가 무슨 국회 여성분과 위원회인 줄 알아요? 왜 흥분해!

용식 아닙니다. 형수님 말씀은 구구절절이 진리요, 진실이지요. 동감입니다.

상규 그래 결론이 뭔가, 핵심이 뭐냐구?

용식 그, 그건 아까 말씀드린 대로……

상규 사람 하나 살려 달라는 것까지는 알겠어! 그래 그게 누구냐고?

용식 예. 그래서 제 말씀은……

상규 내가 어떻게 하면…… 구할 수 있는가를 구체적으로 말해야지.

용식 며칠간만 맡아 주실 수 없으까 해서……

숙영 용식 씨를?

용식   아니지라우, 인애말이에요. 제 약혼녀. (두 사람, 아연해진다)

용식   그 대신 청소고 빨래고 부엌일은 기똥차게 잘하니까 얼마든지 부려 먹어도 되지라우. 아시다시피 제가 있는 하숙방은 고등학교 다니는 이종사촌하고 함께 있는 처지라……

상규   그것 참 난처하게 되었구나. 한 방에서 셋이서 잘 수도 없고…… 그렇다고 우리 집이란 이렇게 두 식구와……

용식   그러니까, 그 가정부 한 사람 들여봤다 치고…… 물론 월급은 바라지도 않거니와 형님, (울먹이며) 사정 좀 봐줍쇼, 예? 만약에 일이 안 되면…… 인애는 철도에 투신자살 할 것이구먼요. 그래 봬도 고집은 황소고집인지 고래 심줄인지…… 한번 마음먹은 일은 끝장을 보는 성미라서……

상규   (숙영에게) 여보! 어떻게 하지? 만약에 무슨 일이 터진 뒤 매스컴이나 경찰에서 이 경위를 알게 되면……

숙영   (신경질을 내며) 그러니까 애시당초 전화가 왔을 때부터 처리를 했어야죠. 내 이름이 신문이며 방송에 오르내리게 되면 난 어떻게 되는 거죠? 예?

용식   형수씨 같은 여성으로서 동지애와 공동체 유대감을…… (자리에서 벌떡 일어나 부동자세를 취하며) 정을 봐주시면 그 은혜 잊지 않을 것이고 인애가 유서라도 남기고 자살하게 된다면 형수님 얼굴에 똥칠 하게 될 것이고…… 어쩝니까! 부탁합니다. (허리를 굽힌다) 사람 하나 살려 주십쇼. (또 허리를 굽힌다) 젊은 놈 앞길 터주십시오. (하며 언제까지나 80도 각도로 허리를 굽힌 채 서 있다. 무거운 침묵이 흐른다)

상규   (눈치를 보며) 감당할 수 있을까?

숙영   말이 그렇지 어떻게 무보수로 사람을 부려 먹죠? 다른 사람도 아닌 내가……

용식 (그 자세로) 명심하겠습니다. 믿겠습니다. 그 은혜는 죽어도 안 잊을 것입니다. (소리 없이 어깨를 들먹이고 흐느끼는 게 처량하기만 하다)

상규 여보! (눈짓을 보낸다)

숙영 (말없이 승낙의 표정을 짓는다) 그렇게 합시다.

상규 (큰 소리로) 용식아! 됐다!

용식 (기계처럼 몸을 바로 세우며) 예?

숙영 내일부터 우리 집에 있도록 해요.

용식 아닙니다. 바로 지금부터 있을 것입니다. 잠깐만…… (하며 현관 쪽으로 뛰어간다. 상규와 숙영은 귀신에게 홀린 사람마냥 어리둥절한다)

숙영 어떻게 된 거예요?

상규 아까 분명히 혼자였는데…… (이때 용식과 스포츠 백을 든 강인애가 나란히 들어선다. 마치 결혼식장에 들어선 신랑신부 같다. 인애는 순박한 시골처녀 티가 나면서도 눈에 총기가 있고 밝은 표정이다)

용식 인사 드려! 큰절로……

상규 인사는 무슨……

그러나 강인애는 마치 영화의 슬로 모션처럼 큰절을 넙죽 한다. 상규와 숙영은 각각 다른 표정으로 바라본다.

암전

바람 분다, 문 열어라

제2장

전막과 같다. 전막으로부터 약 다섯 시간 후 벽시계가 둔탁한 소리로 12시를 알린다. 소파에서 숙영이 방송 큐시트를 들여다보며 내일 있을 방송 진행의 구상을 하고 있다. 상규의 책상 위에 있던 스탠드는 불이 꺼지고 그 대신 소파 옆에 있는 다리 스탠드 불빛이 어슴푸레 방안을 비추고 있다. 이윽고 파자마 바지에 런닝셔츠 차림의 상규가 안방 쪽에서 나와 주방으로 들어간다. 잠에서 금방 깨어난 듯 다리가 약간 휘청거린다. 그는 냉장고에서 플라스틱 물병을 꺼낸 다음 입에다 대고 꿀꺽꿀꺽 소리내면서 마신다. 심한 조갈증을 느낀 모양이다.

상규 야…… 시원하다! (그는 물병을 냉장고 안에 넣고는 돌아선다. 비로소 숙영이 거기 있는 것을 발견하자 다가온다) 오랜만에 소주를 마셨더니만 한숨 늘어지게 잘 잤네. (힐끗 돌아보며) 아직 깨어 있었소? 그만 자잖고…… 내일 아침 몇 시에 나가지? 여덟 시?

숙영 (눈을 감고 암기하는 자세로) 말 시키지 말아요. 생각 헷갈려요.

상규 그래. 내 입은 조개니까 꼭 다물게. 그 대신 기관총처럼…… (원고의 제목을 무심코 넘어다보면서) '중년 부인들의 비틀거림'이라. 내일 녹화할 토크 프로 제목인가?

숙영 (입 안의 소리로 암기하며 허공을 쳐다보며 천천히 방안을 서성거린다)

상규 적절한 제목이군.

숙영 그렇게 생각하세요? 내가 제안한 아이디어인데도?

상규 당신 제안이라고 해서 나쁘다는 법은 없지.

숙영 나의 의견이라면 언제나 반대하는 당신이니까 하는 말이죠.

상규 반대를 위한 반대란 이제 정치판에서도 안 먹혀든다는데 무슨 소리야. 세상이 변했다구!

숙영 그렇지만 당신은 사사건건……

상규 여성문제에 관해서는 나도 일가견을 가지고 있다니까.

숙영 참 한 가지 물어 볼게요. 당신이 만약 남성측 토론자로 참석한다면…… 이건 어디까지나 가정입니다만요.

상규 좋을 대로……

숙영 (큐시트를 보며 방송 대담하듯) 요즘 중년 부인들의 언행 가운데서 우선적으로 고쳐야 할 점이 있다면…… 한 가지만 말씀해 주시겠어요?

상규 한두 가지라야지.

숙영 그 가운데서도 한 가지만 든다면?

상규 (소파에 앉으며) 종이컵 들고 지하철 찻간으로 뛰어드는 여성.

숙영 뭐라구요?

상규 그것도 한 패거리의 중년 여성.

숙영 무슨 동문서답이에요?

상규 길거리에서 아이스크림 핥으면서 걸어가는 여대생은 애교로 봐 줄 수도 있지. 그러나 한 무리의 중년 부인들이 전철역 홈의 자동판매기에서 커피를 뽑아 들고 발차 직전에 우루루 찻간으로 침입하는 뒷모습이란…… 꼭 오리 떼가 쫓겨 가는…… (하며 엉덩이를 흔든다)

숙영 그게 왜 침입이라고 생각하셨죠?

상규 요즘은 어딜 가나 수세로 몰리는 건 남자니까. 대학 수석 합격자도 여자, 대통령상 수상 수석 졸업생도 여자, 1억 원 고료 현상소설 당선자도 여자, TV 연속극 작가도 여자, 다섯 쌍둥이 낳고 V자 손짓하는 여자……

숙영 (비아냥거리며) 남자가 출산하는 시대가 머지않아 올 테니 염려마

세요. 홋호······

상규 와야지, 그리고 아내의 귀가를 남편이 기다리는 세상이라야 해. 세상이 거꾸로 바뀌어야 한다고······ 홋흐······ (이때 현관 쪽 방에서 용식이와 인애가 킬킬대며 희희낙락하는 소리가 들려온다. 아마 정사중인 모양이다)

인애 (소리) 그만······ 그러지 마······ 간지러워······ 힛히······

용식 (소리) 어때······ 잠깐만······ 그대로 있어······ 홋흐······ 킬킬······

상규 이게 무슨 소리야? 응?

숙영 (남의 일처럼) 고양이의 화신들이죠.

상규 고양이?

숙영 고양이는 발정하면 소리지르고 요란을 피우잖아요. 사람하고는 반대로 그 대신 새끼를 낳을 때는 쥐도 새도 모르게······ 홋흐······

상규 용식인······ 아직도 안 갔단 말이오?

숙영 통행금지 시간이 없는데 뭐가 두렵겠어요? (원고를 챙긴다)

상규 (자리에서 일어나며) 그렇지만 시간이 벌써······ (벽시계를 보며) 늦었는데······

숙영 그러기에 아까 뭐랬어요? 술 그만 드시라니까 한사코 코냑까지 마시더니만······ 그 두 사람은 지금 해방감에 취해 태평천하를 구가하고 있을 거예요.

상규 안 되겠는데······ (그 방 쪽을 향하여) 용식아. 용식아······

숙영 내버려둬요.

상규 지금이 몇 신데 내버려둬, 두긴! (이때 팬티 바람에 목욕 타월로 겨우 어깨만 가린 용식이가 허리를 굽실대며 나온다. 숙영이 질색을 하고 외면한다)

용식	형, 부르셨는감요? 저는 못 들었는데 인애가 형님 목소리 같다기에…… 혹시나 하고……
상규	(넌지시) 내일…… 출근 안 할 거야?
용식	(단정적) 왜 안 합니까? 상무란 자가 출퇴근 문제엔 어찌나 까다로운지…… 글쎄 출근부도 아예 자기 방에다 놔두고 지 앞에서 도장들 찍게 하니 알 만하잖소? 헛허……
상규	그런데?
용식	예?
상규	(답답해서) 구로동 하숙까지 언제 가려고……
용식	(가볍게) 염려 마십쇼. 여기서 자고 곧바로 출근할 것이구먼요.
상규 숙영	(동시에) 여기서?
용식	지금 가봐야 지하철도 버스도 다 끊겼을 텐데…… 그렇다고 제 처지에 택시 타고 갈 수도 없고 해서…… 헷헤…… 인애도 우리 형편에 단돈 10원도 아껴야지 택시 탈 팔자냐면서…… 헷헤…… 형님, 인애의 첫인상 쓸 만하죠? 형수님, 어떻든가요? 장래성이 있어보이던가요? 형수씨는 사회경험이 많으니까 사람을 보는 …… (상규와 숙영은 어이가 없어서 말문이 막힌다)
숙영	(냉담하게) 약속이 틀리잖아요?
용식	무슨 약속이요?
숙영	우리 집에 있게 한 건 인애 씨 한 사람이지 용식 씨는 아니었어요.
용식	암요. 그건 제가 부탁 말씀드린대로지요. 다만 오늘 밤만은 예외로, 헷헤……
상규	오늘 밤만이라고?
용식	내일 새벽 일곱 시 전에는 쥐도 새도 모르게 사라질 텡께 염려 마셔요. 형수씨! 힛히…… (인애가 슈미즈만 걸친 채 작은 양은 주전

　　　　　　바람 분다, 문 열어라

자를 들고 나온다)

용식 (당황하며) 왜 나와 나오긴.

인애 (주전자를 들어 보이며) 자리께 물.

용식 응, 잘 생각했어. 퍼뜩 떠 가지고 가, 내 곧 들어갈 테니께잉? (인애가 한 손으로 가슴을 가리며 총총걸음으로 주방으로 가서 수도꼭지를 튼다. 상규와 숙영은 마치 헛것에 홀린 사람마냥 두 사람을 번갈아 본다)

용식 형님. 그 코냑이란 술…… 대체나 독하기는 독합데다. 난 아까 냉수를 한 주전자 다 마시고 또…… 헛허…… 술 마신 날은 자리에 물을 찾는 게 제 습관이라서요…… 헛허…… 어째서 그런 것까지도 우리 아부지 닮았는지…… (숙영에게) 그것도 유전인갑죠? 잉? (인애가 물주전자를 들고 눈을 내리깔고 총총히 가다가 용식의 허벅지를 꼬집는다. 빨리 들어가자는 시능이다) 아얏! (허벅지를 문지르며) 이것이 손떼 맵긴…… 할 이야기 있으면 말로 해라 말로! (두 사람에게) 헷헤…… 그럼 편히들 주무시죠. 내일 아침엔 인사 안 드리고 나갈 테니께 그렇게 아시고요. 헷헤…… (숙영에게 아첨하며) 형수씨…… 인애…… 잘 좀 보살펴 주십쇼 잉? 그 저 뭐니뭐니 해도 형수씨 손에 달렸으니께요. 그럼. (넙죽 절을 하고는 퇴장한다. 상규와 숙영은 말을 잃고 멍하니 서 있다가 숙영이 소파에 쓰러지듯 앉는다)

상규 혹 하나 또 붙었군.

숙영 혹이 아니라 흥계예요.

상규 흥계?

숙영 이건 처음부터 둘이서 계획적으로 꾸민…… 말하자면 미리 작성된 시나리오대로…… 계략을 쓰고 있단 말이에요! 당장에 나가라고 하세요.

상규 그렇다고 이제 와서 어떻게……

숙영	사정이 그렇게 되었노라고 잡아떼는 거죠. 다른 곳으로 옮기라고 즉각.
상규	지금 말이오?
숙영	내일이라도.
상규	그, 그렇지만 나는……
숙영	뭘 망설이세요? 그럼 음모인 줄 알면서도 말려들겠어요? 예? (윽박지른다)
상규	음모인지 양모인지 아직은 물적 증거가 없잖아.
숙영	물증은 없지만 심증은 있잖아요. 그걸 눈치도 못 차리고…… 그럼 어떻게 하시겠다는 거예요? (어조가 높아지며) 집안에 도둑고양이를 키우겠다는 거예요, 뭐예요?
상규	쉿! 소리가 높아요. 어찌 되었건 손님은 손님 아니오?
숙영	이것 보세요. 당신 후배라는 친구…… 앞으로 도둑고양이처럼 야금야금 넘어다볼 테니 두고 봐요.
상규	넘어다봐? 당신을?
숙영	미쳤수? 냉정히 생각합시다. (자리에 앉으며) 그 친구 말로는 인애를 당분간만 맡아 달라고 했지만 그 기간이 정확히 얼마 동안인지 확정되지 않았다는 건 인지하시죠?
상규	물론이지.
숙영	그러니까…… (추리하듯) 처음 얼마 동안은 전화를 걸다가, 다음에는 일주일에 한 번 정도 방문하다가, 마침내는 우리 집에 눌러 앉고 말 거예요. 어떻게 생각하세요?
상규	아무려면…… 그래도 사람이 염치가 있어야지 그런……
숙영	물에 빠진 사람 구해 주니까 보따리 내놓으란다는 얘기 모르세요? 요즘 세상에 염치 보며 사는 사람 보셨어요? 예? 그런 남자 보셨냐구요.

바람 분다, 문 열어라

상규 모두가 다 그렇다고 볼 수는 없지. (갑자기 태도가 굳어지며) 그럼 나도 그런 인간이란 말이오? (그는 욕정의 빛이 감도는 눈짓으로 접근해 온다)

숙영 이이가 갑자기…… 왜 그런 눈으로……

상규 따지고 보면 그런 사람은 남자보다도 여자 쪽이 더 많다구!

숙영 뭐라고요?

상규 염치없는 여자가 많은지 남자가 많은지 조사해 봐야겠군. 언젠가 신문에서 여론조사 결과를 읽었는데, 남편에게 매 맞는 아내 못지 않게 아내한테 매 맞는 남편도 적지 않다더군! 이러니 세상이 제대로 되어가고 있는가 말이지. 아…… 남편 알기를 하늘처럼 모시라던 옛 선현들의 말씀은 어디 갔는지. (다시 용식이와 인애의 희희낙락거리는 소리가 들려온다. 두 사람이 동시에 소리나는 쪽을 돌아보다가 우연히 시선이 마주친다)

숙영 왜 보세요?

상규 누가 할 소린데…… 왜 봐, 응? (인애의 웃음소리가 다시 들린다) 왜들 저러지? 응? 여보. (하며 손목을 쥐려 하자 숙영이 피한다)

숙영 능청 떨지 말아요! (서류를 챙겨 자리에서 일어서려는 순간 상규가 그녀의 손을 쥔다) 왜 그래요?

상규 오늘 밤은 당신이 필요해. (끌어당기며 입을 맞추려 하자 숙영이 힘껏 밀쳐 버린다. 그 서슬에 손에 들었던 종이가 바닥에 흩어진다)

숙영 무슨 짓이에요?

상규 일주일이 지났어! 여보!

숙영 (엎드려 서류를 집으며) 바쁘단 말이에요. 내일 방송 원고를……

상규 (숙영을 등뒤에서 안으며) 여보.

숙영 내일 방송 있다는데…… 왜…… 놔요! (하며 힘껏 뿌리치자 상규가 바닥에 엉덩방아를 찧는다. 숙영이 가려고 하자 상규가 팔을 뻗어 숙영

의 팔목을 쥔다)

상규 여보, 당신이 필요하다니까.

숙영 이제부터 할 일이 있다니까요, 놔요. (하며 힘껏 상규의 손목을 뿌리
친다)

상규 앗! (하며 손을 풀어 준다)

숙영 나, 먼저 들어가겠어요. (하며 급히 안방 쪽으로 간다. 이윽고 안에서
문 잠그는 소리가 철컥 난다. 상규가 멋쩍게 피식 실소를 하더니 자리에
서 일어난다. 복도 한구석에 팬티만 입은 용식이가 고개를 길게 내민다.
잠시 생각에 잠기던 상규가 책상 위에서 펜을 집어 벽에 걸린 카렌다에
다가 가위표를 한다)

상규 (피식 웃으며) 오늘도 맑고 개임. 가물기는 어디나 마찬가지군! 나
는 어디서 기우제를 지낸담! 제기랄!

암전

제3장

같은 장소. 전막부터 열흘 후 아침 9시경. 베란다 쪽에서 화사한 아침
햇살이 방안으로 흠뻑 쏟아지고 있다. 상규의 책상과 식탁 위에 탐스
러운 글라디올러스가 꽂힌 꽃병이 놓여 있어 한결 밝다. 세탁기 돌아
가는 소리, 인애가 머리에 스카프를 쓰고 앞치마를 두른 채 마룻바닥
을 닦고 있다. 하늘색 진 바지의 히프가 객석 쪽으로 향하여 율동적으
로 전후 운동을 반복하는 모양이 제법 육감적이다. 방안 분위기가 전
보다도 훨씬 정돈되어 있다. 세탁기 소리가 멎자 인애가 일어나 세탁
기 안에서 빨래를 꺼내 플라스틱 대야에 담아 들고 베란다로 가서 빨
래를 넌다. 콧노래를 흥얼거리며 일하는 인애의 표정은 사뭇 밝아 처
음 왔을 때와는 전혀 다른 사람으로 변신된 것 같다. 남자 속셔츠와
와이셔츠 그리고 여자 양말, 브래지어, 속옷 등이 아침 햇살을 반사하
여 한결 신선감을 준다. 전화벨이 울리자 인애가 빨래를 널다 말고
뛰어가서 전화를 받는다.

인애   여보세요. (상대편 목소리를 금세 알아본 듯 벽시계를 돌아보며) 자기
야? 시간 하나는 잘 지키네. 이때쯤이 바로 우리들의 천국이니까
홋흐…… 나? 지금 청소하고, 세탁물 내걸고…… 선배님? 아침
산책중이셔. 여덟 시 반에 기상, 3분 동안 세수와 식사, 그리고
아파트 뒷산으로 아침 산책…… (사이) 그게 선배님의 일과야.
(사이) 그러니께 이렇게 마음 놓고 전화 받을 수 있지 잉……
응…… 흠…… 소감? 만족이구먼. 그렇지만 한편으로는 걱정도
되고. 이런 환경 속에서 살아가는 사람들 보고 있노라께 우리
는 언제쯤 안정된 환경에서 안주할 수 있을까 하는 부러움과 불

안과 질투 같은 게 한꺼번에…… (사이) 웃을 일 아니랑께. 그럼 용식 씨 수입으로 어느 세월에…… (사이) 나는 그렇게는 못혀. 자존심이 문제랑께 자존심! (사이) 그러니께 하루 속히 우리가 독립하는 것뿐이란 말이여. (사이) 회사에서 가불한다는 얘긴 어떻게 잘될 것 같아? (사이) 그럼 어쩌란 말이여! 빨리 셋방이라도 구해서 나가야제…… 염치없긴. (사이) 하루 이틀도 아니고 식객 노릇 하기가…… (사이) 가정부? 이것 봐, 내가 제아무리 궁하기로 가정부 노릇으로 끝나사 쓰겠어? (사이) 임시고 영시고 빨리 방 얻을 방법을 찾아봐. (사이) 알았어. 그래 이번 주말엔 올 거여? (사이) 안 돼! 왜! 내가 보고 싶지 않아? (사이) 나도 자기 보고 싶제 잉. 그래. (이때 초인종 소리가 울린다) 잠깐, 초인종 소리야. 아아 선배님께서 돌아오셨나 봐. 그럼 끊어. 내일 아침 전화혀. 이 시간이라야지 다른 때는 안 돼! (전화를 끊는다. 다시 초인종이 울린다)

인애 예…… 지금 나갑니다…… (황급히 현관 쪽으로 뛰어간다. 이어서 현관문 여닫는 소리 들린다)

이여사 (소리) 내가 잘못 찾아왔나? 혹시 여기가 변상규 씨…… 맞지?

인애 (소리) 예, 지금 아침 산책중이신디요. 어디서 오신 뉘시라고…… (이 여사가 보자기에다 물건을 싸들고 들어선다. 키가 작달막하나 어딘지 대가 세어 보이고 빈틈이 없는 중년 부인이다. 그러나 진달래색 바지에 재킷 차림이 스포티하며 나이보다는 젊어 보인다)

이여사 (짐을 건네주며) 누군가? 색시는……

인애 예? 예…… 저……

이여사 못 보던 얼굴인데…… 변 서방 친척인가?

인애 아, 아뇨, 저…… (하며 받은 짐을 들고 주방으로 간다)

이여사 (식탁에 앉으며) 냉장고에 넣어 둬요. 오이소박이니까. 요즘 날씨가 따뜻해서 곧 시어질 테니……

인애	예…… 예…… (하며 보자기를 푼다. 그다지 크지 않은 백자 항아리 다. 인애가 항아리를 냉장고에 넣고 돌아선다. 이 여사는 시종 인애의 거동을 지켜보고 있다)
이여사	시골서 올라왔나? 가정부로……
인애	예? 예…… 저 임시로.
이여사	임시 가정부라. (방안을 휘둘러보며) 그래서 그런지 방안이 말끔하 고 기름이 자르르 흘러 보이는 것 같군. 홋흐……
인애	뭐 시원한 거라도……
이여사	방송국에 나갔나 보지? 내 딸……
인애	(금세 태도를 비굴하리만큼 격하시키며) 어머! 그렇게 되시는군요. 사모님의 사모님.
이여사	사모님?
인애	아니죠. 저…… 홋흐…… 정말 젊으시고 예쁘시고. 어쩜 살결이 그렇게 백옥처럼 희고 탄력이 있으신가요?
이여사	(내심 싫지 않은 듯) 이 정도의 피부관리야 누구나 하는 걸 뭐…… 야채 팩 덕인가 봐. 그런데 색시는 어떻게 여길……
인애	선생님 후배의 소개로……
이여사	후배라니?
인애	예…… 저…… 그…… 어떻게 설명해야 좋을지……
이여사	무슨 사연이 있나 본데…… (이때 현관문이 열리는 소리가 나자 인 애가 급히 뛰어간다. 현관문 닫히는 소리)
상규	(소리) 현관문은 왜 열어 놨지? 서울은 사람 눈뜨고 코 베가는 …… (나오다가 이 여사를 보자) 장모님 와 계셨군요?
이여사	내가 들어오다가 문 거는 걸 잊었구먼…… (인애를 돌아보며) 임 시 가정부 됐다고? (사이에 인애는 부엌에서 과일을 깎는다)
상규	예? 예…… (소파에 앉는다)

이여사	지난주에 들렀을 때 그런 얘기 없었잖아? 가정부가 필요하다는……
상규	예…… 저……
이여사	혹시 (탐색하듯 낮은 소리로) 무슨 낌새라도 있다던가?
상규	(어리둥절해서) 낌새라뇨?
이여사	결혼한 지 7년일세. 그런데도 소식이 없으니까 하는 말이지.
상규	(쑥스럽게 웃으며) 아…… 그거요? 흠…… (하며 자기 책상 쪽으로 가서 앉는다)
이여사	변 서방, 웃을 일이 아닐세!
상규	그렇다고 울어서 되는 일도 아니죠.
이여사	집안 식구들도 식구지만 남들 보기가 송구스럽고 창피해서 못 살겠어. 병원에선 아무 이상 없다고 한다지만…… (눈치를 살피듯) 무슨 까닭이라도 있나?
상규	까닭? 그런 것 없어요. 장모님!
이여사	까닭이 없는데 애기가 없다면 더더욱 이상한 까닭 아닌가!
상규	아직 애기를 가질 시기가 아니라는……
이여사	누가? 변 서방 얘긴가?
상규	저도 그렇고 또 집사람도……
이여사	숙영이가 그랬어?
상규	지금 한창 일할 시기니까 당분간 애기는……
이여사	그래 피임법을 쓰고 있다 이 말인가?
상규	그, 그렇다고 볼 수도 있고 또……
이여사	또 뭔가? 이건 가볍게 넘길 일이 아닐세. 단순히 집안의 대를 잇는다는 그런 상식이나 관례에서가 아니라 한 인간으로서 갖춰야 할 자격을…… (이때 인애가 과일을 깎아 접시에 담아 들고 와서 탁자에다 놓는다. 인애는 실눈을 내리깔고 수줍어하는 새댁처럼 행동한다)

바람 분다, 문 열어라

이여사 (접시와 인애를 보며) 과일도 얌전하게 깎았군 그래! 흠……

인애 선배님.

이여사 (과일을 입에 넣다 말고) 뭐, 뭐라고?

인애 뭐 시키실 일 없으시면요, 슈퍼에 가서 점심 찬거리 사오겠어요.

상규 좋을 대로 해.

인애 생선찌개 끓일까요? 아니면 상큼하게 봄나물에 조개 넣어서 국물이라도…… 말씀하셔요, 선배님.

상규 알아서 해. 돈은…… (하며 주머니를 더듬는다)

인애 돈은 사모님께서 아침에 주시고 가셨어요. (장바구니를 들고 나온다)

상규 그래?

인애 그럼…… (이 여사에게 꾸벅 절하고) 다녀오겠구먼요…… (하며 현관 쪽으로 나간다. 이 여사의 표정이 심상치 않다)

이여사 선배님? 변 서방, 어떤 관계인가?

상규 저의 학교 후배의 여자 친구예요. 그래서 자기도 덩달아서 선배님이라고 부르지만 별 다른 의미는 없어요.

이여사 믿어도 되는 일인가?

상규 예?

이여사 새파랗게 젊은 애와 한 지붕 밑에서…… 이렇게 지내도……

상규 원 장모님도! 숙영이와 충분한 의견교환 끝에 당분간 두게 한 거예요. 그것도 무보수로……

이여사 (긴장하며) 무보수로?

상규 먹여 주고 재워 주는 조건이죠! 숙영이도 요즘 방송국에서 두 프로나 맡은 데다가, 사회단체에도 여기저기 나가야 할 곳이 많아서 집안일을 제대로 볼 수가 없는 처지라…… (밝게) 제대로는 가정부 월급이 60만이라는데 이거야말로 누님 좋고 매부 좋고 아니겠습니까. 헛허…… (하며 과일 하나를 입에 넣고는 아삭아삭

깨문다)

이여사　(고개를 기웃거리며) 그렇게 볼 일이 아닐세.

상규　예?

이여사　지금 그 아이……

상규　예?

이여사　임시 가정부 예사로 볼 일이 아닐세!

상규　그럼 어떻게 봐야만 될까요?

이여사　자고로 여자 관상이 그렇게…… 타고나면 문제가 있지!

상규　(놀라며) 장모님! 관상도 보십니까? 금시초문인데요!

이여사　관상이 뭐 별 건가? 풍부한 인생 경험과 경륜이 바탕인걸. 나처럼 사람 속에서 시달리다 보면 관상가가 되고도 남는 법일세. 내가 자네를 우리 숙영이 신랑감으로 괜찮게 본 것도 다 그 덕인 줄 알게 훗흐……

상규　감사합니다. 장인어른께서는 지금도 사위 자식 개자식으로 대하지만 장모님께서는 보약이다 반찬이다 하고…… 그 은혜도 결코 잊을 수가 없습니다. (고개를 꾸벅 숙인다)

이여사　(흡족하게 여기며) 그게 다 자식에 대한 사랑 아닌가. 사위도 따지고 보면 자식이니까. 안 그런가? 훗흐……

상규　그, 그럼요 헛허… (웃다 말고) 그런데 참 인애가 관상학적으로 보통이 아니라고 말씀하셨는데…… 거기에 대해서……

이여사　한마디로 남자를 휘어잡는 상일세.

상규　(되씹듯) 남자를 휘어잡는다?

이여사　그 눈매에 약간 그늘진 음기가 서린 데다가…… 웃으면 눈동자가 안 보일 정도로 두 눈이 활처럼 휜 데다가, 아 그 펑퍼짐한 (자기 히프를 만지며) 이것으로 보나…… 보통은 넘었네 변 서방, 조심하게.

상규 예?

이여사 장모가 사위를 못 믿는다는 건 아니지만 자고로 남자 눈이란 그
게 아니거든. 돌아가신 우리 시아버지……

상규 (잽싸게) 그러니까 숙영이 조부님이시죠.

이여사 그렇게 몸 조신하고 경우 밝고 검소하신 어른이 집에 드나들던
침모한테 혹하시더니 결국은 한 지붕 아래에다 신방을 차려 주고
두 집 살림하셨거던.

상규 (탄복하며) 오호…… 한 지붕 아래 두 마누라…… 그거 얘기가 되는
데요. 홋흐……

이여사 뭐라구?

상규 밖에다 숨겨둔 채 따로 첩살림 차려 주느니 공개적으로, 합의적
으로 한다는 게 그 얼마나 당당하고 의젓하고 대견한 처사이십니
까 헛허……

이여사 (화를 내며) 변 서방! 지금 농담하고 있을 만큼 한가로운 내가 아
닐세.

상규 저도 심각한 지경에 와 있습니다.

이여사 가정부 태도가 이상하던가?

상규 아뇨.

이여사 몸단장하는 것도?

상규 진 바지 그대로인 걸요.

이여사 (예상에 어긋난 듯) 그래? 자네 혼자 있는데 옆에 와서 말을 건다든
가 또는……

상규 저는 집필 중에는 쥐새끼 한 마리 얼씬 못하게 하는 게 습관입니다.

이여사 그렇다면…… 안마를 해준다든가 아니면 다리를 주물러 주겠다
는……

상규 장모님은 지금 어느 편에서 말씀하시는 거죠?

이여사 어느 편이라니?

상규 가해자인지 피해자인지 분간을 할 수 없을 만큼 유도 신문을 하고 계신데 결론적으로 말씀드려서 저는 결백합니다. 깨끗합니다. 숙영의 조부님 같은 호색한도 아니거니와 두 계집을 거느릴 만한 힘도 없으니까요.

이여사 (단정적으로) 알았네. 바로 그 힘이 문제였어.

상규 예?

이여사 원인은 바로 그거였군! 그럼 그렇다고 진작 그렇게 말할 일이지 뭘 주저하고 있었나.

상규 장모님, 무슨 말씀을 하시는지.

이여사 이래봬도 난 화끈한 게 좋거던. 나 여학교 때 농구선수로 날렸지. 영신여고 농구부 빽넘버 10 하면 서울운동장 농구 코트가 흔들렸으니까. 그런데 졸업할 때 학교에서 낙제를 시키겠대 글쎄.

상규 낙제를 시키다뇨?

이여사 유급해야 농구부 선수로 남아 모교의 명예와 전통을 빛낼 수 있다면서 그 당시 재단 이사장과 교장 선생이 우리 집에 와서 3박 4일로 연좌 데모를 했다면 아마 안 믿을 거야!

상규 금시초문입니다.

이여사 그때부터 고등학교고 대학교가 학교 명성을 떨치기 위해서 운동선수 스카우트라는 못된 버릇을 들여 왔지 뭔가. 글쎄 그런 돈 있으면 학생들에게 무료로 영양급식 제도를 하든가 강당을 지어서 예능교육을 하든가 아니면 도서실에 책이나 사줘야 할 판국에 그래 몇 사람 선수를 키우기 위해 몇 백만 몇 십만……

상규 요즘은 억대예요.

이여사 그야 물가상승률이 그곳까지 먹어 들고도 남을 테지.

상규 그 점에서는 어쩌면 장모님과 저는 한치의 거리감이 없는지 모르

바람 분다, 문 열어라

겠습니다. 문자 그대로 궁합으로 치자면 돌쪼구* 궁합이죠. 헛
허……

이여사 (얼굴이 굳어지며) 이것 보게 장모와 사위 사이에도 궁합이 있나?
그런 말 머리에 털 나고 처음일세. 궁합은 부부간에 맞아야지 난
데없이 장모 사위에 무슨……

상규 (문득) 가만! (사이) 어디서부터 이런 얘기까지 발전되었죠?

이여사 자네 힘이 주범이었지 뭔가. 결혼 7년에 애기가 없는 것은 바로
자네의 힘이 모자라서라고 자네 입으로 직접……

상규 (펄쩍 뛰며) 제가 말씀드린 건 그 힘이 아니라 경제적인 힘이 모자
라다는 뜻이었지 결코……

이여사 걱정 말게. 종로 5가에 단골 한약방이 있다네. 내가 보약을 지어
올 테니 정성으로 복용하게. 그까짓 돈, 사람 나고 돈 있지. (일어
나며) 나 그만 가보겠네. 그럼 그렇다고 진작 얘기할 일이지 뭐가
두려워서…… 홋흐…… 내일이라도 약 지어옴세.

상규 장모님, 그러실 필요 없어요.

이여사 나는 필요 있다니까! (명령조로) 시키는 대로 하게 알았지? (하며
현관 쪽으로 가려는데 숙영이가 들어선다. 저기압에다 뭔가 못마땅해
하는 표정이다)

이여사 숙영아!

상규 여보! 녹화 벌써 끝났어? (숙영이 소파에 덥석 주저앉으며 핸드백과
서류봉투를 바닥에다 내던진다)

상규 여보, 방송국에서 무슨 일 있었소?

이여사 숙영아 속시원하게 얘기 좀 해. 변 서방하고 지금까지……

숙영 미친놈!

---

* '돌쩌구'의 전라도 방언.

상규   누가?

숙영   담당 PD며 국장! 글쎄 나더러 각서를 쓰래. 미친 새끼들.

이여사   각서?

상규   무슨 일인데? 응?

숙영   시원한 물 좀!

상규   알았어.

이여사   내가 가져오마. (급히 일어나 냉장고 쪽으로 간다)

상규   각서는 왜 쓰라는 거야? 당신이 무슨 잘못이 있길래……

숙영   지난 주 방송 나간 게 고위층에서 문제가 되었대나!

이여사   (물컵을 내밀며) 옛다. 나도 그 프로 봤지. 사회 지도층 남성들의
        축첩 문제를 다룬 프로 그게 어때서? 통쾌하던데.

숙영   (냉수를 소리 내며 마시고는) 글쎄 그게 어떤 특정인을 고의적으로
        비방하려는 저의가 있다면서 여기저기서 비난과 항의 전화가 빗
        발쳤다면서……

이여사   빗발 가지고 양이 차니? 홍수가 나서 씻어 내려가야지.

상규   구체적인 사유가 있었어?

숙영   제가 그렇게 말했지. 전직 대통령 가운데 본처를 두고도 일방적
        으로 재혼을 했던 사례를 들었죠. 이렇게 우리 여성이 피해만 봤
        던 아픈 상처가 앞으로는 말끔하게 씻겨 내린 사회가 되어야 한
        다고 말했는데, 글쎄 그걸 개인 비방이며 전직 대통령의 인격을
        손상시켰다니……, 원……

이여사   그거야 천하가 다 아는 일인데……

숙영   그러니까 선진국에서는 대통령의 윤리성과 도덕성이 첫 조건이
        지 뭐예요. (흥분하며) 그런데 그걸 엠씨인 나더러 책임지라나.
        기가 막혀서…… 진실을 말한 내가 뭐가 나빠요? 이게 모두가
        남성 위주의 사회니까 일어날 수 있는 비극이지!

상규 비극이 아니라 희극이지.

숙영 뭐라구요?

상규 그럼 여성 중심의 사회가 되면 그런 일이 없을 거라고 장담해요?

숙영 적어도 지금과 같은 그런 몰상식한 일은 없어지죠.

상규 그게 아니지. 세상이란 그게 아니라구.

숙영 그럼 당신은 나더러 각서를 쓰라고 말한 그 녀석들 편에 서겠다
는 거예요 뭐예요?

상규 이건 어느 편에 서 있는가가 중요한 게 아니라 자기 자신도 객관
화시켜서 말할 줄 아는 포용력이 더 문제라구.

숙영 무슨 뜻이죠? 난 당신의 얘기를 이해할 수 없어요.

이여사 얘, 얘, 머리 깨지겠다. 나는 이만 가볼 테니 토론은 나 없을 때 해.

상규 장모님도 계셔야 해요.

이여사 뭐라구?

상규 이 사람하고 나하고의 의견 차이가 어디에서 비롯되었는지 아실
필요가 있습니다.

이여사 자네에게 필요한 건 보약일세.

숙영 보약이라뇨?

이여사 글쎄 에미한테 일임해. 여성 위주고 남성 위주고가 어디 있니?
두 개가 합해서 하나가 되지! 이렇게 두 손바닥이 (손바닥을 치며)
만나야 큰 소리가 난다는 이치도 몰라서 그래? 문제는 간단하다.
남녀가 하나가 되는 길을 찾아봐. 나 간다. (이 여사가 뒤도 안 돌아
보고 휑하니 간다. 소리) 현관문 걸어라. (상규가 현관 쪽으로 간다.
그 사이에 숙영이 멍하니 앉아 있다가 울컥 치밀어 오는 울음을 삼킨다.
그러나 입가엔 굳은 결의가 고집스럽게 떠오른다)

숙영 (고집스럽게) 두고 보라지. 내가 각서를 쓰나? 제깟것들이 저지른
일은 선반 위에 올려 놓구서 한다는 소리는……

상규   (들어서며) 이것 봐. 현실은 그게 아니야. 원칙대로 되는 사회가
          어디 있어.

숙영   나도 다 안다구! 국장의 세컨드가 강남 술집에 있고 글래머 영화
          배우를 실질적인 첩으로 두고 있는 전무, 흥! 누가 입이 없어 못
          털어놓을 줄 아나 봐, 흥!

상규   여보 내 얘기 안 들려? 당신이 떠든다고 그들은 듣고만 있을까?
          이 사회는 그런 놈들끼리 모여서 얽히고설켜서 합작한 거대한
          주식회사라는 걸 몰라서 그래? 계란으로 바위를 쳐봤자야.

숙영   그럼 나더러 타협하라는 거예요, 뭐예요? 당신은 이 사회와 타협
          못하겠다면서 왜 나보고는……

상규   그게 인생이라니까.

숙영   인생?

상규   있는 것과 없는 것, 어둠과 밝음, 가진 것과 못 가진 것 사이의
          조화를 찾아야 해. 양자택일도 아니고 밀어붙이기도 아니라구.
          여보, 마음을 가라앉혀 봐. 자, 이렇게 (상규가 조용히 숙영을 안아
          준다. 다음 순간 숙영이 그를 떠밀치고 안방 쪽으로 간다)

상규   여보, 여보.

숙영   혼자 있게 해줘요.

상규   (쓰게 웃으며 혼잣소리) 그래, 혼자 있는 게 약이지. 나도 언제나
          혼자였으니까. 홋흐…… (하며 카렌다에다가 가위표를 친다)

          암전

제4장

다음날 한낮. 숙영이가 방안을 서성거리며 전화 통화를 하고 있다. 격앙된 감정을 억제하려고 무진 애를 쓰는 눈치가 역력하다. 머리도 헝클어지고 진 바지에 헐렁한 셔츠 바람이다.

숙영　이것 보세요 엘리트 PD님. 이 오숙영이가 뭐 열일곱 살 시골 처녀인 줄 아십니까? 엘리트 PD님께서는 KS 마크로 정평이 나 있더군요. 판단력과 실천력이 뛰어나기로는 방송국 안에서도 정평이 났고 (사이) 엘리트니까 엘리트라고 호칭하는데 잘못입니까? 남들이 쳐다보고 또 쳐다보는 그 명문대학에서 신문방송학을 전공하셨고 입사시험 때 380 대 1의 치열한 경쟁을 뛰어넘어 최고 득점자로 채용되어 윗어른들의 총애를 봄비처럼 맞아 가며 3년 만에 방송국 간판 프로인 '아는 게 병이다'를 맡았다면…… (사이) 그게 왜 모욕적입니까? 존경과 선망의 대상이기에 불초 오숙영이 이렇게 국궁 재배하며 말씀 아뢰는 게 아닙니까? (사이. 지금까지의 어조와는 달리 차갑게) 글쎄 그렇게는 못하겠어요! (사이. 더 강하게) 못한다면 못해요! 내가 미쳤다고 그런 굴욕적인 말을 들어가면서까지 그 놈의 방송국 문턱을 넘어서 국장, 상무, 사장을 만나요? 이봐, 엘리트 PD! 사내 같으면 사내답게 좀 굴어. (사이) 사내 보고 사내라는 게 잘못이니? 그럼 사타구니에 달린 것 떼서 뒷집 개나 줘. 나는 그런 식의 남성 중심, 남성 일방통행, 남성 우월주의가 보신탕 먹는 사내보다 더 싫어. (단정적으로) 못 나간다. 안 나간다. 왜 잘못이니?

사이. 그 사이에 숙영은 상규의 책상 위에 있는 담배를 한 손으로 입에 다 물리고 불을 켠다. 손이 떨리는 게 흥분한 징조다. 주방 쪽에서 나오던 인애가 담배 피우는 숙영을 보자 놀란다.

숙영　(담배연기 내뿜으며 다시 차분하게) 대통령도 인간인 이상 고민도 있고 사랑도 하는 보다 인간적인 면도 있을 수 있지. 하지만 엄연히 있었던 사실을 깔아뭉개는 건 기만이지. 나는 남성들의 그 기만성, 가식성, 위선적인 버르장머리가 싫었어! 그런데도 툭하면 (남자소리로) "소위 배웠다는 여자가 그래서 되나!" 흥! 아니 우리나라 정치, 경제, 사회 심지어 종교계까지를 망쳐 놓은 장본인이 누군데 그래! 모두가 남성들이었지. 그것도 일류대학 나와서 외국유학 가서 박사학위 따온 남자분들이었다는 걸 몰라서 그래? (다시 흥분하며) 아닌 말로 전직 대통령이 무슨 신성 불가침의 성역인가? 잘한 점도 있었겠지만 본처 박대한 점은 여성으로서는 참을 수 없었다고 말한 게 뭐가 잘못이니? (사이) 체면? 위신? 그런 것 너무 좋아하다가는 40 이전에 율브린너 된다. (사이) 율브린너도 몰라? 대머리 영화배우! 엘리트 PD는 학생시절에 공부만 하느라 그런 영화도 못 봤겠지…… 흠…… 모름지기 PD는 백과사전을 외워야 해. 뭘 알아야 면장 노릇하지. 요즘 PD란 게 말짱 감각만 찾지 진실에는 외면하니까 문제다. 잔재주만 믿고 신념은 없어. 눈치만 살았지 끊고 맺는 게 없더라. (사이) 아무튼 나는 그 방송에 안 나가. 책임자가 나한테 사과하기 전에는. (사이) 방송이 사유물이냐고? 말씀 한 번 잘하셨네. 누가 할 말인데…… 나는 적어도 우리나라 전체 여성을 위해서 발언했어. 그렇지만 상무니 사장이니 하는 자들은 자기중심으로 처리한 거야. (사이) 근거? 있지. 사장이나 상무 그리고 당신 직속상사인 국장에게 부인 이외의 부인이 있다는 사실. 흠······ 으레 자기 밑이 구린 사람이 먼저 화낸다는 속담을 재음미해 봐. 나는 이 문제를 각계각층의 여성문제 연구단체나 권익옹호 단체에 알려서 연계투쟁할 테니까, 그럼 끊어요. 전화 끊는 권리는 내게 있으니까. (전화를 끊는다. 얼마 전부터 현관 쪽에서 나와 서 있던 상규가 손뼉을 친다. 인애도 미소 지으며 다가온다. 숙영이 담뱃불을 끈다)

상규 브라보! 브라보! 헛허······

인애 사모님, 실력 참말로 통쾌한 게 10년 묵은 체증이 단숨에 쑥 내려가네요. 홋흐······

숙영 나 커피 한 잔.

상규 나도 한 잔.

인애 예. (하며 주방 쪽으로 간다. 숙영과 상규는 소파에 앉는다. 상규가 담배 두 개비에 불을 붙인 다음 하나를 내민다)

숙영 (허점을 찔린 듯) 예?

상규 당신이 담배 피우는 모습 멋있던데. 홋흐······ 아내가 담배를 피운다는 사실조차 모르는 남편, 이거 과락 점수 아닌가? 홋흐 ······

숙영 (담배를 받으며) 방송국에서 일하다 스트레스 받게 되면 피우게 되더군요. (하며 담배연기를 길게 내뿜는다)

상규 (황홀한 표정으로) 여자가 가장 아름다운 때가 언제인지 알아?

숙영 글쎄요.

상규 담배를 멋있게 피울 때지. 대폿집 아줌마처럼 말고 이렇게······ (손가락 사이에 담배를 끼고 눈을 내리깐다)

숙영 (깔깔대고 웃는다)

상규 어때?

숙영 당신 배우 될 소질 있어요.

상규 소질 있으면 뭘 해. 줄이 없는걸.

숙영	줄?
상규	당신이 방송국에 나갔을 때 같으면 고위층에 부탁해서 드라마에 출연도 가능할지 모르지만…… 정말 그 방송 프로 펑크낼 거야?
숙영	(정색을 하며) 그게 왜 펑크예요? 권리주장이지.
상규	어떻든 중도에서 그만두면 펑크지.
숙영	(도전적으로) 글쎄 남자들은 누구나 한다는 소리가 이렇다니까.
상규	인제 내게로 화살인가?
숙영	펑크낸다는 말은 자기 위주로 일방적인 행동일 때죠.
상규	그럼 당신은?
숙영	나는 보다 포괄적이고도 근원적인 원인에서죠. 내가 그 프로에서 도중하차한다는 게 왜 내 개인을 위해서예요? 나는 적어도 오랫동안 학대받고 천대받아 온 이 땅의 여성들의 권리회복을 위해서 였지. 이기주의에서가 아니라는 걸 모르세요?
상규	자, 잠깐만. 말끝마다 우리 여성들이 학대받고 천대받았다고만 주장하는데 그거 재고해 볼 생각 없어?
숙영	무슨 얘기하려는 거죠?
상규	그야 인구의 절반은 여자니까 어느 구석에건 그런 사례가 있을지도 모르지만……
숙영	모르지만이 아니라 있어요. 단정적으로 말할 수 있다니까요.
상규	있지 않구. 나도 알아요. 매맞는 아내와 윤락가의 부조리…… 성차별 취업…… 불평등 임금지불……
숙영	알기는 아는군.
상규	그런데 그 시각이 지나치거나 사팔뜨기 눈으로 보는 사람, 아니지 그런 여성이 늘어난다는 데 문제가 있더군.
숙영	사팔뜨기라뇨?
상규	언젠가 친구가 연극 초대권이 있으니 구경 가자기에 별 생각없이

바람 분다, 문 열어라

따라갔었지.

숙영 무슨 연극이었죠?

상규 제목은 모르겠고 여자 혼자 나와서 하는……

인애 (커피를 들고 오며) 모노드라마.

숙영 인애가 어떻게 그걸……

인애 (커피잔을 내려놓으며) 요즘엔 지방에도 소극장이 많이 생겨서요. 서울 극단들도 심심찮게 와요. 저도 그 모노드라마 봤지요 흠……

숙영 재미있었어?

인애 나는 연극이라기에 그 있잖아요. 남자와 여자의 사랑 얘기라든가 이별하고 복수하고 하는…… 그런데 그 연극은 어떤 여자가 나와서 무슨 연설하는 것 같았어요.

상규 바로 봤군!

인애 예? 그럼 제가 전혀 무식쟁이는 아님감요? 힛히……

상규 그 내용이라는 게 우리나라 여성은 역사적으로 남성들로부터 학대만 받아 왔다면서 성춘향, 황진이, 심청이, 그리고 신사임당 등등 모두가 남성들의 폭력 아래서 제물이 되었다는 그런 거였지. 여보, 그 사람들이 희생자들이라고 생각해?

숙영 그, 그거야 관점에 따라서는……

상규 그게 사팔뜨기지. 제대로 된 눈으로 정면에서 사실 그대로 봐야지 이거 삐딱해 가지고 (사팔눈을 지어 보이며) 이렇게 보니 이거 되겠어?

인애 훗흐…… 꼭 공옥진 병신춤 같네요? 힛히……

상규 그러니까 결국 이 세상의 남성은 모두가 여성의 적이다. 그 적에게 빼앗겼던 것을 되찾자는 식으로 목청 높이 외쳐 대니 이건 연극을 구경하는 게 아니라 '여인잔혹사' 강의를 듣는 기분이더라구.

숙영　끝까지 봤어요?

상규　미쳤어? 관객 가운데 남자라고는 나하고 그 친구뿐이니 그대로 있다가는 몰매 맞을 것 같아서 나와 버렸지만 말이오. 나는 당신을 보면서 문득 이런 생각을 해요. 여권신장 운동을 반대하진 않지만 이것만은 되지 말았으면 하고…… (사팔뜨기 시늉을 한다. 인애가 깔깔 웃으며 주방 쪽으로 간다. 숙영도 실소를 한다. 이때 전화벨이 울린다)

상규　(수화기를 들며) 여보세요. 아, 용식이야?

인애　(일하다 말고) 어머나!

상규　인애? 집에 있지. 바꿔? (사이)

숙영　약속은 어떻게 된 거냐고 물어 봐요. 벌써 3주일이 다 되어가는데…… (자리에서 일어나 방 쪽으로 가며) 이래서 인심은 조석변이지. (퇴장한다. 그러나 인애는 가슴을 조이며 지켜본다)

상규　좀 더 있어 봐야 알겠다고? 이것봐, 그쪽 사정만 내세울 게 아니라 이쪽 사정도 (사이) 글쎄 은행적금이건 직장신용 대출이건 그건 용식이가 처리할 일이고 나는 그게 아니잖아. 더구나 우리 집사람 성질 알잖아. 게다가 지금 방송국에서 트러블이 생겨서 저기압이 아니라 태풍전야다. (사이) 그래, 어떻게 서둘러 봐. 응…… 그래 인애 바꿀게…… 잠깐만 (하며 주방 쪽으로 돌아보자 인애가 쏜살같이 뛰어와서 수화기를 받는다. 그러나 방안에서 통화하기가 난처해 베란다 쪽으로 가자 상규가 눈치 채고 방으로 퇴장. 인애가 베란다 가까이서 통화한다)

인애　나야. 오늘 아침에? 아…… 사모님이 방송국 사람하고 대판 따지는데 무려 15분간이나 전화를 쓰셨지. 응. (사실) 말도 못하게 흥미진진하더라구. 홋호…… 사모님의 언변은 일품이셔. 텔레비에 나올 때보다 더 실감나고 긴장감이 나는 거 있지 잉? 나도 일하다

그만 도취되었다니께. 힛히…… (사이) 웃는 것도 흉인가. 뭐? 만
나야 한다고? 왜…… (사이) 그렇지만 지금 무슨 구실로 나가지?
(사이) 전화로 얘기하면 안 돼? 응? (사이) 그럼 점심시간에 만나?
(사이) 롯데? 나 롯데가 어딘지 몰라, 서울역은 알지만. 음……
음. (사이) 알았어. 걱정 말어. 아무리 시골뜨기라고 내가 그까짓
바람잽이들한테 속아 넘어갈 줄 알어? 알았어, 끊어! (수화기를 내
려놓고는 아스라이 시가지를 내려다본다. 불안한 표정이다)

인애   무슨 일이길래 꼭 나오라고 한다냐?

암전

제5장

거리 소음, 차 소리, 잡상인들의 호객 소리 속에 무대 밝아진다. 서울
역 앞 비치 파라솔 아래, 인애와 용식이 마주앉아 있다. 용식은 캔맥주
를, 인애는 아이스크림을 핥고 있다. 뭔가 골똘히 생각하는지 시선을
내리깔고 있다. 용식은 대답을 기다리는 듯 캔을 입에 댄 채로 인애를
곁눈질로 지켜본다. 탁자 밑에 포장된 정방형의 꾸러미가 놓여 있다.

용식　(사이) 결심 섰어?

인애　(묵묵히 아이스크림만 핥고 있다)

용식　방법은 그것뿐이다.

인애　(비로소 용식을 쳐다본다)

용식　우리가 이 궁지에서 벗어나는 길이라고는 말이다.

인애　거짓말밖에 없어?

용식　우선 살고 볼 일이제.

인애　그렇게 거짓말 말고 다른 방법은 없냐고?

용식　(맥주캔을 탁자 위에 거칠게 놓고) 이 맹추야! 그런 아이디어 있으면
　　　　가르쳐 줘. 참말로 사람 미치게 하네잉? (다시 맥주를 마신다)

인애　(맥이 풀린 듯) 어렵겠어 난……

용식　그럼 어떻게 하겠어? (눈을 부릅뜬다)

인애　몰라.

용식　상규형 집에서 쫓겨난 후 어디서 어떻게 살아갈 것인가 구체적인
　　　　방안이 있어야잖여?

인애　아무리 생각해도 내 머리에서는……

용식　그런 머리에서 서울서 살겠다는 생각은 어떻게 나왔냐. 젠장!

　　　　　　　　　　　　　바람 분다, 문 열어라

인애 그, 그거야······

용식 (다시 타이르듯) 궁하면 통한다고 하잖던. 기왕에 거짓말로 한 고비 넘겼으니 말이다······ (쓰게 웃으며) 늬 아부지한테는 안 되었지만 ······ 그래도 계부한테 성희롱당했다는 그 한 가지 구실이 즉각 단방 약 효과를 나타냈잖여. 힛히······ 형수씨는 그 여성문제라면 머리 싸매고 덤비는 기질이니까. 일발필중이었제. 힛허······

인애 천벌받을 거다, 우린.

용식 선의의 거짓말이라는 것도 있다더라. (맥주를 마신다) 그러니 한 번만 더 거짓말하자 이거여.

인애 선의의 거짓말?

용식 그렇다고해서 상대방에게 어떤 물질적인 손해를 미치는 것도 아니잖아? 우리가 방을 얻을 때까지만 어떻게든 빈대처럼 눌러붙어 보자는디 그게 무슨 큰 죄가 되겠냐? 공금횡령이나 세금 도둑질하는 놈들한테 비하면 이건 순진한 소꿉장난격이다. 인애야, 그렇게 한 번만 거짓말하자, 잉?

인애 (아이스크림 껍데기를 아삭 베어 먹으며) 미친당께 미쳐! (울먹이며) 이럴 줄 알았던들 가만히 시골 바닥에서 부모가 지어준 밥이나 죽일 것을 뭘 믿고 내가······

용식 (눈을 부릅뜨며) 나한테 하는 소리여 시방? 뭐, "뭣을 믿고"라고?

인애 (금세 풀이 죽어 가며) 그렇지만······ 내가······ 어떻게······

용식 입은 삐뚤어졌어도 피리는 바로 불자. 인애야, 애시당초 서울로 오고 싶다고 말한 건 바로 너다. 서울 가서 일자리 하나 잡으면 어떻게 두 입 풀칠 못하겠는가 하면서······

인애 그래, 미란이도 영순이도 다 그랬으니까.

용식 물론 나도 너와 함께 있고 싶었으니까 반대는 안했지만 내가 받는 월급으로는 어려운 일이라는 건 너도 알지? (캔을 입에 댄다.

비어 있음을 알자 주머니를 더듬는다) 잔돈 있어? 한 개 더 뽑아와야
겠다.

인애 돈 아껴. 지금 이 판국에 맥주가 우리 살려줘?

용식 (주먹으로 빈 캔을 쾅 쳐서 납작하게 만들며) 그 새끼가 약속을 지켜줬
던들 이렇게는 안 되었네. 따지고 보면 원흉은 귀봉이 그 새끼지!

인애 귀봉이?

용식 내 이종사촌.

인애 그 여드름쟁이?

용식 글쎄 처음에 내가 얘기 꺼냈을 때는 그러더라. (흉내 내며) "성,
걱정 말어. 나 밤에는 독서실 가고 또 가끔은 친구 집에서 신세질
테니께 형수씨 데리고 와도 괜찮여!" 이러지 않겠어?

인애 그런데 무슨 바람이 불었길래, 마음이 변했지?

용식 이유야 뻔하잖여. 힛히……

인애 누가 공밥 먹는다 했남? 식대 내기로 했는데……

용식 (킬킬대다 말고) 그 자석 그래 봬도 즈그 아부지 닮아서 돈 셈 까다
롭기로는 유명혀. 그 아부지가 일수놀이로 돈 모아 지금은 동네
신용금고 책임자 자리 차지했지만 말이여, 훗흐……

인애 셈이 흐린 것보다야 낫것지. 그럼 다른 이유는 뭘까잉.

용식 (대답하려다 말고 킬킬댄다) 킥…… 킥…… 힛…… 힛……

인애 뭐가 우습제? 잉?

용식 힛히……

인애 얘기해 보랑께! (응석부리듯 용식의 팔을 꼬집는다)

용식 아얏…… 힛히……

인애 어서 말해 봐, 뭐냐고……

용식 견, 물, 생, 심.

인애 그게 뭔 생선인디?

바람 분다, 문 열어라

용식　생선이 아니라 생심, 날 생짜 마음 심짜.

인애　뭔 소리여?

용식　허긴 귀봉이도 열일곱 살이니께 전적으로 미성년은 아니지. 그 녀석 여드름 난 것 봐. 꼭 탈춤에 나오는 옴쟁이 탈바가지 같제? 헛허……

인애　그런데 그게 어쨌다는 거여?

용식　이런 맹추! 귀봉이로서는 한 방에서 젊은 여자와 함께 자는 판에 (음탕하게) 그것이 고분고분 말 듣겠냐? 헛허…… 다독거릴수록 성내고 때릴수록 고갤 쳐드는 게 그것인디, 헷헤……

인애　(비로소 무슨 뜻인지 알아낸 듯) 아이고…… 별 거지 같은 소리 다 듣겠네, 내 참!

용식　도서실에 있으나 친구집에 가나 인애가 눈앞에 아른거릴 테니 못 당할 형벌 아니어? 홋흐……

인애　못할 소리 없네. 그건 그렇고 (시계탑 쪽을 보며) 어머! 돌아갈 시간 다 되었구먼.

용식　그러니 결심을 해, 응? 그렇게 해. 너는 그게 사실인가라고 물으면 "예, 틀림없습니다" 하면 된다는데 그게 뭐가 어렵냐? 넉넉잡고 석 달만 있기로 하자. 잉?

인애　석 달씩이나?

용식　그동안 보너스 나오고 직장 신용대부 받고 그리고 회사에서 가불해 주기로 했으니까. 그럼 셋방 하나 어떻게 안 되겠어?

인애　(감동을 하며) 자기…… (하며 바라본다)

용식　응?

인애　나, 지금 울고 싶다. 행복해서 눈물이 금방 쏟아질 것 같구먼!

용식　새삼스럽게 헛허…… 그게 남자로서의 도리 아닌감.

인애　내 눈 좀 봐. 촉촉히 젖어 있잖아? (하며 얼굴을 쭉 내민다)

용식   (약간 감동되며) 그럼 오케이지? 고맙다! 석 달만 참자!

인애   실은 나도 가지고 온 게 좀 있거던.

용식   뭐라고?

인애   여학교 나와서 농협 산하의 과실조합에 3년 나가면서 부어온 적금.

용식   정말?

인애   가을이면 만기니까.

용식   인애야! 고맙다!

인애   고마워할 사람은 나야. 용식이 진심이 내 가슴에 뭉클 와 닿는다. 사실은 적금 얘기 좀 더 두고 말할까 했는디 그만……

용식   내 마음을 떠볼려고?

인애   다지고 나서 말하려고 했어, 흠……

용식   됐다. 그럼 이거 가지고 가. (탁자 밑에 놓인 장방형의 꾸러미를 내민다)

인애   이게 뭐여?

용식   꽃주. 집에서 내린 소주야. 상규 형은 양주보다 이런 토종술을 좋아하거던.

인애   뇌물 치고는 빈약하잖여?

용식   작은 고추가 맵단다. 이거 40도여, 40도! 불붙이면 확 불꽃이 번진다. 네가 적당한 기회에 드려. 시골서 가지고 온 선물이라고……

인애   (꾸러미를 들며) 알았어, 나 갈게. (일어선다)

용식   믿는다. 헛허……

암전

          바람 분다, 문 열어라

제6장

변상규의 집. 전막으로부터 약 2주일 후 초여름이다, 저녁때, 식탁에 상규와 이 여사가 마주앉았다. 그리고 저만치서 인애가 그릇을 닦는다. 상규가 약그릇을 들고 마신다.

이여사 약 맛이 괜찮지?

상규 잘 모르겠어요. (약그릇을 내려놓는다)

이여사 단골 한약국 약일세. 구한말 때 궁중에 드나들던 전의의 조카뻘 되는데, 인품도 좋은 데다가 진맥도 잘하고 그래서 내가 자네 체격, 성격, 마음 씀씀을 죄다 얘기했더니 진맥하나마나라면서 약을 지어 주잖겠어? 홋흐…… 글쎄 그 한약방 약 먹고 아들 낳은 사람이 한두 사람이 아니래두. (인애에게) 약 얼마나 남았지?

인애 대여섯 첩은……

이여사 며칠 후 또 지어 보낼 테니까. 그저 지성으로 먹게. 약이란 조제한 사람과 먹는 사람과 그리고 다리는 사람의 세 정성이 하나가 되어야 효험이 있는 법일세. (인애를 보며) 알겠니?

인애 하루 두 차례씩 꼭 다려 드리지라우.

숙영 (안방 쪽에서 소리만) 인애야, 내 양말.

인애 네, 여기 있어요. (하며 의자 등받이에 걸어둔 스타킹을 가지고 안방 쪽으로 간다)

이여사 (한숨을 내뱉으며) 에그, 딱도 하지. 웬만하면 타협을 하지 대책회의는 무슨…… 쯧쯧……

상규 그 사람 고집, 누굴 닮아서 그렇죠?

이여사 아버지 어머니 닮았다면야 그럴 수가 없지. 서로가 한 발자국씩

양보하면 될 걸 가지고 쯧쯧…… 벌써 한 달째 아닌가?

상규   방송국측에서 사과하기 전에는 방송국 문턱도 안 넘겠다니……

(하며 자기 책상 쪽 의자에 앉아 책을 편다)

이여사   변 서방, 자네 생각 좀 들어 보세. 어느 쪽이 잘못인가? 숙영이와 방송국……

상규   양쪽 다 나쁘다면 나쁘고 아니라면 아니고 그런 거 아닌가요?

이여사   무슨 대답이 그래?

상규   요즘 유행하는 양시론이죠, 흠……

이여사   양시론?

상규   그리고 양비론도 그렇고. (냉소적으로) 귀에 걸면 귀걸이, 코에 걸면 코걸이라는 게 요즘 세상 돌아가는 꼴 아닙니까. 그걸 한문으로는 이현령비현령 耳懸鈴鼻懸鈴이라고 하지만……

이여사   글쟁이라서 유식할 테지만 세상 일이라는 게 어디 글대로 풀리고 이치대로 되던가?

상규   장모님 말씀이 바로 제 의견과 꼭 맞습니다. 다시 말해서 본처 박대야 악덕임에 분명하지만 그때 그 상황에서는 어쩔 수 없었을 터인데 세상에 조강지처만 술단지 위하듯…… (이때 안방 쪽에서 하얀 투피스와 얇다란 여름 코트 차림의 숙영이 나온다. 여행을 떠날 모양이다. 인애가 그 뒤에 자그만한 여행용 가방을 들고 나온다)

숙영   다녀올게요.

이여사   어디라고? 회의 장소가……

숙영   남양주에 있는 캥거루 동산이에요.

이여사   캥거루 동산? 무슨 회의를 캥거루 목장에서 하니?

숙영   (피식 웃으며) 목장이 아니라 회의장 명칭이에요. 우리 회원 가운데 사회 복지 재단을 운영하고 있는 분이 있는데, 여성문제를 위한 회의, 세미나, 토론 등을 거의 실비로 제공하고 있어요.

이여사   그런데 왜 하필이면 캥거루냐?

숙영   캥거루는 앞가슴에 달린 차두* 속에다 새끼를 넣고 다니잖아요?

이여사   그래, 나도 그림에서 봤다.

숙영   어미가 새끼를 보호하려는 그 강인한 모성애로 우리 여성들을 보호하고 외부세력과 투쟁하자는 의미에서죠.

상규   말하자면 상징성이죠. (숙영에게 아첨하듯) 그렇지? (하며 한쪽 눈을 찔끔 감는다)

숙영   당신 오늘따라 왜 그렇게 표정이 밝죠? 내가 1박 2일로 외출한다니까 해방감에서인가요?

상규   아니라면 목석이겠지.

숙영   그래도 감시의 눈은 여전하다는 걸 기억하세요. (하며 인애를 돌아보자 인애가 쑥스러워 외면한다) 주인아저씨, 식단은 네가 적절히 알아서 해. 그 대신 술은 안 된다.

인애   예? 예.

이여사   애, 그까짓 일로 1박 2일씩이나 회의를 해야 하니? 그것도 가정주부들이……

숙영   왜 그까짓 일이에요? 엄마 같은 그런 고루한 사고방식에서 못 벗어나는 사람이 있는 한 우리나라 여성들은 민주주의 혜택을 못 받아요. 엄마도 늘 그러셨잖아요. 아버지, 할아버지한테서……

이여사   알았다. 그만해 둬! 어서 가봐, 네가 일등이다.

숙영   두고 보세요. 이번 일은 우리 여성단체뿐만 아니라 민주시민들의 결속을 촉구하는 데 큰 기폭제가 될 거예요. 방송사에게 그런 식의 외압을 가하는 측이나 그것을 받아들이는 측이나, 모두가 민주주의 파괴와 언론자유를 말살하려는 남성들의 횡포라구요.

---

* '자루'의 전라도 방언.

상규   여보 시간 괜찮아? 네 시까지 가야 한다면서……

숙영   (가까스로 흥분을 가라앉히며) 엄마, 제가 하는 일에 참견 마세요.
        (상규에게) 다녀오겠어요. (인애에게) 집 잘 봐. (하며 현관 쪽으로
        퇴장. 이 여사와 인애도 따라간다. 혼자 남은 상규는 불쑥 마음속에서
        고개를 쳐드는 허전함을 느끼며 베란다로 나가려다가 소파에 벌렁 누워
        버린다. 심술이 난 것이다. 그러나 천장을 쳐다보다 말고 피식 웃음을
        터뜨린다)

상규   훗흐…… 헛허…… (이때 인애가 돌아온다. 소파에 비스듬히 누워서
        웃고 있는 상규를 보자 약간 망설이다가 주방 쪽으로 간다. 수돗물 트는
        소리가 적막을 휘젓는다. 전화벨이 울린다. 상규가 반사적으로 몸을 일
        으켜 수화기를 든다) 여보세요, 여보세요, 응? 끊어지네. 빌어먹을!
        (하며 수화기를 내려놓고 돌아서려는데 다시 벨이 울린다. 수화기를 들
        고 거칠게) 여보세요? 누구시오?

숙영   (전화소리) 저예요.

상규   (긴장하며) 무슨 일이야? 거기 어디지?

숙영   (전화소리) 어디긴…… 자동차 안이죠.

상규   자동차?

숙영   (전화소리) 이달 아파트 관리비 납부마감이 내일이니 당신이 좀
        내주세요. 연체금 안 물게. 그럼 끊어요. (저쪽에서 전화 끊는 소리.
        상규는 모욕을 당한 듯 수화기를 거칠게 내려놓는다)

상규   빌어먹을! 아파트 관리비? 연체금? 웃기지 말란 말이야. 사람을
        어떻게 보고. (그는 벌떡 일어나 장식장 쪽으로 가서 술병을 찾는다)

상규   (주방을 향해) 술 어디 있지?

인애   (돌아서서 술상을 차리며) 여기 있어요. 지금 술상 차리고 있으니
        조금만 기다리세요.

상규   (뜻밖의 일에 당혹한 듯) 뭐, 술상을? 인애가 어떻게 내 마음을 알았

바람 분다, 문 열어라

지? 족집게 무당이 따로 없구먼! 힛히…… (인애가 쟁반에다가 안주와 흰 도자기 술 주전자와 작은 유리잔과 젓가락을 받쳐 들고 식탁으로 온다. 인애의 표정이 전에 없이 밝으면서도 매력적으로 느껴진다)

인애   앉으세요, 선생님.

상규   (홀린 사람처럼 식탁에 앉는다. 그러나 시선은 인애에게 꽂혀 있다)

인애   (식탁에다가 그릇을 옮기며) 언제고 선생님하고 둘이서 마셔야겠다고 감춰둔 술이 있었거든요, 훗호……

상규   둘이서?

인애   (마주앉으며) 사모님께선 술은 절대 반대하시니까 그렇죠. 훗호…… (술 주전자를 들며) 한잔 올리겠어요. 자…… (상규가 유리잔을 든다. 인애가 술 주전자를 들어 따른다. 핏빛 술이 금세 잔에 넘친다)

상규   무슨 술이 이렇지?

인애   꽃주라고 한대요. 우리 고향에서는……

상규   꽃주?

인애   민가에서 내린 가용주래요. 시골 농어촌에서는 지금도 술을 내려요. (술잔을 들여다보며) 색깔 이쁘지요?

상규   응. 나는 무슨 피인가 했지. (하며 잔을 들여다본다)

인애   어서 드세요. 독은 아니니께. 흠……

상규   응. (상규가 잠시 생각하다 말고 단숨에 잔을 비우는 순간, 눈을 휘둥그렇게 뜨며 숨을 훅훅 뿜어내는 게 어린애처럼 천진해 보인다)

인애   훗호…… 핫하……

상규   이…… 이게…… 아…… 으……

인애   어때요?

상규   불이다. 꽃주가 아니라 화주다. 화주!

인애   훗호…… 40도래요.

상규   그런데 이런 술을 어떻게 나한테까지……

인애	그럴 일이 있어서요. 한잔 더 하시고…… (하며 술을 따른다)
상규	(길게 숨을 몰아 쉬며) 이거 사람 잡는 술 아닌가?
인애	경우에 따라서는 그렇게 될지도 모르지요 잉? 홋호……
상규	(의아하게 바라본다) 뭐라구?
인애	(그녀 역시 상규 눈을 정시한다) 남자들은 그렇다대요. 사람이 술을 마시고 술이 술을 마시고 그리고 술이 사람을 마시게 된다던디요. 참말로 그런감요?
상규	(한 모금 마시고) 그렇다고 볼 수도 있고……
인애	(잽싸게 말꼬리를 물고) 안 볼 수도 있다? 홋호……
상규	(잔을 비우고) 인애도 한잔 하지. 나 혼자만 마시니 쑥스러운데.
인애	마셔도 돼요?
상규	아까 그랬잖아? 나와 둘이서 술 마시고 싶다면서…… (술을 따른다)
인애	그럼. (하고는 단숨에 잔을 비운다)
상규	(놀리며) 괜찮겠어?
인애	독주는 이렇게 마시는 거래요.
상규	별것 다 아는군, 흠……
인애	선생님. (사이) 한 가지 여쭈어 봐도…… 괜찮죠?
상규	얼마든지.
인애	뭣이든? (하며 술을 따른다)
상규	벌써 술이 올라오는 것 같은데……
인애	행복하세요?
상규	응?
인애	사모님하고……
상규	(술잔을 들고) 글쎄…… 뭐라고 대답할까.
인애	양시론? 아니면 양비론? 홋호…… 선생님처럼 매사를 그렇게 생각하고 행동하시는데 과연 행복인지 난 모르겠어요. (하며 잔을

　　　　　바람 분다, 문 열어라

비운다. 두 사람의 눈이 마주친다)

상규 지금 무슨 애길 하려고 그러지?

인애 할 애기가 너무너무 많아서 어디서부터 어떻게 시작해야 좋을지 망설여지는디요, 흠…… (인애는 눈을 치켜 뜨며 쳐다본다. 마치 유혹하려는 눈짓 같다)

상규 그래서?

인애 (쓸쓸하게) 선생님은 쓸쓸해 보여요. 외로우신가 봐요. 갖출 것 다 갖추고 있어 걱정이라곤 없는 분 같지만…… (똑바로 보며) 그렇죠? 내 말 맞지요?

상규 훗흐……

인애 얘기해 주세요.

상규 어째서……

인애 예?

상규 그 대답을 왜 내가 해야만 하나?

인애 알고 싶으니까 그렇지요.

상규 (약간 언성이 높아지며) 알고 싶어? 뭘 말이야?

인애 (지지 않고) 쓸쓸하신지 아닌지……

상규 그게 인애와 무슨 상관이 있어?

인애 있지라우. 있고말고요. (상규가 자리에서 일어나 인애 옆에 있는 의자로 옮겨 간다)

인애 나는…… 그동안 선생님이 외로워하시는 이유가 뭣인가를 나름대로 분석해 봤지요.

상규 그래서?

인애 불만이 많으신 것 같아요.

상규 (의자에 앉으며) 불만?

인애 그래요. 사회, 주변, 사모님 그리고 자기 자신에 대해서도 불만투성이 같아요. 그 많은 불만을 어떻게 해소할 수 없으니까 언제나 이 창가에 앉아서……

상규   (인애의 어깨를 끌어당기며) 그럼 인애가 그걸 해결해 주겠어? 나를 그 외로움으로부터 끌어내 줄 수 있어?

인애   (밝게) 못할 것도 없지요.

상규   뭐라구?

인애   나 이래봬도 알 건 다 알아요. 용식이를 통해서 남자가 무엇인가도 알았고……

상규   그런데 나라는 인간은 모르겠다는 건가?

인애   가엾다는 생각이 들어요.

상규   내가?

인애   더구나 사모님하고 있을 때는 더 처량해 보여요. 마치 어미 젖 떨어진 강아지처럼……

상규   인애!

인애   학창시절엔 누구보다도 용기 있게 불의와 투쟁하셨다는 얘기도 용식한테서 들었지라우. 그래서 깜빵에도 다녀왔다는 얘기며, 복학이 어렵게 되자 사모님 집안 빽이 좋아서 해결되었다는 것도 …… (상규가 술 주전자를 들어 자기 잔과 인애 잔에다 술을 따른다. 그는 시종 일그러진 미소를 짓는다. 그러나 눈에는 이미 취기가 안개처럼 피어오르고 있다)

상규   다 털어놔 봐! 내게 하고 싶은 얘기…… 모조리 쏟아놔 봐, 흥.

인애   (화를 내며) 그런 법이 어디 있대요? 나보고만 얘길 시키다니…… 비겁하게……

상규   비겁하다? 내가?

인애   힘이 있으시면 써보세요. 눈치만 보시지 마시고 이를테면 첼리스트가 첼로를 끌어안고 연주하듯 말이에요.

상규 (눈빛이 한결 빛나며) 첼로 연주하듯…… 이렇게? (하며 첼리스트의 포즈를 취한다)

인애 사모님 앞에서 쩔쩔매고 그러니까 사모님이 더 멀어지는 거죠. 여자는 악기처럼 조심스러우면서도 다정하게 품에 안아야 한대요. 우리 용식이 봐요. 주머니는 비어 있지만 나를 안아줄 때는 불덩이가 되거든요. 몸도 마음도…… 그래서 용식이 곁에 있고 싶어서 서울까지 올라왔는데…… (연민의 정을 느끼며) 그런데 몇 갑절 조건이 좋으신 선생님이 왜 그러신지 모르겠어요. 옆에서 보기가 딱해 죽겠어요. 사모님한테 하고 싶은 얘기 있으시면 하세요. 왜 못하세요? 병신도 아니면서.

상규 (자조적으로) 그래 나는 병신이지.

인애 아니어라우. 선생님도……

상규 비겁하고 겁장이고……

인애 선생님!

상규 왜 그렇게 됐지 알아? 나는 말이야 언제나 혼자였거던, 흠……
(술을 마신다)

인애 뭔 소리라요? 떵떵거리는 처가 빽에다, 미인이고 똑똑하고 야무지기로 이름난 앵커우먼의 남편이신……

상규 그래도 나는 늘 혼자였다. 아니 나 혼자 있을 때는 그렇지도 않은데 내 곁에 누가 있으면 나는 오히려 혼자가 되어 버리는 묘한 버릇이 있거든. 헛허……

인애 (동정 어린 눈짓으로) 그건 마음먹기에 달렸지요. (눈치를 보며) 실은…… 선생님께 꼭 부탁드릴 말이 있는데, 이렇게 쓸쓸해 하시는 선생님을 가까이서 보니께 차마 입이 안 떨어지네요. 어떻게 그런 거짓말 할 수가……

상규 말해 봐. 얘기 꼭지만 따놓고 그런 법이 어디 있냐구, 응? 내가

(자조적으로) 병신이니까?

인애 아니어라우.

상규 비겁하고 겁쟁이니까?

인애 (필사적으로) 아니란 말이요. 그게 아니라니께요.

상규 (화를 내며) 그럼 뭐야? 응? (이 말이 떨어지기가 무섭게 상규가 인애의 어깨를 두 손으로 잡아 흔든다. 다음 순간 균형을 잃은 의자가 넘어지면서 두 사람이 그대로 바닥으로 굴러 떨어진다. 그 순간 서로 포개진 상태에서 움직일 줄 모른다. 인애의 흐느끼는 소리가 흐르다가 사라진다. 저녁노을이 베란다 유리창에 반사되더니 차츰 황금빛으로 변했다가 다시 잿빛으로 변해 간다. 긴 침묵이 흐른다. 전화벨이 울린다. 신경질적으로 들린다)

바람 분다, 문 열어라

제7장

전막과 같다. 벽시계가 밤 10시를 알린다. 어둠 속에서 계속 전화벨 소리가 울리다가 이윽고 적막의 시간이다. 잠시 후, 현관 쪽으로 열쇠 달그락거리는 소리가 나고 현관문 여닫는 소리가 나더니 사람 그림자 가 어둠 속에 나타난다. 벽에 있는 스위치를 누르자 방안이 훤하게 밝아진다. 숙영이가 아침에 들고 갔던 그 작은 여행 가방을 들고 서 있다. 그녀는 서서히 코트를 벗는다. 집안에 사람이 없다는 사실을 이 미 인지한 듯 소파에 천천히, 그러나 피곤하게 앉는다. 길게 숨을 몰아 쉰다. 손을 뻗어 오디오 세트의 스위치를 돌린다. 무겁고 조용한 현악 사중주가 흘러나온다. 그녀는 음악을 감상한다기보다 무슨 소리라도 있어야 허전한 느낌에서 벗어날 것 같다. 숙영은 문득 생각난 듯 다이 얼을 돌린다. 경쾌한 팝 뮤직이 흘러나오자 그 채널에다 고정시킨다. 잠시 후 그녀의 다리가 율동에 맞추어 가볍게 움직인다. 그러더니 자 리에서 일어나 춤을 춘다. 그것도 즐거워서 추는 춤이 아니라 공허를 메우기 위한 몸놀림이다. 현관 쪽에서 초인종 소리가 들린다. 숙영에 게는 그 소리가 음악에 휩싸여 안 들리는 모양이다. 그러나 문득 무슨 생각이 난듯 음악 볼륨을 더 돋운다. 초인종이 계속 신경질적으로 울 린다. 숙영이 율동을 멈춘다. 음악 볼륨을 줄인 다음 현관 쪽으로 간다. 문 열리는 소리가 난다. 다음 순간 용식의 너털웃음 소리가 들려온다.

용식   (소리만) 헛허…… 죄송하구먼요. 이렇게 늦은 시간에…… 헷헤 ……

숙영   (건성으로) 천만에요, 올라오세요.

용식   (소리만) 그럼 잠깐만…… (이윽고 숙영이 먼저 들어와서 음악을 끈

다. 용식이 들어온다. 주기가 감도는 눈빛으로 방안을 둘러본다)

용식   음악 감상중이신가 본디 죄송하구먼요. 헛허…… (두리번거린다)

숙영   (소파에 앉으며 의례적으로) 앉아요.

용식   예…… (앉으며) 어디 나갔어요?

숙영   누구 말인가요?

용식   저 뭣이냐…… 상규 형이랑 인애랑……

숙영   (냉담하게) 글쎄…… 나도 그 두 사람이 어디 나갔는지…… 기다
리는 중이에요.

용식   예?

숙영   (소파에서 일어나 코트를 집으며) 곧 돌아오겠죠. 나 옷 좀 갈아입을
테니 앉아서 기다리세요.

용식   제 걱정 마시고 볼일 보십쇼 형수씨.

숙영이 여행 가방을 들고 안방 쪽으로 퇴장한다. 용식이 담배를 꺼내
물고 불을 붙인다.

용식   (고개를 갸웃거리며) 분위기가 이상한디…… 이 시간에 혼자서 음
악을 감상하다니 그것도 (문득) 혹시 인애의 이야기 때문에 이
집안에 무슨 풍파라도…… (이때 등과 가슴이 노출된 나이트 가운
차림의 숙영이 안방에서 나온다)

숙영   맥주 드시겠어요?

용식   아, 아니라우. 잠깐 인애한테 할 이야기 있어서 왔는디. (숙영은
냉장고 쪽으로 가다 말고 어지러진 채로 있는 식탁을 보자 약간 놀란다)

숙영   이 양반들 한판 벌이고 나갔나?

용식   예? 누구 말인가요?

숙영   단 둘이서 조촐하게 한잔 하시고 나서 (하며 술 주전자 뚜껑을 열고

냄새를 맡는다) 앗, 무슨 술이…… (코를 막으며 뚜껑을 덮는다)

용식 술이라뇨? (하며 다가간다. 마시다 둔 꽃주를 보자 내심 흐뭇해지며) 아…… 드디어 막은 올랐구먼.

숙영 막이 올라요?

용식 아, 아닙니다. 제 얘긴 저 뭣이냐 선배님께서 전작이 있으셨다는 뜻으로…… 헷헤…… 저 역시 오다가 한잔 했습니다만…… (이 사이에 숙영이 냉장고에서 맥주와 술잔을 꺼낸 다음 소파가 있는 쪽으로 옮긴다)

용식 이번에 우리 출판사에서 낸 책이 발간 일주일 만에 베스트셀러의 조짐을 보이자 그 노랭이 사장이 사원들에게 한턱낸다고…… 훗흐……

숙영 (술을 따르며) 무슨 책인데요?

용식 (대뜸) 「여자는 죽어야 낫는다」

숙영 뭐라고요? (맥주가 넘치는 것도 모르고 노려본다. 용식이 잽싸게 맥주잔을 들고 마신다)

용식 헷헤…… 제목이 거지 같죠? 「여자는 죽어야 낫는다」, 그런데 그 거지 같고 발싸개 같은 책이 잘 팔린다니 이게 무슨 조화냐 이겁니다. 내 말은……

숙영 (소파에 앉으며) 지금 취중에 농담하는 건 아니겠죠?

용식 무슨 말씀을…… 지금 일본에서 화제가 되고 있죠. 비이토 타케시라는 사람이 쓴 일종의 여성론이죠.

숙영 여성론? 그 사람 어느 대학교수죠? 전공이 뭐죠?

용식 교수가 아니라 연예계의 기린아죠. 전공은 이를테면 프로듀서인데 감독, 배우 못하는 게 없대나 봐요.

숙영 (소리를 버럭 지르며) 그 따위 딴따라가 뭣을 안다고 까불어요, 까불긴! 뭐 여자는 죽어야 낫는다.

용식   안 낫는다. (맥주를 마신다)

숙영   당신도 거기 찬동하나요?

용식   찬동이고 반대고가 문제인가요? 상품가치가 문제지. 헷헤……

숙영   출판사는 양심도 윤리도 없나요?

용식   그런 걸 따지지 않는 사람이 출판업을 하는 세상인 걸요.

숙영   그래 고작해서 일본놈의 책을 베껴 먹는 주제에 무슨……

용식   옳은 말씀이오.

숙영   뭐라구요?

용식   회사 간부 회의에서…… 자기네들 말로는 거창하게 기획사단이
         라고 부르지만 사장·부장·편집장, 이렇게 기껏 세 사람이 짜장
         면 먹으면서 지혜를 짜내는 회의인데…… (맥주를 마시고) 어느
         날 사장이 그 책 번역판을 내겠다는 거예요.

숙영   파렴치하게시리. (술을 따르다 술병이 바닥이 나자) 아니 벌써……

용식   (잽싸게) 제가 가지고 올 테니께 그대로 앉아 계싯쇼. (그는 쏜살
         같이 냉장고로 가서 맥주를 한 병 꺼내더니 한 병 더 집어 들고 온다)
         헷헤…… 또 가지러 가고 하느니, 헷헤…… (입으로 마개를 따서
         술을 따른다)

숙영   (술을 받으며) 아까 얘기 계속하세요.

용식   어디까지 얘기했지요? 가만…… (이마를 짚으며) 요즘 갑자기 이렇
         게 건망증이 생겨서요. 젊은 놈이 큰일이지라우? 헷헤……

숙영   출판사 사장이 그 여자는 죽어야……

용식   (잽싸게) 낫는다. 예, 그래서 제가 사장한테 이렇게 간을 했지라우.

숙영   간이라뇨?

용식   말하자면 아드바이스죠 "사장님 요즘 한일관계가 미묘한 데다가
         국민감정이 아직도 불연속성 기류이니 만큼 다음 기회로 하시는
         게 어떠실지요" 하고 정중하면서도 심도 있는 간을 했지라우. 그

랬더니……

숙영   뭐래요?

용식   (탁자를 쾅 치며 일어나서) 이것 봐, 매사에는 기회라는 게 있는 거야. 찬스! 지금이야말로 그 절호의 찬스라는 걸 모르나? 그런데 뭐 다음으로 미루자고? 임마! 이 회사가 짜부라지는 꼴 봐야만 하겠어?

숙영   어머머! 그 남자 하나만 알았지 둘을 모르는군.

용식   아닙니다. 하나가 아니라 전혀, 아무것도 모르는 까막눈이지요. 뭐 듣자니까 시골서 신용금고 돈 떼먹고 밤 봇짐을 쌌다는 설도 있고, 학교 선생 노릇 하면서 촌지 봉투 먹다가 목에 가시가 걸렸다는 설도 있고 해서 그 전력을 정확히 알 길은 없지만, 아무튼 (손가락으로 동그라미를 지어 보이며) 이것이라면 자다가도 벌떡 일어날 사람이죠. 예…… 한 잔만 더 할랍니다. 예…… (자작을 한다)

숙영   세상에! 그런 친구들이 무슨 출판을 한다구. (화가 나서) 그것도 여성을 뭘로 보구서…… 그 따위……

용식   그런데 그런 거지 같은 책을 사보는 사람이 있다는 사실, 그것도 여성 구매자가 더 많다는 이 엄연한 사실이 문제입니다, 사모님!

숙영   나는 그 책 제목만 들어도 전신에 닭살이 돋아 못 견디겠어요. 어째서 세상 남성들이란 여성에 대해서 무식하고 방자하고 오만한지 좌우간 죽어야 할 사람은 남자예요. 남자가 변화를 가져와야 우리 사회도 변화가 올 거예요.

용식   지당하신 말씀입니다. 변화가 와야죠. 그런 점에서 우리 사회도 서서히……

숙영   (문득) 그런데, 어떻게 오셨죠?

용식   지하철 타고 왔지라우. 가난한 월급쟁이가……

숙영   (불쾌감을 누르며) 내가 묻는 건 용건이지 교통수단이 아니에요.

용식 예…… 저…… 인애한테 전할 얘기가 있어서…… 회사에서 전화를 아무리 해도 받지를 않아서요.

숙영 (혼잣소리처럼) 역시 그랬었군.

용식 예? 지금 뭐라고……

숙영 나도 회의에 나갔다가 전화를 걸었는데도 세 시간 이상을 받질 않기에……

용식 걱정이 되셨겠네요. 집에 전화를 걸었을 때 아무도 안받는 그 공허감과 불안감과 배신감은 정말 참을 수가 없더군요.

숙영 배신감이라고 그랬어요?

용식 그렇죠. 아닌 말로 남편이 없는 사이에 다른 남자와 밀회를 한다든가 아니면……

숙영 그게 왜 꼭 여자에게만 적용이 되죠?

용식 남녀 공통의 사각지대죠. 저는 구태어 여자 쪽만을 두고 하는 말은 아닙니다.

숙영 (생각에 잠기며) 여자의 마음 당신들 남자는 몰라요. 물론 아는 사람이 전혀 없는 건 아니지만. 오늘 같은 날도 그렇죠. 분명히 1박 2일이라고 밝혔을 때는 집안일에 책임을 져야 한다는 강제성이 작용했는데도 불구하고 (차츰 분노가 커지며) 집을 비우다니, 그것도 혼자가 아닌 둘이서……

용식 둘이서?

숙영 그래요 두 사람이 함께 나간 게 분명해요. 아까 저기 식탁 위를 봤죠? 술잔이 두 개 있었어요. 둘이서 그 독한 꽃주인지 독주인지에 취해 가지고 지금쯤 어느 호텔 아니면 근교에 있는 호젓한 러브 호텔에서……

용식 (몸을 떨며) 참을 수 없군요. 그런 부도덕한 행위로 남자를 속이다니……

숙영　남자가 아니라 여자예요!

용식　여자예요. 인애는…… (말하려다 말고 두 사람이 시선을 마주친다. 긴 침묵. 이때 현관 쪽에서 열쇠로 문을 따고 들어서는 소리가 들린다. 두 사람이 긴장한다)

용식　(낮게) 왔나 봅니다.

숙영　가만…… (그녀는 용식의 무릎에 올라타듯 앉는다. 그리고 술잔을 서로 든다)

용식　사, 사모님! 이러시면…… (하며 떠밀려고 한다)

숙영　(일부러 교태를 부리며) 홋호…… 어때요? 우리 사이에…… (이때 상규가 천천히 들어선다. 두 사람을 발견하나 빙그레 웃을 뿐 말이 없다. 그는 책상 쪽으로 가서 의자에 앉자 담배를 피워 물고 베란다 밖을 내다본다. 용식이 숙영을 떠밀듯 피한다. 숙영은 상규의 반응을 지켜본다) 흥! 관심 밖의 일이니 상관없다는 표정이신가요? (자리에서 일어나며) 외간남자를, 그것도 까마득한 당신 후배를 집안에 끌어들여 놀아나는 데도 아무렇지 않으세요?

용식　선배님, 아닙니다. 절대로 아닙니다.

숙영　미스터 리는 잠자코 있어요. 여보 당신은 질투도 안 나세요? 자기 아내가 당신 후배하고 놀아나는 데도…… 그동안 당신이 어디서 인애하고 무슨 짓을 했는지 묻지 않겠어요. 다만 당신의 그 음흉한 생각, 아니 그 음모가 분할 뿐이에요. (저주의 눈빛으로) 셋이서 짜고 나를 농락한 그 흉칙스런……

용식　(죄책감에서) 저, 그게 아니라…… 실은…… 제가…… 일방적으로 꾸며낸 일이지 결코 선배님에게는……

숙영　일방적으로 꾸며?

상규　용식아, 나가 봐.

용식　그렇지만…… 선배님께서……

상규 너는 이 자리에 있을 자격도 필요도 없다. 이건 어디까지나 우리 두 사람 사이의 문제니까.

숙영 여성 대 남성의 문제예요.

상규 용식아, 이 일은 내게 맡기고 가 봐. 아마 인애가 집에서 기다리고 있을 거야.

용식 인애가요?

숙영 무슨 뜻이죠?

상규 인애는 여기 안 올 거야. 시골로 다시 내려갈지도 모르겠다. 다만 자기 입으로 정식 사과하며 용서를 빌더구나. (빙그레 웃으며) 당신 말대로 음모가 성사 직전에 발각되었다고나 할까. 헛허……

숙영 무슨 얘기죠? 예?

상규 차차 알게 될 거요. (식탁 쪽으로 가다가 꽃주가 남아 있는 술잔을 들며) 용식아, 이 꽃주 고맙다.

숙영 아니 그럼.

상규 이 꽃주 덕분으로…… 핫하…… (하며 술을 마신다) 이때 인터폰이 울린다. 상규가 벽에 걸려 있는 수화기를 든다.

상규 예…… 1009호 맞는데요. 예? (사이) 손님이 찾아왔다구요. 누군데요? (사이) 시골서 올라온 강인애의 아버지? (반사적으로 용식을 돌아본다)

용식 (몹시 당황하며) 인애 아부지가 어떻게 여길……

상규 못 만날 것도 없지만…… 지금 인애가 여기 없는데……

숙영 그런 사람 왜 만나요? 지금이 몇 신데……

상규 꼭 만나겠다고요? (사이) 그럼 올려 보내세요.

용식 (펄쩍 뛰며) 안 돼요! 그럼 안 되는디……

상규 예…… 예…… (하며 인터폰을 제자리에 놓고) 안 되기는 뭐가 안 되냐? 헛허……

숙영 여보 당신이란 사람 정말 알다가도 모르겠네요. (용식을 돌아보며) 얘기 못 들었어요? 아무리 계부이기로서니 자기 딸에게 성폭행을 가하려는 그런 파렴치한을……

용식 성폭행이 아니라…… 희, 희롱이지라우……

숙영 희롱이나 폭행이나 그 근원적 심리는 똑같은 거지 뭐…… 아무튼 남자란 모두가 짐승이라는 말이. (이때 현관 쪽에서 초인종이 울린다)

상규 (반농담조로 용식에게) 네가 나가 봐. 어찌 되었건 장인어른 아니니?

용식 (당황하며) 선배님! 그, 그건 안 되지라우. 난 만날 수 없어요!

상규 내 집 찾아온 손님을 되돌려보낼 수는 없잖아. (다시 초인종이 울린다) 어서 나가 봐.

용식 저, 저는 그럴 사정이…… 실례 좀…… (하며 베란다 쪽으로 급히 나간다)

숙영 어딜 가요? 거긴…… (다시 초인종이 울리자 상규가 나간다) 에그 사람 바빠 죽겠는데…… (현관문 여닫는 소리 나고 강대수의 걸죽한 음성이 들려 온다)

대수 (소리) 헛허…… 이거…… 죄송합니다. 밤늦게 불쑥 찾아와서 …… 헷헤……

상규 (소리) 올라오세요.

숙영 에그…… 그저 지나가는 동냥치도 불러들이지. 흥! (이때 상규와 강대수가 들어선다. 대수는 기골이 장대하고 얼굴이 구리빛이어서 얼핏 보기에도 시골 사람임을 알 수 있는 차림새이다. 손에 비닐로 싼 큼직한 꾸러미가 들렸다. 숙영을 보자 넙죽 바닥에 엎드려 절을 한다. 웃을 때마다 누런 금이빨이 유별나게 드러난다)

대수 안녕하신감요. 저 강대수라고 합니다. 헷헤……

숙영 예…… 저…… 예……

상규   (소파를 가리키며) 이쪽으로 오세요.

대수   예. 시골서는 이렇게 바닥에 앉는 버릇이 돼나서 헛허…… (일어나며) 참 이거 변변치 않은디 제가 바다 농사를 좀 짓는데, 이거 미역하고 건어물 좀 헷혜…… 서울 가락시장에 가면사 처녀 붕알 말고는 없는 게 없다고 합디다만 작은 성의로 아시고 헷혜…… (하며 꾸러미를 숙영에게 건넨다. 숙영은 예상했던 사실과는 너무나 거리가 있는 강대수에게 의아심과 호기심이 더해 간다)

대수   우리 여식년이 신세를 지고 있다는 걸 폴시부터 알고 있으면서도 촌에서 농사 질랴 배 타랴 자식새끼들 가르치랴 하다 보니께 헷혜…… 정말 염치가 없구먼요. 예…… (소파에 앉는다. 상규와 숙영은 영문을 몰라 어리둥절한다)

숙영   (낮은 소리) 어떻게 된 일이죠?

상규   그, 글쎄 (대수에게) 인애 양이 댁의 따님이 틀림없나요?

대수   그럼요. 제 딸이지라우. 5남매의 맏이라 공부도 고등학교만 마치게 하고 안 그렇소. 지금 시골서는 자식새끼들 교육이 기중 문제지라우. 가르치자니 돈이 있나 안 가르치면 세상에서 제 밥그릇 차지 못하고. 헷혜……

숙영   (추궁하듯) 그렇다고 어찜 그럴 수가 있어요?

대수   예?

숙영   아무리 의붓딸이기로서니 그, 그런……

대수   그것이 뭔 소리라요? 의붓딸이라니……

숙영   게다가 성폭행까지……

상규   (낮게) 성희롱!

숙영   이거나 그거나 결과는 마찬가지죠. 우리 여성들의 입장에서는……

대수   지금 무슨 말씀이신지 저는…… 성폭행은 뭐고 성희롱은 또……

숙영   증인이 있고 증거가 있단 말이에요.

대수 증인?

숙영 아무튼 이상 더 얘기하기조차 불결해요. 그만 돌아가 주세요.

대수 아주머니.

숙영 그리고 인애는 여기 없어요.

대수 그럴 리가 없을 텐디. 즈그 동생한테 편지로 이렇게…… (하며 주머니에서 구겨진 편지봉투를 꺼내 보인다)

숙영 인애가 편지를? 그럼 이게 도대체 어떻게 된 일이지요, 여보?

상규 내가 말했지 않소. 음모였다고. 훗흐……

숙영 예?

상규 인애한테서 자초지종 사정 들었어. 3개월만 여기서 버티어 볼 양으로 꾸민 연극이라고. 말하자면 이용식 작, 연출에 강인애 주연의 훗흐……

대수 용식이요? 그놈 그래봬도 속이 턱 트이고 붙임성이 좋지라우! 어디 가나 제 밥벌이는 할 것이구먼요. 뭐 출판사에서 올 봄부터 무슨 부장으로 승진되었다면서. 헷헤……

상규 부장으로 승진?

숙영 세상에 이럴 수가.

대수 그래서 식은 가을에 올리기로 하고 우선 단칸방이라도 얻어서 살림 차리게 했지라우. 예, 힛히…… (상규와 숙영은 차츰 밝혀지는 속사정에 말문이 막힌다)

대수 (한숨) 그러나 그것이 될 뻔이나 할 일인가요? 안 그렇소? 처녀 총각이 식도 안 올리고 살림부터 차리다니…… 옛날 같으면 어림 서푼 어치도 없지라우. 그런디 세상이 그렇게 되어 뿌렸지요. 사람들 생각이 그렇게 변한 디는 당해낼 수가 없드랑께요. 남의 자식이 그랬다면 순 호로새끼들이 못 배운 짓거리라고 침을 뱉었을 텐데 자기 자식이라 그런지…… 헷헤…… (한숨) 불어닥치는 바람은 못 막것습데다. 이 세상 돌아가는 꼴이 말짱 그렇지 않습디어? 그래서 나는 요즘은 그저 자식들이 도적질하고 살인만 아니고는 무엇이든지 하게 놔두요! 세상에 불어 닥치는 바람을 우리 같은 무지랭이들이 걱정하고 한탄한다고 어디 될 뻔이나 하던가요? 안 그렇소 잉? 선생님 (어느새 눈물이 글썽해지며) 내가 올해 쉰여덟인디…… 세상 살기가…… 팍팍해서 못 살 것구면이라우! 서울 사람들은 이 심정 몰라라우. 시골 가보시면 알 테지만…… 이건 말짱 허허벌판이지요! 그렇다고 밥 굶는다는 소리가 아니라 그 뭣이냐, 옳지 인성, 사람됨이 없어졌어라우. 그것이 어디서 불어와서 어디로 가는 바람인지는 몰라도. 부자간에도, 부부간에도, 형제간에도 그저 담벼락도 없고 대문짝도 없이 휑하니 다 열린 채 바람만 쌩쌩 불어 가니 이거 어디 사람 살 짓이오? 이거 당해낼 재간 있는가 말이지라우. 윽…… 윽…… (하며 수건을 꺼내 눈물과 콧물을 닦아 낸다. 상규와 숙영은 자신도 모르게 가슴이 뭉클해지는 것을 느끼나 내색을 하려고 하지 않는다. 이때 베란다 쪽에서 용식이가 겁먹은 듯 모습을 나타내나 방안에서는 어둠에 가리어 안 보인다. 시계가 11시를 친다. 강대수가 문득 정신이 든 듯 시계를 쳐다보고 자기 손목시계를 본다)

대수   벌써 이렇게…… 그런디 우리 인애는 어디로 갔을까요? 당분간은 여기 있을 거라고 해서……

상규   우리도 그건 잘 모르겠는데. 내일이라도 출판사로 연락을 해봐드리지요. 지금은 시간이 늦어서……

대수   그것 참, 이 가시내가 어디로 갔을까요? 그럼 그렇다고 알리든지 해야제…… 글쎄 요즘 가시내들은 사내도 아니고 뭣도 아니고 …… 나 원……

숙영   그럼 뭔가요?

바람 분다, 문 열어라

대수   예?

숙영   그렇게 되어가는 게 누구 책임인지 아시고나 하는 말씀이세요?

상규   (낮게 꾸짖듯) 여보, 지금 그런 얘기가 무슨 소용 있어? 어서 잠자리
      나 봐드려요. 오늘은 기왕 늦었으니 여기서 주무시고……

대수   (펄쩍 뛰며) 별 말씀을 (자리에서 일어나며) 제 걱정 마싯쇼. 난 가볼
      테니께.

상규   (따라 일어서며) 밤이 늦었는데 가긴 어딜……

대수   우린 갈매기 신세라서 날으다가 어디서나 쉬고 가지라우. 갈매기
      가 어디서 잠을 자는지 본 적 없지라우? 헷헤…… 아무도 몰라줘
      도 잠은 자니께요. 그럼…… (하며 현관 쪽으로 가려는데 상규가 베
      란다 쪽에 서 있는 용식을 발견한다)

상규   용식아!

대수   누구?

상규   거기 서 있지 말고 어서 나와 임마! (용식이가 천천히 나온다) 연극
      은 이제 끝났다. 연극이 끝났으면 돌아가야지. 극장에서 잘 거야?

대수   (반기며) 용식아 너 어디 가 있었냐 잉? 자석하고는 그래 사람 놀
      래게 하려고? 헛허…… (하며 용식의 등을 탁 친다)

용식   (울음을 간신히 참으며) 죄송해요 아버님……

대수   죄송하긴! 인애는 잘 있지야?

용식   예, 가시지라우. 자세한 얘기는 가서.

대수   그려 가서 밤새도록 얘기하자. 너 주려고 꽃주도 한 되 가져왔지야.
      헛허…… 가자! (하며 나간다)

용식   (숙영과 상규에게) 죄송해요. 제가 책임질 거예요.

상규   물론 져야지. 인애는 용식이 네 책임이다.

용식   예.

상규   참 그리고 그 책 한 권 보내줘. 아까 얘기한 그……

용식 「여자는 죽어야 낫는다」 말이죠? 그렇거세요.

숙영 (화를 내며) 필요 없어요!

상규 내가 읽고 싶다니까.

숙영 여성을 모독하는 책 따위를 왜 읽어요?

용식 아닙니다, 형수씨. 그 책은 여성을 가장 사랑하는 남성들을 위한 책이에요. 그럼 안녕히 계세요.

하며 나간다. 상규도 따라 나간다. 무대 위엔 숙영만이 서 있다. 어딘지 을씨년스럽다. 멀리 도시의 불빛이 반짝인다. 숙영이 드디어 스위치를 돌린다. 감미로운 현악 사중주곡이 조용히 흐른다. 숙영은 생각에 잠기듯 천천히 조용히 걸음을 옮긴다. 상규가 현관 쪽에서 나온다. 벽의 조명 스위치를 끈다. 베란다 쪽에서 달빛이 흘러든다. 상규가 숙영을 등 뒤에서 조용히 안는다. 숙영은 몸을 맡긴 듯 저항을 안 한다.

상규 (조용히) 여보, 첼로 음악 좋지? 나더러 첼리스트가 되나. 당신이 첼로라고 생각하고 놓지 말래. (하면서 상규가 숙영의 손을 끌고 소파에 가서 앉는다. 마치 첼리스트가 첼로로 연주하는 그런 자세다) 여보, 오늘 밤은 당신이 필요해. (그녀의 목덜미에 입술을 댄다. 다음 순간 숙영이 돌아앉으며 상규의 얼굴을 두 손으로 감싼다. 두 사람은 그대로 바닥으로 허물어져 내린다. 낮게) 사랑해…… 사랑해……

첼로의 독주곡이 강처럼 흐른다.

—막

바람 분다, 문 열어라

나는 불섬으로 간다 (8장)

- **등장인물**

  강순호

  윤정숙, 강순호의 아내

  강동국, 강순호의 아버지

  강대균, 강순호의 아들

  강대순, 강순호의 딸

  여정

  강자

  상용

  준규

  용진

  후꾸다

  다나카

  역장

  모리다, 일본 형사

  권기진, 형사

  시라이

  학생 A, B, C

  학생 1, 2, 3, 4

- **때**

  1929년부터 현재에 이르기까지 특정한 시간 설정은 하지 않는다.

- **곳**

  광주, 서울

나는 불섬으로 간다

무대

일정한 건축양식을 필요로 하지 않은 가변무대. 무대 중심부는 강순호의 집 거실. 중산층의 생활수준을 나타내는 응접대며 식탁 등이 있어야 한다. 그 거실을 중심으로 양쪽과 무대 위를 질러서 층계와 공간이 설정되어 그 곳이 공원, 경찰서, 취조실, 교무실 등 다양하게 사용된다. 그러나 군중이 등장하는 장소는 무대 전면을 사용한다. 따라서 거실은 중간 막을 사용하여 필요에 따라 개폐하도록 유의한다. 다만 이와 같은 구조는 중량감을 필요로 하며, 그것은 현대사회의 각박하고 도식화된 메마르고 답답한 분위기를 나타내야 한다. 그러므로 금속성 파이프로 구조되어 차갑고 신경질적인 느낌이어야 한다. 그리고 배경의 호리존트는 적절한 영상(환등)을 투영시켜 시대와 장소를 명시하는 것도 효과적일 것이다.

제1장

강순호의 집. 거실과 식당의 일부가 연결되어 있어 한눈에도 중류이상의 생활수준임을 알 수가 있다. 황혼녘. 현관 쪽에서 자동차 멎는 소리 이윽고 강순호가 들어선다. 혈색이 좋고 체격도 좋아 나이보다는 젊어 보이는 사업가. 아내 윤정숙이 따라 들어선다.

평상복에다 안경 너머로 부드러운듯하면서도 어딘지 예리한 느낌을 주는 지적인 중년 부인이다. 강순호가 윗저고리를 벗자 잽싸게 받아서 옷걸이에 건다. 미간을 찌푸린 듯한 남편의 표정이 마음에 걸린다. 언짢은 일이 있는 것 같다.

순호　(소파에 앉으면서) 그래 어디 좀 알아봤소?

정숙　아버님이 가실만한 곳은 다 연락을 했죠.

순호　성남에 사신다는 친구 집에도?

정숙　물론 연락했지요.

순호　그래 뭐랍데까? (담배를 피어문다)

정숙　만나 뵌 지 일주일쯤 된다면서 그렇잖아도 궁금하셨데요. 학교 동
　　　기생이라고는 이제 아버님 한 분 뿐이라 사흘만 안 만나도 좀이
　　　쑤신다면서… (쓰게 웃으며) 오죽 하시겠어요? 팔순 나이의 중학
　　　동기동창이니…

순호　(생각에 잠긴 듯) 그럼 어딜 가셨지? 사흘씩이나 집을 비우시고… (넌
　　　지시 눈치를 떠보듯) 혹시 아버님 마음 상하시게 한 일 없어?

정숙　(어이없다는 듯) 생사람 잡으시려나? 이십사 년동안 신주 모시 듯
　　　한 시아버님한테 마음 상하시게 한 일이라곤 없어요. 효부상을
　　　주지는 못 할망정… (정색을 하며) 당신이야말로 아버님께 소홀히
　　　대하신 게 아니에요?

순호　(자리에서 일어나며) 적반하장이군.

정숙　아버님한테는 무관심한 당신도 전혀 책임이 없는 건 아니죠. 한
　　　자리에 마주앉아 식사한 적이라고는 없고…

순호　사업에 쫓기다보니 그렇게 되었지 내가 일부러 그랬나?

정숙　용돈 드리는 것도 꼭 제 손으로 드리곤 했죠. 다달이 삼십 만원씩.

순호　(약간 신경질적으로) 그럼 꼭 내가 드려야 되는 거야? 그럴 시간에
　　　나는 자금조달이며 어음 날짜 막는 일에 머리가 벗어질 지경이라
　　　는 걸 몰라서 그래? (소리를 지르며) 내가 그렇게 한가한 사람인가?

정숙　(무안을 당한 듯) 그렇다고 그렇게까지 역정을 내실 건 또 뭐에요?
　　　당신의 그 욱하는 성미가 고질이라구요. 모르면 몰라도 아버님도
　　　당신의 그 성미가 못마땅하셔서…

순호　(정색으로 되잡으며) 집을 나가셨다 이 말이요?

정숙   전적으로 부인할 일도 아니죠.

순호   뭐라구?

정숙   (담담하게 논리적으로) 막말로 나이가 들면 어린애가 된다는 말도 못 들었수? 당신은 무심코 하는 말일지라도 아버님에게는 바늘이나 송곳으로 쿡 찌르는 지경이 되어서 훌쩍 집을 나가셨을지 모르죠. 그럴 가능성도 전적으로 배제 못하죠.

순호   이 사람이 지금 무슨 추리소설을 쓰고 있나? 한다는 소리가…

정숙   그렇지 않고서야 아버님께서 연기처럼 자취를 감추실 이유가 없잖아요. (긴장하며) 여보, 이러고 있을게 아니라 경찰에 신고합시다.

순호   (당혹감에서) 겨, 경찰에?

정숙   벌써 사흘째에요! 혹시 무슨 불상사라도 나는 날에는…

순호   불상사라니?

정숙   아버님 연세가 지금 여든 하나셔요! 길을 잘못 건널 수도 있고, 밤길에 못된 녀석들에게,

순호   아버지가 어떤 분이신라는 걸 몰라서 그래? 중학시절에 유도가 2단에 검도가 초단이셨다고. 노상 대균이나 대순이한테 자랑하시던 얘기도 못 들었소?

정숙   답답한 건 바로 당신이에요! 밤낮 사업평계만 대시면서 집안 일 아이들 교육문제 심지어 동사무소에 인감증명 떼는 일까지 저에게 떠맡기시면서 이제 와서는 아버님 일을 내 책임으로 돌리시다니…

순호   그럼 내 책임이란 말이요?

정숙   그 누구의 책임을 물을 게 아니라 (강조하며) 경찰에 신고하는 게 상책이라고…

순호   (소리를 버럭 지르며) 그 경찰 타령 좀 그만둘 수 없어? 걸핏하면 경찰, 경찰! (방안을 서성거리며) 경찰이라는 말만 들어도 속이 뒤틀

어 오르는 나라는 걸 몰라서 그러오? 응?

정숙 (사이) 미안해요. (사이) 제가 깜빡했어요. (웃으며) 아버님 걱정을 하다보니까 그만 생각 없이… (눈치를 보며) 죄송해요. 뭐 마실 것 내와요?

순호 (스스로 흥분을 달래며) 온 더 록 한잔.

정숙 예… (하며 식당 쪽으로 가려는데 초인종 소리가 울린다. 두 사람이 동시에 시선을 마주친다) 아버님이실 거예요! (하며 벽에 붙은 인터폰을 누른다) 아버님이세요?

대균 (소리만) 저에요. 엄마!

정숙 대균이냐? (하며 현관문 버튼을 누르고는 식당으로 간다. 이윽고 대균이가 들어선다. 무스를 바른 머리며 옷차림이 신세대 특유의 경박감을 나타낸다. 그러나 인상은 어딘지 선량하고 행동도 순진해서 호감이 간다. 스포츠 빽을 어깨에 메고 있다. 아버지를 보자 반 놀리듯 말을 건다)

대균 아버지가 웬일이세요? 해 지기 전에 퇴근을 하시다니… 훗흐.

순호 그런 네 놈은 뭐냐?

대균 예?

순호 어떻게 왔어?

대균 현관문 열고 들어왔죠. 뭐가 잘못 되었나요?

순호 집안에서 무슨 일이 있었는지나 알고 왔어?

대균 (방안을 돌아보며) 우리 집… 즐거운 집… 홈 스윗 홈에 일은 무슨 일이죠?

정숙이가 온 더 록 잔을 쟁반에 받쳐 들고 나온다.

정숙 이것아 할아버지께서 안 들어 오셨어.

대균 할아버지께서 바람나셨어요?

순호 저 녀석 떠벌리는 것 좀 보라지. 쯧쯧…

대균 아니면 포장마차에서 한 잔 하시든지 아니면…

정숙 (술잔을 순호에게 건네주고) 대균아! 너 지금 무슨 소리 떠벌리고 있니?

대균 할아버진 애주가시거든요. (순호가 마시는 술잔을 가리키며) 그 대신 할아버지는 양주나 맥주는 대비산 이시죠. 막걸리 아니면 소주를 즐기시죠. 그러나 옛날 그 막걸리 맛이 사라졌다면서 늘 원통해 하시는 순수파시구요. 헛허… (연극조로) 사라진 옛날 막걸리의 그 맛! 그것이 알고 싶어… 그것이 그리워서… 꿈에도 가고 싶어서… 나는 그 섬에 가고 싶다! 핫하.

정숙 (문득 영감이 떠오른 듯 긴장하며) 맞다! 그거야!

순호 당신은 또 왜 그래?

정숙 여보! 아버님께서 집을 나가신 곳이 바로…

대균 할아버지께서 집을 나가셨어요?

정숙 그래 가출하셨어.

대균 이거야말로 특종기사감인데요. 〈팔순노인 가출… 행방묘연… 고독감과 허무감에서〉

순호 (화를 내며) 입 닥치지 못해? 지금 농담할 때가 아니란 말이다! 가출하신지 사흘이나 되었는데도 네놈은 그따위 골빈 소리만 지껄이기냐? 어디로 가셨는지 찾아볼 생각부터 해야지…

정숙 그 섬에 가셨을 거예요.

순호 그 섬에?

정숙 대균이가 아까 그랬잖아요. 그렇지? 대균아…

대균 그건 영화제목이에요. 〈그 섬에 가고 싶다〉

대순 (소리만) 아니다. 소설제목이다.

대균 대순아! (이때 현관 쪽에서 대순이가 책가방을 등에 짊어지고 들어선다. 귀엽고 영리하게 보이나 눈빛은 그 무엇인가를 탐구하는 듯 하는 열기에 초롱초롱하다. 발랄한 십 대 소녀의 청순감이 싱그럽다)

대순 　〈그 섬에 가고 싶다〉라는 원작소설을 영화화했어.

정숙 　그래. 너도 그렇게 생각되니? 할아버지가 섬에 가셨어?

대순 　할아버지께선 늘 그런 말씀하셨어. (말투를 흉내 내며) 난 서울서는 못 살 것 같다. 고향이 좋제… 불섬에 가서 내 성미대로 살지 여기서는 숨 막히겠다. 공기도 그렇고, 시끄러워서도 그렇고…

대균 　(목소리를 흉내 내며) 막걸리 맛도 그렇고…

대균

대순 　(합창하듯) 불섬으로 가야 쓰겠다. 호호…

순호 　(긴장의 빛을 보이다가) 여보. 전화 걸어 봐요.

정숙 　예.

순호 　애들 말에도 일리가 있어. 당숙네 집에 전화 걸어보라니까. 어서.

정숙 　알겠어요.

정숙이가 전화 쪽으로 가서 다이얼을 돌린다.

순호 　할아버지께서 서울 생활에 정을 못 붙이시는 이유를 모를 바가 아니다. 그렇다고 해서 할아버지 혼자서 어떻게 섬 구석에서 지내시라고 할 것이며 또…

정숙 　여보세요… 당숙모님 안녕하세요? 저예요. 여기 서울이에요… 잘 안 들려요? 저… 대균이 애미예요.

순호 　여보 나 바꿔. 노인네라 귀가 멀어서 못 알아들으시겠지… (수화기를 받아 또박또박 말한다) 여보세요… 당숙모님! 저, 서울 순호 올시다… 예… 헛허… 잘 들리세요? 헛허…

정숙 　같은 전화인데 왜 내 소리는 안 들리고 아빠 소리는 잘 들린다니?

대순 전화도 사람 차별하거든요! 홋후…

순호 올 농사는 어떠세요? (사이) 신통치 않아요? (사이) 비가 모자라 서?… 예… 예… 옛부터 불섬은 물이 귀하기로 이름난 섬이었죠. 헛허… 그래서 불섬이죠… 허허…

정숙 여보! 지금 농사 걱정하실 때예요… 아버님 소식 여쭤 봐요!

대균 그럼요! 본론으로 들어가세요.

대순 (혼자 생각에 취한 듯) 불섬은 물이 귀한 섬. 불섬은 물이 귀한 섬… 불섬에는 땅 속 깊은 곳에 불씨가 타고 있어 물이 귀하단다. 그래 서 해마다 섬을 떠나는 사람이 늘어만 가는 찌들은 섬… 어때? 오빠?

대균 지금 무슨 잠꼬대니?

대순 (생각에서 깨어난 듯) 불섬이라는 말을 듣는 순간 인스피레이션이 떠올랐거덩!

대균 천재 문학소녀 나왔구나.

대순 오빠 우리도 언제고 그 불섬에 가고 싶다. (이때 전화를 받고 있던 순호의 얼굴에 그늘이 진다. 천천히 수화기를 내려놓는다)

정숙 뭐래요? 안 내려오셨데요?

순호 (허공을 향하며) 어딜 가셨지? 어딜 가시려거든 가신다고 말씀을 하셔야지 이런 식으로… 자기 고집대로만 하시면 어떻게 하란 말이야! (남은 술을 단 숨에 마셔버린다)

정숙 이상하네요. 고향에도 안 내려가셨다면…

대균 염려마세요.

정숙 무슨 소리냐?

대균 일시적 충동이죠.

정숙 충동?

대순 오빠는 경영학 전공이 아니라 심리학이셨군요? 흠…

대균 지금 세상은 전공만 고집하다간 알거지 되기 십상이란다.

대순 그럼 어떻게…

대균 마구 부딪히는 거야. 알몸으로 무엇이든 닥치는 대로… 생각해
      봐. 캠핑 갔다가 양식 동나면 어떻게 하니? 경우에 따라서는 남의
      채소밭도 더듬어야 하고 독초만 빼놓고 먹을 수 있는 건 다 먹어
      야지. 거기 가서도 영양가가 어떻고 칼로리가 어떻고…

정숙 제발 조용히 좀 해. 네 할아버지가 가출하셨다는 데도 너희들은
      강 건너 불구경만 하기니? 음?

대균 지금 불을 끄기 위해서 강을 건너는 중이에요. 엄마 서둔다고 됩
      니까?

순호 대균아 근래에 할아버지께서 무슨 낌새 같은 것 못 느꼈니?

대균 낌새라뇨?

순호 말씀이나 행동에서 좀 이상하다는…

대균 (짤러서) 아뇨, 모든 게 정상이시던데요. 식사, 수면, 배설 그리고…

정숙 정상?

대균 식전에 청계산 산책, 냉수마찰, 아침식사 후엔 신문, 점심때는 으
      레 소주 한 병, 식사 후 삼십 분간 오수, 오수에서 깨어나시면…
      줄넘기. 그러니 지금도 몸무게 78킬로에 신장이 175센치의 건강
      체이신데 뭐가 걱정이에요?

정숙 누가 그런 자질구레한 일과를 알고 싶댔어?

대균 모르시는 말씀. 일과가 곧 하루요. 하루하루가 모아 한 달이 되
      고, 달이 모아 해가 되는 거죠. 세상이치가…

순호 세상이치를 너한테서 배울 만큼 내가 노망한 줄 아니?

대균 노망에 반드시 적령기가 있는 건 아니래요. 노인네들 치매증은
      개인차가 있을 뿐 아니라 치매증 환자라고 인지하는 사람은 없대
      요. TV에서 그러던데요. 대순아! 너도 봤지?

나는 불섬으로 간다

대순	나는 그런 프로 흥미 없어 유치해. 나는 문학기행 아니면 명화극장 아니면…

대순 나는 그런 프로 흥미 없어 유치해. 나는 문학기행 아니면 명화극
장 아니면…

정숙 (화가 나서) 무슨 잠꼬대들이니? 할아버지가 가출하셨다는 데도
너희들은 한다는 소리가 고작해서…

대균 그게 우리의 수준이죠. 평균수준.

순호 할아버지를 찾아나서.

대균 예! 알겠습니다. (하고 현관 쪽으로 뛰어나가다 말고 대균이 돌아선다.
모두들 그쪽을 바라본다. 이윽고 강동국이가 들어선다. 나이에 비해 훨
씬 건장하고 행동거지도 활달하며 등이 곧다. 손에 선물꾸러미가 들렸
다. 흰 나비모자에 흰 모시 두루마기 차림이라서 몸집이 더 커 보인다.
방안에는 얼마 전부터 어둠의 장막이 드리워졌다)

정숙 아버님!

동국 (태연하게) 별 일들 없었지야? 허허…

대균 할아버지 어떻게 오셨어요?

동국 나? 기차 타고 왔제. 새마을 열차 타고 가라고 하거라만 통일호는
반액인디 뭣 할라고 쌩돈 들여서 새마을 타냐고 하니께… 이걸
선물로 사줘서… 허허… (하며 정숙에게 내밀자 정숙도 넋이 나간
듯 멍하니 바라만 본다)

대순 할아버지 고단하시죠. 제가 안마해 드릴게 앉으세요. (억지로 앉
힌다)

동국 그려? 허허… 그래 어디 내 손녀딸 년 손맛이 매운가 쓴가 봐야
제… 허허… (하며 소파에 자리한다. 대순이가 어깨를 주무르기 시작
한다. 저만치서 말없이 서 있는 순호에게 정숙이가 눈짓을 보내지만 응
답을 안 하자 정숙이가 동국에게 다가간다)

정숙 (조심스럽게) 아버님… (사이) 어디… 다녀오셨어요?

동국 나? 응… 그 무엇이냐… 하두 심심하고 답답해서… 그냥 휑하니

한바퀴 돌았느니라… 잉… 흠…

정숙　어딜요? 저희들은 걱정이 되어서 여기저기 수소문하느라고 전화통에 불이 나게 붙어있었지 뭐에요.

동국　글씨… 일이 그렇게 되었다.

대순　그래 어디로… 다녀오셨어요?

　　대답이 없다.

대균　(감정을 간신히 삭히며) 사흘 동안 가신게 어디시죠?

동국　(불쑥 내뱉듯) 광주.

일동　예?

대순　전라도 광주요?

동국　그럼 내가 전라도 광주에 가지 경기도 광주 가겠냐? 허허…

정숙　광주엔 왜 가셨어요?

동국　오랜만에 갔더니만 갈대빛 무등산도 반겨주고 사람들도 반갑게 해주고… 훗흐… 역시 고향은 고향이제. 핫하… (일어나며) 나 저녁 먹었응께 그리 알고 있다가 술이나 한 잔 할란다. 헛허… (하며 2층 쪽으로 퇴장한다)

　　순호와 정숙은 어이가 없어 멍하니 서 있고 대균과 대순은 맑게 웃는다. 동국도 어깨가 한결 가벼워졌는지 발걸음이 가볍다.

정숙　세상에 저럴 수가 있을까?

　　암전

　　　　　　　　　　　나는 불섬으로 간다

제2장

무대 한구석에 정원용 간이 의자가 놓여있다. 동국이가 옥양목바지에 셔츠바람으로 앉아있다. 담배를 피워 물고 무대 앞으로 나온다. 주변은 어둡고 조명이 동국만을 비춘다. 풀벌레 소리가 간헐적으로 들려온다. 가을밤이다.

동국 (미소를 지으며) 처음 뵙겠소. 나 강동국이오. 손자 녀석이 며느리를 통해서 이미 소개했으니께 대충 아시겠지만 나 지금은 서울 아들한테 얹혀살고 있소. 그런데 사실인즉 하루도 편할 날이라곤 없구만유, 그렇다고 밥을 굶거나 잠자리가 불편해서가 아니라, 그 무엇이냐… 당최 내 집 같지가 않단 말씀이요. 자식들은 나한테 하느라고 하제만 죽은 할멈만도 못하고 거름냄새 나는 시골 내 집만도 못 하다는 게 솔직한 심정이지라우 헷헤… 그래서 송충이는 솔잎 묵고 살아야 쓴다는 이치대로 시골 가서 살고 싶은디 어디 솔잎이 온전합디까? 흑파리니 뭐니 생전 듣지도 보지도 못한 서양 벌거지*들 등살에 우리 마을도 솔나무가 벌겋게 말라 죽었응께하는 말이지라우. 서양물건이나 현대 것이라야만 맥을 쓰는 시상이니 다 늙은 팔순노인은 인자 어디 가다가 고꾸라져 죽어도 누가 거들떠보지도 않을 것이구만유. (한숨 내뱉고) 그저 착잡하고 허망한 생각 뿐이지라우. (사이, 벌레소리가 한층 높았다가 낮아진다. 담배에 다시 불을 붙인다)
그런디 나한테는 묘한 병이 있지라우. 가을이 되면 쌩하고 등골을

---

* 벌레

스쳐가는 냉기에 나도 모르게 닭살이 돋는 병이지라우 휴우…
세상 돌아가는 꼬라지 하며, 저마다 입으로는 애국애족하던 놈이
지내놓고 보면 말짱 집안 도둑놈 키워놓은 꼴을 볼때마다 나는
울화통이 터진단 말이오. 시상은 그렇게 살아가는 것이 아니라고
골백번 외쳐대도 어느 놈 눈썹하나 까딱 하던감요? 끼리끼리 패
를 짜고, 돌아가며 나누어 먹고, 어저께 갈라선 놈이 오늘은 배를
맞추는 꼬락서니를 볼 때마다 새삼 비윗장이 뒤틀리지요. 그럴
때마다 어디고 훌쩍 떠나버리는 병이 있지라우 휴후. (웃다말고)
그래서 광주에 내려갔는가 말이죠? 옳게 보셨소! 앗따 영락없는
족집게 무당이시구먼! 헛허… (과거를 회상하며) 내가 광주고보에
입학한 게 (손을 꼽다말고) 65년 전이요. 나중에 가서야 알았지만
광주고보와 광주 농업고등학교에서 동맹휴학투쟁이 터지자 6명
이 퇴학 당하고 삼백여 명이 무기정학을 당했던 엄청난 사태가
벌어졌던 직후였지라우. 어린 마을에 그것이 뭔일인지 잘 몰랐지
만 사실은 학교 측에다 친족차별교육을 철폐하라고 항의 했던
데서 비롯됐다는 거여. 그리고 그 여파가 전국 각지로 번져 나갔
으니 진주, 마산, 수원, 대구, 남원, 서울 각지에서 학생들이 궐기
하게 되었제. 그런디… (길게 한숨을 몰아 쉰 다음 쓸쓸하게) 광주고
보학생독립운동은 그 다음해에 일어났는디 이젠 그 광주 학생운
동을 제대로 아는 학생이 없습니다. (객석을 가리키며) 거기 앉은
학생, 알고 있는가? (사이) 얘기는 들었지만 자세한 내용은 잘 모
를테제? 응… 암 그럴테제 66년 전 일이니께… 그런디 말이여
나는 가을바람이 솔솔 불고 국화가 피기 시작하면 그 때 그 일이
생각나서 몸살을 앓는 다니께! 내가 광주에 간 건 바로 그 병 때문
이었제잉! 응? 그 얘기가 듣고 싶다고? 그려? 그럼해주지. 그 대신
얘기보다는 그 현장을 실감 있게 재현해 보드라고. (양쪽 조명대를

나는 불섬으로 간다

향해 손뼉을 치며) 조명! 조명!

조명실 (소리만) 말씀 하시오.

동국 나주역 구내 좀 비춰줄랑가?

조명실 (소리만) 알겠습니다.

동국 (무대 좌우 위쪽을 향해서) 다들 준비했는가?

모두들 큰소리로 "예!" 하고 대답한다.

암전

제3장

무대 어둠 속에서 증기기관차가 홈에 도착하는 소리. 역장의 아나운서 멘트와 호각소리가 들려온다. 호리존트에 '1929년 10월 30일 나주'라 는 자막이 투영된다.

역장   (소리) 나주. 나주.

여객들이 몰려나오는 소음이 차츰 높아지는 가운데 여학생의 비명소리 와 함께 무대 앞쪽에 개찰구와 독책의 일부가 나타난다. 통학생들이 삼삼오오 나온다. 일본학생 후꾸다와 다나카가 개찰구 밖에서 수근 거 린다. 후꾸다는 검도복 차림에 굽이 높은 게다를 신었고 한 손에 죽도 를 들었다. 다나카는 구레나룻이 덥수룩하며 안경을 썼다. 검은 제복과 제모차림에 책가방을 짊어졌다. 이윽고 한복(교복)차림의 여고보생들 이 7, 8명 나온다. 그 가운데 박여정과 이강자가 보인다. 얌전하게 빗어 넘긴 머리는 검정 댕기를 물려 땋아 내렸다. 아까부터 기다리고 있던 후꾸다가 박여정에게 다가가더니 등 뒤에서 머리채를 낚아챈다.

여정   아야!
후꾸다   이거 잘라서 엿 사먹을까?
다나카   좋지 좋아 허허…
여정   무슨 짓이냐? 이거 못 놔?
후꾸다   (유들유들하게) 못 놓겠다. 어떻게 하겠니? (하며 더 세게 잡아당기자 여정은 끌리듯 뒷걸음친다)
여정   앗! 사람 살려!

강자　무슨 짓들이니? 여학생 머리를 붙들고…

후꾸다　구워먹건 삶아먹건 내 마음대로다. 힛히…

여정　(발악을 하듯) 무슨 짓이니? 놔 놔…

후꾸다　발악하는게 더 귀엽구나. (다나카에게) 그렇지? 히히…

다나카　쓸 만한데… 히히…

여정　(있는 힘을 다하여 절규한다) 이거 놓지 못해?

후꾸다　그래 어쩔테냐?

이때 저만치서 한 무리의 고보학생이 나온다. 검정양복과 교모차림에 저마다 어깨에 검정 책가방을 걸머졌다.

상용　무슨 소리야? 쪽발이 중학 새끼들 아니여?

여정　오빠. 준규 오빠.

준규　응? 여정인가?

준규가 뛰어가자 서너 명이 따른다. 이 사이에 고보생, 광중생, 여고보생들이 무리지어 몰려간다.

준규　여정아 무슨 일이야? 응?

후꾸다가 멋쩍어지자 여정의 머리를 놓아준다. 여정은 억울함과 분노가 한꺼번에 울음으로 터진다.

여정　오빠! 흑… 흑 (하며 그 자리에 쭈그려 앉아 흐느낀다)

강자　저 새끼들이 여정이 머리채를 쥐면서 아까 차 칸 안에서부터 수작을 걸었어. 썩을 놈들이…

여정　오빠 오빠…

준규가 되도록 자제하려고 안간힘 쓰면서 다가간다. 후꾸다와 다나카는 겉으로는 오만한 척하나 내심으로는 겁을 먹었다.

준규　너희들… 광주 중학생이지?

후꾸다　알기는 아는군! (으스대며) 광주 중학 5학년 후꾸다 유시로다. 왜? 뭐가 잘못 됐니?

준규　연약한 여학생에게 이래도 되는 거냐?

후꾸다　내가 뭘 어떻게 했는데? (다나카를 돌아보며) 여기 증인이 있다구. 야 니가 말해…

다나카　(얼버무리며) 조선여자 머리 땋는 맵시가 고와서… 저…

후꾸다　그래. (강조하며) 미적으로 감상했을 뿐이다. 그것도 잘못이냐?

강자　미적으로 감상했다구? 염병할 놈! 아까 차 칸에서도 저 죽도로 (자기 궁둥이를 가르키며) 쿡쿡 찔렀잖여. 그것도 미적 감상이었어? 내 궁둥이가 그렇게 아름다웠어? 흥!

후꾸다　이 계집애가 입만 살아가지고… (하며 윽박지르자 강자가 피한다)

준규　(냉철하게) 빌어라.

후꾸다　비… 빌어? 뭣을…

준규　이 여학생에게 잘못했다고 무릎 꿇고 빌어라.

후꾸다　(다나카에게) 뭐라고 해? 난 무슨 소린지 안 들리는데… 네가 얘기 좀 해라.

다나카　내가? 뭐라고…

준규　(전보다 강압적으로) 빌라면 빌어. 그렇지 못할 땐 나도 생각이 있다.

후꾸다　아쮸! 제법 공갈 협박조로 나오는데… 쳇… 쳇…

준규　내가 알기로는 일본사람은 예의범절에 밝고 약한 자를 돕고 강한

자를 물리치는 의협심이 강한 민족성을 지녔다고 들었는데 알고
보니까 이건 순 호로 새끼들이군! (고보생들에게) 너희들 의견은
어때?

상용 훈도시만 차고 사는 원숭이들이제… 헤헤…

일동 하하하…

용진 사촌끼리도 헐레하고 형수를 마누라로 삼는 쌍것들이라던디. 허
허…

일동 하하…

후꾸다 일본민족을 모욕하기냐?

용진 천만에. 사실을 사실대로 말한 것뿐이다. 그럼 그게 사실이 아니냐?

후꾸다 지금 그 얘기 잘 기억해둬! 이 조센징 새끼들!

준규 (욱하며) 뭐 조센징?

후꾸다 그럼 네놈이 조센징 아니면 니혼징이냐? 무식하고, 불결하고, 천
덕스런… 조센징! 나도 사실을 사실대로 말한 것뿐이다. 내말이
잘못됐냐? 응? 이 조센징아!

이 말이 떨어지기가 무섭게 준규가 후꾸다의 복부에 일격을 가한다.

준규 조센징, 조센징하지 말란 말이야. 이 새끼야.

후꾸다 윽! (하고 배를 움켜쥐더니 다음 순간 죽도를 휘두르며 공격태세로 나온
다) 에잇! (그러나 준규가 날렵하게 몸을 피하고 후꾸다는 헛딛고 땅바
닥에 넘어진다. 환호와 야유의 폭소가 터진다)

다음 순간 거의 반사적으로 고보생과 광중생이 붙어 이수라장으로 변한
다. 멀리서 순사의 호루라기 소리가 불붙듯이 울린다. 무대 암전되면
서 기마경찰의 말발굽소리며 오토바이 소리가 무대 가득히 번진다.

제4장

경찰서 취조실.

땅바닥에 광주고보생 십여 명이 무릎을 꿇은 채 앉아 있다. 그러나 저만치 한구석에는 후꾸다와 다나카 그리고 서너 명의 일본학생이 선 채로 수군거리고 있다. 후꾸다의 이마에 붕대가 감겨있고 다나카는 팔에 부상을 입은 듯 목에다 매달고 있다. 방 한구석에 있는 책상 앞에 준규와 이상용 그리고 어린 동국이가 취조를 받고 있다. 모리다 형사와 권기진 형사가 날카롭게 추궁한다. 준규의 이마에도 찰과상의 상처가 남아있다.

모리다　그래서? (사이) 그래서 누가 먼저 손찌검을 했는가 말이다. (그의 말투는 사뭇 부드러우나 속셈은 다르다)

준규　(대답이 없다)

모리다　왜? 대답 못하겠나? 아니면 안하겠다는 거냐? 권 형사 나 담배. (권기진이 담배를 건네자 받아 피운다)

준규　(조심스럽게) 한 가지 말씀드릴게 있는데요…

모리다　그래 어서 말해봐. 우리는 어디까지나 진상을 조사하자는 생각에서니까 학생들도 협조를 해야지… 어서 말해봐.

준규　(차분히) 근원적인 문제가 시정되지 않는 한 이런 식의 취조는 무의미합니다.

모리다　뭐? 무의미하다고?

기진　(소리를 버럭 지르며) 이 새끼! 입이 제대로 까졌다고 함부로 씨부렁거리네? 응? (하며 사정없이 뺨을 후려친다. 준규가 비틀거린다) 이 새끼야! 이런 식 취조는 무의미하다고? 우리 경찰을 무시한다 이거여?

　　　　　　　　나는 불섬으로 간다

준규   그, 그런 뜻이 아니라…

기진   그리고 네가 말한 그 근원적인 문제란 게 뭐냐? 가만히 두고 보니께 이 새끼가… 너 고향이 어디냐?

준규   장성군 삼계면이오.

기진   (서류를 뒤적거리며) 음… 네 조부는 의병에 가담한 경력소유자고… 네 아버지는 3·1운동 때 앞장섰구면. 응… 그래. 근원적인 문제가 뭔가 말해봐.

준규   (담담하게) 공정성입니다.

기진   (들었던 펜을 놓고) 공정성?

모리다   그럼 취조가 불공정하다 이거야?

준규   처음부터 차별성을 두고 있으니까요.

기진   (발길질을 하며) 누가 차별했는지 말해봐 이 새끼야! (다시 때리려하자 모리다가 말린다)

모리다   권 형사! 그렇게 윽박지르면 되나! (준규에게 부드럽게) 구체적으로 말해봐 무엇이 차별성인지.

준규   말씀드리죠. (당당하게) 처음부터 잘못된 선입관, 고정관념 그리고 일방적으로 기정사실화된대서 출발했다는 점입니다.

모리다와 권기진이 어안이 벙벙해진 듯 서로 눈을 맞춘다.

상용   그래요. 광주고보학생은 이미 죄가 있는 사람으로 규정짓고 있죠. 고보학생과 광주 중학생을 처음부터 편견을 두고 대했지 뭡니까!

동국   여정 누나를 희롱한 건 저 녀석들인데… (동국이가 선배들을 쳐다본다. 어떻게 하면 되는가 하고 눈치를 본다)

준규   동국아! 어서 나가!

동국   그렇지만.

준규   그리고 나가는 길로 학우들에게 우린 잘 있으니 걱정 없다고 말해. 알았지?

종국   예! 그럼…

상용   조심해 가거라.

동국이가 나간다. 분위기가 침울하다.

기진   (준규에게) 계속해라. 아까 그 얘기.

준규   말씀드리죠. 지렁이도 밟으면 꿈틀거립니다. 그런데 후꾸다는 조선 여학생을 희롱했어요. 그래서 나는 사과하라고 말했을 뿐입니다. 그런데 그 자식들은 막무가내였어요. 왜 그런지 아십니까? 이유는 단 한가지입니다. 일본 사람은 조선 사람보다 우수하고 잘났다는 우월감 때문이죠.

기진   이 새끼 좀 보게.

준규   내 말이 틀렸습니까? 일본 사람은 우월성이 있으니까 조선 여학생 따위는 아무렇게나 주물러도 된다는 오만하고 독선적인 생각이 뿌리 깊게 박혀있기 때문이죠. 그러니 (단호하게) 그 뿌리를 뽑은 다음에 취조를 하던 검찰에 송청하건 하세요. (모두들 웅성거린다)

학생 A   민족차별이요!

일동   우… 와!

모리다   조용히 못하겠나? (책상을 쾅 친다)

학생 B   식민지 노예교육 철폐!

일동   (전보다 크게) 옳소!

기진   죽고 싶어? 미친놈들아!

학생 C   우리는 자유를 원한다.

일동   자유! 자유! 자유를 찾자!

모리다　조용히 해라.

학생들이 자리에서 벌떡 일어나 함성을 지른다. 모리다가 비상전화를 걸고, 권기진이 쇠가죽 회초리를 들어 학생들을 무차별로 휘갈긴다. 더러는 피하고 더러는 바닥에 엎드린다. 준규가 맨손으로 쇠가죽 회초리를 휘어 감는다.

기진　이 손 못 놔? 이 새끼가 공무집행방해죄도 모르나? 응? (그러나 끄떡도 않는다)

준규　댁은 어느 나라 사람이오?

기진　(허점을 찔린 듯) 뭐… 뭐라고?

준규　같은 조선 사람이 이렇게 대해야만 직성이 풀리시겠소? 에?

기진　(당황하며) 아니 이 새끼가 누굴 어떻게 보고서…

준규　일본형사는 그렇다 치고 왜 조선 사람인 당신이 한 술 더 뜨시는가 말입니다.

기진　당신? 지금 나보고 당신이라고 했겠다.

준규　원통합니다. 통탄할 일이오! (목이 메이며) 동족이 동족을… 못살게 구는 이 처참한… 현실 앞에서… 이상 더 무슨 말을… (쇠가죽 채찍을 내던지며 반항적으로) 마음대로 하시오! 죽이든 살리든 마음대로… 흑… (바닥에 주저앉아 맨 주먹으로 콘크리트 바닥을 마구 친다. 여기저기서 울음이 터진다. 이때 사이렌 소리, 기마대 말발굽 소리가 멀리서 들려온다)

모리다　조용히. 조용히 하란 말이다!

기진　이 놈의 새끼들 죽고 싶어 환장했군?

비상벨 사이렌 소리, 기마대 말굽소리, 군인들의 구둣발 소리가 폭풍

교향곡처럼 밀려오자 누군가가 "만세"를 절규하고 모두들 합창하듯
외친다.

일동   만세! 만세!

암전

제5장

강순호의 집. 거실. 강동국이 대순에게 옛 얘기를 들려주고 있다. 저만치 떨어진 자리에 대균이가 기타를 뜯고 있다. 조율을 하고나서 발라드 곡을 낮게 흥얼거린다.

대순 그러니까 할아버진 그 현장의 목격자 가운데 한 분이시네요.

동국 (강조하며) 물론이제. 가장 나이가 어린 목격자였제! 그리고 내가 그때 그 사람들 다 가버렸으니 유일한 생존자란 말이여! 이 강동국 여든한 살의 허허백발 노인인디 안 그렇겄냐?

대균 (남의 얘기처럼) 그래도 반주로 소주 한 병의 노익장이시죠! 히히.

동국 (웃다말고) 그러니께 까놓고 얘기다만 광주학생독립운동에 대해서 나보다 더 아는 사람 있으면 나와 보라 이 말이다. 하하.

대균 (생긋 웃어보이며) 자칭 천재 강동국 옹 만세 히히.

동국 이 놈 자칭이 아니라 자타가 공인한 강동국이다. 허허… 그런디 어떤 사람들은 자기가 마치 현장에 있었던 양 시침 딱 떼고 거짓말을 하드라만 그게 아니다.

대순 그게 무슨 뜻이에요?

동국 광주학생독립운동은 1929년 11월 3일에 비로소 표면화되었지만 사실은 오래전부터 알게 모르게 불씨가 타오르고 있었단 말이다.

대순 불씨라뇨?

동국 너희들은 아까 얘기한 나주역 주변에서 일어났던 여학생 희롱사건이 마치 사건의 불씨라고 생각들 하는 모양인디 그게 아니다 이거여. 내말은…

대순 그럼 진짜 불씨는 뭔가요?

동국 알고 싶냐?

대순 예.

대균 (농담조로 기도문 읽듯) 잘못된 역사는 바로 잡아야 하느니라. 이상은 강동국 옹의 말씀입니다. 아멘… 허허.

동국 (눈이 휘둥그레지며) 앗다 대균이 너도 생판은 아니었구나… 허허 그렇지. 그릇된 역사는 바로 잡아야제. 더구나 일제 36년 동안 왜놈들이 왜곡시키고 날조한 식민지 역사관은 전적으로 고쳐야 하고말고.

대순 (응석부리듯) 그러니까 그 진짜 불씨에 대해서 애기해주시라니까요. 예?

동국 (눈치를 보며) 그 뭣이냐… 얘기하다 보니께 목이 칼칼해진다. (마른 침을 삼킨다)

대순 생수라도 가져올까요?

동국 응? 응… 저것이…

대순 그럼 주스라도…

대균 너는 눈치도 없냐? 할아버지는 이것 (술 마시는 시늉) 말씀이셔 이 맹추야… 염치가 없으면 눈치라도 있어야지.

동국 하하… 앗따 그 녀석 눈치 빠르긴 왜놈들 고등계형사 뺨치겠다. 허허…

다음 순간 대균이 쿵후를 하는 시늉으로 허공을 두어 나른다.

대균 (동국식 발음으로) 나르는 성룡. 허허.

모두 함께 웃는다. 대균이가 민첩하게 주방에서 소주병과 잔을 가지고 와서 동국에게 권한다.

대균   할아버지 손자 잔 받으시지라우. (잔을 권한다)

동국   오냐… (잔을 받자 술을 따른다) 손자한테 술잔을 받게 되다니… 참 말로 (금세 울먹거리며) 이렇게… 기쁜 일이… 어디… 또 있겄냐… 어?

대균   어서 드세요. 목 마르신데…

동국   응? 응… 그려… (술을 천천히 맛있게 마신다) 캬… 좋다. 흐흐.

대균   한 잔 더… (다시 따른다)

동국   너도 한 잔 할라냐?

대균   아, 아뇨.

대순   안돼요. 할아버지.

동국   요즘 대학생치고 술 못하는 놈은 사람 축에도 못 낀다는디… 안 그래?

대균   그건 이미 통속적인 옛일이죠.

동국   그럼…

대균   나는 상식적인 것을 초월했다고나 할까요?

동국   뭐 뭣이… 상식적인 것을 초월해?

대균   그렇죠. 기성세대들이 노상 내깔리는 그 말의 홍수. 어디가나 그 얘기요. 그 얼굴이 그 얼굴이요. 그 사건이 그 사건인 다람쥐 쳇바퀴 도는 세상 말이요. 마치 아침저녁으로 보는 텔레비전 연속극처럼 말이에요. 저는 그런 세상에 신물이 났어요. 그러니까 초월했다고 할 수 밖에요. 안 그래요? 할아버지.

동국   (단호하게) 안 그렇다.

대균   예?

동국   흰 것은 희다. 검은 것은 검다, 라고 말할 수 있어야지.

대순   그러니까 그 불씨 얘기 해주세요. 예?

동국   오냐. 본론으로 돌아가자. 흠… 대순이가 (대균에게) 너보다는 덜 초월했구먼. 후후…

그는 술을 마시고 잠시 두 사람을 바라본다. 멀리서 헬리콥터가 떠나가
는 소리.

동국 (담담하게) 광주학생독립운동의 기원을 따라 올라가자면 1919년
의 3·1독립만세 운동까지 거슬러 올라가야 쓰겠지만 보다 구체
적이고 확실한 근거는 1924년 6월에 일어났던 동맹휴학투쟁이
바로 그 불씨였제. (하며 아슬한 과거를 회상하듯 눈을 지그시 감는다)

호리즌트에 '1924년 6월'이 투영된다.

대순 1924년 6월…

대균 그 원인은요?

동국 광주에 거주하는 일본사람 팀과 광주고보 팀이 벌인 야구시합이
화근이었다.

대순 야구시합이요?

동국 광주고보 팀이 1대 0으로 이기자 일본놈 응원단들이 심판에 불만
을 품고 경기장에 뛰어들자 응원단 사이에 충돌이 생기고 경찰이
출두하더니만 글쎄 광주고보 선수들만 구속 검거했지 뭐냐.

대균 스포츠 경기에는 흔히 있는 불상사죠. 지금은 안 그런가요? 그래
서 나는 아예 프로야구니 프로축구니 하는 판에는 가까이도 안갑
니다. 그게 다 상식이죠. 헤헤.

대순 오빠 가만히 좀 있어. 할아버지 그래서요?

동국 고보학생들이 경찰서로 몰려가 구속된 선수 석방을 강력하게 요
구했는데도 거절당하자 마침내 동맹휴학을 감행했다. 경시하는

사람도 있드라만 그게 아니다. (차츰 흥분되며) 그 밑바탕에 깔려 있는 독소가 문제였지!

대순 독소라뇨?

동국 민족차별 아니 민족적 우월감. 왜놈들은 처음부터 조선과 조선 사람을 제대로 이해하려들지 않았거든. 우리를 야만족이나 미개족으로만 여기던 그 근원적인 사고방식에 사로잡혔었거든.

대순 (반신반의의 표정으로) 정말 믿어지지 않아요.

동국 제 버릇 개도 못주는 격으로 그 이후도 차별은 뿌리 깊게 계속되고 있었지. 말로는 동양평화니 공존공영을 주장하면서도 실제로는 우월감에서 오는 편견과 독선과 기만으로 일관했으니 학생들의 불만은 쌓이고 쌓여서 언젠가는 터질 수밖에 없는 풍선 같은 것이었다. 그 실례로 1926년 사회인으로 구성된 비밀결사 성진회가 조직되자 반일사상은 더욱 가열되어가는 추세였는데 1927년 5월 드디어 표면화한 사건이 있었다.

대순 사건이라뇨?

동국 만주 수학여행에서 돌아오자 민족차별 철폐와 학교시설 개선을 내걸고 동맹휴학을 감행했었제. 그런데 교장인 시라이 작자는 대수롭지 않게 여기고 일시적인 미봉책으로 기반을 한 거야. 그러자 다음 해인 1928년 6월 대대적인 동맹휴학 투쟁이 터지고 말았지.

이와 동시에 무대 암전. 무대 중앙부 높은 공간에 시라이가 나타난다. 그는 오만하고 냉혹하다. 이어서 요구조건을 설명하는 학생들이 차례로 스포트라이트를 받는다.

학생 1 친애하는 사백 명 학우들이여. 한일합방 이후 18년, 우리가 얻은 것이 무엇인가? 가혹한 경제적 착취, 정치적 탄압, 고유문화의 말살은 마침내 삼천리 금수강산을 벌거숭이산으로 황폐화시키고 있음을 명시해야 합니다.

학생 2 우리의 투쟁은 전국 수백만 학생의 지지와 연대감에서 이루어지는 공동투쟁입니다.

학생 3 우리가 원하는 것은 쌀을 달라는 것도 아니요. 임금을 인상하라는 것도 아니오. 다만 학원의 자유 그리고, 교무회의 자유로운 활동, 미비한 학교시설의 개선을 요구하는 것뿐입니다. 시라이 교장선생님 의견을 말씀하시오.

시라이 (젊잖게) 에… 거기에 대해서 답변하겠는데… 에 또… 나도 교육자인데 어찌 자율의 소중함을 모르겠소? 다 알죠. 다만 일을 하다보니까 상부의 지시에 따라야 할 경우도 생기고, 또 사회적 분위기도 있고 해서 더러 시행착오가 있었던 건 인정합니다. 그리고 시설 보완도 예산이 허용되는 한도에서 점진적으로 해나갈 작정이니 그렇게 아시고… 에헴.

학생 4 우리는 치욕적인 노예교육을 배척합니다. 우리는 지금까지 자유에 굶주리고 생각하는 일에 익숙지 못했습니다. 그래서 뜻 맞는 학생끼리 독서회도 만들고 친목회도 가졌소. 그런데 학교당국에서는 불온사상이다, 배후에서 조종하는 조직이 있는 양 사사건건 색안경으로만 봐왔습니다. 그렇게 해서 퇴학당했거나 체포되어 옥중에서 고생하고 있는 우리 학우가 지금도 십여 명이 넘습니다. 이들은 즉시 부모의 곁으로 돌아가게 해주시오. 석방시켜 주시오.

일동 즉각 석방해 주시오.

시라이 (빙그레 웃음을 머금었음에도 차갑게) 그건 불가능합니다.

일동 이유가 뭐죠?

시라이 그 이유는… 지금은 말할 수가 없어요.

나는 불섬으로 간다

학생 1 그럼 언제가 되면 말하겠소?

시라이 (유들유들하게) 학생 제군들의 기분을 나도 이해하지만 이 사건은 성격상 매우 중대한 사안인 만큼… 에 또… 그 점에 관해서는 이상 더 관여 안하는 게 현명할 거요…

일동 (동시에) 뭐라고요?

시라이 학생은 오직 학업에 충실해야 해요. 청춘은 두 번 다시 안 옵니다. 이 시기를 놓치면 평생을 두고 후회하게 됩니다. (공감조로) 나라가 어지러울 때일수록 학생은 그 본분에 충실해야지 이렇게 중구난방으로 자기주장만 내세우려든다면 이 나라가 어떻게 되는지 모르는가!

학생 1 이 나라는 우리나라가 아니오!

시라이 (눈을 부릅뜬다) 뭐라고!

학생 2 시라이 교장선생 양심적인 교육자라면 편견을 버리시오!

학생 3 경찰과 야합하여 양심적인 학생을 탄압하려는 당신은 교육자가 아니라 사냥꾼이오! 경찰의 앞잡이와 뭐가 다릅니까?

학생 4 우린 그 따위 감언이설엔 안 넘어간다!

일동 우리는 최후의 일각까지 투쟁하겠소!

이 사이 시라이는 눈을 지그시 감고만 있다.

제6장

거실이다. 대균이 무대를 가로질러 천천히 걸어간다.

대균   (기타를 드르릉 뜯으면서 노래하듯 얘기하듯 한다) 아…… 지겹고 답답한 그 말의 홍수여! 어디선가 들었던 말… 어디선가 본 얼굴… 어디선가 겪었던 일… 아… 그러고 보면 세월은 갔어도… 그 시절이나 지금이나… 달라진 거라고는 없네… 달라진 거라고는 없네! 산천은 그대로인데 사람은 어디로 갔나. (동국을 보며) 그렇죠? 할아버지?

동국   (무릎을 탁치며) 바로 그 점이여! (긴 한숨)

대균   뭐가요?

동국   60년 전이나 지금이나 변한 게 없다 말이여! 내 말은… 세월은 분명히 흘러갔고 정권은 네댓 번 바뀌었는데도 그 소리가 그 소린데 답답하잖여? 그러나 나는 그때나 지금이나 꼭 같은 생각인데 어쩌다가… (술을 마시며) 그래서 나는 술로 달래고…

대균   가을바람이 소슬하게 불어오면 누구나 철학자가 되고 시인이 되는 법이에요. 헷헤…

동국   그러나 이 할아비는 변함이 없다.

대균   그건 이상이죠. 할아버지가 그러고 계신 그 이상이 언제쯤이나 활짝 꽃을 피울지는 미지수예요.

동국   내가 가을이 오면 광주로 내려가는 심정… 느그들은 모를 거여!

대순   저는 알 것 같아요.

동국   네가?

대순   학생독립운동 기념탑 앞에 서서 지난날을 회상한다는 그 한 가지 사실만으로 자위하시려는 거죠? 맞죠? 흡……

동국 아니여! 위안은커녕 도리어 울화통이 터질 것 같으니 못 참았다! 기념탑 앞에 가면 젊은 놈들의 발길도 뚝 끊어진데다가 민족과 나라를 위하여 흘린 젊은이의 핏자국도 볼 수 없고 그 성난 파도 같은 함성소리도 안 들린다. 이거여!

(자리에서 일어난다) 광주 거리에서 어떤 학생한테 학생독립운동 기념탑이 어디 서 있는가 하고 물응게 제대로 대답하는 놈이 없드란 말이여!

(차츰 흥분되며) 응? 그것은 단순한 기념탑이 아니라 우리의 양심이여! 자존심이란 말이다! 사람이 양심을 내리고, 자존심도 모르고 살아서야 되겠는가 이거여!

(광적으로 서성거리며) 혓바닥을 깨물고 죽는 한이 있어도 자존심을 버리지 않는 게 바로 그게 바로 선비 정신이다! 호랑이는 아무리 배가 고파도 불은 안 먹는다. 그것이 광주의 자존심이며 선비 정신이란 말이다! (자신이 격정을 억제 못한 채 의자 등받이를 붙들고 흐느낀다)

대균 (무관심하게) 선비정신이요? 할아버지로서 마지막이라고 생각하세요. 아무도 귀를 기울이지 않을 거예요. 우리 현대인은 입만 가졌지 귀가 없는 괴물인걸요.

동국 (무섭게 노려보며) 이놈! 그게 이 할애비한테 하는 소리인기여?

대균 (되하듯) 글쎄 세상이 그렇게 돌아가고 있다니까요 지금. 지금 누가 선비정신을 찾아요? 누가 광주의 자존심을 생각해요? 저마다 자기 아가리에 처넣을 것만 챙기는 걸! 정치가, 교육자, 행정가, 성직자… 저마다 뻔질나게 했던 국민하고의 약속을 누가 지켰어요? 안 지켰어요. 그저 이기주의의 노예가 되는 것으로 충분하다고 생각하는 세상이에요. 할아버지처럼 광주의 자존심이니 학생독립운동의 정신을 주장하던 모두들 이상한 눈으로 본다구요.

동국 (충격적으로) 뭐, 뭣이 어째야? 나를 이상한 눈으로 봐? 그럼 내 얘기가 틀렸단 말이냐?

대균 백번 옳죠. 그러나 옳은 말인데도 안 먹혀들어 가는 게 현실이에요. 할아버지 제가 좋은 예를 들어볼까요.

이때 현관 쪽에서 강순호 부부가 들어서다가 조심스럽게 몸을 돌린다.

대균 전철 안이나 번화가 한복판에서 전도사가 목이 터져라고 설교를 하는 광경을 볼 때 나는 그 얘기는 하나도 버릴 것이 없는데도 귀담아 듣는 사람은 없더라구요. 도리어 지겹게 여기고 어서 사라지기만을 기다리는 그 싸늘한 눈빛을 볼 때마다 나는 슬퍼지는 거예요.

동국 그럼 내가 그 전도사와 같단 말이냐, 뭐냐?

대균 할아버지가 같다는 게 아니라 대중들이 같다는 거죠. 할아버지께서 학생독립운동 기념탑 앞에서 느끼시는 그 감정이나 울분 따위는 세상 사람들은 몰라요. 알려고 하지도 않고요! 그걸 아무리 강조해도 공감도 감동도 안하는 게 현대인이에요.

대순 (문득) 그래요. 현대인은 감격할 줄 모른데요. 감정이 메말랐데요. 영화나 연극을 봐도 우습지도 슬프지도 않는… 그것을… 뭐라더라…

대균 불감증.

대순 그래 맞았어! 유리는 모두가 불감증 환자가 되었다고 쓴 어떤 교수의 글이 생각나요.

동국 그래서 나더러 불감증 환자란 말이냐? (윽박지르듯) 느그들 배때기가 땃땃하고 호강스럽게 자랐으니께 남의 일은 모르겠다 이거냐? 웅?

대순 그렇게 무서운 눈으로 보지마세요.

동국 (대균에게) 대학생이 뭐하는 거냐? 기가 막힌다. (허공을 쳐다보며) 1929년 11월 3일, 그날 우리가 광주 시내를 누비고 다니며 목이 터져라 만세 부르던 그날, 광주고보, 광주농업, 광주여고보, 광주 사범, 수피아, 숭일… 모두가 대학생도 아닌 중학생들이었다! 가 난했고 못 배웠지만 민족을 생각했고 장래를 걱정할 줄 아는 신 념의 소유자였어! 그런데 너희들은…

대균 (남의 얘기하듯) 그러니까 1980년 5월 광주민주항쟁이 일어났었잖 아요?

동국 뭐… 광주민주항쟁?

대균 그때 할아버진 어디서 무엇 하시고 계셨어요?

동국 고향에 있었제, 불섬에서 농사짓고 있었다. 왜…

대균 (비시시 웃으면서) 왜 안 나오셨어요? 젊은이들하고 어깨동무하고 "독재정권 물러가라! 군사정권 타도하라!"라고 데모를 하셨어야 지요.

동국 할애비가 그렇게 하기엔 너무 늙었겠지.

대균 젊으셨다 해도 못하셨을걸요.

동국 뭣이 어째야?

대균 할아버진 젊은 세대의 무기력만 나무라시지만 말고 기성세대로 서 책임도 생각해보세요.

동국 물론이지! 허지만…

대균 할아버지도 그리고 아버지도 아무런 행동으로 나타내지 못했잖 아요. 왜죠? 광주의 자존심과 양심이 있었다면 뭔가 하셨어야 옳 았을 텐데요.

이때 순호와 정숙이가 나온다. 일부러 태연한 척 꾸민다. 외출에서 돌아온 모양이다.

순호 그건 이상뿐이야. 현실하고는 거리가 먼 이야기다.

대균 아버지!

동국, 대균 그리고 대순이가 의외의 침입자에게 경악을 금치 못한다.

대순 아빠, 언제 들어오셨어요?

정숙 한참 되었다. (소파에 앉는다)

대순 그럼 우리 얘기 다 엿들었어요?

정숙 엿듣긴… 저절로 들려오던데… 뭘… 흠… (과자상자를 열며) 아버님 과자 드세요. 결혼식장에서 답례품 받았어요!

일부러 분위기를 희석시키려고 밝은 표정을 지으나 동국은 여전히 굳은 표정이다.

순호 (일부러 밝게) 오랜만에 우리 식구가 한자리에 모였군! 여보 오늘 저녁은 뒤뜰에서 식구끼리 불고기 파티나 할까? 어때?

정숙 아버님 괜찮으시겠어요?

동국 내사… 뭐… 음… (하며 한구석으로 가서 담배를 피운다. 분위기가 서먹하다)

순호 아버님, 언젠가 한번은 말씀드려야겠다고 생각은 했었지만 좀체로… (사이) … 제 얘기 듣고 계세요?

동국 (무뚝뚝하게) 나 아직 귀는 멀쩡하다… 걱정들 말어. 노망 안 났으니께!

나는 불섬으로 간다

순호	(담담하게) 광주 애긴 이제 그만 잊으세요.
동국	뭣이라고?
순호	그리고 불섬에 남아있는 밭떼기도 마저 처분하시고 여생을 편안하게 저희들과 함께 보내시도록 아주 작정하세요.
동국	(눈을 지그시 감는다)
정숙	그렇게 하세요. 아버님이 집에 안계시면 도무지 불안하고 초조해서 일도 손에 안 잡혀요… 그리고 또…
동국	(감정을 억제하며) 내가 광주에 다녀온 게 못마땅했냐?
정숙	아니죠.
동국	지금 아범이 그러잖던! 광주며 고향은 아예 잊어버리라고… (금세 입가에 경련이 일어나는 건 감정이 드높다는 증거다) 내 말이 틀렸어? 응?
순호	(잠시 생각에 잠기다가) 그럼 말씀드리죠.
동국	(강직하게) 말해봐!
순호	(침착하게) 아버지는 아직도 환상을 좇고 계십니다.
동국	환상? 환상이 뭐냐?
순호	어떤 이상만을 고집하실 뿐 현실을 냉정하게 못 보시고 계시다는 말입니다.
동국	이상은 뭐고 현실은 또 뭐여? 나는 무식해서 못 알아듣겠다!
순호	원리원칙만을 내세워 밀고 나가려 하지. 한국적 현실에는 너무나 굳어버렸어도 융통성이나 유연성이라고는 없으셔요. 쇠와 돌과 콘크리트로 굳어버린 사회적 현실을 모르세요. 우리가 살아남기 위해서는 그 현실과 타협할 줄도 알고 때로는 물러설 줄도 알아야지. 아버지 주장처럼 자존심이나 양심만을 내세우고 원리 원칙만을 밀고 나갈 순 없단 말입니다.
동국	가만… (사이) 듣자하니 너는 내가 지금도 학생독립운동정신을

신봉하고 있다는데 대해서 불만인 모양인데…

순호 불만이 아니라… 수정이 필요합니다.

동국 수정?

순호 제가 아버지 때문에 피해를 입었다는 사실을 잊으셨습니까!

동국 내가 너에게 피해를 입혔다고?

순호 결과적으로는 그렇게 된 셈이죠. 큰아버지까지도.

동국 (탁자를 거칠게 치며) 이놈! 애비를 뭘로 보고… (벌떡 일어서며) 네가 기업체 사장으로 밥술이나 먹고 사회적으로 말뚱깨나 뀐다고 이젠 애비를 우습게 보는갑다만… 난…

정숙 아버님! 고정하세요! 결코 그런 뜻이 아니라… (말리자 손을 뿌리친다)

동국 네놈 속셈은… 늙은 애비더러 어서 죽으라는 말인가 본데… 걱정 말거라! 내가 늘그막에 자식 덕보려고 여기 있는 줄 아느냐? 천만에 말씀이다! 나 혼자서도 얼마든지 살 수 있다! (대순에게) 나 물 한 그릇 줘라!

대순 예… (급히 뛰어간다)

순호 (냉철하게) 아버지. 제가 대학 졸업 앞두고 외국유학하려고 여기 저기 뛰어다니던 일 생각나십니까? (쓰게 웃으며) 그리고 유학을 단념하고 취직하려고 온갖 노력을 기울였지만 필기시험 성적은 합격인데 면접결과는 으레 불합격이었죠. (쓰게 웃으며) 왠지 아십니까? (대순이가 물컵을 가지고 나와 동국에게 내민다. 꿀꺽꿀꺽 마신다)

대순 그 이유가 뭐였는데요? 아빠.

순호 얘기를 꺼내자면 길고, 청승맞고, 침울한 사연이었다. 너희들은 상상도 못할 현실이었다. (사이) 내가 대학 4학년 때 늦가을 어느 날 관할파출소에서 형사가 만나자고 연락이 왔었다.

이때 무대 어두워지며 대중요 〈지금 그 사람 이름은 잊었지만〉의 멜랑 콜리한 노래가 다방 전축에서 흘러나온다. 이윽고 지하다방의 한구석 이 조명된다. 검정색 가죽잠바를 걸친 30대의 형사가 담배를 피우며 앉아있다. 누구를 기다리는 듯 시계를 들여다본다.

형사 (한복을 향해) 김 양! 나한테 전화연락 없었어?

레지 (소리만) 없었어요, 정 형사님!

형사 (혼잣소리로) 이 새끼가 누구 엿 먹이려고 이러나? 20분이나 지났 는데… (하며 새 담뱃갑을 꺼내서 피운다. 이때 20대 대학생 강순호가 헐떡이며 들어선다. 노랑 티셔츠에 회색 가디건을 걸치고 손에 두어 권 의 책을 들었다. 안경은 안 썼다. 장발이다. 그가 두리번거리자 형사가 먼저 아는 척한다)

형사 (손을 들어) 여기야!

순호가 급히 다가와 절을 꾸벅한다.

순호 죄송합니다. 강의가 늦게 끝나서 그만…

형사 앉아요. 강순호 학생, 맞지?

순호 (앉는다) 예…

형사 (서류를 꺼내며) 바쁘니까 본론부터 들어가자구… (치켜뜨는 매서 운 눈초리로) 신원진술서 내용이 사실하고 다르던데.

순호 예! 그럴 리가 없는데요. 저는 사실대로…

형사 (진술서 읽으며) 본적 전라남도 진안군 도초면 ○○리 956… 맞지?

순호 예.

형사 그런데 가족환경인데… 백부가 한 분 계셨지?

순호 예? 저는 잘… 모르…

형사 물론 모를테지… (서류를 뒤적이며) 1925년 도초도에서 일어났던 소작쟁의 사건 때 주모자였고… 8·15해방 직후 때 좌익전당에 가입했으며…

순호 (멋쩍어 웃으면서) 제가 태어나기 전 일이라서…

형사 그럴테지… 그건 그렇고 강 군 아버지도 과거가 있는데도 왜 안 썼냐? (하며 담배 연기 너머로)

이 부분 이후 대본에서 1페이지 가량이 누락되어 있음.

제7장

거실, 대순의 눈에 이슬이 맺혔다. 순호가 쓰린 추억을 지우려는 듯 손수건으로 안경을 꺼내어 닦는다. 그리고 얼굴을 닦는다. 창가에 서 있던 동국이 길게 숨을 몰아쉰다. 그러나 대균은 여전히 밝은 표정이다.

대균　그럼 그때 아버지 심정은 어떠했어요?

순호　(담담하게) 죽음을 각오했었다. 희망이 없는 인생이 무슨 소용인가 싶더구나. 그래서 약국에 가서 수면제를 사고 소주 한 병 사들고 어린이대공원 쪽으로 무작정 걸었다.

대균　그런데 자살미수였군요?

순호　그래.

대균　겁이 났어요?

순호　아니다. 구원의 여신이 나타났었지.

대순　구원의 여신?

대균　그게 누군데요.

순호　네 엄마. 아니 그때는 유정숙이라는 대학 가정과 학생이었지. (정숙을 돌아보며) 그렇지?

정숙　말도 마라. 그때 일은 생각하면 지금도 온몸에 소름이 끼친다. 금세 해가 뉘엿뉘엿 지는 시간인데 어떤 청년이 큰 미루나무 그늘에 누워있지 않겠니? 그래서 호기심 반 두려움 반으로 살금살금 다가갔지, 뭐냐.

대균　그래서요? 아빠가 처다보던가?

정숙　아니 혼자서 키득키득 웃는지 우는지 분간 못할 소리를 내며 약봉지를 손바닥에 털어놓는 거야. 그리고는 다른 한 손으로 소주

병을 들고는 입으로 마개를 따지 않겠어?

대순   어머나! 저를 어째!

정숙   다음 순간 나는 반사적으로 자살이다 싶어서 뛰어가서 아빠 손을 잡았지! (하며 그 당시의 상황처럼 재현해 보인다)

정숙   안돼요! 안돼!

순호   놓으세요! 저리 비키라니까?

정숙   죽으면 안돼요! 참으세요!

순호   나는 이 일밖에 없어! 놔! 놔!

정숙   (결사적으로 매달리며) 안 된다니까! 안돼! (멀리 대고) 사람 살려요! 누구 없어요! 사람 살려요!

이 말에 대답이라도 하듯 동국이가 휙 돌아본다. 두 눈에서 눈물이 쏟아지고 있다.

동국   순호야!

정숙   아버님.

동국   그만! 제발 그만 좀 혀! 그만! 흑… 흑… (하며 마룻바닥에 엎드려 운다. 모두들 뜻밖의 사태에 어리둥절 한다)

정숙   아버님… 왜 그러세요? 저는 옛날 얘기를……

동국   내가… 내가 죽일 놈이었제… 내가…

순호   (일부러 밝게 웃으며) 그게 아니라니까요. 지금에 와서 아버님을 책망하거나 원망해서가 아니라 우리 세대가 살아 나온 내력을 아이들에게 들려준 것뿐이에요. 아버님 오해마세요.

동국   애비가 살아온 시대나… 네가 살아 나온 시대나… 따지고 보면 주인만 달라졌을 뿐 꼭같은 어릿광대 노름이었지. 자칭 지도자만 달라졌을 뿐 형용한다는 소리는 그 소리가 그 소리고… 아… 어

487

쩌다가 이런 지랄같은 세상에 태어나서… 한평생을 이렇게 밖에는…

이때 대균이가 기타를 들어 조용히 조율을 한다.

대균   신세대인 제가 지은 노래 한 곡 들어보실래요? 제목은 〈내가 다시 태어난다면〉!

대순   〈내가 다시 태어난다면〉? 그럴싸한데 오빠?

대균   (노래)
        내가 다시 태어난다면 지도자가 없는 나라 돈으로 파고 살지 않은 나라 육법전서가 없는 나라에 태어나고 싶어라.
        지도자란 국민을 시궁창으로 돈으로 사람도 사랑도 무기도 사며 법률은 항상 강한 자편에 있네. 그러니 내가 다시 태어난다면 아… 그런 나라였으면.

모두들 손뼉을 친다.

대균   이것이 바로 우리 신세대들의 소망이자 주제가이다! 헛허…

그러나 동국은 넋 나간 사람처럼 멍하니 앉아 있다.

대균   할아버지… (대답이 없다. 낮은 소리로 대순에게) 할아버지 내 노래에 쇼크 받으셨나보지?

대순   강한 것 같으면서도 약한 게 인간이니까.

정숙   (순호에게) 당신이 공연한 얘길 꺼내가지고서는…

순호   결코 그런 말이 아니었는데…

동국이가 가까스로 자리에서 일어나려하자 대균이가 잽싸게 부축을 한다.

동국   (의외라는 듯) 응? 네가 누구였제?

대균   할아버지의 손자지 누군 누구에요? 헛허…

동국   으… 대균이… 난 또… (하며 순호를 쳐다본다. 순호가 생긋 웃자 동국도 쑥스럽게 웃는다)

동국   애비가 추태를 보였나벼. 그렇지야?

정숙   아니 제가 경망스럽게 그만… 죄송해요. 아버님의 아픈 상처를 건드려서…

동국   상처? 천만에!

정숙   죄송해요.

동국   상처 입은 게 어디 나 뿐이냐. 나도 너희들도, 그리고 대균, 대순도 다 피해자나 마찬가지지. 나는 새삼 나 때문에 대균 애비가 입었던 상처를 생각하니 그만…

대순   아빠. 그럼 그 얘기는 끝이 난 거에요?

순호   아니지!

대순   그럼 자살미수에서 어떻게 소생하셨어요?

대균   야, 네가 무슨 수사관이냐? 그렇게 꼬치꼬치 캐묻게.

대순   오빠는 몰라. 나의 꿈을…

대균   꿈?

대순   나 있잖아. 대학에 들어가면 본격적으로 문학공부할거다. 그리고 처녀작으로 우리 집 이야기를 소재로 소설을 쓰는 게 꿈이래두!

대균   (눈을 크게 뜨며) 아-쭈! 소설을?

정숙   지금부터 기대되는구나. 흠…

대순   (허공에 그림을 그리듯) 할아버지… 아빠 엄마… 그리고 오빠와 저… 이렇게 우리 가문의 삼대를 훑어내려 오면서 우리 가족사이

    나는 불섬으로 간다

자 민족수난사 같은 그런 소설을 쓰겠어요.

정숙 대견도 해라. 여보 당신도 뭐라고 한 말씀 격려해줘요.

순호 그래, 장하다. 그리고 네 엄마의 내조가 나를 살려줬으니까… 그래 제목은 뭘로 하겠니?

대순 불섬.

일동 불섬?

이 말에 동국의 얼굴에 긴장 끝에 경련이 일어난다.

대순 할아버지 얘기 가운데서 불섬이라는 말과 불씨라는 말이 나왔을 때 나는 직감적으로 어떤 인스피레이션을 느꼈으니까요.

대균 너는 웬 인스피레이션이 그렇게 자주 나타나니? 헛허

동국이가 천천히 걸어 나가면서 중얼거린다. 마치 몽유병환자 같다.

동국 불섬… 그려… 불섬… 음… 그렇고말고.

하며 2층 쪽으로 나간다. 모두들 의아해진다.

정숙 왜 저러시죠?

순호 아버님도 늙으신 게야. 팔순 고개를 넘기셨는데…

대균 그래도 점심때 반주에 소주 한 병의 실력이라면 알아 모셔야죠. 허허…

일동 하하하하.

암전

제8장

무대 한구석에 대순이가 의자에 앉아서 책을 읽고 있다. 소설책인지 제풀에 웃음을 못 참고 일어난다. 이윽고 관객 쪽을 향한다. 빙그레 웃으며 앳된 모습으로 말을 던진다.

대순 우리 집 가족 구성원, 재미있죠? 흠 그래요. 저마다 개성적이고 저돌적이면서도 어딘지 풋풋한 정 같은 걸 느끼지 않으세요? 그래서 저는 우리 가족들을 자랑스럽게 여기고 있어요. (사이) 할아버지는 얼핏 보기엔 완고하고 고집불통인 것 같지만 인간미가 있으셔요. 광주학생독립운동을 아직도 하나의 신앙처럼 고집하시는 점에서는 오히려 존경스러워요. 그야말로 '일편단심'인걸요. 이 혼란한 사회에 할아버지처럼 모교와 고향과 나라를 걱정하시는 정신적 지주가 남아 계시다는 게 저는 자랑스러워요. 다만 아버지에 대한 죄책감이 아직도 마음 한구석에 앙금처럼 가라앉은 게 어쩐지 가슴 아파요. (사이) 그런 점에선 우리 아빠도 매한가지죠. 군사독재정권 밑에서 짓밟힌 상처는 영원히 못 잊을 거예요. 글쎄 부모가 저지른 과오 때문에 그 자식까지 멍에를 지우고 족쇄를 채워 사회에서 버림을 받게 하다니 말도 안 되죠. 지금이 무슨 조선시대인가요? 조선시대에는 한 사람의 죄과 때문에 삼족을 벌하게 하는 악법이 있었다지만 지금은 20세기 하고도 후반기라구요. 그런데 아직도 연좌제가 남아있었다니 생각만 해도 끔찍스러워요. 날고 싶어도 못 날은 새들. 넓은 세상으로 나가고 싶어도 못 나가게 족쇄에 채워졌던 젊은이들. 아빠의 좌절과 분노의 상처를 생각하면… (금세 눈물이 글썽해지며 떨리는 목소리로

나는 불섬으로 간다

낮게) 가여워요… 오죽했으면 자살까지… (증오심에) 그래서 지난 날의 그 독재정권의 행적이 밉기만 해요. (다시 힘을 찾으며) 그렇지만 아빠는 엄마를 만나 새 인생으로 거듭나셨대요. 유학은 단념했지만 기업가로 대성하신 것은 오직 엄마의 뜨거운 사랑의 덕분이었어요. 물론 집안이 넉넉도 했지만 헌신적인 내조가 컸어요. 그때부터 우리 아빠는 정치고 나발이고 다 팽개치고 사업에만 정진하셨어요. 아니 어쩌면 정치를 경멸했을 거예요. (약간 사이를 두고 걱정스럽게) 그런데 우리 오빠가 문제에요. 여러분이 보기엔 철부지 같고 날라리 같죠? 고민도 없고 꿈도 없고 그리고 계산도 없이 제멋대로 행동하는 타입이 나도 못마땅했어요. 대학생쯤 되면 인생에 대해서 현실에 대해서 그리고 자신의 장래에 대해서 뭔가 고민하고 몸부림칠 줄도 알 텐데 말이에요. (긴장의 빛으로 변하며 속삭이듯) 그런데 말이에요. 그런 우리 오빠한테 일대 변화가 일어났어요. (다시 어조를 돋구어) 아니 변화라기보다는 자기 혁명 아니지, 기상천외의 사건이라고 해야겠죠. 그럼 직접 들어 보시죠.

이와 동시에 대순을 비추던 스포트라이트 사라지고 식당 쪽 식탁주변이 밝아진다. 순호, 정숙과 마주앉아 대균이가 식사를 하고 있다. 새장의 카나리아가 운다. 한가로운 아침 한때, 정숙이가 숟갈을 든 채 크게 놀란 듯 국을 떠먹고 있는 대균을 내려다본다.

정숙	대균아 너 지금 뭐라고 했지?
대균	(가볍게) 약혼이요.
순호	약혼?
정숙	누가?

대균   제가요.

입에 밥숟갈을 옮기려던 순호와 정숙이 시선을 마주친다. 날벼락을 맞은 사람처럼 한동안 스톱모션의 자세이다.

정숙   무슨 소리냐?

대균   (숟갈을 놓고 물을 마신다음 두 사람을 정면으로 보며) 허락해주십시오, 저의 결혼.

순호   (정숙에게) 여보 저 애가 지금 무슨 애기죠?

정숙   이거야 말로 자다가 냉수 벼락 맞은 꼴이군요.

순호   (대균에게) 담담하게 다시 말해봐. 결혼은 뭐고 약혼은 뭐냐?

대균   (시침을 떼고) 결혼은 성인 남녀가 부부결연을 하는 예식이며, 그 과정에서 예비적 약속결연이 약혼이죠. 틀렸습니까?

정숙   그래서?

대균   (흥분하지 않고 태연하게) 그 결혼을 전제로 해서 약혼을 허락해주십사하고 이렇게 정식으로 여쭙고 있습니다. 허허. (하며 고개를 꾸벅한다)

정숙과 순호가 다시 한 번 시선을 마주친다. 순호가 어이가 없다는 듯 자리에서 일어나 거실 쪽으로 나온다.

정숙   여보, 왜 식사 안 하세요?

순호   대균아. 나하고 애기 좀 하자.

대균   그렇게 하세요.

대균이가 따라 나온다. 정숙은 두 사람의 눈치를 보며 빈 그릇을 챙긴다. 순호는 되도록 흥분을 억제하려고 담배를 피어문다.

순호   (차분하게) 처음부터 다시 조리에 맞게 얘기해봐. 그렇게 잠결에
       봉창 두들기듯이 나오지 말고… 상대는 누구며, 또 네 심경의 변
       화는 무엇이며, 또…

대균   (계면쩍게 웃으며) 이건 마치 무슨… 취업 때 면접시험을 치르는
       것 같군요. 쑥스러워요. 헤헤.

순호   웃어넘길 일이 아니다.

대균   아빠 좀 편안한 표정으로 말씀하실 수 없어요? 그렇게 심각하게
       나오시면 저도 기가 죽어서 할 얘기를 못하겠어요? 헤헤.

정숙   (커피잔을 들고 나오며) 여보. 대균이 말대로 편안하게 자유 분위기
       속에서 말하게 하세요. (하며 커피잔을 내려놓고는 마주 앉는다)

순호   (부드럽게) 너 올해 몇 살이냐?

대균   스물둘이요.

순호   스물둘.

정숙   내년 봄엔 군 입대한다면서?

대균   예. 이제 졸업까지 1년 남았는데 먼저 병역부터 마치고 나서 복학
       하려요. 선배들 얘기가 졸업하고 군대 가는 것보다는 그게…

정숙   그런데 무슨 결혼이며 약혼이니?

대균   (강조하며) 그러니까 더 절실하죠?

순호   뭐가 절실해?

대균   3년 군복무 마치고 남은 1년 학업 마치자면 적어도 5년 후에야
       결혼을 하게 되겠는데 그때까지 기다릴 순 없대요. (강조하며) 절
       대로요.

정숙   절대로.

순호   누가?

대균	누군 누구에요. 저쪽이지.
순호	(화를 버럭 내며) 저쪽이 어느 쪽이야? 이놈아.
대균	임명희요. 신부후보.
정숙 순호	(동시에) 신부후보?
대균	우린 결혼할거에요. 주변에서 반대한다면 외국으로 도망쳐서라도 (부동자세를 취하며) … 아빠, 엄마 허락해주세요. 결혼이 어렵다면 약혼이라도 해야 우리는 믿음을 가지고 3년을 기다릴 수 있다고 합의했어요. 이건 결코 일시적이며 즉흥적 발상이 아닙니다. 명희도 생각이 깊은 아이죠. 그래서 기분 같아서는 내일이라도 결혼식을 올렸으면 좋겠지만 우리가 아직 학생신분이니만큼 우선 약혼이라도…
순호	약혼을 해?
대균	만약 그게 성사가 안 된다면 우리의 사랑은 애당초부터 없었던 걸로 할 수밖에 없다면서 명희는 (울상이 되어) 눈물로… 호소했어요. 진실입니다.
정숙	아니 언제 그렇게까지 깊은 사이였니?
대균	그건 저도 모르겠어요. 다만 얼마 전에 명희로부터 그 얘길 들었을 때 저도 어떤 책임 같은 걸 느끼게 되었고… 언제고 해야 할 결혼이라면야 지금 약혼을 한다 해도 흉잡힐 일도 아니라는 생각이 들어서, 우리 두 사람은 그렇게 결정을 해버렸습니다. 그러니 아빠, 엄마 제발…
순호	(초조하게 방안을 서성거린다) 약혼을 해?
대균	그게 어려우시다면 아예 결혼식을 올려도 무방합니다.
순호	(탁자를 뻥 차며) 무슨 개수작이냐?
정숙	여보.

대균　아빠 왜 이러세요? 제가 뭘 잘못했습니까?

순호　하라는 공부는 뒷전에 두고 고작해서…

대균　(반항하듯) 약혼이 왜 나쁩니까?

순호　정신 나갔어? 지금 네 나이가 몇 살이냐?

대균　스물둘이면 성인하고도 넘고 법적으로도 자유의사에 따라 결혼
　　　도 할 수 있다구요.

순호　결혼을 아무렇게나 하는 줄 아니? (하며 의자에 다시 앉는다)

대균　그게 왜 아무렇게에요? 양가 부모 승낙 받고 정식으로 떳떳하게
　　　약혼식 올리고, 삼 년 후 군복무 마치고 나서 결혼식 올리는 정식
　　　절차를 밟겠다는 게 왜 아무렇게냐구요.

순호　(자리에서 벌떡 일어나며) 안 된다.

대균　아빠.

순호　약혼도 결혼도 절대로 안 된다.

이때 2층에서 동국이 내려오다가 잠자리에 갓 일어난 듯 부스스한 차
림이다. 손에 물 주전자를 들었다.

동국　장가가겠다면 가게 해.

정숙　아버님.

순호　나이 스물두 살에 무슨 장가에요.

동국　나는 열여덟 살 때 장가갔었다. 허허… 요새는 시상이 달라져서
　　　인지 결혼 연령이 낮아졌다고 언젠가 텔레비전에서도 얘기 하더
　　　라만… (대균에게) 그렇지야?

대균　그럼요. 학생부부도 증가인데요.

동국　그럼 됐지 뭘. (순호에게) 그렇게 해버려. 짝이 나왔을 때 해치우
　　　는 게 좋다. 자고로 혼사란 인력으로도 안 되는 법이다. 연이 닿고

운이 맞아야제… 그래… 뉘 집안 규수냐?

대균 (용기를 얻어) 아버진 은행계에서 오랫동안 지점장으로 일하다가 정년 후부터는 증권회사 사장으로 자리를 옮겼어요.

정숙 (싫지 않은 양) 증권회사 사장?

동국 형제는 몇이나 되고?

대균 무남독녀예요.

정숙 외동딸?

대균 대학에서 의상학과 전공이고 나이는 나보나 하나 아래이고요. 처음엔 글쎄 나더러 데릴사위로 오라고 하잖아요. 헛허.

동국 (눈을 크게 뜨며) 이놈, 그게 말이냐 막걸리냐? 그렇게 되면 우리 집 대가 끊어진다.

대균 그래서 저도 거절했죠.

정숙 (조심스럽게) 그럼 세 식구냐?

대균 아뇨. 할아버지가 한 분 계시다나 봐요. 공화당 땐가 뭐 국회의원도 지내시고… 강원도에서 농장을 하시며 가끔 서울 집에서도 지내신다나 봐요.

동국 전직 장관? 팔자 늘어진 노인이구먼.

대균 한때 경찰계 고급간부도 지냈대요.

동국 집안에 그런 어른이 있다면 나하고도 말상대가 되겠는디? 후후…

대균 예. 그래서 조만간 가족끼리 인사 소개도 하게 자리를 마련하자는 거예요.

동국 암, 그렇게 해야 하고말고. 서로 집안 내력은 알아야제…

대균 저쪽에서는 그 정도로 적극적인데 (불만스럽게) 아빠가 이런 식으로 나오신다면… (눈치를 보며) 저도 생각이 있어요. (사뭇 공갈조이다)

정숙 생각이라니?

나는 불섬으로 간다

대균   (위협적으로) 이래 뵈도 나는 한다면 합니다. 저에게도 별이 있고 고집이 있고 깡다구가 있다구요.

순호   애미한테 겁주는 거야 뭐야?

대균   내 의사대로 행동하겠다, 이거죠. 아빠 젊었을 때 일 생각 안 나세요?

순호   무슨 얘기를 하려는 거냐?

대균   꼬리표처럼 늘 붙어 다니던 신원조회 말이에요. 그 붉은 줄이 쳐진 신원조회 때문에 고생하셨을 때 일 생각 안 나세요?

순호   난데없이 그 얘기는 왜 꺼내니?

정숙   대균아 그 일과 이 일과 무슨 상관이 있어?

대균   있잖아요. 날고 싶은 젊은이의 마음을 깔아 뭉기려는 독재자의 독성에는 다를 바가 없죠.

동국   독재성?

대균   아빠가 그토록 원하던 유학을 포기한 원인이 신원조회였다면서요? 그러니까 제가 결혼을 포기하게 되었을 때 나의 행동의 책임은 바로 아빠의 편견과 몰이해 때문이라는 걸 잊지 마세요.

정숙   대균아 그런 얼토당토 않은 트집일랑 말아. 네 아빠는 어디까지나…

이때 전화가 울린다. 동국이가 전화를 받는다.

동국   여보쇼… 예… 그렇소만 대균이? 응… 댁은 뉘시오? 응? 친구? 응… 잠깐만 기다리쇼. 대균아 전화다. 예쁜 새악씨 목소리인디… 흠.

대균이가 수화기를 받는다.

대균   여보세요. 아… 명희니?

순호와 정숙이 긴장의 빛으로 돌아본다. 동국은 느긋하게 담배를 피워
본다.

대균   (시무룩해지며) 그게 신통치 않다. 응. (사이) 흐린 후 맑음이 아니라
         갑자기 중국대륙지방에서 한랭기류가… 응… 글쎄… 쉽게 날이
         개일 것 같지 않다.
동국   난데없이 일기예보 얘기여? 훗흐…
대균   글쎄 당분간은 저기압이 전반적으로 깔릴 것으로 전망된다… (문
         득 심각해지며) 응? 그건 안돼. 시기가 안 맞아. (사이) 그건 최후에
         가서 뽑아야 할 칼자루지 지금은 안돼. 응… 응…

칼이라는 말에 세 사람이 긴장과 불안의 구름에 쌓인다.

대균   알았어. 그래 태풍의 눈은 언제나 편견과 몰이해라구… 남을 이
         해하려들지 않고 나만이 옳다는 독선과 이기주의 말이야. 어느
         시대나 우리 젊은이의 앞길을 가로막는 독소이니까. 그래… 알았
         어… (사이. 신경질적으로) 글쎄 알았다니까. 그래, 또 보자… (하며
         전화를 끊는다)
정숙   명희라는 그 색시니?
대균   우리 집으로 쳐들어오겠다는 걸 말렸어요.
순호   집으로 쳐들어와.
정숙   명희가?
동국   보통이 아닌갑다. 성깔이… 훗흐.
대균   우리는 떳떳하다고 생각되면 그 누구의 눈치도 안 봐요. 그게 신

세대 기질이죠.

동국 신세대 기질?

대균 어른들은 신세대하면 그저 놀고 마시고 춤이나 추는 백수건달로 아시지만 그게 아니에요. 공부할 때는 하고 놀 때는 놀고 화끈하다구요. 싫은 건 철저하게 싫어하는 것뿐이죠. 할아버지나 아빠의 세대처럼 뜨뜻미지근한 태도는 딱 질색이죠.

순호 뜨뜻미지근해? 내가 언제…

대균 남의 눈치만 보고 슬슬 피해서 자기 보신만 해왔잖아요.

순호 (격분을 하며) 네 놈이 뭘 안다고 그래. 이 애비도 학생시절엔 데모도 하고 항쟁도 하고 유치장에도 들어갔다. 불의와 부정을 외치며 독재정권 물러가라고 싸웠어.

대균 그래서 얻은 게 뭐였어요?

순호 뭐라고?

대균 결국은 타협과 변절로 자기 합리화시키면서 애써 현실도피했지 뭡니까, 예?

이 말이 떨어지기가 무섭게 순호가 대균의 뺨을 후려갈긴다. 그 힘에 못 이겨 대균이 두어 발 비틀거린다. 분위기가 경직된다.

정숙 여보 왜 이러세요. 다 자란 아이에게 손찌검을 하시고…

순호 (씨근덕거리며) 애비한테 한다는 소리가… 고작 그거냐? 응? 뭐 타협과 변절? 현실도피? (다시 대들며) 네 놈이 이 애비에게… (멱살을 쥔다)

정숙 (사이에 끼어들며) 여보 참으셔요. 냉정하셔요. 여보.

순호 놔, 놔. 애비 앞에서… 할 얘기가 따로 있지… 내가 언제 변절했으며 언제. (하고 다시 대균에게 대들자 정숙이가 뜯어 말린다)

정숙 여보 참아요. (대균에게) 어서 빌어. 잘못했다고 빌어. 대균아. (필
사적으로 외친다. 그러나 대균은 저만치 등 돌리고 서 있다. 순호가 의
자에 주저앉아 담배를 꺼내 피운다. 손이 떨린다. 정숙이가 대균에게로
다가간다)

정숙 (타이르며) 그러면 되니? 네 아빠가 지금까지 어떻게 살아나오셨
는데… 온갖 굴욕과 수모를 견디고 참으면서 험악한 현실을 이겨
나온 일을 모르는 네가 아닐 텐데… (등을 다독거리며) 아빠한테
가서 빌어라. 응? 너는 아빠보고 편견과 아집을 가졌다지만 누구
나 그건 있기 마련이다. 너희들 신세대는 없어? 솔직히 말해봐.
너희들하고 다니는 꼬락서니하며 어른을 몰라보고 제멋대로 놀
아나는 꼴. 그렇지만 아빠나 엄마 세대는 그건 아니었다. 말로는
다 못했지만…

대균 (냉소적으로) 피차일반이죠.

정숙 뭐라고?

대균 우리는 적극적으로 노예근성을 못 벗어났으니까요. 왜놈 때나 미
군정 때나 그리고 군사독재정권 때나… 언제나 길들여진 채 노예
처럼 살아왔지 뭐에요.

순호 (다시 화가 치밀어) 입 닥치지 못해? 네가 지금 부모를 설교하기냐?
응? (하며 일어나 노려본다)

동국 (긴 한숨) 아니여, 그게 아니란 말이다.

정숙 아버님.

동국 대균이 말대로였제. 대균이 말이 백번 옳단 말이여.

순호 무슨 말씀을 그렇게.

동국 (허공을 쳐다보며) 우리는 옛날이나 지금이나 그놈의 노예근성을
못 벗어났던 거여. 한 번도 주인으로 살아온 적이라곤 없었지.
항상 어떤 힘에 붙어먹고 사는 노예였으니께. 머슴살이였다 이거

여. (대균에게) 그걸 노예근성이라고 하는 거제? 응? 훗후… 알고
보니께 너도 전혀 껍데기는 아니었구나. 헛허…

순호 아버님 웃어넘길 일이 아니에요. 이건…

동국 (금세 엄연하게) 물론이다. 나는 대균이가 노예근성이란 말을 듣는
순간 우리 고보시절의 한 스승님 생각이 떠올랐다. (사이) 송홍
선생님이셔. 한문을 가르쳐주신 송홍 선생님은 언제나 한복을 단
정하게 입으셨고 기회 있을 때마다 조선 역사를 가르쳐 주심으로
써 은근히 민족의식을 깨우쳐주신 우리들의 정신적 기둥이요 빛
이셨다.

이와 동시에 무대 높다란 공간에 검은 두루마기에 콧수염을 기른 송홍
선생이 등장

송홍 북쪽으로는 오랑캐, 동쪽으로는 왜구 그리고 구한말 때는 양인들
이 드나들며 강압, 위협, 침략, 약탈을 일삼았으니 우리 민족은
단 한 번도 주인노릇을 할 틈이 없었어요. 해마다 철마다 공물을
갖다 바치고 비위를 맞추고 하느라고 손과 발이 닳도록 빌면서
살았거던. 항상 허리를 굽실거려야만 하니 눈을 들어 하늘을 쳐
다 볼 줄도 모르고 탁 트인 넓은 세상을 내다볼 줄도 모르는 노예
로만 살았지 단 한 번도 주인 행세를 못했거던. (강조하며) 이것이
바로 우리 민족의 약점이자 수치요 고질이자 난치병이었지. 나보
다 힘이 센 놈이 나타나면 잽싸게 진드기처럼 달라붙어서 피를
빨아먹는 기생충이었으니 이 얼마나 부끄럽고 원통한가 이 말이
여. (목이 메여 낮고 떨리는 소리로) 학생 제군 우리 민족이 살아남
으려면 머슴살이에서 벗어나야 해요. 그리고 멀리 앞을 내다보는
힘을 길러야해. 지금 우리는 긴 터널 속을 가고 있는 거요. 지금

은 캄캄한 어둠 속이지만 참고 기다리면 광명의 세계가 다시 나타난다는 그 이치를 잊지 말아요. 나는 여러 학생들에게만 희망이 있다고 믿어요. 노예가 아닌 주인이 되는 민족이란 바로 여러분이라는 자부심을 잃지 말도록. 알았제?

이때 수업 끝 종이 울린다. 이와 동시에 송홍 선생을 비추던 조명이 꺼지고 다시 거실로 돌아간다. 모두가 숙연한 표정이다.

동국 1929년 11월 3일 그 역사적인 학생독립운동이 일어났던 것도 따지고 보면 송홍 스승님의 열과 얼이 하나로 뭉친 셈이지. 오랜 세월을 두고 가슴에서 가슴으로 번져가선 정신적 유대가 있었기 마련이여. (순호에게) 그러니 너나 나는 이미 빚진 사람이나 다름없으니께 그리 알고…

순호 아버님!

동국 나는 너한테 빚이 있고… 너는 대균이에게 빚진 게 있다고 생각해.

순호 그게 왜 빚입니까? 저는…

동국 (일부러 밝게) 이 애비가 공연한 일을 저질러서 그만 꼬리표를 달게 했으니께 빚이제! 그러나 한 가지 일러둘 일은… (사이) 나는 공산주의자도 사회주의자도 아니란 말이여.

순호 그건 제가 잘 압니다. 해방 직후의 사회분위기란 일차적으로 일본제국주의자 반민주적 군국주의에 반대하고 그 잔재를 씻어내자는 일념이었으니까요.

동국 아… 어언 50년 전 일이다… 그때는 나도 피 끓는 청춘이었고 무서운 거라곤 없었으니라. 그래서 물불을 가리지 않고 뛰어 들었는디 글쎄 그래 언제부터인가 빨갱이로 낙인이 찍히고 그 때문에 너에게 못할 짓을 당하게 했으니… (쓰게 웃으며) 미안허게 되었다…

순호   아버님.

동국   (정숙에게) 그리고 애미 니가 없었던들 애비의 오늘은 없었으리라 생각하면 그리 고맙제?

정숙   별 말씀을 다하셔요. 아버님이 계셨기에 우리가 있는 거예요. 뿌리 없는 열매가 어디 있나요? 흠.

동국   그래서 이야긴데… (두 사람 눈치를 보며) 한 가지 부탁이 있는디…

정숙   말씀하세요.

동국   (대균을 돌아보며) 저 자식… 소원 풀어줘라 응?

순호, 정숙   (동시에) 예?

동국   나는 저 자식 믿는다. 아니 돌아가신 송홍 스승님 말씀마따나 우리 민족의 앞날은 바로 젊은 학생들에게 있는 거여? 우리 민족의 희망은 자라는 청소년들이지 나나 너는 이제 한물갔다.

미래 현관 쪽에서 대순이가 뛰어나온다. 책가방을 등에 짊어지고 있다.

대순   옳소! 껍데기는 가라! 할아버지 만세! 훗후…

대균   할아버지 진심이세요?

동국   아까 얘기 했잖어. 우리는 빚이 있다고… 네 얘기대로 광주 5월 항쟁 때도 나는 불섬에 있었기 땜시 현장을 보지 못했고 그래서 아무런 제 구실도 못 되었제. 허지만 늘 마음 한구석에서는 빚진 사람으로서의 죄책감도 있어 학생독립운동 기념탑을 둘러보고 망월동에도 갔었느니라. (이때 학생기념탑과 망월동 성역이 호리존트에 투영된다)

동국   내가 진 빚을 갚기 위해서 (순호에게) 안 그러냐?

순호   (순순히) 예, 옳은 말씀입니다. 그건 저도 시인합니다. 허지만 대균의 말처럼 변절이니 현실도피니 하는 누명은 쓰고 싶지 않아요. 저는…

동국 됐다. 그러면 됐어. 그 문제는 이상 더 거론말랑께.

대순 오빠가 정식 사과드려요.

대균 아빠 죄송해요. 제가… (하며 뒤통수를 긁는다)

동국 나는 대균이가 그토록 소신을 가지고 약혼을 한다는데 찬성이다. 나이가 문제가 아니야… 난 열여덟 살에…

대순 그 이야긴 백 번 천 번 들었어요… 으응.

일동 헛허…

동국 나는 믿고 싶다. 적어도 우리 가족끼리 만이라도 어떻냐? (순호와 정숙이가 난처한 표정을 짓는다)

동국 그럼 대균의 말대로 선도 볼 겸 집으로 초대하는 것이 어떻냐?

대균 그건 제가 책임지겠어요.

대순 오빠의 책임이 아니라 아빠, 엄마의 책임인거 몰라도 너무 몰라요 오빠는…

대균 그런가? 헛허…

순호 그럼 아버님 말씀대로… 그렇게…

정숙 색시 집에 연락해 어느 날이 좋은지.

대균 내일이라도 좋아요. 그럼 제가 다녀오겠어요.

대순 어딜?

대균 명희하고 약속이 있거든. 할아버지 감사합니다. (하며 밖으로 뛰어나간다)

정숙 여보 오늘 통상부장관 만나는 약속 없어요?

순호 내 정신 좀 봐. 내 양복…

정숙 예. (방 한구석에 걸린 양복을 가져와서 입힌다. 넥타이도 골라준다. 동국은 의자에 앉아 담배를 피운다. 깊은 생각에 잠긴다)

나는 불섬으로 간다

정숙	밖에서 만나는 게 어때요?
순호	글쎄… 좋을 대로해. 어차피 형식인데…
정숙	우리도 저쪽 집에 한 번은 가봐야 하잖아요.
순호	그건 그렇지만… 저편에서 오라고 해야지 가지. (서류가방을 챙긴다)
정숙	마음에 안 든다면 어쩌지요?
순호	싫으면 그만 두라고 하지, 우린 밑질 것 하나도 없으니…
정숙	어디 그럴 수 있어요.
순호	대균이 말 못 들었소. 선 보고나서 마음에 안 들면 거절해도 된다고 했잖아.
정숙	어머머… 그런 법이 어디 있어요.
순호	법이 어디 있어? 법이란 사람이 만들어내고 그걸 쓰면 법이지. 그럼 다녀오겠어요. 아버님.
대순	다녀오세요.

순호가 급히 나간다. 정숙이가 현관 쪽으로 따라 나가려는데 전화벨이 울린다.

대순	제가 받을게요. (전화를 받는다) 여보세요. YMCA요? 예 잠깐만… (현관 쪽을 향하여) 엄마, 전화.
정숙	(소리만) 알았어. (이 사이에 동국이가 2층으로 천천히 올라간다)
정숙	어디래?
대순	YMCA.
정숙	어머… 이를 어째?
대순	예.
정숙	불우이웃돕기 집행위원회가 있다는 걸 깜빡했지 뭐니? (이리저리 바쁘게 나대면서 옷을 챙겨 입으며) 에그… 엄마도 이제 건망증이

왔나봐. (거울 앞에 선다)

대순 엄마처럼 바쁘게 사시면 건망증도 치매증도 저리가라에요. 호호…

정숙 와줘서 고맙다만 어느 날 갑자기 오는 게 치매라더라… (핸드백을 들고 나오며) 너는 학교 안가니?

대순 첫 강의 휴강이래요.

정숙 그럼 할아버지 점심은 네가 차려드려. 냉장고에 두부 있으니까 찌개 좀 끓이고… 그리고…

대순 염려마세요. 다녀오세요.

정숙 (나가다 말고) 할아버진…

대순 2층에 올라가셨나 봐요.

정숙 그럼. (급히 나간다. 대순이가 따라 나간다. 무대 잠시 빈다. 새장안의 카나리아가 신나게 운다. 대순이가 현관 쪽에서 나온다. 갑자기 텅 빈 집안이 새삼 허전해진다. 대순은 허공을 향해서 시를 읊는다)

대순 아 조용해진 우리 집. 바다 속 같은 이 고요… 사람은 있어도 없는… 바람이 불어가고… 새가 울어가도 텅 비어있는 우리 집… 그 무엇으로도 메꿀 수 없는… 바람이 불어가고… 새가 울어가도… 텅 비어있는 우리 집… 그 무엇으로도 메꿀 수 없는…

이때 2층에서 동국이 내려온다. 처음 올 때처럼 두루마기에 낡은 파나마모자를 눌러쓰고 퇴색한 스포츠 백을 들었다.

동국 누가 지은 시냐?

대순 예? 예… 그냥 생각나는 대로 읊어본 거… (말하다 말고) 할아버지 어디 가시게요?

동국 응? 응…

나는 불섬으로 간다

대순 어딜요? 망월동 묘지 구경도 하셨다면서… 친구 집에 가시게요? 함평에 계시다는…

동국 (의자에 앉으며) 소주 남았던?

대순 소주요? 예 있겠죠.

동국 갖다 줘라. 한 잔 하고 갈란다.

대순 어딜요?

동국 (사이) 불섬.

대순 불섬은 왜요?

동국 왜는. 내 고향인께 가재… 훗흐… 소주나 가져와. 안주는 마른 멸치나 된장에 풋고추면 되니께.

대순 예… 예… (하며 급히 식당 쪽으로 가서 소주병, 술잔, 안주그릇을 챙기면서) 아빠랑 엄마한테 사전에 말씀하셨나요?

동국 할애비가 신고하고 나가야 쓰겠냐? 아… 이제 나한테 명령할 사람도 없거니와 이상 더 눈치 보며 살고 싶지도 않다.

대순이가 쟁반에다 술병과 안주를 받쳐 들고 나온다. 탁자 위에다 옮겨 놓으면서도 시선은 동국에게서 떠나지 않는다.

동국 응. 됐다. 거기 놔 됐어… (술을 따르며) 마지막으로 한 잔 하고 가야 마음이 놓이지 훗흐…

대순 마지막이라뇨? 할아버지.

동국 (술을 마시고나서) 캬… 술맛 좋구먼! 헷헤… (다시 자작하며) 나 말이다. 이제 가면 다시는 서울에 못 올라올 것 같아서…

대순 예?

동국 (먼 산을 바라다보듯) 죽을 때까지 불섬에서 살다가 갈란다.

대순 할아버지 그런 법이 어디 있어요?

508

동국 이건 법이 문제가 아니라… 그 뭣이냐… 숙명이란다.

대순 숙명이요?

동국 언젠가 얘기 했지. 송충이는 솔잎 먹고 살아야제. 아니 한국 사람은 김치 깍두기 먹고 살아야 한다고나 할까. (잔을 비우고) 인자 얼마 남지 않은 목숨 좀 편안하게 살다가 조용하게 고향에 묻힐란다. 훗후…

대순 (시무룩해지며) 그렇지만 그건 할아버지 혼자 생각이지 우리는…

동국 글쎄다. (다시 술 따르며) 나는 생리적으로 서울서는 못살 것 같다. 더구나 나 같은 늙은이는… 그 누가 반기지도 않거니와 나 역시 그걸 바라지도 않는다. 서울서는 남의 눈치보다가 판나겠으니 어떻게 산다냐? 못살아. 나는 그저 온종일 불섬에서 파도소리며 바람소리며 그리고 가끔 가다가 발동선 소리 들으면서 옛날 생각하며 사는 게 제격이지야… (그 무엇에 끌리듯) 가난한 인정의 샘은 아직 안 말랐제… 아무리 외지고 먼 섬이지만… 제철 따라나는 채소며 해산물 안주 삼아 막걸리 잔 기울이면서 살란다. 생각하면 꿈같고 헛것 같은 허망한 평생이었다만 나도 볼 것 다보고 겪을 것 다 겪었으니 이제는 여한은 없다.

대순 그럼 대균 오빠 약혼은요?

동국 잘 될 거다. (대순의 손을 잡으며) 대순아.

대순 예?

동국 미래는 너희들 것이다. 잉? 너희들이 책임져야 쓴다. 과거는 할애비랑 느그 아부지가 책임졌응께… 그리고 한 가지 부탁 이다만 들어 줄라냐?

대순 말씀하세요.

동국 우리 늙은이들 너무 구박 말거라.

대순 누가 할아버질 구박했어요?

나는 불섬으로 간다

동국 어제가 있기에 오늘이 있지. 덮어놓고 젊었다고 좋고 늙었으니께 쓸모없는 건 아니란 말이다. 막말로 이 할애비가 있어서 광주학생독립운동도 일어났고 그 정신이 살아 있었으니께 광주민주항쟁도 있었다는 엄연한 사실을 너는 부인 안하겠지야?

대순 자랑스러워요.

동국 정말? 놀리는 것 아니냐?

대순 아니에요. 솔직히 말해서 우리 친구 가운데도 무작정 옛날 일이나 사람을 부정하는 아이들도 있지만 저는 아니에요. 할아버지 손녀딸은 그게 아니라구요. (하며 손목을 쥔다. 동국의 눈에 이슬이 고인다)

동국 정말이지야.

대순 두고 보세요. 그래서 저는 오래전부터 꿈을 키우고 있어요.

동국 꿈?

대순 대학에 들어가면 소설을 쓸 거예요.

동국 소설?

대순 예. 〈토지〉나 〈태백산맥〉이나 〈임꺽정〉보다 더 멋있고 신나는 소설이에요. 할아버지 얘기도 그리고 아빠 얘기도 나올 거예요. 그래서 노벨문학상을 받을 거예요. 정말이에요.

동국 암… 받아야지… 그래 제목은 뭐라고 지으랴?

대순 〈나는 불섬으로 간다〉 어때요?

동국 나는 불섬으로 간다. (황홀하게 바라보며) 나는 불섬으로 간다… 좋다.

대순 할아버지가 살아 나오신 그 가시밭 깊은 곳에서 타오르는 불은 곧 우리 역사의 증언이자 뿌리에요. 저는 그 깊은 뿌리를 캐낼 거예요.

동국 (벌떡 일어나니) 옳다. 불섬 깊숙이 타고 있는 불씨가 바로 뿌리여 뿌리. 몇 천 년을 두고 꺼지지 않은 그 불은 우리 겨레의 마음의 불씨란다. 그러니 나는 지금 불섬으로 간다.

대순, 할아버지 두 사람이 껴안는다.

동국   그 불은 영원히 타오를 거다 대순아.

멀리서 바람 같고 함성 같은 합창이 파도처럼 밀려온다.

-막